高等学校
商 科教育
应用系列教材

审计学原理与实务

刘　婧　史晓娟　主　编
杨　良　邵建辉　副主编
方晶晶　　主　审

清华大学出版社
北　京

内 容 简 介

本书参照财政部最新颁布的注册会计师审计准则和应用指南,结合案例和最新理论研究成果编写而成,突出强调了相关审计准则的要点,注重审计实务中的重要程序、步骤,并列出与之相关的典型工作底稿的格式,以增强阅读者的感性认识。全书内容共 14 章。前 7 章主要是对审计基本原理及概念体系的介绍,是审计实务操作的基础。审计实务部分的内容包含在后 7 章,将风险评估的思想贯穿于各个业务循环的审计实务之中。

本书适用于应用型本科审计课程教学之用,也可供审计实务工作者以及相关研究人员使用或参考。

图书在版编目(CIP)数据

审计学原理与实务/刘婧,史晓娟主编. —北京:清华大学出版社,2013.2(2019.6 重印)
(高等学校商科教育应用系列教材)
ISBN 978-7-302-31165-2

Ⅰ. ①审… Ⅱ. ①刘… ②史… Ⅲ. ①审计学—高等学校—教材 Ⅳ. ①F239.0

中国版本图书馆 CIP 数据核字(2012)第 317534 号

责任编辑:左卫霞
封面设计:常雪影
责任校对:袁 芳
责任印制:丛怀宇

出版发行:清华大学出版社
　　　网　　　址:http://www.tup.com.cn,http://www.wqbook.com
　　　地　　　址:北京清华大学学研大厦 A 座　　　邮　　编:100084
　　　社 总 机:010-62770175　　　邮　　购:010-62786544
　　　投稿与读者服务:010-62776969,c-service@tup.tsinghua.edu.cn
　　　质 量 反 馈:010-62772015,zhiliang@tup.tsinghua.edu.cn
课件下载:http://www.tup.com.cn,010-62795764
印 装 者:北京虎彩文化传播有限公司
经　　销:全国新华书店
开　　本:185mm×260mm　　　**印 张:**23　　　**字　　数:**557 千字
版　　次:2013 年 2 月第 1 版　　　**印　　次:**2019 年 6 月第 8 次印刷
定　　价:59.00 元

产品编号:050540-02

前　言

近年来,我国的会计准则与国际会计准则逐步趋同,国家审计准则日臻完善,注册会计师执业准则持续改进,内部审计准则不断健全,审计、会计工作日益规范化、国际化、常态化。为更好地适应外部环境变化和审计业务发展需要,尽可能满足审计教学的需要,在既有的审计理论与实践的基础上,适时总结实践活动的新经验,及时反映理论研究的新成果是非常必要的,基于此我们编写了本书。

本书以中国注册会计师执业准则为本,吸收、借鉴国际审计准则的最新成果,结合新法规相关内容,并充分考虑我国审计实务中面临的一些需要解决的新问题,致力于培养学生的独立思考能力、专业胜任能力、良好的职业道德素养和较强的应用能力。

本书具有以下特色。

(1) 系统性。以注册会计师审计为主,对政府审计和内部审计进行必要介绍,不仅详细阐述了审计基本理论与方法,按业务循环介绍常规审计实务问题,同时还介绍了特殊审计领域与相关服务。将各种理论和实际工作中的案例进行融合、归纳、集成,形成一个比较完整的理论与实践有机统一的体系,具有较强的科学性、系统性、实用性和超前性。

(2) 新颖性。本书体例新颖,既借鉴了国内外著作的精华,又参考了最新研究成果,力求突破单纯介绍理论的传统模式,每章都有知识目标、技能目标、案例导入、知识链接、小思考、本章小结、课后习题等环节,将学习、探究、实训、拓展有机结合,可以使学生在学习知识的同时提高自主学习的能力。

(3) 实用性。本书从实际出发,以当前实务中注册会计师审计的工作底稿为参考,按照交易循环安排编写审计实务,从理论入手强调理论与实践的结合,注重学生现代风险识别和应对能力的培养。本书力求在内容的介绍上让复杂的问题简单化、枯燥的原理形象化、零散的问题系统化,注重实用性,将知识及能力要素融入每章的内容和习题中,通过案例教学和实训促使学生进一步加深理解和掌握所学的知识,更注重实际动手能力和知识应用能力的培养。

本书由刘婧、史晓娟担任主编,杨良和邵建辉担任副主编,方晶晶主审。具体编写分工为:第一、三、七、八、九、十四章由刘婧编写;第四、五、六、十、十二章由史晓娟编写;第十一章由杨良编写;第十三章由邵建辉编写;第二章由杨良和邵建辉共同编写;严品、宁建辉、陈雪、翟会颖参加了部分章节的编写;各章习题由严品、宁建辉、陈雪、翟会颖共同整理编写;全书由刘婧总纂、定稿。

本书编写过程中得到了有关专家、教授的指导和帮助,在此表示衷心的感谢。

由于我们水平有限,书中难免有不足和疏漏之处,恳请各位专家、学者和广大读者批评指正。

编 者

2013 年 1 月

目　录

第一章 审计学概论

知识目标

- 了解审计的起源与发展；
- 明确审计的含义与特征；
- 掌握审计职能；
- 熟悉我国审计的分类与组织形式。

技能目标

- 能够利用审计的基本分类和特征，解释审计的含义；
- 能在审计分类基础上，正确理解民间审计组织形式及其业务范围。

案例导入

英国南海股份有限公司审计案例
——世界上第一例上市公司审计案例

南海泡沫事件（South Sea Bubble）是英国 1720 年春天到秋天之间发生的一次经济泡沫事件，与密西西比泡沫事件及郁金香狂热并称欧洲早期的三大"经济泡沫"。"经济泡沫"一语即源于南海泡沫事件。

南海公司是一家成立于 1711 年的特许贸易公司，初始股本由承担政府约 1 000 万英镑的短期国债组成。1719 年该公司拟订了一项野心勃勃的计划：以增发股票来帮助政府实现债务转移，即兑换政府高达 3 100 万英镑的三大类长期债券，换取政府的支持和高额利息，同时赚取巨额股价盈余。南海公司对其大作宣传，股价迅速上升。1720 年 1 月 3 日，南海公司股价为 128 英镑/股，6 月 24 日上升至 1 050 英镑/股，该公司由此获利丰厚。当人们发现南海公司并无真实资本，便纷纷抛售股票，该公司面临破产境地。许多陶醉在发财梦境之中的投资者和债权人损失惨重。1720 年 8 月 25 日～9 月 28 日一个月时间里，该公司股票从每股 900 英镑跌至每股 190 英镑，最后被迫宣告破产。

在强大的舆论压力下，英国议会任命了一个由 13 人组成的特别委员会，聘请精通会计实务的查尔斯·斯奈尔先生（Charles Snell）对南海公司的会计账簿进行检查。经审计，斯奈尔发现该公司管理层存在会计欺诈行为。这事件被视为民间审计的发端。

问题：审计产生和发展的客观原因是什么？审计的职能和作用、审计的目标有哪些？

第一节 审计的产生与发展

审计是社会经济发展到一定阶段的产物。随着生产资料所有权与经营权或管理权的分离，出现了因授权或委托经营管理而发生的经济责任关系。经营者或管理者向所有者承担的经济责任,只有经过与责任履行者不存在经济利害关系的人员,独立进行审查和评价,才能予以确立或者解除。因此,所有者聘请独立的第三方,对经营者或管理者履行经济责任的情况,进行监督和检查,审计便应运而生了。

一、审计产生和发展的客观原因

(一)审计产生的客观原因

审计产生于财产所有权与经营管理权两权相分离和受托经济责任关系的存在,如图 1-1 所示。

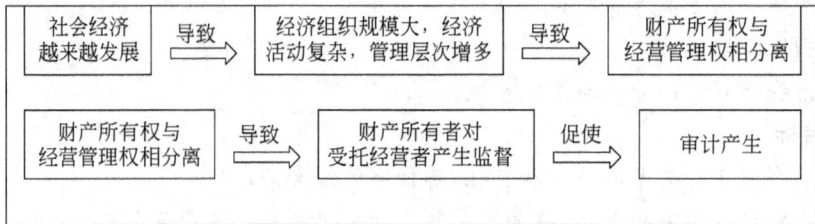

图 1-1 审计产生的客观原因

(二)审计发展的动力

人类早期的审计仅仅局限于审查账簿和报表,目的在于查错防弊。但是,随着社会经济的发展,企业的规模越来越大,管理方法越来越先进,技术工艺越来越复杂,竞争也越来越激烈。审计的作用随之扩展到评价生产经营管理,提出科学合理的意见和建议,帮助企业提高竞争能力。这些对企业改善自身管理、提高竞争能力是十分重要的。因此,现代审计不断发展的动力就是加强企业管理和控制,提高企业竞争能力。

(三)审计发展的技术和手段

现代科学技术的发展和计算机的广泛应用,是审计不断发展的技术和手段。例如,审计中重要的环节——审计抽样,就建立在概率论和数理统计的基础上。在现代审计中,还大量运用系统论、信息论、控制论等原理,对审计事项进行全面验证和综合分析。越来越广泛的会计电算化的应用,也促使审计大量运用计算机技术,形成电子数据处理系统审计。

二、西方审计的产生与发展

知识链接 1-1

社会审计的诞生

1721 年,英国南海公司破产,议会聘请会计师查尔斯·斯奈尔对南海公司进行审计,斯奈尔以"会计师"的名义提交了"查账报告书"。这标志着社会审计(注册会计师审计)的诞生。

1853 年,苏格兰的爱丁堡成立了世界上第一家执业会计师专业团体——"爱丁堡会计师协会",并获得英国政府的特许执照。该协会的成立,标志着注册会计师职业的诞生。

（一）西方政府审计的产生与发展

在西方,随着生产力的发展和经济关系的变革,政府审计经历了一个漫长的发展过程,其早于民间审计和内部审计而产生。据考证,在古罗马、古埃及和古希腊时代,就有官厅审计机构,审计人员通过"听证"方式,对掌握国家财物和赋税的官吏进行审查与考核,成为具有审计性质的经济监督活动。在历代封建王朝中,也设有审计机构和人员,对国家的财政收支进行监督。例如,英国王室于 11 世纪在财政部门内设立上院和下院,上院为收支监督机构,对下院编制的会计账簿进行检查监督;法国王室于 13 世纪设置审计厅,对国库和地方财政收支进行审查监督等。

到了资本主义时期,随着经济的发展和资本主义国家政权组织形式的完善,西方政府审计有了长足的发展。英国在 1866 年颁布《国库和审计部法案》,之后很快成立了代表议会、独立于政府之外的国家审计机构,执行对国库收入支出的审计监督;美国在独立战争时期,设有负责审计工作的专任委员,1921 年正式设立隶属于国会的联邦总审计局,其政府审计体制一直延续至今。纵观西方政府审计机关,由于各国的政治和经济体制不同,其设置模式主要有以下 4 种。

(1) 立法模式,即隶属于议会或国会,根据授权对政府收支及其相关事项进行审计监督。立法模式的基本特征是政府审计机关隶属于立法机构,在立法机构的领导下开展工作,并向立法机构报告工作。世界上相当多的国家采用此种模式,最早采用立法模式的国家是英国,美国进一步完善了立法模式。因此,立法模式也称为"英美模式"。在这种模式下,国家审计的中央组织和地方组织没有领导与被领导的关系,它们之间是相对独立的。典型的立法模式政府审计机关有美国的联邦总审计局、加拿大的审计公署和英国的政府审计机关等。

(2) 司法模式,政府审计具有与法庭相似的司法职权,总体目标是将政府审计法制化,以此强化国家审计的职能。其基本特征是政府审计机关建立在司法系统中,具有司法权。最早采用此种模式的是法国。1807 年,法国正式通过法令,决定建立具有司法性质的国家审计法院,其介于立法机关和行政机关之间,不归属于司法部门,但拥有司法审计权。德国采用的也是司法模式,法德两国的政府审计合称"大陆派"。此种审计模式下的中央审计组织和地方审计组织没有领导与被领导的关系。

(3) 行政模式,审计机构隶属于政府,在政府的领导下执行经济监督职能。在行政模式下,政府审计的中央组织和地方组织一般有领导与被领导的关系,如瑞士的联邦审计局、瑞典的国家审计局、我国的审计署等。

(4) 独立模式,其基本特征是国家审计机关既不隶属于立法机关,也不隶属于行政系统和司法系统,具有超然独立性。日本采用这种模式。1889 年 5 月,日本根据本国宪法制定《会计检察院法》,规定会计检察院直属于天皇。1947 年,修订了《会计检察院法》,规定会计检察院不再隶属于天皇并独立于国会、内阁和司法部门。独立模式下,中央审计组织和地方审计组织没有领导与被领导的关系。

无论何种类型,都应保证政府审计机关具有独立性和权威性,客观、公正地行使审计监督权。西方社会审计各阶段的特点,如表 1-1 所示。

表 1-1 西方社会审计各阶段的特点

阶　段	时　间	特　点			主要报告使用人
		对　象	目　的	方　法	
详细审计（英式审计）	1844年至20世纪初	会计账簿	查错防弊,保护企业资产的安全和完整	详细检查（以账项为基础）	股东
资产负债表审计（美式审计）	20世纪初至20世纪80年代	账簿及资产负债表	查错防弊;通过数据检查,判断企业信用状况	从详细检查初步转向抽样	股东及债权人
报表审计	20世纪80年代至今	全部报表及财务资料并扩大到管理咨询	对会计报表发表审计意见,确定会计报表的可信性,向管理领域深入发展（签证报表）	测试内部控制制度,广泛采用抽样审计,进入制度基础审计,最后进入风险导向审计	股东、债权人、证券交易机构、金融机构及潜在投资者等社会公众

（二）西方内部审计的产生与发展

随着西方国家经济的日益发展,企业生产规模日益扩大,内部审计随之而获得发展的契机,并逐步健全、完善。第二次世界大战以后,一方面,股份公司要求强化其内部治理结构,以保护股东权益,在企业内部建立监事会,加强对董事会及经营者的监督;另一方面,企业规模的扩大、市场环境的多变和竞争的加剧,要求企业内部实行分层管理。伴随权责分工,企业最高管理层必然要求加强内部控制,确保企业财产的安全、完整,确保工作协调统一进行和高效率。在企业内部设立审计机构就成为企业管理的必然。美国联邦各部以及很多大中型企业均设有内部审计机构;英国、日本、加拿大等国很多单位都设有内部审计机构,不仅进行财务审计,还进行经济效益和效果审计等。

西方国家内部审计机构的隶属关系,一般有以下4种类型。

(1) 受公司监事会的领导,向股东大会报告工作,具有股东会授权的最高审计权限。

(2) 受公司董事会的领导,直接向董事会报告工作,也具有较高的权限。

(3) 受公司总经理的领导,代表总经理执行对各生产经营单位及各职能管理部门的日常监督工作。

(4) 受公司财务部门的领导,主要对会计记录、核算及会计报表的正确性进行监督。

（三）西方民间审计的产生与发展

民间审计起源于欧洲国家,最初是适应当时合伙企业的需要。执行合伙人和非执行合伙人都希望能从外部聘请独立的会计专业人员来担任查账与监督工作。这些会计专业人员所进行的查账与监督,就是民间审计的最初萌芽。

随着18世纪初至19世纪中叶英国产业革命的完成,推动了资本主义商品经济的发展,出现了以发行股票筹集资金为特征的股份公司。1720年,英国爆发了南海公司破产事件,使公司股东和债权人遭受了巨大的经济损失。会计师查尔斯·斯奈尔受议会聘请,对其会计账目进行了检查,并以"会计师"名义出具了一份"查账报告书",指出南海公司的财务报告存在严重的舞弊行为,这标志着独立会计师——注册会计师的正式诞生。随后,为保护广大股票投资者的利益,监督股份公司的经营管理,英国议会于1844年颁布了《公司法》,规定股份公司必须设立监察人来审查会计账簿和报表,并将审查结果报告给股东。1845 年英国对《公司法》进行修订,规定股份公司必要时可以聘请会计师协助办理审计业务。该法律有力地促进了独立会计师的发展。1853 年,爱丁堡会计师协会在苏格兰成立,标志着注册会计师职业的诞生。从 19 世纪中叶到 20 世纪初,审计的主要特点是对所有的经济业务、会计凭证、会计账簿和会计报表都进行审核,以发现记账差错和舞弊行为,审计方式是全面详细审计,即对大量的账簿记录进行逐笔审查,审计报告的使用人主要是企业股东。这种详细审计的模式产生于英国,并盛行于英国,故也称英国式审计。

19 世纪后期,美国经济得到迅速发展,民间审计的重心也由英国转移至美国。为了维护投资者和债权人的利益,初期的美国民间审计,仍采用详细审计。20 世纪初期,美国的短期信用发达,很多企业从银行举债。银行为维护自身利益,要求对申请贷款企业的资产负债表进行审计,以判断其偿债能力。19 世纪末至 20 世纪初,也是美国民间审计建立并完善的重要阶段。1887 年,美国会计师公会成立。1916 年,该协会正式改组为美国注册会计师协会,成为世界上最大的民间审计专业团体。20 世纪前 30 年,审计的主要特点是审计对象由会计账目扩大到资产负债表,通过对资产负债表数据的检查,判断企业信用状况,审计方式从详细审计初步转向抽样审计,审计报告使用人除企业股东外,扩大到企业债权人。这种信用审计的模式产生于美国,并在美国盛行,故也称美国式审计。

20 世纪 30 年代经济大危机,投资者和债权人蒙受了巨大的经济损失,这迫使企业利益相关者从只关心企业财务状况,转变到更加关心企业赢利水平,产生了对企业利润表进行审计的客观要求。之后,随着资金市场的发育成熟,仅对资产负债表审计已无法满足证券市场发展和社会各方的要求,美国率先进入财务报表审计阶段。1933 年美国颁布的《证券法》规定,在证券交易所上市的企业,财务报表必须接受注册会计师审计,向社会公众公布注册会计师出具的审计报告。财务报表审计的主要特点是审计对象为企业的全部财务报表及相关资料;审计的主要目的是对财务报表发表审计意见,以确定财务报表的可信性,防错揭弊转为次要目的;审计范围扩大到测试相关的内部控制制度,审计抽样和计算机辅助审计技术被逐渐运用;审计报告使用人扩大到股东、债权人、证券交易机构、税务、金融机构及潜在投资者;审计准则开始拟定,审计工作更加标准化和规范化。

三、我国审计的产生与发展

我国早在西周时期奴隶主政权设置的官职中,就有独立于财计部门以外的官职"宰夫",负责审查"财用之出入",标志着我国政府审计的萌芽。其后,秦代、汉代都曾采用"上计"制度审查、监督财务收支有无错弊,并借以评价有关官吏的业绩。唐代在刑部下设"比部",建立了比较独立的审计机构,对中央和地方的财税收支实行定期的审计监督。宋代设立"审计司",后改为"审计院",是我国审计定名之始。元、明、清三代的封建王朝未设专职审计机构,审计有所削弱。辛亥革命后,北洋政府于 1914 年设立审计院,颁布《审计法》。1920 年,南京的国民政府设立审计院,后改为隶属于监察院的审计部。

从中华人民共和国成立到 1982 年,我国未设独立的专职审计机构,对财政、财务收支的经济监督由财政、税务、银行等部门通过其业务在一定范围内进行。1982 年第五届全国人民代表大会第五次会议制定的《宪法》中,我国正式以最高法律的形式明确了实行审计监督制度。1983 年 9 月 15 日,国家审计署正式成立,在国务院的领导下独立行使宪法所赋予的审计权限,是我国政府审计的中心。随后,又在县级以上各级政府设置了各级审计机关。1988年11月颁布了《中华人民共和国审计条例》,1994年8月颁布了《中华人民共和国审计法》,1995年正式实施,从法律上进一步确立了政府审计的地位,为其发展奠定了基础。2006年2月修订后的《中华人民共和国审计法》颁布,自2006年6月1日起实施。

我国的内部审计是伴随政府审计的恢复和重建而产生和发展的。国家审计署正式成立之后,于1984年要求在部门、单位内部设置内部审计机构。1985年10月,发布《审计署关于内部审计工作的若干规定》,制定了有关内部审计的规章、制度,对我国内部审计的发展产生了巨大的影响,也为内部审计的进一步发展和完善创造了良好的条件。在各级政府审计机关、各级主管部门的推动下,内部审计蓬勃发展。

知识链接 1-2
我国第一位注册会计师和第一家会计师事务所

1918年,北洋政府农商部公布《会计师暂行章程》,准许私人执业进行审计,并于同年批准会计学家谢霖先生为注册会计师,这是中国的第一位注册会计师。谢霖先生创办的我国第一家会计师事务所——正则会计师事务所也获准成立。

我国的民间审计是随着资本主义工商业的发展而产生的。辛亥革命之后,我国资本主义工商业迅速发展,产生了对独立会计师的需要。一批会计学者鉴于外国注册会计师包揽我国注册会计师业务的现实,为了维护民族利益与尊严,积极倡导并创建中国的注册会计师职业。1918年,北洋政府农商部颁布了第一部注册会计师法规——《会计师暂行章程》,并于同年批准谢霖先生为中国的第一位注册会计师,批准谢霖先生创办成立的第一家会计师事务所——正则会计师事务所。此后,又逐步批准了一批注册会计师,建立了一批会计师事务所,包括潘序伦先生创办的"潘序伦会计师事务所"(后更名为立信会计师事务所)等。1930年,国民政府颁布了《会计师条例》,确立了会计师的法律地位。1925年在上海成立了"全国会计师公会"。1933年,成立了"全国会计师协会"。至1947年,全国已拥有注册会计师2 619人,并在上海、天津和广州等沿海城市建立了一批会计师事务所。注册会计师的业务主要是为企业设计会计制度、代理申报纳税、培训会计人才和提供其他会计咨询服务。

新中国成立初期,注册会计师审计在经济恢复工作中发挥了积极作用。后来,由于推行高度集中的计划经济模式,中国的注册会计师审计悄然退出了经济舞台。

中国共产党十一届三中全会以后,我国的工作重心转移到经济建设上来,为注册会计师制度的恢复创造了客观条件。1980年12月14日,财政部颁布《中华人民共和国中外合资企业所得税法实施细则》,规定外商投资企业财务报表要由注册会计师进行审计,这一规定为恢复我国注册会计师制度提供了法律依据。1980年12月23日,财政部发布《关于成立会计顾问处的暂行规定》,标志着我国注册会计师职业开始复苏。1981年1月1日,"上海会计师事务所"宣告成立,成为新中国恢复注册会计师制度后的第一家会计师事务所。1984年9月25日,财政部印发《关于成立会计咨询机构问题的通知》,明确了注册会计师应该办理的业务。1985年1月颁布的《中华人民共和国会计法》规定,"经国务院财政部门批准组成会计师事务所,可以按照国家有关规定承办查账业务"。1986 年 7 月 3 日,国务院颁布《中华人民共和国注册会计师条例》,同年 10 月 1 日起实施。1988 年 11 月 15 日,中国注册会计师协会成立。1993 年 10 月 31 日,八届全国人大常委会第四次会议审议通过了《中华人民共和国注册会计师法》,自 1994 年 1 月 1 日起实施。1995 年 6 月,中国注册会计师协会与中国注册审计师协会联合,开创了统一法律规范、统一执业标准、统一监督管理的行业发展新局面,为行业的规范发展奠定了良好的基础。1996 年 10 月 4 日,中国注册会计师协会加入亚太会计师联合会。1997 年 5 月 8 日中国注册会计师协会成为国际会计师联合会的正式会员。按照国际会计师联合会章程的规定,中国注册会计师协会成为国际会计准则委员会的正式成员。

1995—2003 年,中国注册会计师协会先后制定颁布了 6 批注册会计师审计准则,包括一项准则序言、一项注册会计师审计基本准则、28 项注册会计师审计具体准则、10 项注册会计师审计实务公告和 5 项执业规范指南。此外,还包括 3 项相关基本准则(职业道德基本准则、质量控制基本准则和后续教育基本准则),共计 48 项。2005 年以来,按照财政部领导关于着力完善我国注册会计师审计准则体系、加速实现与国际准则趋同的指示,中国注册会计师协会拟订了 22 项准则,并对 26 项准则进行了必要的修订和完善,并于 2006 年 2 月 15 日由财政部发布,自 2007 年 1 月 1 日起在所有会计师事务所施行。2010 年 11 月 1 日出台了修订后的审计准则共涉及 38 项准则,其中对 16 项准则的内容进行实质性修订,进一步强化了风险导向审计。审计准则的发布,标志着我国已经建立起一套适应社会主义市场经济发展要求,顺应国际趋同大势的中国注册会计师执业准则体系。

我国社会审计发展的重大事项如表 1-2 所示。

表 1-2　我国社会审计发展的重大事项

时 间	事 件	影 响
1980 年	财政部颁发了《关于成立会计顾问处的暂行规定》	各地的会计师事务所陆续恢复或建立
1988 年	中国注册会计师协会正式成立	社会审计行业不断发展
1991 年	全国注册会计师统一考试制度得到恢复	社会审计行业不断发展
1993 年	《中华人民共和国注册会计师法》颁布实施	社会审计行业不断发展
2006 年	《中国注册会计师执业准则》出台	我国的社会审计准则与国际审计准则趋同
2010 年	38 项准则修订	将风险导向审计理念全面贯彻,实现与国际审计准则的实质性趋同

截至 2010 年 7 月 1 日,全国会计师事务所达到 6 892 家(不含分所)。注册会计师人数已超过 8 万人。

第二节　审计的含义与特征

一、审计的含义

(一)审计的概念

审计是由独立的专门机构或人员接受委托或根据授权,对被审计单位特定时期的经济活动以及反映这些活动的会计资料和其他有关资料进行审查,以判明和评价有关资料的合法性、公允性和经济活动的合规性和效益性,并发表意见的具有独立性的经济监督活动。

审计是一个系统化过程,即通过客观地获取和评价有关经济活动与经济事项认定的证据,以证实这些认定与既定标准的符合程度,并将结果传达给有关使用者。如图 1-2 所示。

审计从产生到不断完善和发展,已经形成一套比较完备的科学体系。人们对审计概念也进行了深入的研究,最具有代表性的是美国会计学会(AAA)在 1973 年发布的《基本审计概念报告》中将审计定义为:"审计是一个客观地获取和评价

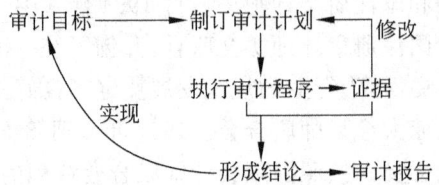

图 1-2 审计过程图

与经济活动与经济事项的认定有关的证据,以确认这些认定与既定标准之间的符合程度,并把审计结果传达给有利害关系的用户的系统过程。"简而言之,审计是就有关经济活动和经济事项的一些说法加以验证。例如,财务报表就是企业的管理层表示认定主张的一种方式,企业通过发布财务报表来认定其财务状况、经营成果和现金流量等情况。这些认定是否真实,就需要审计人员加以验证。如何进行验证? 应当将这些认定同有关的标准进行比较,看其是否与既定的标准相符并判断其相符合的程度。在验证过程当中,特别强调审计人员应当搜集证据,没有证据就不能发表意见;而且,在搜集证据时必须保证系统性和客观性,以保证审计的质量。审计的结论必须以一定的方式传达给使用者,审计过程才算完成。

注册会计师审计作为审计的一种类型,其含义具有特殊性。国内外许多会计职业组织都对注册会计师审计进行过定义,影响较大的是国际会计师联合会和美国注册会计师协会的定义。国际会计师联合会(IFAC)的国际审计与鉴证准则理事会将注册会计师审计定义为"财务报表审计的目标是,使审计师能够对财务报表是否在所有重要方面按照确定的财务报告框架编制发表意见"。美国注册会计师协会(AICPA)在《审计准则说明书》第 1 号中,将审计定义为:"独立审计师对财务报表审计的目标是,对财务报表是否按照公认会计原则在所有重大方面公允地反映财务状况、经营成果和现金流量发表意见。"《中国注册会计师审计准则第 1101 号——财务报表审计的目标和一般原则》对审计的定义是:"财务报表审计的目标是注册会计师通过执行审计工作,对财务报表的下列方面发表审计意见:①财务报表是否按照适用的会计准则和会计制度的规定编制;②财务报表是否在所有重大方面公允地反映被审计单位的财务状况、经营成果和现金流量。"

(二) 审计的三方关系人

从审计的定义,我们可以看出,审计具有三方关系人:被审计单位、审计机构或人员、经审计的会计信息使用者(如投资人、债权人、社会公众、国家机关等)通常是审计委托人。审计业务中的三方关系人,如图 1-3 所示。

审计关系人中,第一关系人是审计人,第二关系人是被审计人,第三关系人是审计委托人。此三方关系人发生联系,便产生审计活动。

在实际审计工作中,审计关系人有时只表现第一关系人与第二关系人之间审计和被审计的关系,而第三关系人表现不明显。只有由三方面关系人构成的关系,才是审计关系。

审计关系是构成审计三要素之间的经济责任关系。作为审计主体的第一关系人在审计活动中起主导作用,既接受第三关系人的委托或授权,又对第二关系人所履行的经济责任进

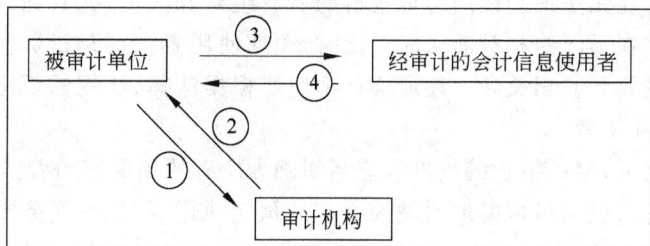

图 1-3　审计业务中的三方关系

说明:

① 被审计单位委托审计机构审计其会计信息(也包括被审计单位的上级主管单位授权审计机关对被审计单位进行审计的情况)。会计信息的责任是被审计单位的管理层。

② 审计机构对被审计单位的会计资料、经济活动进行审计,并出具审计报告。

③ 被审计单位将审计报告和经审计的会计信息提供给使用者。

④ 经审计的会计信息使用者根据审计报告和经审计的会计信息,做出决策。

行审查和评价,但独立于两者之间,与第二关系人及第三关系人不存在任何经济利益上的联系。

传统的审计理论一直认为,审计业务三方关系人是指审计人、被审计人以及审计业务委托人,而在新修订的《注册会计师执业准则》中则认为鉴证业务涉及的三方关系人是指注册会计师、责任方和预期使用者。责任方与预期使用者可能是同一方,也可能不是同一方。责任方也会成为预期使用者之一,但不是唯一的预期使用者。例如,在财务报表审计中,责任方是被审计单位管理层,被审计单位管理层是预期使用者,但预期使用者同时包括企业股东、债权人、监管机构。

三方之间的关系是:注册会计师对由责任方负责的鉴证对象或鉴证对象信息提出结论,以增强除责任方之外的预期使用者对鉴证对象信息的信任程度。是否存在三方关系人,是判断某项业务是否属于鉴证业务的重要标准之一。如果某项业务不存在除责任方之外的其他预期使用者,那么该业务不构成一项鉴证业务。

鉴证业务还会涉及委托人,但委托人不是单独存在的一方,委托人通常是预期使用者之一,委托人也可能由责任方担任(如银行贷款审计)。

(1) 注册会计师。注册会计师是指取得注册会计师证书并在会计师事务所执业的人员,有时也指其所在的会计师事务所。

(2) 责任方。对责任方的界定与所执行鉴证业务的类型有关。责任方是指下列组织或人员:①在直接报告业务中,对鉴证对象负责的组织或人员;②在基于责任方认定的业务中,对鉴证对象信息负责并可能同时对鉴证对象负责的组织或人员。

责任方可能是鉴证业务的委托人,也可能不是委托人。

注册会计师通常提请责任方提供书面声明,表明责任方已按照既定标准对鉴证对象进行评价或计量,无论该声明是否能为预期使用者获取。在基于责任方认定的业务中,注册会计师对责任方认定出具鉴证报告,责任方通常会提供有关认定的书面声明。在直接报告业务中,当委托人与责任方不是同一方时,注册会计师可能无法获取此类书面声明。

(3) 预期使用者。预期使用者是指预期使用鉴证报告的组织或人员。责任方可能是预期使用者,但不是唯一的预期使用者。

注册会计师可能无法识别使用鉴证报告的所有组织和人员,尤其在各种可能的预期使用者对鉴证对象存在不同的利益需求时。此时,预期使用者主要是指那些与鉴证对象有重要和共同利益的主要利益相关者。注册会计师应当根据法律、法规的规定或与委托人签订的协议,识别预期使用者。

在可行的情况下,鉴证报告的收件人应当明确为所有的预期使用者。需要说明的是,虽然鉴证报告的收件人应当尽可能地明确为所有的预期使用者,但在实务中往往很难做到这一点。

执业准则颁布之后,在审计活动关系人问题上,理论上已经完成了由旧的三方关系人到新的三方关系人的理论嬗变。同时,也认为,新的三方关系人理论的出现,并非意味着旧的三方关系人理论的终结。

二、审计的特征

从审计的含义中可以看出,审计具有两个基本特征:独立性和权威性。

1. 审计的独立性

独立性是审计的本质特征,其要求审计人员在审计过程中独立于审计利害关系人,并且在依法履行审计职责时,不受其他组织和个人的干涉。独立性是审计人员客观地进行审计工作,公正地做出审计结论的重要保证。要保持审计机构和审计人员的独立性,必须做到以下几点。

(1)组织独立。组织独立是指审计机构必须独立于被审计单位之外,和被审计单位没有组织上的隶属关系。

(2)人员独立。人员独立是指审计人员与被审计单位应不存在经济利益关系,不参与被审计单位的行政或经营管理活动。在办理审计事项时,与被审计单位或审计事项有利害关系的,应当回避,有以下情况。

① 持有委托单位股票、债券或在委托单位有其他经济利益的。

② 与委托单位负责人和主管人员、董事或委托事项的当事人有近亲关系的。

③ 担任委托单位常年会计顾问或代办会计事项的。

④ 其他为保持独立性而应当回避的事项。

(3)工作独立。工作独立是指审计人员在实施审计工作的全过程中,应当依法独立行使审计监督权,做出审计判断,表达审计意见,提出审计报告。

(4)经济独立。经济独立是指审计机构的经济来源应有一定的法律、法规作保证,不受审计单位的制约。

小思考

某高校设置的内部审计机构几年来变化如下:10年前设审计处,属于中层职能部门;5年前设专职内审人员,属于院长办公室职员;1年前设兼职内审人员,由党办职员兼任。

问题:该单位的内部审计的独立性如何?

2. 审计的权威性

审计的权威性是指审计组织的工作过程具有法律保障,且审计结果具有法律效力的特征。

第三节　审计的职能

审计的职能是审计本身所具有的内在功能,由审计本身的特征和地位所决定,是审计本质的客观反映。通常认为审计具有经济监督、经济评价和经济鉴证三种基本职能。

一、经济监督

监督是指监察并督促。经济监督是指审计机构或机关监察和督促被审计单位,使其经济活动符合一定的标准和要求,按照预定的合理方向运行。审计产生于两权相分离后所有者对经营管理者的监督需要,离开监督,审计就没有存在的必要。经济监督是审计最基本的职能,经济监督职能也体现于我国的审计监督体系之中。

政府审计是国家各级政府对被审计单位的财政收支和财务收支及相关的经济活动的合法性、合规性、效益性进行监督,通过审查揭示错弊,督促被审计单位遵守国家法律、法规,履行经济责任,使各项经济活动更加合法和有效。

内部审计的主要职责是依照国家法律、法规和本部门、本单位的经营目标与管理规定,对本部门和本单位的经济互动进行监察与督促,确保对经济活动的有效管理,完成既定的管理目标。

民间审计是对被审计单位的经济活动进行审查,实现对被审计单位的经济监督。

政府审计和内部审计对被审计单位的经济监督方式是直接监督;民间审计对被审计单位的经济监督方式是间接监督。

二、经济评价

评价是对某一事物做出的评定。经济评价是指通过审查验证,依据确实的数据及资料,对被审计单位经营计划是否可行、内部控制制度是否健全有效、经济活动及其结果是否合法公允、是否完成既定目标等进行评定。

经济评价职能是现代审计的一项重要职能。经济监督是保证经济活动的合法、有效,而经济评价是在经济监督的基础上对被审计单位取得的成绩和存在的不足进行深刻揭示,为被审计单位提出管理建议,有利于提高被审计单位的管理水平和经营绩效。例如,政府审计中的经济效益审计与经济责任审计、内部审计中的经营审计、注册会计师对被审计单位的内部控制制度进行评价并提出管理建议等,都属于经济评价职能的具体体现。

三、经济鉴证

鉴证是鉴定和证明。经济鉴证是指根据委托或者授权,通过审核和查验,以证实被审计单位记载经济活动的财务信息及其他资料是否真实可靠,并出具查验报告。注册会计师审计具有鲜明的经济鉴证职能。被审计单位的财务报表等,必须经注册会计师审计鉴证后,才能向财务报表的使用者及社会公众公布。审计鉴证是以结果报告的形式,将委托或授权单位的经济活动及其反映的信息进行披露,可以增强信息使用者的信任程度。

审计职能是由审计的本质所决定的,并随着审计的发展而不断丰富,人们对审计职能的认识也会随着审计的发展而不断深化。审计除具有经济监督、经济评价和经济鉴证三项基本职能外,还具有经济调控、管理服务等职能。

第四节 审计的分类与组织形式

一、审计的分类

为了正确理解和掌握审计,有必要按照一定的标准,对审计进行科学分类。审计分类的标准有很多,通常我们将审计类别分为两大类:审计的基本分类和审计的其他分类。

(一)审计的基本分类

1. 按审计主体分类

审计按其主体不同可以分为政府审计、民间审计和内部审计。

(1)政府审计。政府审计也称国家审计,是指由国家审计机关代表政府依法进行的审计。政府审计主要监督检查各级政府及其部门的财政收支及公共资金的收支、运用情况。我国《宪法》规定,审计机关独立行使审计监督权,不受其他行政机关、社会团体和个人的干涉。例如,国家审计署组织开展的行业审计、专项审计和审计调查,对国有重点大型企业和国家重点建设项目进行的审计以及对其他国有企业和国家建设项目的审计等,都属于政府审计。

(2)民间审计。民间审计也称注册会计师审计、社会审计,是由经政府有关部门审核批准的注册会计师组成的会计师事务所进行的审计。在我国,会计师事务所是注册会计师的工作机构,注册会计师必须加入会计师事务所才能接受委托,办理业务。会计师事务所不附属于任何机构,自收自支、独立核算、自负盈亏、依法纳税,在业务上具有较强的独立性、客观性和公正性。例如,会计师事务所对上市公司年度会计报表进行的审计就属于民间审计。

(3)内部审计。内部审计是由各部门、各单位内部设置的专门机构或人员实施的审计。内部审计主要监督检查本部门、本单位的财务收支和经营管理活动。同政府审计和民间审计一样,内部审计也应当具备独立性。例如,企业集团内部审计部门对企业集团公司和所属子公司经营情况进行的审计就属于内部审计。

政府审计、民间审计和内部审计共同构成我国的审计监督体系,彼此既相互联系,又相互区别,各自发挥不同的作用。政府审计和民间审计均属于外部审计,具有较强的独立性;内部审计具有相对独立性。

2. 按审计内容和目标分类

审计按内容和目标,可以分为财务审计、经营审计和合规性审计。

(1)财务审计。通常,财务审计也称财政财务审计,是指审计人员对被审计单位的财务报表以及有关资料的公允性及其所反映的财政收支、财务收支情况进行审计。就注册会计师审计而言,财务审计即财务报表审计,是审计人员通过执行审计工作,对财务报表(如资产负债表、利润表、所有者(股东)权益变动表、现金流量表等)是否按照企业会计准则和相关会计制度,公允地反映其财务状况、经营成果和现金流量情况发表审计意见,其目的是明确被审计单位的受托经济责任。

财务报表审计是近代股份公司出现后,由于公司的所有权和经营权的分离,以及股份的社会化而逐渐发展起来的一种审计方式。在西方国家,财务报表审计是保护股东权益的一种手段。

（2）经营审计。经营审计是审计人员为了评价被审计单位的经济活动的效率和效果,而对其经营程序和方法进行的评价。经营审计对独立性的要求,不像财务报表审计那么严格。另外,内部审计人员、政府审计人员或注册会计师都可以执行经营审计。经营审计的结果以一定的报告形式传达给用户,但这种报告的形式与内容因约定任务的情况不同而有较大的差别。经营审计的用户通常就是被审计单位,而且经营审计报告很少被第三方利用。经营审计的对象不限于会计信息,还包括组织机构、计算机信息系统、生产方法和市场营销等方面。

（3）合规性审计。合规性审计是为查明和确定被审计单位财务活动或经营活动是否符合有关法律、法规、条例、合同、协议、有关控制标准而进行的审计。由注册会计师或税务审核人员就企业所得税结算申报书是否遵从税法规定申报而进行的审计,就是合规性审计的典型例子。政府审计开展的财经法纪审计,如对严重违反国家现金管理规定、银行结算规定、成本开支范围、税法规定等行为所进行的审计,也是一种合规性审计。合规性审计的主要目的,是检查财经法律、财经法规以及财经纪律的执行情况,揭露违法乱纪行为。由于违反财经法律、法规和纪律的手段的特殊性,审计机构应采取不同的审计对策。按照有关规定,审计机关对违反财经纪律的单位和个人有权予以经济制裁;对严重违法乱纪人员,有权向有关部门建议予以行政处分。合规性审计的结果通常需要报送给被审计单位管理层或外部特定使用者。

（二）审计的其他分类

按照审计范围分类,可以划分为全面审计和局部审计、综合审计与专题审计。按照审计时间分类,可分为事前审计、事中审计和事后审计,期中审计和期末审计,定期审计和不定期审计。按照审计地点分类,可分为就地审计、送达审计和远程网络审计。按照审计动机分类,可分为法定审计和任意审计。按照审计是否通知被审计单位分类,可分为预告审计和突击审计。按照审计使用的技术和方法分类,可分为账表导向审计、系统导向审计和风险导向审计等。

二、审计的组织体系

审计组织体系又称审计组织形式或审计模式,是指负担不同审计任务的审计组织之间形成的相互联系、互为补充的完整审计系统,包括审计机构和审计人员。我国审计组织体系由政府审计机关、内部审计机构及民间审计组织共同构成。

（一）政府审计机关

1. 政府审计机关概念

政府审计机关是国家的财政经济监督部门,代表政府依法行使审计监督权,具有宪法赋予的独立性和权威性。

从新中国成立至1982年,我国未设独立的专职审计机构,对财政、财务收支的经济监督由财政、税务、银行等部门通过其业务在一定范围内进行。这种管理部门的监督具有分散性,不能进行经常性、综合性、独立性的监督。现行的《中华人民共和国宪法》第九十一条规定:"国务院设立审计机关,对国务院各部门和地方各级政府的财政收支,对国家的财政金融机构和企事业组织的财务收支,进行审计监督。审计机关在国务院总理领导下,依照法律规定独立行使审计监督权,不受其他行政机关、社会团体和个人的干涉。"其以最高法律的形式,明确了实行审计监督的制度。

政府审计机关实行统一领导、分级负责的原则。国务院设审计署,在国务院总理的领导下,负责组织领导全国的审计工作,是国家的最高审计机关,向国务院负责并报告工作。县级以上地方各级人民政府设置审计机关。地方各级审计机关分别在省长、自治区主席、市长、州长、县长、区长和上一级审计机关的领导下,组织领导本行政区的审计工作,根据工作需要,设置若干职能机构(处、科、室、股),负责领导本级审计机关审计范围内的审计事项,对上一级审计机关和本级人民政府负责并报告工作。

在我国形成了从中央到地方,自上而下的独立的、具有权威性的政府审计组织系统。

2. 政府审计机关的职责和权限

为了加强国家的审计监督,维护国家财政经济秩序,提高财政资金使用效益,促进廉政建设,保障国民经济和社会健康发展,我国于 1994 年 8 月颁布了《中华人民共和国审计法》,于 2006 年 2 月进行了修订。现行的《审计法》,明确规定了审计机关的职责权限。

(1) 审计机关对本级各部门(含直属单位)与下级政府预算的执行情况和决算以及其他财政收支情况,进行审计监督。

审计署在国务院总理的领导下,对中央预算执行情况和其他财政收支情况进行审计监督,向国务院总理提出审计结果报告;地方各级审计机关向本级人民政府和上一级审计机关提出审计结果报告。

(2) 审计署对中央银行的财务收支,进行审计监督。

(3) 审计机关对国有金融机构的资产、负债、损益,进行审计监督。

(4) 审计机关对国家的事业组织和使用财政资金的其他事业组织的财务收支,进行审计监督。

(5) 审计机关对国有企业的资产、负债、损益,进行审计监督。

(6) 审计机关对政府投资和以政府投资为主的建设项目的预算执行情况与决算,进行审计监督。

(7) 审计机关对政府部门管理的和其他单位受政府委托管理的社会保障基金、社会捐赠资金以及其他有关基金、资金的财务收支,进行审计监督。

(8) 审计机关对国际组织和外国政府援助、贷款项目的财务收支,进行审计监督。

(9) 审计机关按照国家有关规定,对国家机关和依法属于审计机关审计监督对象的其他单位的主要负责人,在任职期间对本地区、本部门或者本单位的财政收支、财务收支以及有关经济活动应负经济责任的履行情况,进行审计监督。

(10) 审计机关指导和监督属于审计机关审计监督对象单位的内部审计工作。

例如,我们国家审计署组织开展行业审计、专项审计和审计调查;依法受理被审计单位对审计机关审计决定的复议申请;配合稽查特派员对国有重点大型企业和国家重点建设项目进行审计监督;组织对其他国有企业和国家建设项目的审计监督等。

政府审计机关在审计过程中,可行使的权限包括以下方面。

(1) 审计机关有权要求被审计单位按照审计机关的规定,提供预算或者财务收支计划、预算执行情况、决算、财务会计报告,运用电子计算机储存、处理的财政收支、财务收支电子数据和必要的电子计算机技术文档,在金融机构开立账户的情况,社会审计机构出具的审计报告,以及其他与财政收支或者财务收支有关的资料,被审计单位不得拒绝、拖延、谎报。

（2）审计机关进行审计时,有权检查被审计单位的会计凭证、会计账簿、财务会计报告和运用电子计算机管理财政收支、财务收支电子数据的系统,以及其他与财政收支、财务收支有关的资料和资产。

（3）审计机关进行审计时,有权就审计事项的有关问题向有关单位和个人进行调查,并取得有关证明材料。有关单位和个人应当支持、协助审计机关工作,如实向审计机关反映情况,提供有关证明材料。

（4）审计机关经县级以上人民政府审计机关负责人批准,有权查询被审计单位在金融机构的账户。

（5）审计机关有证据证明被审计单位以个人名义存储公款的,经县级以上人民政府审计机关主要负责人批准,有权查询被审计单位以个人名义在金融机构的存款。

（6）审计机关进行审计时,被审计单位不得转移、隐匿、篡改、毁弃会计凭证、会计账簿、财务会计报告以及其他与财政收支或者财务收支有关的资料,不得转移、隐匿所持有的违反国家规定取得的资产。

3. 政府审计人员

政府审计人员是指政府审计机关中接受政府委托,依法行使审计监督权,从事审计业务的人员。

我国政府审计人员是审计机关的工作人员,包括领导人员和审计专业人员。审计署的主要领导人为审计长（一人）和副审计长（若干人）。审计长由国务院总理提名,全国人民代表大会决定,国家主席任命;副审计长由国务院任命。地方各级审计机关的负责人由本级人民代表大会任免,同时应当事先征求上一级审计机关的意见。政府审计机关的专业工作人员主要由熟悉会计、审计、财务和税务等业务的专职人员构成。

因为政府审计人员既从事合规性审计、经营审计,也从事与财务报表有关的审计,这就对政府审计人员的素质提出了更高的要求。审计机关录用的审计人员必须经过培训合格后,才能独立承办审计业务,对在职的审计人员实行专业技术资格制度,审计署及省级审计机关建立专业技术资格考试和评审制度。审计专业技术资格分为初级（审计员、助理审计师）资格、中级（审计师）资格、高级（高级审计师）资格。

（二）内部审计机构

内部审计机构是各部门、各单位内部建立的对本部门、本单位进行经济监督的、独立的审计组织。内部审计机构是我国审计组织体系的重要组成部分,包括部门内部审计机构和单位内部审计机构。

知识链接 1-3

内部审计机构

我国于2010年2月20日公布新修订的《审计法实施条例》,并于5月1日起施行。修订后的《审计法》第二十九条规定:"依法属于审计机关审计监督对象的单位,应当按照国家有关规定建立、健全内部审计制度;其内部审计工作应当接受审计机关的业务指导和监督。"

在新规定中,应当建立、健全内部审计制度的单位范围,与原《审计法》的规定相比并没有缩小,反而有所扩大,并且具有一定弹性。将不属于政府部门的国家机关、使用财政资金的事业组织、国有资本占控股或者主导地位的企业和金融机构等,均纳入了应建立、健全内部审计制度的单位范围。而且,现行及今后其他法律、法规规定的属于审计监督对象的单位,均应当依法建立、健全内部审计制度。

1. 内部审计机构

我国的内部审计机构是根据审计法规和其他财经法规的规定设置的。

(1)部门内部审计机构。国务院和县级以上地方各级人民政府各部门,应当建立内部审计监督制度,根据审计业务需要,分别设立审计机构并配备审计人员,在本部门主要负责人的领导下,负责所属单位和本行业的财务收支及其经济效益的审计。

(2)单位内部审计机构。大中型企事业单位应当建立内部审计监督制度,设立审计机构,在本单位主要负责人的领导下,负责本单位的财务收支及其经济效益的审计。

无论是部门内部审计机构,还是单位内部审计机构,都有专职的从业人员,需保证其独立性和权威性。因此,必须单独设立,受本部门或本单位主要负责人的领导,或者在董事会或董事会下设的审计委员会的领导下开展内部审计工作。审计业务少的单位和小型企事业单位,可以不设置独立的内部审计机构,但是也应配备专职的内部审计人员。

2. 内部审计机构的职责和权限

由于我国的内部审计机构是根据审计法规和其他财经法规的规定设置的,为了便于其行使审计监督权,相关法规对其职责和权限也做出明确规定。

(1)内部审计机构的职责。是对本部门和本单位的财政收支、财务收支、经营管理活动和经济效益状况进行审核与评价,查明其真实性、合规性和效益性,向财产所有者或其代表者报告审计结果,督促部门和单位建立、健全内部控制制度,改善经营管理,提高经济效益。

(2)内部审计机构的权限。为保证内部审计机构履行相应的职责,本部门和本单位主要负责人或权力机构应当赋予其必需的权限,包括以下方面。

① 根据内部审计工作的需要,要求被审计单位按时报送计划、预算、决算、报表和有关文件资料等;

② 参加本单位有关会议,召开与审计事项有关的会议;

③ 参与研究制定有关的规章制度,提出内部审计规章制度,由单位审定公布后实施;

④ 检查有关生产、经营和财务活动的资料、文件和现场勘查实物;

⑤ 检查有关的计算机系统及其电子数据和资料;

⑥ 对审计涉及的有关事项进行调查,并索取有关文件和资料等证明材料;

⑦ 对正在进行的严重违反财经法规、严重损失浪费的行为,经部门或单位主要负责人同意,可以做出临时制止决定;

⑧ 对可能转移、隐匿、篡改、毁弃会计凭证、会计账簿、财务会计报告以及与经济活动有关的资料,经部门或单位主要负责人或权力机构批准,可以暂时封存;

⑨ 提出改进管理、提高经济效益的建议和纠正、处理违反财经法规行为的意见;

⑩ 对严重违反财经法规和造成严重损失浪费的单位和直接责任人员,提出处理建议。

本部门和本单位主要负责人或权力机构在其管理权限范围内,应当赋予内部审计机构必要的处理、处罚权等。

3. 内部审计人员

内部审计人员是指在部门和单位内部设置的内部审计机构中工作的领导人员和审计专业人员。内部审计人员根据内部审计机构的隶属关系决定其任免程序。例如,内部审计机构隶属于董事会或其下属的审计委员会领导的内部审计机构的审计人员,其任免应通过董事会或审计委员会进行;内部审计机构隶属于部门或单位负责人领导的内部审计机构的内部审计人员,其任免通过部门或单位内部领导层进行。在我国,部门或单位内部审计人员,尤其是审计主管人员的任免与调动,应征得上级主管部门内部审计机构的同意。内部审计专业人员也应当由熟悉会计、财务、税务、经济管理、工程技术、法律、计算机等知识和业务技能的专职人员组成;同时,要求熟悉本部门或本单位的内部控制或管理制度、生产与经营特点、工艺流程及相关业务等。

（三）民间审计组织

1. 民间审计组织形式

我国民间审计组织是指根据国家法律或条例规定,经过政府有关部门审核批准、登记注册的会计师事务所。

在我国,注册会计师不能以个人名义承办业务,必须由会计师事务所统一接受委托。会计师事务所在承办业务时,由于委托人不同,被授予的权限也不同。在接受国家机关委托办理的业务时,根据业务的需要,注册会计师有权查阅有关财务会计资料和文件,查看业务现场和设施,向有关单位和个人进行调查与核实;接受其他委托人的委托时,需要查阅资料、文件和进行调查的,则应按照依法签订的业务约定书的约定办理。

（1）我国会计师事务所的组织形式。目前,我国会计师事务所的组织形式主要有有限责任会计师事务所和合伙会计师事务所。

① 有限责任会计师事务所。有限责任会计师事务所是指由发起人通过共同出资并以其出资额为限对本所债务承担有限责任,会计师事务所以其全部资产对其债务承担责任的社会中介机构。注册会计师可以发起设立有限责任会计师事务所,事务所以其全部资产对其债务承担责任,事务所的出资人所承担的责任以其出资额为限。

设立有限责任会计师事务所必须符合的条件有:不少于人民币 30 万元的注册资本;有10 名以上在国家规定的职龄以内的专职从业人员,其中至少有 5 名注册会计师;有 5 名以上符合规定条件的发起人;有固定的办公场所;审批机关规定的其他条件。另外,申请设立有限责任会计师事务所的单位,还必须符合财政部《有限责任会计师事务所审批办法》的有关规定。经批准设立的会计师事务所,应当自接到批复文件 20 日内到所在地的省、自治区、直辖市注册会计师协会领取财政部统一印制的"会计师事务所执业证书",并办理执业登记。

② 合伙会计师事务所。合伙会计师事务所是由 2 名以上的注册会计师共同出资设立,共同执业,合伙人按出资比例或协议以各自的财产对事务所债务承担连带责任的社会中介机构。以各自的财产承担责任,合伙人对会计师事务所的债务承担连带责任。

设立合伙会计师事务所必须具备的条件有:有 2 名以上符合规定的注册会计师为合伙人,有固定的办公场所和必要的设施;有能够满足执业和其他业务工作所需要的资金。合伙会计师事务所应当建立风险基金,或向保险机构投保职业保险。建立风险基金的,每年提取的基金数应当不少于业务收入的 10%。合伙会计师事务所的收入,扣除各项费用,按合伙人应分配额缴纳所得税后,提取不低于 30% 作为共同基金,其余部分由合伙人按照协议进行分配。共同基金属于合伙人权益。

我国于 2007 年 6 月 1 日起施行的《中华人民共和国合伙企业法》,也引进了国外的有限责任合伙制的新型合伙形式,称为特殊普通合伙企业,但英文仍然使用 Limited Liability Partnership(简称 LLP,缩写 L. L. P)。2011 年 4 月 10 日为深入贯彻落实财政部、工商总局印发的《关于推动大中型会计师事务所采用特殊普通合伙组织形式的暂行规定》(财会〔2010〕12 号),进一步推进大中型会计师事务所转制为特殊普通合伙组织形式,规范操作程序,明确相关要求,确保转制工作依法、扎实、平稳进行,财政部制定了《大中型会计师事务所转制为特殊普通合伙组织形式实施细则》,并要求自印发之日起施行。

(2) 西方国家会计师事务所的组织形式。会计师事务所是注册会计师依法承办业务的机构。从世界范围来看,会计师事务所的形式包括独资制、普通合伙制、有限责任合伙制、股份有限公司制四类形式,如表 1-3 所示。

表 1-3　会计师事务所类型

名　称	组 织 形 式	特　点
独资制	注册会计师个人独立开办的事务所	个人出资并承担无限责任,但难以承接综合业务
普通合伙制	两个以上符合条件规定的注册会计师合伙设立的会计师事务所	多人出资,并以各自财产对合伙会计师事务所债务承担无限责任。合伙人的执业行为会影响整个事务所的生存和发展,风险较大
有限责任合伙制	多个合伙人通过设立有限责任公司方式组建会计师事务所	事务所以其资产对债务承担有限责任,各合伙人对其执业行为承担无限责任
股份有限公司制	通过设立股份有限公司方式组建会计师事务所	执业的注册会计师以其认购的事务所股份为限对本所债务承担有限责任。能扩大事务所业务规模,但不利于注册会计师关注执业风险

① 独资制。独资制会计师事务所是指注册会计师个人独立开办的会计师事务所。其特点是个人出资并承担无限责任,能适应中小企业代理记账、税务代理等一般性需要,但难以承接综合业务,制约了其发展。

② 普通合伙制。普通合伙制是指由两位或多位注册会计师合伙设立的会计师事务所。其特点在于多人共同出资,并以各自财产对合伙事务所债务承担无限责任;由于利益共享,能有效扩展业务,扩大规模。但是,任何合伙人的执业行为都会影响整个事务所的生存和发展,风险较大。

③ 有限责任合伙制。有限责任合伙制是指由多个合伙人通过设立有限责任公司的方式组建的会计师事务所。其显著特点是事务所以其资产对债务承担有限责任,但各合伙人对个人执业行为承担无限责任。该方式结合了合伙制与公司制会计师事务所的优点,既能壮大会计师事务所规模,又能促进注册会计师关注审计风险,得到了国际注册会计师职业界的认可。

④ 股份有限公司制。股份有限公司制是指通过设立股份有限公司方式组建的会计师事务所。其特点是执业的注册会计师认购事务所股份,并以其股份为限对本所债务承担有限责任。这种形式有利于迅速扩大事务所规模,业务发展较快,但由于风险均摊,不利于注册会计师关注执业风险。

(3) 中国注册会计师协会。中国注册会计师协会是中国注册会计师行业的自律性组织,于 1988 年 11 月 15 日成立,接受财政部的监督和指导。

1995 年 6 月 19 日,中国注册会计师协会和 1992 年 9 月 8 日成立并接受审计署监督、指导的中国注册审计师协会,联合组成了注册会计师全国组织——中国注册会计师协会。联合后的中国注册会计师协会,依法对全国注册会计师行业实行管理,依法接受财政部的监督、指导,依据《注册会计师法》和《中国注册会计师协会章程》行使职责。2000 年 9 月,中国注册会计师协会、中国资产评估协会合并组成新的中国注册会计师协会,对行业实行统一管理。

中国注册会计师协会的会员有个人会员(包括执业会员和非执业会员)、团体会员(会计师事务所)和名誉会员(境内外有关知名人士)三类,会员入会均须履行申请和登记手续。

2. 民间审计人员

民间审计人员主要是注册会计师。目前,在我国取得注册会计师资格的途径是通过注册会计师资格考试。

注册会计师资格考试与注册制度是注册会计师制度的重要内容之一,是选拔注册会计师的一系列措施、制度的总称。我国于 1991 年开始组织全国注册会计师统一考试。财政部成立全国注册会计师考试委员会,组织考试工作。只有经批准注册并取得财政部统一印制的注册会计师证书的,方可执行注册会计师业务。注册由省级注册会计师协会办理,报财政部备案。

3. 民间审计的业务范围

民间审计的业务范围非常广泛,涉及经济生活的各个方面,具体如下:

(1) 鉴证业务。鉴证业务是指注册会计师对鉴证对象信息提出结论,以增强除责任方之外的预期使用者对鉴证对象信息信任程度的业务。鉴证对象信息是按照标准对鉴证对象进行评价和计量的结果。例如,责任方按照会计准则和相关会计制度(标准)对其财务状况、经营成果、现金流量(鉴证对象)进行确认、计量与列报而形成的财务报表。

按照鉴证对象信息和保证程度的不同,可将鉴证业务分为历史财务信息审计、历史财务信息审阅和其他鉴证业务。注册会计师执行鉴证业务时,应当遵守鉴证业务基本准则以及依据该准则制定的审计业务准则、审阅业务准则和其他鉴证业务准则。

① 审计业务。历史财务信息审计是指鉴证对象信息为历史财务信息的合理保证鉴证业务。在历史财务信息审计业务中,注册会计师作为独立的第三方,运用专业知识、技能和经验对历史财务信息进行审计并以积极方式发表专业意见,旨在提高财务报表的可信赖程度。财务报表审计业务是一种典型的历史财务信息审计业务。财务报表审计的目标是注册会计师通过执行审计工作,对财务报表的下列方面发表审计意见:财务报表是否按照适用的会计准则和相关会计制度的规定编制;财务报表是否在所有重大方面公允反映被审计单位的财务状况、经营成果和现金流量。由于审计存在固有限制,审计工作不能对财务报表整体不存在重大错报提供绝对保证。

② 审阅业务。历史财务信息审阅是指鉴证对象信息为历史财务信息的有限保证鉴证业务。在历史财务信息审阅业务中,注册会计师作为独立的第三方,运用专业知识、技能和经验对历史财务信息进行审阅并以消极方式发表专业意见,目的是提高财务报表的可信赖程度。传统的财务报表审阅业务是一种典型的历史财务信息审阅业务。财务报表审阅的目

标,是注册会计师在实施审阅程序的基础上,说明是否注意到某些事项,使其相信财务报表没有按照适用的会计准则和相关会计制度的规定编制,未能在所有重大方面公允反映被审阅单位的财务状况、经营成果和现金流量。在财务报表审阅业务中,要求注册会计师将审阅风险降至该业务环境下可接受的水平(高于财务报表审计中可接受的低水平),对审阅后的财务报表提供低于高水平的保证(即有限保证),在审阅报告中对财务报表采用消极方式提出结论。

③ 其他鉴证业务。其他鉴证业务是指除历史财务信息审计和审阅业务以外的鉴证业务和预测性财务信息审核,如财务预测复核、内部控制复核、风险管理鉴证、网域认证等。

(2) 相关服务业务。相关服务是相对鉴证服务而言,是指那些由注册会计师提供的、除了鉴证服务以外的其他服务,具体包括以下方面。

① 咨询服务。咨询服务是为个人或组织提供信息使用建议的专业服务。专业性是咨询服务的基础。与鉴证服务相比,咨询服务以信息的使用为主要目标,不涉及信息质量,也不对咨询业务所使用的信息加以保证。

咨询服务包括管理咨询服务、税务咨询服务和会计咨询服务等。其中,管理咨询服务是指注册会计师为客户提供管理建议与技术协助,帮助客户改善其能力和合理利用资源,并实现其预定的目标,已成为很多会计师事务所总收入中重要的、增长最快的部分。税务咨询服务是注册会计师的重要业务之一。会计咨询服务不仅是中小会计师事务所的主要业务,近年来也进入大型会计师事务所的业务领域,为法律案件、投资决策等提供会计专业帮助。

② 对财务信息执行商定程序。对财务信息执行商定程序的目标是注册会计师对特定财务数据、单一财务报表或整套财务报表等财务信息,执行与特定主体商定的具有审计性质的程序,并就执行的商定程序及其结果出具报告。注册会计师执行商定程序业务,仅报告执行的商定程序及其结果,并不提出鉴证结论。报告使用者自行对注册会计师执行的商定程序及其结果做出评价,并根据注册会计师的工作得出自己的结论。

③ 代编业务。代编业务的目标是注册会计师运用会计而非审计的专业知识和技能,代客户编制一套完整或非完整的财务报表,或代为收集、分类和汇总其他财务信息。注册会计师执行代编业务使用的程序并不旨在,也不能对财务信息做出任何鉴证结论。

注册会计师在确定某项业务适合作为鉴证业务,还是适合作为相关服务时,应当根据执业准则的要求,着重考虑客户寻求服务的目的。如果客户的要求只涉及信息的编制和利用,或就某一事项寻求建议或意见,注册会计师将此业务作为相关服务是恰当的。但是,如果客户需要注册会计师对特定事项以书面报告的形式提供保证,则此业务应当作为鉴证业务。

小思考

注册会计师的审计业务和会计咨询、会计服务业务在性质上有区别吗?

审计业务属于法定业务,非注册会计师不得承办。会计咨询、会计服务业务属于服务性质,是所有具备条件的中介机构,甚至个人,都能从事的非法定业务。

4. 民间审计的国际组织

民间审计的国际组织是国际会计师联合会(IFAC)。其于 1977 年 10 月在德国慕尼黑成立,是一个由不同国家职业会计师组织组成的非营利性、非政府性和非政治性的机构。其前身是于 1972 年在澳大利亚的悉尼召开的第 10 届国际会计师大会上成立的国际会计职业协调委员会。最高领导机构是代表大会和理事会。代表大会由各国会计师职业团体各出一人组成,理事会由来自 15 个不同国家的职业会计师团体的代表组成。

联合会的宗旨是建立会计师在执行业务时应遵循的职业道德准则和制定能够协调国际业务的标准,发展和提高世界范围内会计职业的协作,促进国际范围内的会计协调。

目前,IFAC 有三种会员资格:正式会员(Full)、准会员(Associate)和联系会员(Affiliate)。中国注册会计师协会 1997 年 5 月 8 日成为国际会计师联合会的正式成员。

国际会计师联合会下设 7 个常设委员会:教育委员会、职业道德委员会、国际审计实务委员会、国际大会委员会、管理会计委员会、计划委员会和地区组织委员会。自 20 世纪 70 年代末开始,国际会计师联合会制定、批准了一系列的国际审计指南,对各国注册会计师职业界在审计实务中的相互协调及各国民间审计的发展,起到了积极作用。

在审计监督体系中,政府审计、内部审计和民间审计,既相互联系又各自独立,各司其职,在不同的领域进行审计工作。它们各有特点,不可替换,不存在主导与从属的关系。随着政治的逐渐民主,政府审计会逐步加强;随着企业规模的扩大和内部管理的科学化,内部审计将得到更大的发展;随着经济的逐步市场化,民间审计地位也将日益重要。

知识链接 1-4

知名会计师事务所

目前,国际"四大"会计师事务所分别是普华永道会计师事务所、安永会计师事务所、毕马威会计师事务所和德勤会计师事务所。

20 世纪 50 年代初以前,不仅在中国,甚至在国际上享有盛誉的四家中国会计师事务所是:正则会计师事务所、正明会计师事务所、立信会计师事务所、公信会计师事务所。

正则会计师事务所,是由中国第一位会计师谢霖在 1918 年年末至 1919 年年初创办的,率先在中国承办会计师业务,在中国会计发展史上留下了光辉的记录。

正明会计师事务所,原名"徐永祚会计师事务所",是中国著名会计学家改良中式簿记运动发起人徐永祚于 1921 年创办的。

立信会计师事务所,是潘序伦在 1917 年创办的"潘序伦会计师事务所"于 1928 年改名的,是在会计界中影响最深、规模最大的会计师事务所。

公信会计师事务所,是由奚玉书于 1936 年组建的,自任主任会计师。

【本章小结】

本章主要阐述了审计的含义与特征,介绍了审计的起源与发展,我国审计的分类与组织形式。通过学习,要求理解审计的概念,了解审计的产生与发展,熟悉审计的基本分类与其他分类,掌握审计的职能。

【课后习题】

一、判断题

1. 西周是我国审计制度初步形成阶段,民间审计和政府审计都在那时产生。   (   )

2. 新中国成立以后,国家没有设置独立的审计机构,审计制度直到 20 世纪 80 年代才得以恢复和重建。 （　　）

3. 美国总审计局是隶属于总统的一个独立经济监督机构。 （　　）

4. 1853 年在苏格兰的爱丁堡成立了"爱丁堡会计师协会",这是世界上第一个职业会计师的专业团体。 （　　）

5. 详细审计最早在美国产生。 （　　）

6. 审计的独立性是保证审计工作顺利进行的必要条件。 （　　）

7. 财政、银行所从事的经济监督活动,同样可称为审计。 （　　）

8. 审计的职能不是一成不变的,是随着经济的发展而发展变化的。 （　　）

二、单项选择题

1. 我国审计制度经历了一个漫长的发展过程,大体可分为（　　）。
   A. 3 个阶段　　　　　B. 4 个阶段　　　　　C. 5 个阶段　　　　　D. 6 个阶段

2. 在秦汉时期,（　　）制度日趋完善。
   A. 监察　　　　　　　B. 御史　　　　　　　C. 上计　　　　　　　D. 下计

3. 宋代审计司的建立,是我国"审计"的正式命名,从此"审计"一词便被称为（　　）。
   A. 财会审核　　　　　B. 经济司法　　　　　C. 经济执法　　　　　D. 财政监督

4. 在西方,最具代表性的政府审计机关隶属于（　　）。
   A. 司法系统　　　　　B. 立法系统　　　　　C. 行政系统　　　　　D. 管理系统

5. 一些国家的政府审计机关由政府的财政部领导,称为（　　）。
   A. 行政系统政府审计机关　　　　　　　B. 次行政系统政府审计机关
   C. 立法系统政府审计机关　　　　　　　D. 司法系统政府审计机关

6. 审计产生于（　　）。
   A. 剥削　　　　　　　B. 统治　　　　　　　C. 受托经济责任　　　D. 经济利益

7. 审计最基本的职能是（　　）。
   A. 经济评价　　　　　B. 经济监察　　　　　C. 经济监督　　　　　D. 经济司法

三、多项选择题

1. 目前,我国的审计监督体系主要包括（　　）。
   A. 政府审计　　　　　B. 事前审计　　　　　C. 民间审计　　　　　D. 内部审计

2. 审计关系人的组成部分有（　　）。
   A. 审计主体　　　　　B. 审计法规　　　　　C. 审计客体　　　　　D. 审计委托者

3. 为了充分体现审计的属性,在审计机构设置和审计的工作过程中,必须遵循（　　）原则。
   A. 思想独立　　　　　B. 经济独立　　　　　C. 机构独立　　　　　D. 精神独立

4. 审计的基本职能有（　　）。
   A. 经济评价　　　　　B. 经济鉴证　　　　　C. 经济监督　　　　　D. 经济司法

第二章　注册会计师职业规范体系

知识目标

- 了解注册会计师执业准则体系的构成;
- 掌握鉴证业务准则的构成,重点掌握鉴证业务基本准则的内容;
- 掌握会计师事务所质量控制准则的基本内容;
- 掌握注册会计师职业道德准则的基本内容;
- 熟悉并掌握注册会计师应承担的法律责任。

技能目标

- 能够遵照相关的技术准则提供专业服务;
- 能正确判断和分析影响独立性情形,合理选择承接业务。

案例导入

麦克逊·罗宾斯公司破产案

1938年年初,麦克逊·罗宾斯药材公司的债权人米利安·汤普森在与麦克逊公司的经济往来业务中,发现了该公司的财务资料有异常之处。米利安·汤普森对发现的问题产生疑惑,向公司管理人员要求提供有关原材料实际存货的证明,未能取得该证据,其拒绝承认公司300万美元的债券。而后,美国证券交易委员会开始对麦克逊公司立案调查。

美国证券交易委员会对麦克逊公司的调查结果如下:

(1) 该公司及其子公司10多年来的会计报表均由美国第一流的普赖斯·沃特豪斯会计公司执行审计,对麦克逊公司财务状况及经营成果出具了无保留意见审计报告。

(2) 1937年12月31日麦克逊公司的合并资产负债表中总资产8700万美元。其中,1907.5万美元属虚假资产(存货1000万美元,销售收入900万美元,银行存款7.5万美元)。1937年度该公司合并损益表中虚假销售收入1820万美元,虚假毛利180万美元。

美国证券交易委员会核实上述事实后,召开了由执业会计师参加的听证会,会后颁布了新的审计程序规则,增加了关于对应收账款函证、存货实地检查、内部控制系统详细评价的条款。与此同时,美国执业会计师协会对此也做出了积极反应,建立了"审计程序委员会",并于1939年制定了《审计程序的扩展》。1947年10月,又颁布了《审计标准草案——公认的意见和范围》。1954年对其修改,改名为《公认审计标准——其意义和范围》。从此,民间审计有了一套公认的执业标准。

问题:

1. 该案件暴露出普赖斯·沃特豪斯会计公司审计中哪些方面的问题?
2. 该案件对民间审计准则出台有何意义?

第一节　注册会计师职业规范体系概述

一、审计、鉴证和认证的关系

审计、鉴证和认证的关系,如图 2-1 所示。

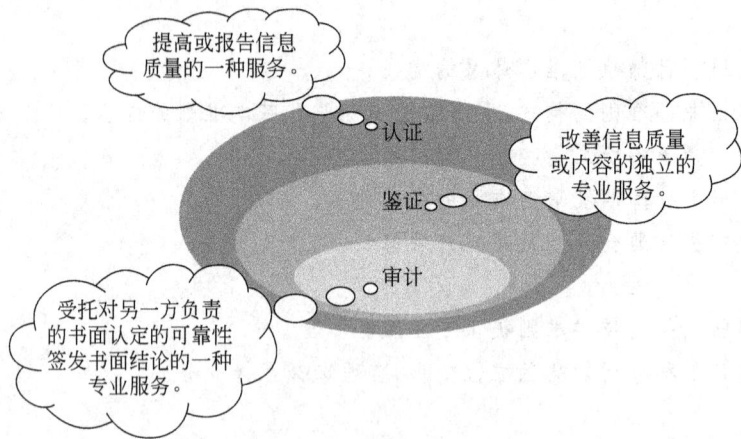

图 2-1　审计、鉴证和认证的关系

认证业务是指为决策者提供的、旨在改善信息质量或内容的独立的专业服务,如 ISO 9000 认证。

鉴证业务是指注册会计师对鉴证对象信息提出结论,以增强除责任方之外的预期使用者对鉴证对象信息信任程度的任务。

审计业务是指注册会计师综合运用审计方法,对所审计的历史财务信息是否不存在重大错报提供合理保证,并以积极方式提出结论。

二、注册会计师业务范围

注册会计师承办的专业服务分为鉴证业务与相关服务。

1. 鉴证业务

鉴证业务包括以下方面。

(1) 审计业务包括:①审查企业财务报表,出具审计报告;②验证企业资本,出具验资报告;③办理企业合并、分立、清算事宜中的审计业务,出具相应的审计报告。

(2) 审阅业务包括:①IPO 公司备报考报表和资产剥离的审阅;②IPO 公司非经常性损益明细表、原始财务报表和申报财务报表之间差异调节表的审阅;③对同时在境内外上市的公司的境内外会计准则差异调节表的审阅。

(3) 其他鉴证业务包括:①预测性财务信息审核;②网域认证;③系统鉴证;④内部控制审核。

2. 相关服务

相关服务包括:①对财务信息执行商定程序;②代编财务信息;③税务服务;④管理咨询;⑤会计服务。

知识链接 2-1

审计认证业务与传统财务报表审计业务

（1）两者同属于审计业务范畴。审计认证业务与传统的财务报表审计业务同属于审计业务范畴，注册会计师都要以独立、客观公正的第三者身份接受委托，对被审计对象进行专业的鉴证、评价，并出具审计报告；要经过计划、搜集证据、评价鉴证、出具报告的过程。该过程对注册会计师的独立性和专业胜任能力都有较高的要求，决定了在审计业务时注册会计师始终都处于风险之中。

（2）两者的目标差异。审计认证业务与财务报表审计业务的本质目标是一致的。作为同属于审计业务范畴的业务，其本质目标都是保证受托责任的全面有效履行。但其具体的目标存在差异：财务报表审计旨在评价、鉴定财务报告的真实性、合法性和公允性；而审计认证业务多是在评价、鉴证的基础上对系统的安全性、效率性、效果性等方面是否符合相关标准与规定的要求的认证。

（3）两者对注册会计师专业知识要求不同。无论是从事财务报表审计，还是审计认证业务，对注册会计师专业胜任能力都有较高的要求，但由于认证业务涉及行业的广泛性和认证内容的多样性，审计认证业务对注册会计师的专业胜任能力要求更高。审计认证业务除了要注册会计师具备传统的会计、审计、管理学等方面的知识外，对电子信息技术、网络技术、伦理学等方面的知识也要求精通。

（4）两者理论基础不同。财务报表审计有较为完善的理论基础，技术手段也随着科技的进步不断发展。审计认证业务对注册会计师而言，属于新型业务。虽然审计界不断对注册会计师开展审计认证业务进行探索，但其理论基础比较薄弱，特别是审计功能拓展理论中风险理论研究的不足，不能为注册会计师从事审计认证业务时对风险的衡量和控制提供技术手段与理论支持。

（5）两者报告形式不同。财务报表审计的审计报告一定是由两名具有签字资格的注册会计师签发的书面形式；而审计认证报告的形式可以是书面的，也可以是其他形式的，具有多样性，且认证并不是每年一次，具有其持续性。

三、注册会计师执业准则的建设

中国注册会计师（CPA）执业准则的建设分为以下三个阶段。

第一阶段为制定执业规则阶段（1991—1993 年）。中国注册会计师协会（简称中注协）成立后，非常重视执业规则的建设。1991—1993 年，先后发布了《注册会计师检查验证会计报表规则（试行）》等 7 个执业规则。这些执业规则对我国注册会计师行业走向正规化、法制化和专业化，起到了积极作用。

第二阶段为建立准则体系阶段（1994—2004 年）。1993 年 10 月 31 日，第八届全国人民代表大会常务委员会第四次会议通过《中华人民共和国注册会计师法》，规定中国注册会计师协会依法拟订执业准则、规则，报国务院财政部门批准后施行。经财政部批准同意，中注协自 1994 年 5 月开始起草注册会计师审计准则。到 2003 年年中，中注协先后制定了

6 批注册会计师审计准则,包括 1 项准则序言、1 项注册会计师审计基本准则、28 项注册会计师审计具体准则和 10 项注册会计师审计实务公告、5 项执业规范指南。此外,还包括 3 项相关基本准则(职业道德基本准则、质量控制基本准则和后续教育基本准则),共计 48 个项目。

第三阶段为国际趋同阶段(2005 年至今)。随着注册会计师审计准则体系的基本建立,制定工作转向完善注册会计师审计准则体系与提高准则质量并重。特别是自 2005 年以来,在财政部领导的部署下,中注协根据变化的审计环境、国际审计准则的最新发展和注册会计师执业的需要,有计划、有步骤地制定和修订审计准则。

根据我国实际情况和国际趋同的需要,中注协拟订了 22 项准则,并对 26 项准则进行了必要的修订和完善,将"中国注册会计师审计准则体系"改进为"中国注册会计师执业准则体系",并于 2006 年 2 月 15 日由财政部发布,自 2007 年 1 月 1 日起在所有会计师事务所施行。2009 年,根据国际审计准则明晰项目,启动了对 38 项审计准则的修订,2010 年 11 月正式发布,2012 年 1 月 1 日实施。

中国注册会计师执业准则体系受注册会计师职业道德守则统御,包括注册会计师执业准则。执业准则包括业务准则和质量控制准则。CPA 职业规范体系,如图 2-2 所示。

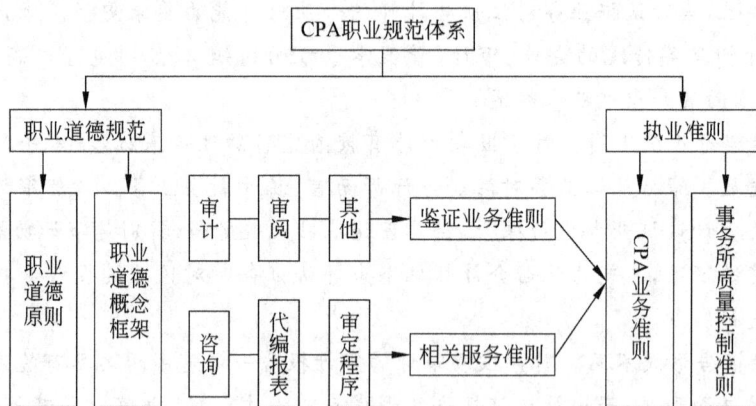

图 2-2 CPA 职业规范体系

第二节 注册会计师执业准则

中国注册会计师执业准则体系由鉴证业务准则、相关服务准则和会计师事务所质量控制准则构成。鉴证业务准则由鉴证业务基本准则统领,其中的审计准则是整个执业准则体系的核心。美国是最早制定审计准则的国家。

一、中国注册会计师执业准则体系框架

随着经济的发展和社会的需要,注册会计师的业务范围经历了由法定审计业务向其他领域拓展的过程。因此,根据我国实际情况和国际趋同的需要,将原"中国注册会计师审计准则体系"改为"中国注册会计师执业准则体系",以适应注册会计师业务多元化的需要。其

结构如图 2-3 所示。

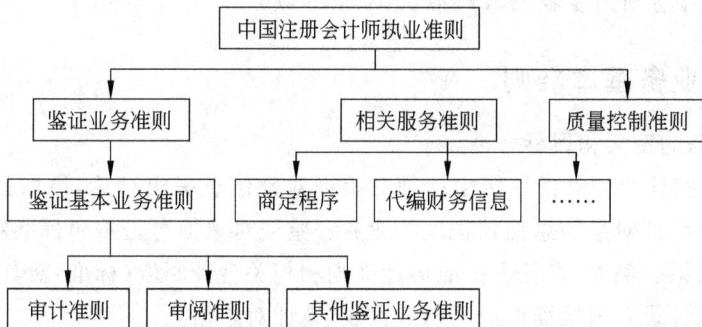

图 2-3　中国注册会计师执业准则体系

中国注册会计师业务准则体系由鉴证业务准则和相关服务准则所构成。

1. 鉴证业务准则

鉴证业务准则由鉴证业务基本准则统领,按照鉴证业务提供的保证程度和鉴证对象不同,分为中国注册会计师审计准则、中国注册会计师审阅准则和中国注册会计师其他鉴证业务准则。其中,审计准则是整个执业准则体系的核心。

中国注册会计师审计准则,是注册会计师执行历史财务信息审计业务所应遵守的职业规范。在提供审计服务时,注册会计师对所审计信息是否不存在重大错报提供合理保证,并以积极方式提出结论。

中国注册会计师审阅准则,是注册会计师执行历史财务信息审阅业务所应遵守的职业规范。在提供审阅服务时,注册会计师对所审阅信息是否不存在重大错报提供有限保证,并以消极方式提出结论。

中国注册会计师其他鉴证业务准则,是注册会计师执行历史财务信息审计或审阅以外的其他鉴证业务所应遵守的职业规范。注册会计师执业其他鉴证业务,根据鉴证业务的性质和业务约定的要求,提供有限保证或合理保证。

2. 相关服务准则

相关服务准则是指注册会计师代编财务信息、执行商定程序、提供管理咨询等其他服务所应遵守的职业规范。在提供相关服务时,注册会计师不提供任何程度的保证。

质量控制准则,是会计师事务所在执行各类业务时应当遵守的质量控制政策和程序,是对会计师事务所质量控制提出的制度要求。

知识链接 2-2

中国注册会计师执业准则体系的具体构成

中国注册会计师执业准则体系共包括 48 项准则,其具体构成如下:

(1) 鉴证业务基本准则(1 项)

(2) 审计准则第 1101～1633 号(41 项)

(3) 审阅准则第 2101 号(1 项)

(4) 其他鉴证业务准则第 3101 号和第 3111 号(2 项)

(5) 相关服务准则第 4101 号和第 4111 号(2 项)

(6) 会计师事务所质量控制准则第 5101 号(1 项)

二、鉴证业务基本准则

1. 鉴证业务的定义和目标

(1) 定义。鉴证业务是指注册会计师对鉴证对象信息提出结论,以增强除责任方之外的预期使用者对鉴证对象信息信任程度的业务。鉴证对象信息是按照标准对鉴证对象进行评价和计量的结果。例如,责任方按照会计准则和相关会计制度(标准)对其财务状况(鉴证对象)进行确认、计量和列报而形成的财务报表(鉴证对象信息)。

(2) 目标。鉴证业务的保证程度分为合理保证和有限保证。合理保证的保证水平要高于有限保证的保证水平。

合理保证的鉴证业务的目标是注册会计师将鉴证业务风险降至该业务环境下可接受的低水平,以此作为以积极方式提出结论的基础。例如,在历史财务信息审计中,要求注册会计师将审计风险降至该业务环境下可接受的低水平,对审计后的历史财务信息提供高水平保证(合理保证),在审计报告中对历史财务信息采用积极方式提出结论。这种业务属于合理保证的鉴证业务。

有限保证的鉴证业务的目标是注册会计师将鉴证业务风险降至该业务环境下可接受的水平,以此作为以消极方式提出结论的基础。例如,在历史财务信息审阅中,要求注册会计师将审阅风险降至该业务环境下可接受的水平,对审阅后的历史财务信息提供低于高水平的保证(有限保证),在审阅报告中对历史财务信息采用消极方式提出结论。这种业务属于有限保证的鉴证业务。

知识链接 2-3

"保证"概念的正确理解

要正确理解鉴证业务准则中的"保证"概念,先要将其与"绝对保证"的概念进行区分,绝对保证是指注册会计师对鉴证对象整体不存在重大错报提供百分之百的保证。合理保证是一个与积累必要的依据相关的概念,它要求通过不断修正的、系统的执业过程,获取充分、适当的证据,对鉴证对象整体提出结论,提供一种高水平但非百分之百的保证。

与合理保证相比,有限保证在证据搜集的性质、时间和范围等方面受到有意识的限制,提供的是一种适度水平的保证。

由此可以看出,三者提供的保证水平逐次递减。

2. 鉴证业务的要素与内容

鉴证业务五要素及其内容如表 2-1 所示。

3. 鉴证业务种类

鉴证业务分为基于责任方认定的业务和直接报告业务。

在基于责任方认定的业务中,责任方对鉴证对象进行评价或计量,鉴证对象信息以责任方认定的形式为预期使用者获取。

表 2-1　鉴证业务五要素及其内容

要　素	内　容
三方关系	三方关系人分别是注册会计师、责任方和预期使用者。注册会计师对由责任方负责的鉴证对象或鉴证对象信息提出结论，以增强除责任方之外的预期使用者对鉴证对象信息的信任程度
鉴证对象及鉴证对象信息	鉴证对象具有多种不同的表现形式，可能是财务或非财务的信息，包括业绩或状况、系统与过程、物理特征、行为等，不同的鉴证对象具有不同的特征
标准	标准是指用来评价或计量鉴证对象的基准，当涉及列报时，还包括列报的基准
证据	获取充分、适当的证据是注册会计师提出鉴证结论的基础
鉴证报告	注册会计师应当针对鉴证对象信息（或鉴证对象）在所有重大方面是否符合适当的标准，以书面报告的形式发表能够提供一定保证程度的结论

在直接报告业务中，注册会计师直接对鉴证对象进行评价或计量，或者从责任方获取对鉴证对象评价或计量的认定，而该认定无法为预期使用者获取，预期使用者只能通过阅读鉴证报告获取鉴证对象信息。基于责任方认定的业务与直接报告业务的区别如表 2-2 所示。

表 2-2　基于责任方认定的业务与直接报告业务的区别

业务类型区别	基于责任方认定的业务	直接报告业务
注册会计师提出结论的对象不同	结论的对象可能是责任方认定（鉴证对象信息），也可能是鉴证对象	注册会计师提出结论的对象就是鉴证对象。在此类业务中，注册会计师不是对责任方认定进行再评价或者再计量，而是直接针对鉴证对象进行评价和计量
预期使用者能否获取责任方认定	在基于责任方认定业务的鉴证报告中，注册会计师通常会引述或者体现责任方认定相关内容。因此，预期使用者可以获取相关认定	在直接报告业务的鉴证报告中，注册会计师并不提及责任方认定，而是直接针对鉴证对象提出结论。因此，预期使用者无法获取相关认定
责任方的责任不同	责任方对鉴证对象信息负责，也可能同时对鉴证对象负责	责任方对鉴证对象负责
鉴证报告的格式和内容不同	明确提及责任方认定，进而说明其所执行的鉴证程序并提出鉴证结论	直接说明鉴证对象执行的鉴证程序并提出鉴证结论

三、美国的民间审计准则

知识链接 2-4

最早出现的审计准则

在审计发展史上，最早出现的审计准则是民间审计准则。美国是世界上最早制定民间审计准则的国家，其民间审计准则对其他国家，乃至国际审计准则的建立，都产生了巨大的影响。

美国的民间审计准则是由美国的民间审计组织——美国注册会计师协会执行和发布的，审计准则体系比较成熟。美国的民间审计准则体系包括三部分：一般公认审计准则、审计准则说明、审计解释和审计指南。

第三节　会计师事务所质量控制准则及职业道德与法律责任

为了规范会计师事务所的业务质量控制,明确会计师事务所及其人员的质量控制责任,中注协制定了《会计师事务所质量控制准则第5101号——会计师事务所对执行财务报表审计和审阅、其他鉴证和相关服务业务实施的质量控制》和《中国注册会计师审计准则第1121号——对财务报表审计实施的质量控制》。

一、质量控制准则

(一)质量控制制度的目的

会计师事务所质量控制准则旨在规范会计师事务所的业务质量,明确会计师事务所及其人员的质量控制责任,适用于会计师事务所执行鉴证业务和相关服务业务。

(二)业务质量控制的总体要求

根据业务质量控制准则的规定,会计师事务所应根据此准则,制定适用于本所的质量控制制度,并能够实现质量控制的两大目标:合理保证会计师事务所及其人员遵守法律及法规、中国注册会计师职业道德规范以及中国注册会计师执业准则的规定;合理保证会计师事务所和项目负责人根据具体情况出具恰当的报告。

这里所说的项目负责人是指会计师事务所中负责某项业务及其执行,并代表会计师事务所在业务报告上签字的主任会计师或经授权签字的注册会计师。

(三)质量控制要素与内容

会计师事务所质量控制七要素及其内容见表2-3。

表2-3　会计师事务所质量控制七要素及其内容

要　素	主　要　内　容
对业务质量承担的领导责任	会计师事务所应当制定政策和程序,这种政策和程序应当要求会计师事务所主任会计师对质量控制承担最终责任
职业道德规范	执行各类业务都必须遵守客观、公正、专业胜任能力和应有的关注、保密等职业道德原则;会计师事务所应当每年至少一次向所有受独立性要求约束的人员获取其遵守独立性政策和程序的书面确认函
客户关系和具体业务的接受与保持	会计师事务所应当制定有关客户关系和具体业务接受与保持的政策和程序,在符合要求的情况下,才能接受或保持客户关系和具体业务
人力资源	项目组委派的总原则:保证整体胜任能力
业务执行	项目负责人负责组织对业务执行实施指导(事前)、监督(事中)与复核(事后)
业务工作底稿	鉴证业务的工作底稿归档期限为业务报告日后60天内;鉴证业务的工作底稿自业务报告日起至少保存10年;业务工作底稿的所有权属于会计师事务所
监控	会计师事务所可以委派主任会计师、副主任会计师或具有足够、适当经验和权限的其他人员履行监控责任,监控内容是质量控制制度设计的适当性和运行的有效性

二、职业道德规范与法律责任

(一)职业道德规范的含义

职业道德是指从事一定职业的人,在履行本职工作的过程中,应当遵循的职业范围内的特殊道德要求和道德准则。职业道德强调职业特点。每一个职业都有其职业道德。例如,医生有医生的职业道德,律师有律师的职业道德,审计人员有他们的职业道德。

审计人员的职业道德,是审计人员在执业过程中应遵循的道德要求和道德准则,是对审计人员职业品德、执业纪律、专业胜任能力及职业责任等的总称,是审计人员在执业过程中应遵循的行为规范。

知识链接 2-5

审计职业道德和审计准则的关系

审计职业道德和审计准则都是约束注册会计师行为的主要规范,两者既有联系又有区别。

(1)审计职业道德和审计准则的联系:由于审计服务是注册会计师提供的全部服务的一个组成部分,在制定审计准则时,必须以审计职业道德准则为依据,即在审计准则中充分反映与其对应的职业道德准则的要求。

(2)审计职业道德和审计准则的区别:①审计职业道德是统御整个审计界提供各种服务的行为规范;而审计准则只是约束注册会计师在提供审计服务时的行为规范。②审计职业道德着重从社会道德的角度对注册会计师的行为提出要求,即在实际工作中只有原则性的规定和要求尽量做好的标准,是一种理想标准;而审计准则则着重从技术的角度对注册会计师工作的行为提出要求,即在实际工作中必须做到的明确、具体的标准,也称最低标准。

财务报表、审计报告的用户非常广泛,特别是上市公司,注册会计师实际上要对社会公众负责。社会公众在很大程度上依赖企业管理层编制的财务报表和注册会计师发表的意见,并以此作为决策的基础,注册会计师的行为会影响到公众的利益。因此,注册会计师从诞生的那天起,就承担了对社会公众的责任。

为使注册会计师切实担负起神圣的职责,为社会公众提供高质量的、可信赖的专业服务,在社会公众中树立良好的职业形象和职业声誉,就必须大力加强对注册会计师的职业道德教育,强化道德意识,提高道德水准。

知识链接 2-6

世界著名会计师事务所安达信的倒塌

美国能源公司——安然公司自成立以来(从 20 世纪 80 年代到 20 世纪 90 年代),安达信一直负责其审计工作,同时提供咨询服务。2000 年安达信从安然获得的 5 200 万美元总收入中,咨询服务的收入就高达 2 700 万美元,可见安达信与安然公司之间拥有深厚的利害关系。安达信的一个雇员说,"安达信休斯敦办公室的太多人得到了安然的好处,如果有人拒绝在审计报告上签字,他马上就得走人"。

利益驱使安达信,帮助安然"造假(账)"、"售假"(虚报赢利骗取投资者)。当安然公司无可挽回地轰然倒塌时,安达信本想让休斯敦分公司当替罪羊,通过销毁文件来摆脱与安然的关系,以免使整个公司名誉扫地。但是,这种严重违规的办法不但没有起到"丢卒保车"的作用,反而加速了安达信的信用崩溃。众目睽睽之下,安达信插翅难飞。从此,世界"五大"会计师事务所变成了"四大"。

(二) 注册会计师职业道德规范的内容

中国注册会计师协会为了规范注册会计师职业道德行为,维护注册会计师职业形象,于1992年发布了《中国注册会计师职业道德守则》(试行);又于1996年年底,印发了《中国注册会计师职业道德基本准则》;2002年6月,为了强化注册会计师职业道德,约束不规范行为,印发了《中国注册会计师职业道德规范指导意见》。

1. 职业道德基本原则

(1) 独立、客观、公正。独立、客观、公正是注册会计师职业道德中3个最重要的概念,也是对注册会计师职业道德的最基本要求。

① 独立。独立性是注册会计师执行鉴证业务的灵魂,包括实质性的独立和形式上的独立。

实质上的独立是一种内心状态,要求注册会计师在提出结论时不受有损于职业判断的因素影响,能够诚实公正行事。形式上的独立要求注册会计师避免出现重大的事实和情况,使一个理性且掌握充分信息的第三方在权衡这些事实和情况后,很可能推定会计师事务所或项目组成员的诚信、客观已经受到损害。

② 客观。客观原则是指注册会计师对有关事项的调查、判断和意见的表述,应当基于客观的立场,以客观的事实为依据,不掺杂个人的主观意愿,也不受他人意见左右。

③ 公正。公正原则是指注册会计师应当具备正直、诚实的品质,公平正直,不偏不倚地对待有关利益各方,不以牺牲一方利益为条件而使另一方受益。

(2) 专业胜任能力和应有关注。专业胜任能力,既要求注册会计师具有专业知识,技能和经验,又要求其经济、有效地完成客户委托的业务。

应有关注,要求注册会计师在执业过程中保持职业谨慎,以质疑的思维方式评价所获取证据的有效性,并对产生怀疑的证据保持警觉。

知识链接 2-7

"应有关注"举例

某公司急于成立一个注册资金为600万元的装饰公司,其办事人员找到一家会计师事务所验资,并提供了一张经过涂改的银行进账单复印件。该会计师事务所的注册会计师并未提出任何疑问,就出具了验资报告。

在这一案例中,该注册会计师没有索要进账单原件,也未向银行函证,没有保持应有的谨慎。按照职业道德基本原则,企业应予以应有的关注。

（3）保密。注册会计师在签订业务约定书时，应当书面承诺对在执行业务过程中获知的客户信息保密。除非有法定的或专业的披露权利或义务，在未经适当或特别授权的情况下，注册会计师不得使用或披露任何相关信息。

（4）职业行为。该义务要求注册会计师履行对社会公众、客户、同行及其他的责任。

① 对社会公众的责任。注册会计师行业作为一个肩负重大社会责任的行业，应以维护社会公众利益为根本目标。

② 对客户的责任。注册会计师应在维护社会公众利益的前提下，竭诚为客户服务。注册会计师应当按照业务约定，履行对客户的责任。注册会计师应当对执行业务过程中知悉的商业秘密保密，并不得利用其为自己或他人谋取利益。除有关法规允许的情形外，会计师事务所不得以或有收费形式为客户提供鉴证服务。

③ 对同行的责任。注册会计师应当与同行保持良好的工作关系，配合同行工作。注册会计师不得诋毁同行，不得损害同行利益。会计师事务所不得雇用正在其他会计师事务所执业的注册会计师。注册会计师不得以个人名义同时在两家或两家以上的会计师事务所执业。会计师事务所不得以不正当手段与同行争揽业务。

④ 其他责任。注册会计师应维护职业形象，不得有可能损害职业形象的行为。注册会计师及其所在会计师事务所不得采用强迫、欺诈、利诱等方式招揽业务。注册会计师及其所在会计师事务所不得对其能力进行广告宣传以招揽业务。注册会计师及其所在会计师事务所不得以向他人支付佣金等不正当方式招揽业务；不得向客户或通过客户获取服务费之外的任何利益。会计师事务所、注册会计师不得允许他人以本所或本人的名义承办业务。

（5）技术准则。注册会计师应当遵照相关的技术准则提供专业服务。注册会计师应当遵守以下技术准则：中国注册会计师执业准则，企业会计准则，与执业相关的其他法律、法规和规章。

2. 职业道德具体要求

（1）独立性。

① 独立性的含义。按照独立性规范，会计师事务所和鉴证小组成员有义务识别和评价可能对独立性产生威胁的各种环境及关系，并采取适当行动消除这些威胁或运用防范措施将其降至可接受水平。除了识别和评价会计师事务所和鉴证小组的关系以外，还应当考虑鉴证小组以外的人员与鉴证客户之间的关系是否会对独立性产生威胁。

② 威胁独立性的情形。可能威胁独立性的情形包括经济利益、自我评价、关联关系和外界压力等。具体内容如表 2-4 所示。

表 2-4　威胁独立性的情形

内　　容	具　体　情　形
经济利益	（1）与鉴证客户存在专业服务收费以外的直接经济利益或重大间接经济利益；（2）收费主要来源于某一鉴证客户；（3）过分担心失去某项业务；（4）与鉴证客户存在密切的经营关系；（5）对鉴证业务采取或有收费的方式；（6）可能与鉴证客户发生雇用关系
自我评价	（1）鉴证小组成员曾是鉴证客户的董事、经理、其他关键管理人员或能够对鉴证业务产生直接重大影响的员工；（2）为鉴证客户提供直接影响鉴证业务对象的其他服务；（3）为鉴证客户编制属于鉴证业务对象的数据或其他记录

内　容	具　体　情　形
关联关系	(1)与鉴证小组成员关系密切的家庭成员是鉴证客户的董事、经理、其他关键管理人员或能够对鉴证业务产生直接重大影响的员工;(2)鉴证客户的董事、经理、其他关键管理人员或能够对鉴证业务产生直接重大影响的员工是会计师事务所的前高级管理人员;(3)会计师事务所的高级管理人员或签字注册会计师与鉴证客户长期交往;(4)接受鉴证客户或其董事、经理、其他关键管理人员或能够对鉴证业务产生直接重大影响的员工的贵重礼品或超出社会礼仪的款待
外界压力	(1)重大会计、审计等问题上与鉴证客户存在意见分歧而受到解聘威胁;(2)受到有关单位或个人不恰当的干预;(3)受到鉴证客户降低收费的压力而不恰当地缩小工作范围

【例 2-1】　ABC 会计师事务所与××银行签订的审计业务约定书约定:审计费用为 100 万元,××银行在 ABC 会计师事务所提交审计报告时支付 50％的审计费用,剩余 50％视股票能否发行上市决定是否支付。

因为审计费用的 50％取决于客户的股票是否能上市,存在影响审计独立性的或有收费,会计师事务所的独立性受到损害。(经济利益对独立性的威胁)

【例 2-2】　ABC 会计师事务所接受委托,承办 W 公司 2012 年度财务报表审计业务,并于 2012 年年底与 W 公司签订了审计业务约定书。ABC 会计师事务所指派 A 和 B 两名注册会计师为该审计项目负责人。假定存在以下情况。

(1)由于计算机专家李先生曾在 W 公司信息部工作,且参与了其现行计算机信息系统的设计,ABC 会计师事务所特聘请李先生协助测试 W 公司的计算机信息系统。

(2)W 公司由于财务人员短缺,2008 年向 ABC 会计师事务所借用一名注册会计师,由该注册会计师将经会计主管审核的记账凭证输入计算机信息系统。ABC 会计师事务所未将该注册会计师包括在 W 公司 2012 年度财务报表审计项目组。

根据上述两种情况,判断 ABC 会计师事务所或相关注册会计师的独立性是否会受到损害?

经分析,情况(1)违反独立性,产生自我评价威胁。情况(2)不损害独立性。该注册会计师从事的记账凭证输入工作不属于编制鉴证业务对象的数据和其他记录,不会产生自我评价对独立性的威胁。(自我评价对独立性的威胁)

【例 2-3】　甲注册会计师已连续 5 年担任 W 公司年度财务报表审计的签字注册会计师。根据有关规定,在审计 W 公司 2012 年度财务报表时,ABC 会计师事务所决定不再由甲注册会计师担任签字注册会计师。但在成立 W 公司 2012 年度财务报表审计项目组时,ABC 会计师事务所要求其继续担任外勤审计负责人。

这是关联关系对独立性的威胁。

【例 2-4】　ABC 会计师事务所在对 W 公司 2012 年度报表审计中,由于 W 公司降低 2012 年度财务报表审计费用近 1/3,导致 ABC 会计师事务所审计收入不能弥补审计成本,ABC 会计师事务所决定不再对 W 公司下属的两个重要的销售分公司进行审计,并以审计范围受限为由,出具了保留意见的审计报告。

由于 ABC 会计师事务所受到 W 公司降低收费的压力而不恰当地缩小工作范围,形成外界压力对独立性的威胁。(外界压力对独立性的威胁)

③ 防范措施。当识别出损坏独立性的因素时,会计师事务所和鉴证小组成员应当采取

必要的措施以消除影响或将其降至可接受水平。

防范措施可以分为三类：由执业、法律或规章产生的防范措施，如进入该职业的教育、培训和经验要求等；鉴证客户内部的防范措施。例如，在鉴证客户的管理层委托会计师事务所时，由管理层以外的人员批准或同意这一委托以及鉴证客户内有能够胜任管理决策的员工等；会计师事务所自身制度和程序中的防范措施。例如，制定有关独立性的政策和程序，包括识别威胁独立性的因素、评价威胁的严重程度以及采取相应的维护措施。

（2）专业胜任能力。专业胜任能力是指注册会计师所应当具备胜任其专业职责的能力。对注册会计师的专业胜任能力的要求主要包括以下方面。

① 注册会计师应当保持和提高专业胜任能力，遵守独立审计准则等职业规范，合理运用会计准则及国家其他相关技术规范。

② 注册会计师应当通过教育、培训和执业实践保持和提高专业胜任能力。

③ 注册会计师不得宣称自己具有本不具备的专业知识、技能或经验。

④ 注册会计师不得提供不能胜任的专业服务。

⑤ 保持应有的职业谨慎。

（3）保密。注册会计师有义务对其在专业服务过程中获得的有关客户的信息予以保密。这一保密责任不得因与客户关系的终止而终止。注册会计师在以下情况下可以披露客户的有关信息。

① 取得客户的授权。

② 根据法规要求，为法律诉讼准备文件或提供证据，以及向监管机构报告发现的违反法规行为。

③ 接受同业复核以及注册会计师协会和监管机构依法进行的质量检查。

（4）收费与佣金。注册会计师的竞争与其他商业竞争是不同的，特别是低价竞争，往往会使注册会计师面临很大的时间和预算压力，导致服务质量降低。会计师事务所在确定收费时，应当考虑以下因素：专业服务所需的知识和技能；所需专业人员的水平和经验；每一专业人员提供专业服务所需的时间；提供专业服务所需承担的责任。注册会计师在提供服务时，不能采用或有收费的方法收取业务费。

佣金也是影响注册会计师服务质量与行业形象的一个重要因素。会计师事务所和注册会计师不得为招揽客户而向推荐方支付佣金，也不得因向第三方推荐客户而收取佣金。会计师事务所和注册会计师不得因宣传他人产品或服务而收取佣金。

🔍 小思考

目前，有很多地区的注册会计师管理机构以行业公约的名义统一收费标准或制订最低收费，你认为这种方式合理吗？为什么？

（5）与执行鉴证业务不相容的工作。不相容业务是指同时执行可能损害事务所或注册会计师鉴证独立性、客观性、公正性或职业声誉的业务，有以下情形。

① 注册会计师不得向鉴证客户同时提供与鉴证业务不相容的服务。

② 不得为上市公司同时提供编制财务报表和审计服务，会计师事务所的高级管理人员或员工不得担任鉴证客户的董事、经理以及其他关键职务。

③ 不得从事有损于或可能有损于其独立性、客观性、公正性或职业声誉的业务或活动。

【例 2-5】 ××银行拟公开发行股票,委托 ABC 会计师事务所审计其 2010 年度、2011 年度和 2012 年度的会计报表。双方于 2012 年年底签订审计业务约定书。审计小组成员 C 注册会计师自 2011 年以来一直协助××银行编制会计报表。

此例中,C 协助××银行编制财务报表属于会计师事务所的业务行为,而会计师事务所不能为鉴证客户同时提供代编报表和审计业务,这违反职业道德规范。(与执行鉴证业务不相容的工作)

(6) 接任前任注册会计师的审计业务。

① 前后任注册会计师的含义。会计师事务所的变更涉及前后任注册会计师。前任注册会计师是指代表会计师事务所对最近期间财务报表出具了审计报告或接受委托但未完成审计工作,已经或可能与委托人解除业务约定的会计师。后任注册会计师是指代表会计师事务所正在考虑接受委托,接替前任注册会计师执行财务报表审计业务的注册会计师。前后任注册会计师的关系,仅限于审计业务,因为审计业务提供的保证程度较高,且是一项连续业务;而其他鉴证业务,如赢利预测审核、财务报表审阅等业务提供的保证程度较低,且是非连续业务,不包括在内。另外,如果审计客户委托注册会计师对已审计财务报表进行重新审计,接受委托的注册会计师应视为后任注册会计师,之前已发表审计意见的注册会计师则视为前任注册会计师。

② 客户更换会计师事务所的原因。客户更换会计师事务所的原因很多,但有两种原因很可能不利于行业的发展和市场的正常秩序:一种原因是会计师事务所之间为争揽业务而进行恶性竞争;另一种原因则是注册会计师可能与客户在重大会计、审计问题上存在分歧,客户不认可注册会计师的立场。在一些情况下,如果注册会计师拒绝出具客户希望得到的意见,客户就可能通过更换会计师事务所实现其目的,这种情况构成购买审计意见行为。

③ 接受委托前的沟通。在接受委托前,后任注册会计师应与前任注册会计师进行必要的沟通,以确定是否接受委托。沟通内容包括:是否发现被审计单位管理层存在诚信方面的问题;前任注册会计师与管理层在重大会计、审计等问题上存在的意见分歧;前任注册会计师曾与被审计单位治理层沟通过的关于管理层舞弊、违反法规行为以及内部控制的重大缺陷等问题;前任注册会计师认为导致被审计单位变更会计师事务所的原因。

④ 接受委托后的沟通。接受委托后,如果需要查阅前任注册会计师的工作底稿,后任注册会计师应当征得被审计单位同意,并与前任注册会计师进行沟通。这实际上是强调,后任注册会计师如果需要查阅前任注册会计师的工作底稿,应当在征得被审计单位同意的基础上进行。接受委托后的沟通与接受委托前有所不同,它不是必要程序,而是由后任注册会计师根据审计工作需要自行决定的。这一阶段的沟通主要包括查阅前任注册会计师的工作底稿及询问有关事项等。

(7) 广告、业务招揽和宣传。根据《注册会计师法》的规定:我国会计师事务所和注册会计师不得对其能力进行广告宣传以招揽业务。不得刊登广告,主要有三条理由:注册会计师的服务质量及能力无法由广告加以评估;广告可能威胁专业服务精神;广告可能导致同行之间的不正当竞争。

(三)注册会计师的法律责任

注册会计师的法律责任包括行政责任、民事责任和刑事责任。法律责任的形成有违约、过失和欺诈等原因。注册会计师和会计师事务所都应采取有效措施避免法律诉讼。

1. 注册会计师法律责任的种类

在现代社会中,注册会计师被起诉的事件越来越多,注册会计师的法律责任也越来越大。其原因可能是多方面的,有的是被审计单位方面的原因,有的是注册会计师方面的原因,还有的是审计报告使用者误解的原因。从理论层面上讲,注册会计师是否承担法律责任,最终取决于注册会计师自身是否有过错。如果注册会计师执业时没有遵循注册会计师职业道德规范和执业准则,存在下列行为时,就要承担相应的法律责任。

(1) 违约。违约是指注册会计师未能达到与客户签订的合同条款的要求。当违约给他人造成损失时,注册会计师应承担违约责任。例如,注册会计师未能在约定时间内完成审计业务,或违反了为客户保密的规定。

(2) 过失。过失是指注册会计师在从事审计业务时没有保持应有的职业谨慎。过失按其大小分为普通过失和重大过失。

普通过失是指注册会计师没有保持职业上应有的合理谨慎,表现为没有完全遵循专业准则的要求。例如,未按特定审计项目取得必要和充分的审计证据的情况,可视为一般过失。

重大过失是指注册会计师没有保持起码的职业谨慎,表现为不遵循审计准则。例如,没有进行实质性测试。

(3) 欺诈。欺诈是指注册会计师以欺骗或坑害他人为目的的一种故意行为。例如,注册会计师与客户串通,明知会计报表存在重大差错,仍发表无保留意见的审计报告。

与欺诈相关的另一个概念是"推定欺诈",又称"涉嫌欺诈",是指虽无故意欺诈或坑害他人的动机,但却存在极端或异常的过失。推定欺诈和重大过失这两个概念的界限很难界定,在美国许多法院曾经将注册会计师的重大过失解释为推定欺诈,特别是近年来有些法院放宽了"欺诈"一词的范围,使推定欺诈和欺诈在法律上成为等效的概念。这样,具有重大过失的注册会计师的法律责任就进一步加大了。

注册会计师及其会计师事务所的法律责任按性质可分为三类:行政责任、民事责任和刑事责任。这些责任可以单处,也可以并处。

(1) 行政责任。行政责任是注册会计师或会计师事务所由于违反了法律、职业规范或其他规章制度,而由政府主管机关和职业协会等给予的行政处罚。对注册会计师个人的处罚包括:警告、暂停执业、吊销注册会计师证书。对会计师事务所的处罚包括:警告、没收违法所得、罚款、暂停执业、撤销等。

(2) 民事责任。民事责任是指注册会计师或会计师事务所对由于自己违反合同或民事侵权行为而对受害者承担的赔偿损失的责任。承担民事责任的形式通常表现为赔偿经济损失。

(3) 刑事责任。刑事责任是指注册会计师由于重大过失、欺诈行为违反了刑法所应承担的法律责任。刑事责任的形式包括:管制、拘留、判刑、剥夺政治权利和罚金、没收财产等。

🐭 **知识链接 2-8**

被审计单位管理层的责任与注册会计师责任的区分

张正大是一家公司的承包经营负责人,在承包经营 2 年期结束之后,请了当地一家会计师事务所对其经营期内的财务报表进行审计。事务所经过审计,出具了无保留意见的审计报告,即认为该公司在承包经营期内的财务报表已公允地反映其财务状况。

不久,检察机关接到举报,有人反映张正大在承包经营期内,勾结财务经理与出纳,暗自收受回扣,侵吞国家财产。为此,检察机关传讯了张正大。张正大到了检察机关后,手持会计师事务所的审计报告,振振有词地说:"会计师事务所已出具了审计报告,证明我没有经济问题。如果不信,你们可以去问注册会计师。"

在这个案例中,张正大的话没有道理。因为他没有分清会计责任与审计责任。编制与出具财务报表是企业管理当局的会计责任。只要这些报表中有错误或舞弊,无论审计与否,企业管理当局均要承担法律责任,而注册会计师则主要承担审计责任。不管财务报表是否有问题,注册会计师均按照公认审计准则来进行审计工作。如果遵循了公认审计准则,即使还存在虚假会计信息,注册会计师也不必承担责任。

2. 注册会计师避免法律诉讼的措施

(1)严格遵循职业道德和专业标准的要求。注册会计师的道德水平如何,是关系到整个行业能否生存和发展的大事。因此,注册会计师在执行审计业务时,首先,应遵循独立、客观、公正的原则;其次,还必须具有较强的业务能力,不但要熟悉会计、审计、法律、税务、企业管理的标准与实务,还应具备高水平的职业判断能力;再次,要遵守独立审计准则等审计职业规范,合理运用会计准则及国家其他相关技术规范;最后,要严格遵循专业标准要求,可以使注册会计师通过实质性测试把检查风险控制在理想水平。只有这样,才能降低审计风险,从而避免法律诉讼或在涉及的诉讼中保护注册会计师。

(2)建立、健全会计师事务所质量控制制度。审计准则规定了审计工作应达到的质量水平,要想使审计工作真正达到规定的质量水平,就必须实行质量控制。质量管理是会计师事务所各项管理工作中的核心、关键。如果一个会计师事务所质量管理不严,很有可能因为一个人或一个部门的原因,导致整个会计师事务所遭受灭顶之灾。因此,会计师事务所必须建立、健全一套严密、科学的内部质量控制制度,并把这套制度推行到每一个人、每一个部门和每一项业务,迫使注册会计师按照专业标准的要求执业,保证整个会计师事务所的质量。

(3)与委托人签订审计业务约定书。业务约定书具有法律效力,是确定注册会计师和委托人的责任的一份重要文件。会计师事务所无论承办何种业务,都要按照业务约定书准则的要求与委托人签订约定书,这样才能在发生法律诉讼时将一切口舌争辩减少到最低限度。

(4)深入了解被审计单位的业务,审慎选择被审计单位。在很多案件中,注册会计师之所以未能发现错误,一个重要的原因就是他们不了解被审计单位所在行业的情况,即被审计单位的业务,仅凭对方有关的资料,有可能发现不了错误。中外注册会计师法律案例告诉我们,注册会计师欲避免法律诉讼,必须慎重地选择被审计单位。

(5)提取风险基金或购买责任保险。注册会计师是"不吃皇粮的经济警察",会计师事务所的经营风险绝不亚于企业。因此,在西方国家投保充分的责任保险是会计师事务所一项极为重要的保护措施。尽管保险不能免除可能受到的法律诉讼,但能防止或减少诉讼失败的财务损失。我国《注册会计师法》也规定了会计师事务所应当按规定建立职业风险基金,办理职业保险。

(6)聘请有经验的律师。聘请精通注册会计师法律责任的律师,在执业过程中,若遇到重大法律问题,注册会计师应与聘请的律师详细讨论所有潜在的危险情况并仔细考虑律师的建议。一旦发生诉讼,也应聘请有经验的律师参加诉讼。

【本章小结】

本章主要阐述了我国注册会计师执业准则体系。我国注册会计师执业准则体系由鉴证业务准则、相关服务准则和会计师事务所质量控制准则构成。鉴证业务准则由鉴证业务基本准则统领,其中的审计准则是整个执业准则体系的核心。

通过学习,要求学生重点掌握职业道德规范要求。独立、客观、公正是注册会计师职业道德中 3 个最重要的概念,也是对注册会计师职业道德的最基本要求。另外,要熟悉注册会计师的法律责任,掌握避免法律诉讼的措施。

【课后习题】

一、判断题

1. 注册会计师保持应有关注的目的是为了确保客户能够享受到高水平的专业服务。为了达到这一基本要求,注册会计师在执业过程中应保持职业谨慎,以质疑的思维方式评价所获取证据的有效性,并对产生怀疑的证据保持警觉。   （   ）

2. 注册会计师在签订业务约定书时,应当书面承诺对在执行业务过程中获知的客户信息保密,不能在没有取得客户同意的情况下泄露任何客户的商业秘密。   （   ）

3. 按照独立性规范,会计师事务所和鉴证小组成员有义务识别和评价可能对独立性产生威胁的各种环境和关系,并采取适当行动消除这些威胁或运用防范措施将其降至可接受水平。   （   ）

4. 会计师事务所在决定接受或延续一项业务是否合适时,在决定所需要的防范措施的性质时,以及在决定某一人员是否可以成为鉴证小组成员时,都应当评价相关环境、鉴证业务的性质以及对独立性的各种威胁。   （   ）

5. 无论鉴证业务是审计业务,还是非审计业务,会计师事务所都应当考虑经济或经营关系以及以前向该鉴证客户提供的各类服务是否对独立性产生威胁。   （   ）

6. 鉴证小组成员或其直系亲属从银行或类似机构等鉴证客户取得贷款,或由这些客户作为其贷款担保人时,只要贷款是按照正常的贷款程序、条件和要求进行的,就不会对独立性产生威胁。   （   ）

7. 如果鉴证小组成员与鉴证客户存在经济利益关系,除非经济利益不重大或经营关系明显不重要,否则唯一适当的措施是将该成员调离小组。   （   ）

8. 向鉴证客户提供非鉴证业务可能对独立性产生威胁,只要对独立性的威胁已经被降至可接受水平,会计师事务所就可以提供鉴证业务以外的服务。   （   ）

9. 如果审计客户委托注册会计师对已审计财务报表进行重新审计,接受委托的注册会计师应视为后任注册会计师,之前已发表审计意见的注册会计师则视为前任注册会计师。
                                                              （   ）

10. 会计师事务所通过向他人支付佣金或收取他人支付的佣金而招揽业务,不仅影响执业质量,而且很容易导致形式上不独立,降低行业在社会公众中的形象。   （   ）

二、单项选择题

1. A 注册会计师负责对甲公司编制 2009 年度财务报表进行审阅。在与甲公司管理层沟通时，A 注册会计师应当说明该项业务属于（　　　）。

　　A. 有限保证的鉴证业务　　　　　　　　B. 直接报告业务

　　C. 其他鉴证业务　　　　　　　　　　　D. 合理保证的鉴证业务

2. 不属于注册会计师鉴证业务的是（　　　）。

　　A. 审计上市公司的年度财务报表　　　　B. 验资

　　C. 对财务信息执行商定程序　　　　　　D. 预测性财务信息审核

3. 依照职业道德规范，审计人员如果经营鉴证客户的股票或其他证券，或作为促销商推销鉴证客户的股票或其他证券，则从（　　　）方面影响其鉴证业务的独立性。

　　A. 经济利益　　　　B. 自我评价　　　　C. 关联关系　　　　D. 外界压力

4. 我国注册会计师职业道德规范要求会计师事务所和注册会计师，应当考虑关联关系对独立性的损害。按照这一规定，鉴证客户的董事、经理、其他关键管理人员或能对鉴证业务产生直接重大影响的员工，可以（　　　）。

　　A. 于审计业务完成后在会计师事务所工作

　　B. 是与鉴证小组成员关系密切的家庭成员

　　C. 向注册会计师提供超过社会礼仪的款待

　　D. 是会计师事务所的前任高级管理人员

5. 出现（　　　）情况时，鉴证业务的独立性将会受到"自我评价威胁"。

　　A. 鉴证人员现在是或最近曾经是鉴证客户的董事或经理

　　B. 鉴证人员的直系亲属或近缘亲属是鉴证客户的员工

　　C. 在诉讼中作为鉴证客户的辩护人

　　D. 从鉴证客户处接受礼品或招待

三、多项选择题

1. 中国注册会计师执业准则包括的项目有（　　　）。

　　A. 鉴证业务准则　　　　　　　　　　　B. 相关服务准则

　　C. 会计师事务所质量控制准则　　　　　D. 注册会计师职业道德守则

2. 属于鉴证业务基本准则的有（　　　）。

　　A. 相关服务准则　　　　　　　　　　　B. 审阅准则

　　C. 其他鉴证业务准则　　　　　　　　　D. 审计准则

3. 属于鉴证业务基本要素的是（　　　）。

　　A. 三方关系　　　　B. 鉴证对象　　　　C. 标准和证据　　　　D. 鉴证报告

4. 损害了注册会计师职业声誉的行为有（　　　）。

　　A. 注册会计师把尽可能招揽更多的业务作为事务所第一目标

　　B. 注册会计师按照服务成果大小决定收费标准

　　C. 会计师事务所没有雇用正在其他会计师事务所执业的注册会计师

　　D. 会计师事务所向他人支付佣金但没有收取他人佣金

5. 关于独立、客观、公正的表达，正确的有（　　　）。

　　A. 注册会计师与客户之间应保持独立，否则很难取信于社会公众

B. 注册会计师应当力求公平,不因成见或偏见、利益冲突和他人影响而损害其客观性

C. 注册会计师接受审计客户贵重的礼品或超出正常礼仪的款待,可能导致外界压力的威胁

D. 注册会计师应维护其专业服务的公正性,否则丧失其基本原则

四、综合题

1. 李祥是利华会计师事务所的注册会计师。该事务所于 2013 年 1 月份接受委托,对义德公司 2012 年度的会计报表进行审计。假设出现以下几种情况。

(1) 李祥是义德公司 2011 年度的财务总监;

(2) 李祥的父亲持有义德公司数额不大的股票;

(3) 李祥的妻子拥有义德公司超过 5％的股权;

(4) 义德公司 2012 年度会计报表是在李祥的协助下编制的;

(5) 李祥的好朋友是义德公司的总经理。

问题:在以上各种情况下,李祥是否需要回避?并说明理由。

2. ××银行拟申请公开发行股票,委托 ABC 会计师事务所审计其 2011 年度、2012 年度和 2013 年度财务报表,双方于 2013 年年底签订审计业务约定书。假定 ABC 会计师事务所及其审计小组成员与××银行存在以下情况:

(1) ABC 会计师事务所与××银行签订的审计业务约定书约定,审计费用为 1 500 000 元。××银行在 ABC 会计师事务所提交审计报告时支付 50％的审计费用,剩余 50％视股票能否发行上市决定是否支付。

(2) 2012 年 7 月,ABC 会计师事务所按照正常借款程序和条件,向××银行以抵押贷款方式借款 10 000 000 元,用于购置办公用房。

(3) ABC 会计师事务所的合伙人 A 注册会计师,目前担任××银行的独立董事。

(4) 审计小组负责人 B 注册会计师,2010 年曾担任××银行的审计部经理。

(5) 审计小组成员 C 注册会计师自 2012 年以来一直协助××银行编制财务报表。

(6) 审计小组成员 D 注册会计师的妻子,自 2010 年度起一直担任××银行的统计员。

问题:就上述 6 种情况,判断 ABC 会计师事务所或相关注册会计师的独立性是否会受到损害,并简要说明理由。

第三章 审计目标与审计程序

知识目标

- 理解审计目标和审计程序的含义；
- 理解审计总目标与具体目标的关系；
- 掌握与审计目标相关的各认定层次及其与审计目标的关系；
- 理解并掌握审计目标与审计程序的关系。

技能目标

- 能够分辨各个认定层次的具体审计目标及其与总目标的关系。
- 能将审计程序用于实现具体的审计目标中。

案例导入

渝钛白事件审计案例

重庆渝港钛白粉股份有限公司(简称渝钛白)，1997年亏损额为3 136万元。1997年公司将实际上已于1995年年底就完工且投入试生产的钛白粉建设项目应付债券利息约8 064万元计入在建工程成本。渝钛白总会计师给出这样的理由：一是钛白粉这种化工产品性能不稳定，是不能投放市场的；二是原料(如硫酸)的腐蚀性强，一旦停工，原料淤积于管、容器中，再次开工前需彻底清洗、调试设备。因此，钛白粉项目交付使用产生效益前，还有一个过程的整改和试生产期，仍属工程建设期。

经审计，重庆会计事务所注册会计师认为：应付利息8 064万元应计入当期损益。因为公司钛白粉工程于1995年下半年就开始生产，1996年已经具备生产能力，可以生产出合格产品。工程虽一度停产，1997年全年生产0.168万吨，这一产量尽管与设计能力1.5万吨相差甚远，但主要原因是缺少流动资金及市场暂未打开，而非工程尚未完工，该工程已达到预定可使用状态。根据《企业会计准则》的规定：固定资产达到预定可使用状态时，为构建固定资产而发生的借款利息应停止资本化，此后发生的借款利息应在发生时确认为费用。如此一来，渝钛白1997年亏损额应为11 200万元。

双方各执一词，重庆会计师事务所发表了否定意见。

分析：在这个案例中，将借款费用资本化是被审计单位对其财务报表做出的认定，注册会计师的职责是要确定被审计单位的认定是否正确。在审计过程中，注册会计师应根据管理层认定来确定审计目标，再根据审计目标设计和实施恰当的审计程序，来完成审计工作。

问题：试结合案例说明审计目标与认定的关系，并说明如何根据审计目标设计审计程序。

第一节　审计目标

一、审计目标概述

明确审计目标,有助于审计人员有针对性地计划审计工作,控制审计过程,提高审计效率,进而提高审计工作的质量。

1. 审计目标的含义

审计目标是审计行为的出发点,是审计活动目的的具体化。审计目的取决于审计授权人或委托人。审计目标的确定取决于两个因素。一是社会的需求;二是审计界自身的能力和水平。

2. 审计目标在审计项目中的指导作用

审计目标是审计的方向。在一个审计项目中,只有确定了审计目标,审计人员才有了审计的方向,审计最终才会得出结论。审计目标对审计全过程都会产生影响,对于整个审计项目具有重要的指导作用。不仅影响审计方案的制订,还影响审计的实施和报告。

二、审计总目标和审计具体目标

审计目标是在一定历史环境下,人们通过审计实践活动所期望达到的目的或最终结果。审计目标体系包括审计总目标和审计具体目标两个层次。

(一)审计总目标

1. 审计总目标的演变

审计主要经历了详细审计、资产负债表审计和财务报表审计三个阶段,审计总目标也在不断演变。

详细审计阶段,审计人员对被审计单位一定时期内会计记录进行逐笔审查,判定有无技术错误和舞弊行为。查错防弊是此阶段的审计目标。

资产负债表审计阶段,审计人员通过对被审计单位一定时期内资产负债表所有项目余额的真实性、可靠性进行审查,判断其财务状况和偿债能力。在此阶段,审计目标是对历史财务信息鉴证,查错防弊这一目标依然存在,但已经退居二位,审计目标从防护性发展为公正性。

财务报表审计阶段,审计人员判定被审计单位一定时期内的财务报表是否公允地反映其财务状况、经营成果及现金流量,并在出具审计报告的同时,提出改进经营管理的意见。在此阶段,审计目标不再局限于查错防弊和历史财务信息公正,而是向管理领域深入。

尽管审计总目标不断发生变化,但财务报表审计始终是审计业务的基础。注册会计师的重要职责之一也是对财务报表进行审计,审计总目标总是围绕财务报表审计而确定的。对审计总目标,世界各国有不同的表述。美国注册会计师协会颁布的《审计准则公告第1号》指出:"独立会计师对财务报表的审计目标是对财务报表是否遵循公认会计原则,在所有重大方面,公允地对其财务状况、经营成果以及现金流量表示意见。"英国1985年颁布的《公司法》规定,审计目标是在审计报告中对被审计单位的财务报表是否给出了真实与公允观念和遵循了《公司法》表示意见。国际审计实务委员会 1988 年 2 月发布的《关于国际审计和相关服务准则的框架》公告中指出："审计的目标是使注册会计师对财务信息是否符合指定的会计基础给予一个真实和公允的观点，表达一项审计意见。"

知识链接 3-1

民间审计中舞弊审计责任的历史演进

回顾历史，民间审计中承担揭露舞弊的责任，大致经历了三个阶段。

（1）20 世纪 30 年代以前

这一阶段发现舞弊被认为是外部审计的首要目标。当时，社会对审计需求的主要原因是股东需要通过审计来掌握公司管理人员履行经管职能的情况，即是否忠诚老实地履行其职责。因此，审计的目的就是揭露管理人员在业务经营过程中有无舞弊行为。

（2）20 世纪 30 年代至 20 世纪 80 年代

这一阶段的审计主要目标是验证财务报表的真实公允性。审计职业界认为审计师不承担专门检查舞弊的责任，而将其作为顺带责任。20 世纪 20 年代起，两次世界大战的影响以及资本主义经济危机的不断恶化，凯恩斯政策在工业化国家的普遍实施，导致了社会经济环境的巨大变化。

进入 20 世纪 60 年代后，管理人员、白领阶层欺诈舞弊案不断增加，由管理当局内部控制防止雇员舞弊这一做法，无法再适用下去。雇员串通舞弊，导致内控失效，甚至部门管理人员、制定内控制度者直接进行舞弊。随着管理人员舞弊规模及数量的不断升级，社会公众要求审计师承担起审查舞弊职责。由于内部控制固有的局限性、审计技术方法的有限性，审计师又推卸舞弊审计责任，从而引发了审计职业界的信用危机，甚至生存危机。在这一形势下，审计职业界不再支持"对舞弊不承担责任"的观点。

（3）20 世纪 80 年代以后

20 世纪 80 年代以后，舞弊审计责任重新成为民间审计职业界的主要责任之一，并与验证财务报表公允性的鉴证责任一起，组成民间审计责任的内容。随着企业股权的进一步分散化、经营的多元化、环境的复杂化以及竞争的激烈化，财务信息公允地反映企业财务状况、经营成果的难度大大增加。更为严重的是，管理当局参与舞弊以掩盖经营失败变得越来越容易、越来越普遍，给社会造成的危害越来越大。社会对审计人员承担舞弊审计责任的呼声越来越强烈，最终形成了愈演愈烈的"舞弊浪潮"、"诉讼爆炸"局面。面对社会的强烈需求，各方面的巨大压力，加上职业"适者生存"的法则，使审计职业界不得不对舞弊审计责任重新考虑，逐渐实现从极力推脱到被动接受，直至积极主动寻找解决方法的转变。

从以上对民间审计中舞弊审计责任的历史回顾中，我们可以得到以下启示：社会经济环境在很大程度上影响着舞弊审计责任的定位；社会需求决定了审计职业的产生，同时也引导着注册会计师对舞弊审计责任的承担。社会需求的变化又是社会经济环境作用的结果；审计能力的局限性一定程度上制约着注册会计师舞弊审计责任的承担。

2. 我国财务报表审计的总目标

《中国注册会计师审计准则第 1101 号——财务报表审计的目标和一般原则》规定，财务报表审计的目标是注册会计师通过执行审计工作，对财务报表的下列方面发表审计意见：

①财务报表是否按照适用的会计准则和相关会计制度的规定编制；②财务报表是否在所有重大方面公允反映被审计单位的财务状况、经营成果和现金流量。简单来说，主要是审计财务报表的合法性和公允性。

合法性是指被审计单位会计报表的编制是否符合《企业会计准则》、《企业会计制度》及国家其他财务会计制度的规定。

公允性是指被审计单位的会计报表是否在所有重大的方面公允地反映了企业的财务状况、经营成果和资金变动情况。

（1）评价财务报表的合法性。在评价财务报表是否按照适用的会计准则和相关会计制度的规定编制时，审计师应当考虑下列内容。

① 选择和运用的会计政策是否符合适用的会计准则和相关会计制度，并适合被审计单位的具体情况。

② 管理层做出的会计估计是否合理。

③ 财务报表反映的信息是否具有相关性、可靠性、可比性和可理解性。

④ 财务报表是否做出充分披露，使财务报表使用者能够理解重大交易和事项对被审计单位财务状况、经营成果和现金流量的影响。

（2）评价财务报表的公允性。在评价财务报表是否做出公允反映时，审计师应当考虑下列内容。

① 经营管理层调整后的财务报表是否与审计师对被审计单位及其环境的了解相一致。

② 财务报表的列报、结构和内容是否合理。

③ 财务报表是否真实地反映了交易和事项的经济实质。

财务报表审计属于鉴证业务。注册会计师作为独立第三方，运用专业知识、技能和经验对财务报表进行审计并发表审计意见，旨在提高报表的可信赖程度。由于审计存在固有限制，审计工作不能对报表整体不存在重大错报提供绝对保证。虽然报表使用者可以根据财务报表和审计意见对被审计单位未来生存能力或管理层的经营效率与效果做出某种判断，但审计意见的本身并不是对被审计单位未来生存能力或管理层的经营效率与效果提供的保证。

报表的使用者之所以希望注册会计师对财务报表的合法性和公允性发表意见，主要有以下 4 个方面的原因。

① 利益冲突。出于对自身利益的关心，报表使用者常常担心管理层会提供带有偏见、不公正甚至欺诈性的财务报表。为此，他们往往向外部注册会计师寻求鉴证服务。

② 重大性。报表是使用者用来进行经济决策的重要信息来源。在进行投资、贷款等经济决策时，使用者期望报表中的信息翔实丰富，并且期待注册会计师确定被审计单位是否按公认会计原则编制报表。

③ 复杂性。由于会计业务的处理及报表的编制日趋复杂，报表使用者因缺乏会计知识而难以对财务报表的质量做出评估，所以他们要求注册会计师对报表的质量进行鉴证。

④ 间接性。大多数使用者都远离客户，不可能接触到编制报表所依据的会计记录，更无法对会计记录进行审查。在这种情况下，他们通常依赖鉴证报告。

财务报表审计的目标对注册会计师的审计工作，发挥着导向作用，界定了注册会计师的责任范围，直接影响注册会计师计划和实施审计程序的性质、时间、范围，决定了注册会计师发表审计意见的方式。

（二）审计总目标的内容

1. 国家审计的总目标

国家审计的总目标是评价各级财政财务收支的真实性、合法性和效益性。

2. 内部审计的总目标

内部审计的总目标是对真实性、合法性和效益性进行检查和评价。

3. 社会审计的总目标

社会审计的总目标是合法性、公允性。

三、审计具体目标

（一）审计具体目标概述

审计具体目标是总目标的具体化，受总目标的制约，是根据被审计单位的具体情况而确定的，包括与各类交易和事项相关的审计目标、与期末账户余额相关的审计目标、与列报相关的审计目标。

审计具体目标必须根据被审计单位管理层认定和审计总目标来确定。"认定"是指管理层对财务报表组成要素的确认、计量、列报做出的明确或隐含的表达。认定与审计目标密切相关，注册会计师的基本职责就是确定被审计单位管理层对其财务报表的认定是否恰当。确定每个项目的具体目标，并以此作为评估重大错报风险以及设计和实施进一步审计程序的基础。

管理层在财务报表上的认定有些是明确表达的，有些则是隐含表达的。例如，管理层在资产负债表中列报存货及其金额，意味着做出了下列明确的认定：记录的存货是存在的；存货以恰当的金额包括在财务报表中，与之相关的计价或分摊调整已经恰当记录了。同时，管理层也做出下列隐含的认定：所有应当记录的存货均已记录；记录的存货都由被审计单位拥有。

我国《独立审计具体准则第 5 号——审计证据》第十条明确规定，注册会计师通过实质性测试获取审计证据时，应当考虑以下主要事项：一是资产、负债在某一特定时日是否存在；二是资产、负债在某一特定时日是否归属被审计单位；三是经济业务的发生是否与被审计单位有关；四是是否有未入账的资产、负债或其他交易事项；五是资产、负债的计价是否恰当；六是收入与费用是否归属当期，并互相配比；七是会计记录是否正确；八是会计报表项目的分类反映是否适当，并前后一致。

上述各事项可归类为被审计单位管理当局对会计报表的五类认定，如下所述。

（1）存在或发生认定。存在或发生认定是指资产负债表所列的各项资产、负债、所有者权益在资产负债表日是否存在，损益表所列的各项收入和费用在会计期间内是否确实发生。

该认定所要解决的问题是，管理当局是否把那些不应包括的项目（如不存在的项目或不曾发生的交易结果）记入会计报表，并不涉及所报告的金额是否正确。因此，"存在或发生"认定，主要与会计报表组成要素的高估（夸大错误）有关。

（2）完整性认定。完整性认定是指在会计报表中应列示的所有交易和项目是否都列入了。

该认定所要解决的问题是,管理当局是否把应包括的项目给遗漏或者省略了,并不涉及所报告的金额是否正确。因此,"完整性"认定,主要与会计报表组成要素的低估(缩小错误)有关,同"存在或发生"认定相反。

(3)权利和义务认定。权利和义务认定是指在某一特定日期,各项资产是否确属公司的权利,各项负债是否确属公司的义务。该认定只与资产负债表的组成要素有关。这项认定通常涉及所有权权利和法律义务问题,而且只与资产负债表的组成要素有关。

(4)计价或分摊认定。估价或分摊认定是指各项资产、负债、所有者权益、收入和费用等要素是否按适当的金额列入会计报表中。有关金额在财务报表中列示是否适当,不仅取决于这一金额的确定是否遵守了一般公认会计原则,而且还取决于数学上或文书处理上有无错误。该认定包括3个方面的内容:总值估价、净值估价和计算精确性。此项认定还涉及管理当局会计估计的合理性。

(5)表达与披露认定。表达与披露认定是指会计报表上的特定组成要素是否被适当地加以分类、说明和披露。在会计报表上,管理当局暗示性地认定所有内容都表达适当,且披露充分。

管理层对财务报表各组成要素均做出了认定,注册会计师的审计工作就是要确定管理层的认定是否恰当。

(二)审计具体目标的内容

1. 审计具体目标

审计具体目标是审计总目标的进一步具体化,包括一般审计目标和项目审计目标。一般审计目标是进行所有项目审计均必须达到的目标。项目审计目标是每个项目分别确定的目标。

五类认定是确定每个账户审计具体目标的出发点。在通常情况下,只有了解一般审计目标,方能据以确定项目审计目标。一般审计目标的内容有以下方面。

(1)真实性——所列金额真实。由存在或发生认定得出。

(2)完整性——发生的金额均已包括。由完整性认定得出。

(3)准确性——有关账表资料数字、计算、加总及钩稽关系的正确性。

(4)所有权——所列金额确属公司所有。由权利与义务认定得出。

(5)估价——所列金额均经过正确估价和计量。

(6)截止——接近资产负债表日的交易已记入适当的期间。其目标是确定交易是否记入恰当的期间。("截止"实际上包含了年末的存在发生和完整性两方面的金额)

(7)披露——会计报表中适当地反映了账户金额和相应的披露要求。

(8)分类——所列金额的分类恰当。其目标在于确定每个项目和每个账户记录是否在会计报表中恰当列示。

2. 一般审计目标与管理层财务报表认定

一般审计目标是对被审计单位财务报表在财务报表上五类认定的再验证。围绕审计目标,收集审计证据,把这些证据累积起来,审计人员就可对财务报表的任何认定是否正确下结论。接着,把对每个认定的结论综合起来,审计人员就可对整个财务报表的合法性、公允性发表意见。

(1)管理层财务报表认定,包括:存在或发生、完整性、权利和义务、计价或分摊、表达与披露。

(2) 财务报表一般审计目标,包括:总体合理性;真实性;完整性;权利和义务;计价正确性;截止期正确性;过账和汇总正确性;分类正确性;披露正确性;合法性。

(三) 与各类交易、事项相关的认定和审计具体目标

注册会计师对所审计期间的各类交易和事项运用的认定,通常分为以下类别。

(1) 发生:记录的交易和事项已发生且与被审计单位有关。由发生认定推导出的审计目标是已记录的交易是真实的。例如,如果没有发生销售交易,但在销售日记账中记录了一笔销售,则违反了该目标。"发生"认定所要解决的问题是管理层是否把一些不曾发生的项目记入财务报表,主要与财务报表组成要素的高估有关。

(2) 完整性:所有应当记录的交易和事项均已记录。由完整性认定推导出的审计目标是已发生的交易确实已经记录。例如,如果发生了销售交易,但没有在销售日记账和总账中记录,则违反了该目标。"发生"和"完整性"强调的是相反的关注点,"发生"目标针对潜在的高估,而"完整性"目标针对漏记交易(低估)。

(3) 准确性:与交易和事项有关的金额及其他数据已恰当记录。由准确性认定推导出的审计目标是已记录的交易是按正确金额反映的。例如,如果销售交易中发出商品的数量与账单上的数量不符,或是开账单时使用错误的销售价格,或是账单中的乘积或加总有误,或是在销售日记账中记录了错误的金额,则违反了该目标。"准确性"与"发生"、"完整性"之间存在区别。例如,若已记录的销售交易是不应当记录的(如发出的商品是寄销商品),即使发票金额是准确计算的,仍违反了发生目标。又如,若已入账的销售交易是对正确发出商品的记录,但金额计算错误,则违反了"准确性"目标,但没有违反"发生"目标。在"完整性"与"准确性"之间也存在同样的关系。

(4) 截止:交易和事项已记录于正确的会计期间。由截止认定推导出的审计目标是接近于资产负债表日的交易,记录于恰当的期间。例如,如果本期交易推到下期,或下期交易提到本期,均违反了"截止"目标。

(5) 分类:交易和事项已记录于恰当的账户。由分类认定推导出的审计目标是被审计单位记录的交易经过适当分类。例如,如果将现销记录为赊销,将出售经营性固定资产所得的收入记录为"营业收入",则导致交易分类的错误,违反了分类的目标。与各类交易、事项相关的认定与审计具体目标的关系如表 3-1 所示。

表 3-1　与各类交易、事项相关的认定与审计具体目标的关系

认定的分类	各类认定的含义	审计具体目标(注册会计师需要确认的事项)
发生	记录的交易和事项已发生,且与被审计单位有关	已记录的交易是真实的
完整性	所有应当记录的交易和事项均已记录	已发生的交易确实已经记录
准确性	与交易和事项有关的金额及其他数据已恰当记录	已记录的交易是按正确金额反映的
截止	交易和事项已记录于正确的会计期间	接近于资产负债表日的交易,记录于恰当的期间
分类	交易和事项已记录于恰当的账户	被审计单位记录的交易经过适当分类

【例 3-1】 甲会计师事务所接受乙上市公司委托,对 2012 年度财务报表进行审计。注册会计师张楠作为该业务的项目负责人,需要对管理层的有关固定资产认定做出判断。乙公司当年购入一台设备,会计部门在入账时,漏记了该设备的运费,经查该笔运费占购买价款的 15%。请问注册会计师张楠判定乙上市公司此项业务处理违反了哪项认定?

经分析,注册会计师张楠判定乙上市公司此项业务处理不符合"准确性"认定。因为交易确实已经记录,但是已经记录的交易是按错误金额反映的。

(四)与期末账户余额相关的认定和审计具体目标

注册会计师对期末账户余额运用的认定,通常分为以下类别。

(1)存在:记录的资产、负债和所有者权益是存在的。由"存在"认定推导出的审计目标是记录的金额确实存在。例如,如果不存在某顾客的应收账款,在应收账款试算平衡表中却列入了对该顾客的应收账款,则违反了"存在"目标。

(2)权利和义务:记录的资产由被审计单位拥有或控制,记录的负债是被审计单位应当履行的偿还义务。由"权利和义务"认定推导出的审计目标是资产归属于被审计单位,负债属于被审计单位的义务。例如,将他人寄售的商品记入被审计单位的存货中,则违反了"权利"目标;将不属于被审计单位的债务记入账内,则违反了"义务"目标。

(3)完整性:所有应当记录的资产、负债和所有者权益均已记录。由"完整性"认定推导出的审计目标是已存在的金额均已记录。例如,如果存在某顾客的应收账款,在应收账款试算平衡表中却没有列入对该顾客的应收账款,则违反了"完整性"目标。

(4)计价或分摊:资产、负债和所有者权益以恰当的金额包括在财务报表中,与之相关的计价或分摊调整已恰当记录。

与期末账户余额相关的认定与审计具体目标的关系如表 3-2 所示。

表 3-2　与期末账户余额相关的认定与审计具体目标的关系

认定的分类	各类认定的含义	审计具体目标(注册会计师需要确认的事项)
存在	记录的资产、负债和所有者权益是存在的	记录的金额确实存在
权利和义务	记录的资产由被审计单位拥有或控制,记录的负债是被审计单位应当履行的偿还义务	资产归属于被审计单位,负债属于被审计单位的义务
完整性	所有应当记录的资产、负债和所有者权益均已记录	已存在的金额均已记录
计价或分摊	资产、负债和所有者权益以恰当的金额包括在财务报表中,与之相关的计价或分摊调整已恰当记录	资产、负债和所有者权益以恰当的金额包括在财务报表中,与之相关的计价或分摊调整已恰当记录

【例 3-2】 注册会计师张楠在审计甲上市公司年度财务报表时,关注下列事项。

(1)资产负债表所列的存货均存在并可供使用。

(2)所有应当记录的存货均已记录。

(3)当期的全部销售交易均已登记入账。

(4)期末已按成本与可变现净值孰低的原则计提了存货跌价准备。

请代注册会计师张楠,判断各事项分别符合哪项认定。

经分析,事项(1)符合与期末账户余额相关的"存在"认定;事项(2)符合与期末账户余额相关的"完整性"认定;事项(3)符合与各类交易和事项相关的"完整性"认定;事项(4)符合与期末账户余额相关的"计价或分摊"认定。

（五）与列报相关的认定和审计具体目标

各类交易和账户余额的认定正确，只是为列报正确奠定了必要的基础，财务报表还可能因被审计单位误解有关列报的规定或舞弊等而产生错报。另外，还可能因被审计单位没有遵守一些专门的披露要求而导致财务报表错报。因此，即使注册会计师审计了各类交易和账户余额的认定，实现了各类交易和账户余额的审计具体目标，也不意味着获取了足以对财务报表发表审计意见的充分、适当的审计证据。审计师还应当对各类交易、账户余额及相关事项，在财务报表中列报的正确性实施审计。

注册会计师对列报运用的认定，通常分为以下类别。

（1）发生及权利和义务：披露的交易、事项和其他情况已发生，且与被审计单位有关。将没有发生的交易、事项，或与被审计单位无关的交易和事项包括在财务报表中，则违反该目标。例如，复核董事会会议记录中是否记载了应收账款质押或售让等事项，询问管理层应收账款是否经过质押或出售，即是对列报的"权利"认定的运用。如果质押或售让应收账款则需要在财务报表中列报，说明其权利受到限制。

（2）完整性：所有应当包括在财务报表中的披露均已包括。如果应当披露的事项没有包括在财务报表中，则违反该目标。例如，检查关联方和关联交易，以验证其在财务报表中是否得到充分披露，即是对列报的"完整性"认定的运用。

（3）分类和可理解性：财务信息已被恰当地列报和描述，且披露内容表述清楚。例如，检查存货的主要类别是否已披露，是否将出售固定资产收入列为营业外收入，即是对列报的"分类和可理解性"认定的运用。

（4）准确性和计价：财务信息和其他信息已公允披露，且金额恰当。例如，检查财务报表附注是否分别对原材料、在产品和产成品等存货成本核算方法做了恰当说明，即是对列报的"准确性和计价"认定的运用。

与列报相关的认定与审计具体目标的关系如表 3-3 所示。

表 3-3   与列报相关的认定与审计具体目标的关系

认定的分类	各类认定的含义	审计具体目标（注册会计师需要确认的事项）
发生及权利和义务	披露的交易、事项和其他情况已发生，且与被审计单位有关	发生的交易、事项，或与被审计单位有关的交易和事项包括在财务报表中
完整性	所有应当包括在财务报表中的披露均已包括	应当披露的事项已包括在财务报表中
分类和可理解性	财务信息已被恰当地列报和描述，且披露内容表述清楚	财务信息已被恰当地列报和描述，且披露内容表述清楚
准确性和计价	财务信息和其他信息已公允披露，且金额恰当	财务信息和其他信息已公允披露，且金额恰当

【例 3-3】   注册会计师通常依据各类交易、账户余额和列报的相关认定，确定审计目标；再根据审计目标，设计审计程序。以下给出采购交易的审计目标，并列举了部分实质性程序。

（1）审计目标

① 所记录的采购交易已发生，且与被审计单位有关。

② 所有应当记录的采购交易均已记录。

③ 与采购交易有关的金额及其他数据已恰当记录。

④ 采购交易已记录于恰当的账户。

⑤ 采购交易已记录于正确的会计期间。

（2）实质性程序

⑥ 将采购明细账中记录的交易同购货发票、验收单和其他证明文件比较。

⑦ 根据购货发票反映的内容，比较会计科目表上的分类。

⑧ 从购货发票追查至采购明细账。

⑨ 从验收单追查至采购明细账。

⑩ 将验收单和购货发票上日期与采购明细账中的日期进行比较。

⑪ 检查购货发票、验收单、订货单和请购单的合理性和真实性。

⑫ 追查存货的采购至存货永续盘存记录。

请根据题中给出的审计目标，指出对应的相关认定；针对每一审计目标，选择相应的实质性程序（一项实质性程序可能对应一项或多项审计目标，每一审计目标可能选择一项或多项实质性程序）。请将财务报表相关认定及选择的实质性程序序号填入表 3-4 中。

表 3-4　相关认定及程序

相 关 认 定	审 计 目 标	实质性程序
发生	所记录的采购交易和事项已发生，且与被审计单位有关	⑥⑫⑪
完整性	所有应当记录的采购交易均已记录	⑧⑨
准确性	与采购交易有关的金额及其他数据已恰当记录	⑥
分类和可理解性	采购交易和事项已记录于恰当的账户	⑦
截止	采购交易已记录于正确的会计期间	⑩

第二节　审计程序

一、审计程序概述

确定审计目标后，审计人员就可以开始搜集审计证据，实现审计总目标和各项审计具体目标。审计证据的搜集是通过审计程序实现的。

广义的审计程序是指审计机构和审计人员进行审计工作从开始到结束的工作步骤和顺序；狭义的审计程序是指审计人员在实施审计的具体工作中所采取的审计方法和审计内容的结合。广义的审计程序一般包括计划阶段（准备阶段）、实施阶段、完成阶段（报告阶段）三个主要阶段，如图 3-1 所示。

审计主体不同，审计程序三个阶段的具体内容也有所不同。以下分别介绍以政府审计和民间审计为例的审计程序。

（一）政府审计的审计程序

1. 计划阶段

（1）编制审计项目计划，确定审计事项。政府审计的任务包括：年度审计工作计划；本级人民政府和上级审计机关交办的事项；群众检举揭发的事项。

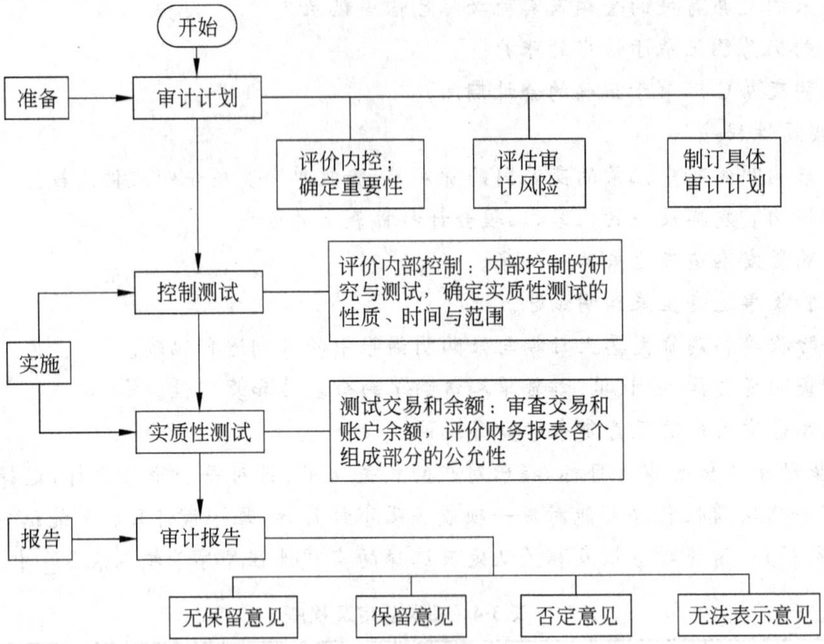

图 3-1　审计程序图

（2）委派审计人员，组成审计小组。审计组实行组长负责制。为保持独立性，审计人员应遵循回避原则。

（3）初步调查被审计项目或单位的基本情况。

（4）拟订审计工作方案。审计工作方案包括被审计单位或项目名称、审计目标、审计方式、审计依据、审计范围和内容、审计要点、审计计划时间、审计人员和分工、审计实施步骤等。

（5）下达审计通知书。《审计法》规定审计机关应当在实施审计3日前，向被审计单位送达审计通知书。审计通知书的内容包括被审计单位名称、执行审计任务的依据、审计内容范围和时间、对被审计单位提出的配合审计工作的要求、审计组成员姓名和职务、审计机关公章及签发日期等。

2. 实施阶段

（1）进驻被审计单位，召开见面会，听取基本情况介绍，协商有关审计事宜。

（2）了解评价被审计单位内部控制，调整原审计方案。（控制测试）

（3）运用各种审计方法，获取充分、适当的审计证据，形成审计记录，汇总编制审计工作底稿。（实质性测试）

3. 报告阶段

（1）整理和分析审计工作底稿。

（2）编写审计报告初稿，征求被审计单位意见。

《审计法》规定审计报告报送审计机关前，应当征求被审计单位的意见。被审计单位应当自接到审计报告之日起10日内，将其书面意见送交审计组或者审计机关。

（3）撰写审计报告正稿，报送审计机关。审计机关审定报告后做出审计结论和处理决定。审计机关应当自收到审计报告之日起30日内，将审计意见书和审计决定送达被审计单位和有关单位。

被审计单位对审计决定不服，可在收到审计结论和处理决定 15 日内向上一级审计机关或本级人民政府申请复审，上一级审计机关或本级人民政府收到复审申请的 30 日内必须给予回复。在复审期间，原审计结论和处理决定照常执行。

(4) 建立审计档案，进行审计总结。

(5) 监督审计结论和处理决定的执行。

(二) 注册会计师审计一般程序

1. 计划阶段

(1) 了解被审计单位基本情况。

(2) 签订审计业务约定书。

(3) 初步评价被审计单位内部控制。

(4) 确定重要性。

(5) 分析审计风险(审计风险＝重大错报风险×检查风险)。

(6) 编制审计计划。

2. 实施阶段

(1) 进驻被审计单位，了解被审计单位的内部控制制度。这是每次会计报表审计都必须执行的程序。

(2) 实施内部控制测试。内部控制测试又叫符合性测试，是为了确定内部控制的设计是否合理和执行是否有效而实施的审计程序。

尽管大多数的会计报表审计都执行控制测试程序，但并不一定每次会计报表审计都必须执行这类程序。

(3) 实施实质性测试。实质性测试又叫证实测试，是为了证实被审计单位会计报表项目余额是否真实而实施的审计程序。实质性测试在每次会计报表审计中都必须执行。

3. 完成阶段(报告阶段)

(1) 整理、复核工作底稿。

(2) 形成审计意见，草拟报告，与被审计单位沟通。

(3) 签发审计报告。

需要指出的是，这里主要介绍的是注册会计师审计在就地审计方式下执行财务报表审计的审计程序。

二、财务报表审计程序

(一) 接受业务委托

1. 初步了解审计业务环境

会计师事务所应当按照执业准则的规定，谨慎决策是否接受或保持某客户关系和具体审计业务。在接受委托前，注册会计师应当初步了解审计业务环境，包括业务约定事项、审计对象特征、使用的标准、预期使用者的需求、责任方及其环境的相关特征，以及可能对审计业务产生重大影响的事项、交易、条件和惯例等其他事项。

只有在初步了解审计业务环境后，认为符合专业胜任能力、独立性和应有的关注等职业道德要求，并且具备下列特征的业务，注册会计师才能作为审计业务予以承接：①鉴证对象适当；②使用的标准适当且预期使用者能够获取该标准；③注册会计师能够获取充分、适当的证据以支持其结论；④注册会计师的结论以书面报告形式表述，且表述形式与所提供的保证程度相适应；⑤该业务具有合理的目的。

如果鉴证业务的工作范围受到重大限制，或委托人试图将注册会计师的名字和鉴证对象不适当地联系在一起，则该业务可能不具有合理的目的。此时，注册会计师需要考虑接受业务委托可能面临的风险。

接受业务委托阶段的主要工作包括：了解和评价审计对象的可审性；决策是否考虑接受委托；商定业务约定条款；签订审计业务约定书等。

2. 签订审计业务约定书

审计业务约定书是指会计师事务所与被审计单位签订的，用于记录和确认审计业务的委托与受托关系、审计目标和范围、双方的责任以及报告的格式等事项的书面协议。如果被审计单位不是委托人，在签订审计业务约定书前，注册会计师应当与委托人、被审计单位就审计业务约定相关条款进行充分沟通，并达成一致意见。

审计业务约定书具有经济合同的性质，一经约定各方签字认可，即成为法律上生效的契约，对各方均具有法定约束力。签署审计业务约定书的目的是为了明确约定各方的权利、责任、义务，促使各方遵守约定事项并加强合作，保护签约各方的正当利益。

（二）计划审计工作

计划审计工作是整个审计工作的起点。计划审计工作包括针对审计业务制订总体审计策略和具体审计计划，以将审计风险降至可接受的低水平。在计划审计工作前，注册会计师应进行初步的业务活动。

1. 进行初步的业务活动

初步的业务活动包括：针对保持客户关系和具体审计业务实施相应的质量控制程序；评价遵守职业道德规范的情况，如评价独立性；就业务约定条款与被审计单位达成一致理解。注册会计师开展初步业务活动，有助于确保在计划审计工作时达到下述要求：①注册会计师已具备执行业务所需要的独立性和专业胜任能力；②不存在因管理层诚信问题而影响注册会计师保持该项业务意愿的情况；③与被审计单位不存在对业务约定条款的误解。

2. 制订总体审计策略

总体审计策略用于确定审计范围、时间和方向，并指导制订具体审计计划。总体审计策略的制订应当包括以下内容。

（1）确定审计业务的特征，以界定审计范围；包括采用的会计准则和相关会计制度、特定行业的报告要求以及被审计单位组成部分的分布等，以界定审计范围。

（2）明确审计业务的报告目标，以计划审计的时间安排和所需沟通的性质，包括提交审计报告的时间要求，预期与管理层和治理层沟通的重要日期等。

（3）考虑影响审计业务的重要因素，以确定项目组工作方向，包括确定适当的重要性水平，初步识别可能存在较高的重大错报风险的领域，初步识别重要的组成部分和账户余额；评价是否需要针对内部控制的有效性获取审计证据；识别被审计单位、所处行业、财务报告要求及其他相关方面最近发生的重大变化等。

知识链接 3-2

预计审计重要性

审计人员在整个审计过程中都需要考虑和运用审计重要性。如果财务报表中的错报可能影响报表使用者的判断或决策,这种错报就重要;否则,就不重要。重要性水平的高低需要审计人员综合多方面因素,从财务报表使用者的立场进行判断。

重要性包括财务报表层次和各类交易、账户余额、列报认定等层次的重要性。审计人员需要分别确定财务报表层次的重要性水平和各类交易、账户余额、列报认定层次的重要性水平。两个层次重要性水平之间的关系是:财务报表层次的重要性水平是总体性水平,各类交易、账户余额及列报认定层次的重要性水平是分项性水平,各类交易、账户余额及列报认定层次的重要性水平相加之和不能超过财务报表层次的重要性水平。

审计人员确定财务报表层次的重要性水平之后,可以根据各类交易、账户余额或列报的性质及错报的可能性,采用分配的方法或单独确定的方法,合理确定各类交易、账户余额或列报认定层次的重要性水平。

总体审计策略的详略程度应当随被审计单位的规模及该项审计业务的复杂程度的不同而变化。在小型被审计单位审计中,全部审计工作可能由一个很小的审计项目组执行,项目组成员之间容易沟通和协调,总体审计策略可以相对简单。

3. 制订具体的审计计划

注册会计师应当针对总体审计策略中所识别的不同事项,制订具体的审计计划,并考虑通过有效利用审计资源以实现审计目标。具体审计计划比总体审计策略更加详细,其内容包括:获取充分、适当的审计证据,将审计风险降至可接受的低水平;项目组成员拟实施的审计程序的性质、时间和范围。

由于未预期事项、条件的变化或在实施审计程序中获取的审计证据等原因,注册会计师应当在审计过程中对总体审计策略和具体审计计划做出必要的更新和修改。

(三)实施风险评估程序

审计风险是指财务报表存在重大错报,而审计人员经过审计后发表不恰当审计意见的可能性。因此,审计人员要想对财务报表发表的审计意见的正确性有较大把握,只能接受较低的审计风险。例如,如果要求对财务报表发表审计意见的正确性有98%的把握,那么可接受的审计风险就只有2%。在财务报表审计中,为了提高审计质量,审计人员必须保持较低的审计风险水平。审计风险的构成要素如图3-2所示。

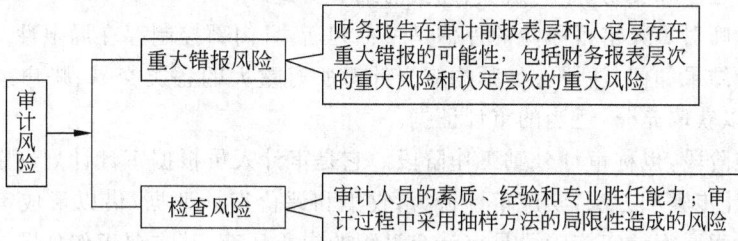

图 3-2 审计风险的构成要素

审计风险用公式衡量为

$$审计风险＝重大错报风险×检查风险$$

如果被审计单位重大错报风险较低,在满足可以接受的较低审计风险水平的情况下,可以允许的检查风险水平就比较高,即承受的风险压力相对较小,审计人员可以按常规审计程序收集审计证据。如果被审计单位重大错报风险较高,为了支持可以接受的较低审计风险水平,审计人员就必须控制检查风险,将可允许的检查风险水平降低,这就意味着必须扩大审计程序范围,增加收集审计证据的数量。如果被审计单位重大错报风险很高,而且审计人员难以通过降低检查风险来支持可以接受的较低审计风险水平,就应考虑是否接受委托。这是计划审计工作对审计风险进行评估的必要性和重要性之所在。

《审计准则》规定,注册会计师必须实施风险评估程序,以评估财务报表层次和认定层次的重大错报风险。所谓风险评估程序,是指注册会计师实施的了解被审计单位及其环境并识别和评估财务报表重大错报风险的程序。风险评估程序是必要程序。了解被审计单位及其环境,为注册会计师在许多关键环节做出职业判断奠定了重要基础。它实际是一个连续和动态地收集、更新与分析信息的过程,贯穿于整个审计过程的始终。注册会计师应当运用职业判断,确定需要了解被审计单位及其环境的程度。

风险评估程序通常包括以下方面。

(1) 了解被审计单位及其环境。

(2) 识别与评估财务报表层次和各类交易、账户余额、列报认定层次重大错报风险,包括确定需要特别考虑的重大错报风险(特别风险)以及仅通过实质性程序无法应对的重大错报风险等。

(四) 实施控制测试和实质性程序

注册会计师实施风险评估程序本身并不足以为发表审计意见提供充分、适当的审计证据,注册会计师还应实施进一步审计程序,包括实施控制测试(必要时或决定测试时)和实质性程序。因此,注册会计师评估财务报表重大错报风险后,应当运用职业判断,针对评估的财务报表层次重大错报风险,确定总体应对措施,并针对评估的认定层次重大错报风险,设计和实施进一步审计程序,以将审计风险降至可接受水平。

只有存在下列情形之一,控制测试才是必要的:①在评估认定层次重大错报风险时,预期控制的运行是有效的,注册会计师应当实施控制测试以支持评估结果;②仅实施实质性程序不足以提供认定层次充分、适当的审计证据,注册会计师应当实施控制测试,以获取内部控制运行有效性的审计证据。

注册会计师应当计划和实施实质性程序,以应对评估的重大错报风险。实质性程序包括实质性分析程序和交易、账户余额、列报的细节测试。

注册会计师对重大错报风险的评估是一种判断,且内部控制存在局限性。因此,无论评估的重大风险结果如何,注册会计师均应当针对所有重大的各类交易、账户余额、列报实施实质性程序,以获取充分、适当的审计证据。

审计实施阶段,也称审计外勤工作阶段。它是审计人员根据审计计划确定的审计范围、审计重点、审计步骤和方法,实施审计行为,收集和评价审计证据,借以形成审计结论,实现审计目标的过程。审计实施阶段是审计全过程的中心环节,其主要工作如图3-3所示。

审计实施阶段的工作主要是审计测试,包括内部控制测试和实质性测试。内部控制测

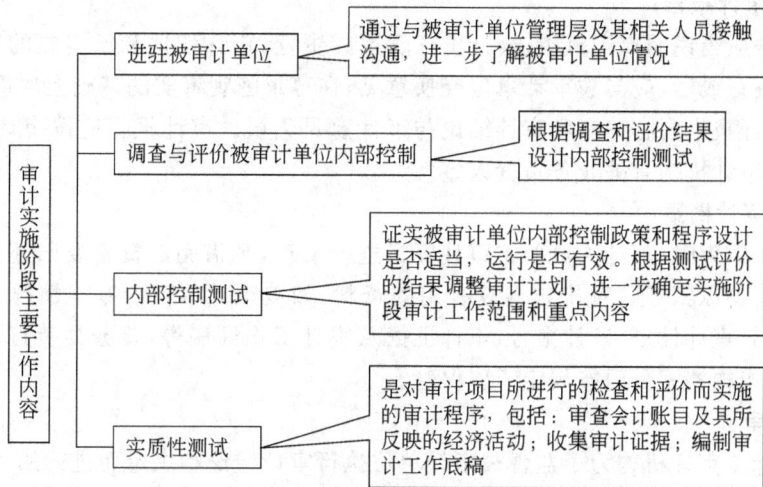

图 3-3　审计实施阶段的主要工作内容

试与实质性程序之间有密切关系。如果注册会计师认为被审计单位内部控制的可靠程度高，则实质性程序的工作量可以大为减少；反之，实质性程序的工作量会增加。

由此可见，风险评估程序和实质性程序是每次财务报表审计都应实施的必要程序，而控制测试则不是。在财务报表审计业务中，注册会计师必须通过实施风险评估程序、控制测试（必要时或决定测试时）和实质性程序，才能获取充分、适当的证据，得出合理的审计结论，作为形成审计意见的基础。

（五）完成审计工作和编制审计报告

审计终结阶段又称审计报告阶段，是实质性审计工作的结束。在审计报告阶段，审计人员必须正确运用专业判断，综合收集各种审计证据，根据独立性的审计原则，形成适当的审计意见，出具审计报告。这一阶段的主要工作包括以下方面。

1. 整理与评价审计证据

审计实施阶段积累的审计证据必须在终结阶段对其加以整理、汇总和分析评价。要通过审计证据整理与评价，挑选出最适宜、最具有说服力的证据，作为形成审计意见的基础。如果发现证据不足、无力，应采取措施加以弥补。

2. 复核审计工作底稿

审计人员在审计过程中收集的审计证据都要进行规范记录，形成审计工作底稿。具体的审计工作底稿是各审计人员在审计实施过程中根据自己取证记录和判断独立编写或取得的，可能存在不同程度的主观性和片面性，其编写质量也受编写人员素质影响。为了提高审计工作质量，必须对审计工作底稿进行严格复核。

3. 编制审计差异调整表

审计差异调整表是指审计人员针对被审计单位不符合会计准则及相关法规的重大会计事项，应以书面形式向被审计单位提出调整会计报表的建议书。被审计单位若接受建议，进行调整，注册会计师可不在审计报告及其附注中列示；被审计单位若不接受建议，拒绝调整，注册会计师应对未调整事项进行调整，记录被审计单位未接受建议的理由，根据未调整事项性质和重要性程度，决定是否在审计报告中反映。

4. 撰写审计报告

审计报告应当说明审计范围、会计责任和审计责任,审计依据和已实施的审计程序等。审计报告初稿写成后,应与被审计单位交换意见,在尊重客观事实的基础上尽可能取得一致意见,避免审计报告内容失实和审计结论与审计意见失误。审计报告应按审计准则要求编写,定稿后由审计机构有关业务负责人签发。

5. 整理审计档案

审计工作结束时,审计人员要将审计资料进行清理,凡借阅的资料要归还清楚,对确认无用的资料要加以销毁。对将来继续有用的资料,如被审计单位的基本情况、有关重要法规、章程、合同、审计计划、审计报告、审计证据及审计工作底稿等,要分类装订成册、编号归档,送交审计机构档案部门按规定予以保管。

6. 后续审计

后续审计是审计机构为了监督被审计单位执行审计结论和决定而进行的工作。在审计的终结阶段,审计机构根据审计小组的报告,对被审计单位做出审计结论和决定,被审计单位应当认真执行。审计机构应当自审计意见书和审计决定送达之日起的规定时间内,了解审计意见的采纳情况,监督审计决定的执行。后续审计有利于维护审计结论和决定的严肃性,特别是经济效益审计,要达到预期的目的,更需要做大量的后续审计工作。

注册会计师在完成财务报表所有循环的进一步审计程序后,还应当按照有关审计准则的规定做好审计完成阶段的工作,并根据所获取的各种证据,合理运用专业判断,形成适当的审计意见。这一阶段主要工作有:审计期初余额、比较数据、期后事项和或有事项;考虑持续经营问题和获取管理层声明;汇总审计差异,并提请被审计单位调整或披露;复核审计工作工作底稿和财务报表;与管理层和治理层沟通;评价所有审计证据,形成审计意见;编制审计报告等。

知识链接 3-3

内部控制测试和实质性测试的区别

(1) 测试的目的不同。实质性测试的目的是为了证实会计报表的可信赖程度;内部控制测试的目的是为进一步的实质性测试服务。

(2) 测试的方式不同。实质性测试是通过搜集审计证据,以证实会计报表所反映的交易和余额认定的恰当性;内部控制测试是通过评价内部控制,评估审计风险,进而确定实质性测试的程度和范围。

(3) 测试的必要性不同。实质性测试程序存在于任何会计报表审计过程中,但内部控制测试程序则不一定。下列情况下,审计人员可不进行内部控制测试,直接进行实质性测试程序:被审计单位不存在相关的内部控制;被审计单位相关内部控制虽然存在但并未得到有效执行;审计人员认为没必要进行内部控制测试。

【本章小结】

本章主要阐述了审计目标和审计程序。审计目标包括审计总目标和审计具体目标。审计程序包括计划审计工作、实施风险评估程序、实施控制测试和实质性程序、完成审计工作和编制审计报告。通过学习,要求了解审计目标的演变、财务报表循环和审计业务约定书的内容,熟悉审计具体目标的确定及其与认定的关系,掌握必要的审计程序。

【课后习题】

一、单项选择题

1. 财务审计项目中,"完整性"审计目标是指(　　)。
   - A. 各项业务记录于会计的正确的会计期间
   - B. 实际存在或发生的金额均已记录或列报
   - C. 记录或列报的金额经过正确的计量、计算和分摊
   - D. 各项记录或列报经过恰当的分类和描述

2. 检查财务报表中数字及钩稽关系是否正确,可以实现的审计具体目标是(　　)。
   - A. 估价
   - B. 截止期
   - C. 披露
   - D. 机械准确性

3. 有关审计目标的表述中,正确的是(　　)。
   - A. 审计目标是审计行为的结果
   - B. 审计目标在不同的历史时期是相同的
   - C. 审计目标体系包括审计总目标和审计具体目标两个层次
   - D. 审计总目标由审计具体目标组成

4. 民间审计组织在接受被审计单位委托审计时,应与被审计单位签订(　　)。
   - A. 审计通知书
   - B. 审计建议书
   - C. 审计业务约定书
   - D. 审计报告书

5. 权利和义务认定只与(　　)的组成要素有关。
   - A. 资产负债表
   - B. 利润表
   - C. 现金流量表
   - D. 会计报表

6. 在财务报表审计中管理层对财务报表责任的陈述,不恰当的是(　　)。
   - A. 选择适用的会计准则和相关会计制度
   - B. 选择和运用恰当的会计政策
   - C. 根据企业的具体情况,做出合理的会计估计
   - D. 保证财务报表不存在重大错报以减轻注册会计师的责任

7. 甲公司将 2012 年度的主营业务收入列入 2011 年度的财务报表,则其 2011 年度财务报表存在错误的认定是(　　)。
   - A. 截止
   - B. 计价或分摊
   - C. 发生
   - D. 完整性

二、多项选择题

1. 审计目标包括(　　)。
   - A. 一般审计目标
   - B. 审计总目标
   - C. 审计具体目标
   - D. 特定审计目标

2. 注册会计师审计的发展主要经历的阶段有(　　)。
   - A. 详细审计阶段
   - B. 资产负债表审计阶段
   - C. 财务报表审计阶段
   - D. 风险导向审计阶段

3. 注册会计师对财务报表审计是对财务报表的(　　)方面发表审计意见。

A. 财务报表是否不存在重大错报风险

B. 财务报表是否按照适用的会计准则和相关会计制度的规定编制

C. 财务报表是否反映了管理层的判断和决策

D. 财务报表是否在所有重大方面公允反映被审计单位的财务状况、经营成果和现金流量

4. 在评价审计结果时,如果被审计单位尚未调整的错报或漏报的汇总数超过重要性水平,注册会计师应当采取的措施包括(　　)。

A. 扩大审计程序　　　　　　　　　B. 扩大控制测试

C. 提请管理层调整财务报表　　　　D. 发表保留意见

5. 在签署审计业务约定书前,会计师事务所应当评价自身的专业胜任能力,包括(　　)。

A. 将要发表审计意见的类型　　　　B. 重要性和审计风险

C. 独立性　　　　　　　　　　　　D. 能否保持应有的职业谨慎

6. 会计师事务所在签署审计业务约定书之前,应做的工作有(　　)。

A. 明确审计业务的性质和范围　　　B. 了解被审计单位基本情况

C. 商定审计收费　　　　　　　　　D. 明确被审计单位应协助的工作

7. 审计程序主要包括(　　)。

A. 准备阶段　　　B. 实施阶段　　　C. 后续审计阶段　　D. 终结阶段

三、综合题

耀乾机械有限公司拟向银行借款,银行要求其提供经审计且表明公司财务状况良好和具有一定赢利能力的会计报告。耀乾机械有限公司相信"有钱能使鬼推磨",开价 6 000 元要求会计师事务所一天出具报告。

问题:会计师事务所能否接受委托,出具这份审计报告?

第四章　审计证据与审计工作底稿

知识目标

- 掌握审计证据的充分性与适当性以及两者之间的关系；
- 理解审计工作底稿的含义和作用；
- 掌握审计工作底稿的内容、格式、要素和范围；
- 掌握审计工作底稿归档期及归档期后变动的注意事项；
- 理解并掌握审计工作底稿归档与保存的内容和方法。

技能目标

- 能够利用审计证据可靠性的指示，辨别不同审计证据可靠性；
- 能利用审计证据特征的知识，清楚阐述审计证据充分性与适当性之间的辩证关系；
- 能正确辨别审计工作底稿归档期的事务性变动与归档期后的变动，并能正确运用于审计实践中。

案例导入

银广厦审计案例

负责审计银广厦公司的深圳中天勤会计师事务所，是我国会计师事务所实施"脱钩改制"后屈指可数的大型会计师事务所，可谓实力雄厚。然而，就是该事务所制造了我国审计界空前的惊天大案。该事务所在对银广厦2000年报的审计过程中，未能按照独立审计准则的要求，收集充分适当的审计证据，以致错误地表述审计意见，造成了审计失败。其具体表现在以下方面。

（1）注册会计师未执行有效的审计程序获取审计证据。在审计过程中，被审计单位可能出于某种需要会精心炮制注册会计师所需要的审计证据。此案例中，审计人员在审计过程中，对询证函的寄发、函证的对象、函证的具体比例等都由被审计单位执行，未按要求将询证函直接寄达注册会计师处；对无法执行函证的应收账款，审计人员在运用替代程序时，未取得海关报关单、运单、提单等外部证据，仅根据公司内部证据便确认公司的应收账款。

（2）获取的审计证据不具有相关性和可靠性。我们知道，经由外部独立的第三者所获取的审计证据要比内部证据可靠，注册会计师亲自执行某些程序所获取的审计证据要比间接取得的审计证据可靠。如果询证函全部由被审计单位寄发，则这样的函证资料也会降低其可信度。只要被审计单位管理当局不可信赖，注册会计师就可能掉入被审计单位或委托人所设定的陷阱。事实上，银广厦一直在编造业绩神话。注册会计师在没有获取具有较强可靠性的海关报关单、运单、提货单等外部证据，同时又听信管理当局的口头证据，未采用实地观察程序获取直接证据，要发现虚构资产和收入，自然就很困难。

因此,审计人员在获取审计证据时,应评价其资料的可信性,对审计证据要运用专业的方法进行审阅、核对和鉴别,必要时可利用专家意见,以分清事物的现象和本质,使审计证据具有充分的证明力。

问题:试结合案例说明审计证据的两大特性及其相互关系,证据的获取对审计意见的支持与影响是什么?

第一节 审计证据

注册会计师应当获取充分、适当的审计证据,作为得出合理的审计结论、形成审计意见的基础。

一、审计证据的含义及内容

(一)审计证据的含义

审计证据是指注册会计师为了得出审计结论、形成审计意见而使用的所有信息,包括构成财务报表基础的会计记录所含有的信息和其他信息。审计依据是审计人员评价和判断被审计事项的标准,是提出审计意见、做出审计结论的根据。注册会计师必须在每项审计工作中获取充分、适当的审计证据,作为发表审计意见的基础。

(二)审计证据的内容

审计证据包括构成财务报表基础的会计记录中含有的信息和其他信息,两者缺一不可。

1. 会计记录中含有的信息

依据会计记录编制财务报表是被审计单位管理层的责任,注册会计师应当测试会计记录以获取审计证据。会计记录中含有的信息本身,并不足以提供充分的审计证据作为对财务报表发表审计意见的基础,注册会计师还应当获取用作审计证据的其他信息。

会计记录取决于相关交易的性质,既包括被审计单位内部生成的手工或电子形式的凭证,也包括从与被审计单位进行交易的其他企业收到的凭证。除此之外,会计记录还可能包括以下内容。

(1)销售发运单和发票、顾客对账单以及顾客的汇款通知单。

(2)附有验货单的订购单、购货发票和对账单。

(3)考勤卡和其他工时记录、工薪单、个别支付记录和人事档案。

(4)支票存根、电子转移支付记录、银行存款单和银行对账单。

(5)合同记录或协议。

(6)记账凭证。

(7)分类账账户调节表。

注册会计师要特别关注以上形式的会计记录。如果是来自被审计单位内部的会计记录,注册会计师在将这些会计记录作为审计证据时,被审计单位内部控制的相关强度会影响注册会计师对这些原始凭证的信赖程度。

2. 其他信息

可用作审计证据的其他信息,包括:注册会计师从被审计单位内部或外部获取的会计记录以外的信息,如被审计单位的内部控制手册、询证函回函、分析师报告等;通过询问、观察和检查等审计程序获取的信息;自身编制或获取的可以通过合理推断得出结论的信息。例如,注册会计师编制的应收账款账龄分析表,主要用于推断可能发生的坏账损失的合理性。审计证据的内容可以用图 4-1 概括。

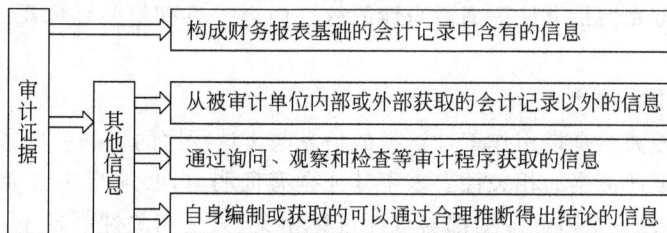

图 4-1　审计证据的内容

财务报表依据的会计记录中含有的信息和其他信息,共同构成了审计证据,两者缺一不可。如果没有前者,审计工作将无法进行;如果没有后者,可能无法识别重大错报风险。只有将两者结合在一起,才能将审计风险降至可接受的低水平,为注册会计师发表审计意见奠定合理基础。

二、审计证据的特征

审计证据的特征主要包括审计证据的充分性和适当性。注册会计师应当保持职业怀疑态度,运用职业判断,评价审计证据的充分性和适当性。

(一)审计证据的充分性

审计证据的充分性是对审计证据数量的衡量,主要与注册会计师确定的样本量有关,是形成审计意见所需审计证据的最低数量要求。例如,对采购订单是否经过总经理签字这项内部控制实施抽样审计程序,如果共有 6 000 张采购订单,从中抽出 300 个样本进行审计获取的证据,要比从中抽出 100 个样本进行审计获取的证据更充分。注册会计师获取的审计证据应当充分,以将每个重要认定相关的审计风险降至可以接受的低水平。

注册会计师最后形成的审计意见,必须建立在有充分审计证据基础上。也就是说,审计证据的数量必须足够。但是,审计证据的数量并不是越多越好。注册会计师需要获取的审计证据的数量受其对重大错报风险评估的影响,评估的重大错报风险越高,需要的审计证据可能越多。另外,审计证据的数量也受审计证据质量的影响,审计证据质量越高,需要的审计证据数量可能越少。例如,对应收账款函证的回函这项审计证据,来自被审计单位外部,证明力强,回函直接寄至会计师事务所,不容易被被审计单位篡改,可靠性更高,这项审计证据比形成应收账款的各项原始凭证相比,质量更高,其数量的要求就可以少一些。也就是说,一大堆形成应收账款的原始凭证可能还不如一个应收账款回函的证明力强。因此,可以说,审计证据质量越高,需要审计证据的数量可能越少。

相反,如果审计证据质量不高,是否就需要更多的审计证据?不是的,如果审计证据质量存在缺陷,注册会计师可能无法通过获取更多数量的审计证据来弥补。也就是说,审计证据的数量无法弥补审计证据质量上的缺陷。

(二) 审计证据的适当性

审计证据的适当性是针对审计证据的质量而言的,是对审计证据质量的衡量,即审计证据在支持各类交易、账户余额或披露的相关认定,或发现其中存在错报方面具有相关性和可靠性。相关性是指审计证据与审计目标相关联;可靠性是指审计证据应能如实地反映客观事实。相关性和可靠性是审计证据适当性的核心内容。只有相关且可靠的审计证据,才是高质量的。

1. 审计证据的相关性

审计证据的相关性是指用作审计证据的信息与审计程序的目的和所考虑的相关认定之间的逻辑联系。审计证据的相关性要求审计证据有证明力,必须与注册会计师的审计目标相关。严格来说,每一个审计证据都与审计目标相关,只是相关性强弱不一样。当然,审计人员需要收集相关性强的审计证据,因为这种证据说服力较强。另外,审计证据的相关性主要是针对具体项目的审计目标而言的。例如,如果某项审计程序的目的是测试应收账款的高估,则测试已记录的应收账款可能是相关的审计程序。应收账款函证这项审计程序与之最相关的审计目标是应收账款的存在认定,也就是应收账款的高估。如果我们的审计目标是查应收账款的完整性认定,即应收账款的漏记,那函证应收账款这项审计程序与我们的目标相关性很弱,基本上是查不出来的。也就是说,实施这样的审计程序所获取的应收账款回函这项审计证据,与我们的审计目标是基本不相关,证明力很弱。

在确定审计证据的相关性时,应当考虑下列事项。

(1) 特定的审计程序可能只为某些认定提供相关的审计证据,而与其他认定无关。例如,实地检查实物资产存货,其检查结果可以证明存货是否存在及完好程度,但未必能提供完整性测试相关的审计证据。

(2) 有关某一特定认定的审计证据,不能替代与其他认定相关的审计证据。例如,向管理层询问存货过时情况,只能用于认定存货估价,不能替代存货是否存在及所有权归属等相关认定的审计证据。

(3) 不同来源或不同性质的审计证据可能与同一认定相关。例如,证实应收账款的真实存在性,注册会计师可以向客户发出询证函进行函询取证,也可以查阅应收账款明细账及其凭证、核对与应收账款有对应关系的账户来获取审计证据。

2. 审计证据的可靠性

审计证据的可靠性是指审计证据的可信程度。例如,从外部来源取得的审计证据,会比来自被审计单位内部的审计证据,可信程度更强,即具有较高的可靠性。审计证据的可靠性受其来源和性质的影响,并取决于获取审计证据的具体环境。注册会计师在判断审计证据的可靠性时,通常会考虑下列原则。

(1) 从外部独立来源获取的审计证据,比从其他来源获取的审计证据更可靠。从外部独立来源获取的审计证据是由完全独立于被审计单位以外的机构或人员编制并提供,未经被审计单位相关人员之手,从而减少了伪造、更改凭证或业务记录的可能性,其证明力最强。此类证据包括银行询证函回函、应收账款询证函回函、保险公司等机构出具的证明等。相反,从其他来源获取的审计证据,由于证据提供者与被审计单位存在经济或行政关系等原因,其可靠性应受到质疑。例如,被审计单位内部的会计记录、会议记录等。

（2）内部控制有效时内部生成的审计证据，比内部控制薄弱时内部生成的审计证据更可靠。如果被审计单位内部控制健全，且在日常管理中得到一贯地执行，会计记录的可信赖程度将会提高。例如，如果与销售业务相关的内部控制有效，注册会计师就能从销售发票和发货单中取得比内部控制不健全时更加可靠的审计证据。

（3）直接获取的审计证据，比间接获取或推论得出的审计证据更可靠。例如，注册会计师观察某项控制的运行得到的证据，比询问被审计单位某项内部控制的运行得到的证据更可靠。间接获取的审计证据有被涂改及伪造的可能性，降低了可信赖程度。推论得出的审计证据，其主观性较强，人为因素较多，可信赖程度也受到影响。

（4）以文件记录形式（如纸质、电子或其他介质）存在的审计证据，比口头形式的审计证据更可靠。口头证据本身并不足以证明事实的真相，仅仅提供一些重要线索，为进一步调查确认所用。例如，会议的同步书面记录比讨论事项事后的口头表述更可靠。注册会计师在对应收账款进行账龄分析后，可以向应收账款负责人询问逾期应收账款收回的可能性。如果该负责人的意见与注册会计师自行估计的坏账损失基本一致，则这一口头证据就可成为证实注册会计师对有关坏账损失的判断的重要证据。但在一般情况下，口头证据往往需要得到其他相应证据的支持。

（5）从原件获取的审计证据，比从传真或复印件获取的审计证据更可靠。注册会计师可审查原件是否有被涂改或伪造的迹象，排除伪证，提高证据的可信赖程度。而传真件或复印件容易是变造或伪造的结果，可靠性较低。

【例 4-1】 X 公司销售给 F 公司硬件计 1 287 万元（含税，增值税税率为 17%）。相关合同约定，签订合同后支付 300 万元，货物发出后支付 987 万元，交货日期为 2012 年 11 月 28 日。实际执行结果是，X 公司于 2012 年 12 月 29 日向 F 公司开具发票。截至 2012 年 12 月 31 日，X 公司已经收取货款 300 万元，确认该项收入 1 100 万元。注册会计师在审计中注意到，上述货物尚存放在 X 公司仓库，X 公司为此提供了一份 F 公司 2012 年 11 月 28 日的传真，内容为"由于本公司原因，自贵公司购进的硬件暂存贵公司，货物的所有权即日起转移至本公司"。

针对此项销售业务，注册会计师判断 X 公司已经确认的销售收入能否确认。按"能够确认"、"不能确认"、"不能全部确认"、"尚无法形成审计结论"四种结论分别予以回答。若"不能确认"或"不能全部确认"，请简要说明理由；若"尚无法形成审计结论"，请指出应进一步实施哪些审计程序。

经分析，对此项销售业务，注册会计师表述为"尚无法形成审计结论"。其原因在于，用于证实 X 公司产品的所有权已转移至 F 公司的关键证据为传真件。由于传真件不具有直接证明事实真相所要求的可靠性，注册会计师应直接获取传真件的原件或再次向 F 公司发函询证。

在运用上述原则评价审计证据的可靠性时，注册会计师应当注意可能出现的重大例外情况。例如，审计证据虽是从独立的外部来源获得，但如果该证据是由不知情者或不具备资格者提供，审计证据也可能是不可靠的。同样，如果注册会计师不具备评价证据的专业能力，即使是直接获取的证据，也可能不可靠。又如，如果注册会计师无法区分人造玉石与天然玉石，那么他对天然玉石存货的检查就不可能提供有关天然玉石是否实际存在的可靠证据。另外，越及时的证据越可靠，客观证据比主观证据可靠。

【例 4-2】 A 注册会计师负责对甲公司 2012 年财务报表进行审计,在对甲公司应收账款进行函证过程中,回函由 C 公司直接传真至该事务所。A 注册会计师认为回函没有差异,无须实施进一步的审计程序。

请指出 A 注册会计师的结论是否存在不当之处,简要说明理由并提出改进建议。

经分析,传真件的可靠性不高,不能据此形成"没有差异"的审计结论,应要求 C 公司寄回原件。

【例 4-3】 B 注册会计师在对乙公司 2012 年度财务报表进行审计时,收集到以下审计证据:收料单与购货发票;销货发票副本与产品出库单;领料单与材料成本计算表;工资计算单与工资发放单;存货盘点表与存货监盘记录;银行询证函回函与银行对账单。

请指出这些审计证据中哪些审计证据较为可靠,并简要说明理由。

经分析:(1) 购货发票比收料单可靠。这是因为购货发票来自公司以外的机构或人员;而收料单是公司自行编制的。

(2) 销货发票副本比产品出库单可靠。这是因为销货发票是在外部流转,并获得公司以外的机构或个人的承认;而产品出库单只在公司内部流转。

(3) 领料单比材料成本计算表可靠。这是因为领料单预先被连续编号,并且经过公司不同部门人员的审核;而材料成本计算表只在会计部门内部流转。

(4) 工资发放单比工资计算单可靠。这是因为工资发放单须经会计部门外的工资领取人签字确认;而工资计算单只在会计部门内部流转。

(5) 存货监盘记录比存货盘点表可靠。这是因为存货监盘记录是注册会计师自行编制的;而存货盘点表是公司提供的。

(6) 银行询证函回函比银行对账单可靠。这是因为银行询证函回函是注册会计师直接获取的,未经公司有关职员之手;而银行对账单经过公司有关职员之手,存在伪造、涂改的可能性。

(三) 审计证据充分性与适当性的关系

1. 充分且适当的审计证据才有证明力

充分性和适当性是审计证据的两个重要特征,两者缺一不可。只有充分且适当的审计证据,才是有证明力的。注册会计师在每一项审计工作中,要获取充分且适当的审计证据,为发表审计意见提供基础。

2. 审计证据的适当性会影响审计证据的充分性

注册会计师需要获取的审计证据的数量会受到审计证据质量的影响。审计证据质量越高,需要的审计证据数量可能越少。也就是说,审计证据的适当性会影响审计证据的充分性。

3. 审计证据的质量存在缺陷无法用数量来弥补

需要注意的是,尽管审计证据的充分性和适当性相关,但是如果审计证据的质量存在缺陷,那么注册会计师仅靠获取更多的审计证据可能无法弥补其质量上的缺陷。审计质量主要包括相关性和可靠性两方面,任何一方面存在缺陷,都是无法通过审计数量弥补的。如果审计证据与审计目标不相关,或审计证据不可靠,或被审计单位提供给注册会计师是虚假的资料,这样的证据数量再多,也起不到任何证明作用。

（四）评价审计证据充分性和适当性应考虑的因素

在形成审计意见时，注册会计师应当从总体上评价是否已经获取充分、适当的审计证据，将审计风险降至可接受的低水平。在评价审计证据的充分性和适当性时，注册会计师应当运用职业判断，并考虑下列因素的影响。

1. 对文件记录可靠性的考虑

（1）审计工作通常不涉及鉴定文件记录的真伪，注册会计师也不是鉴定文件记录真伪的专家，但应当考虑用作审计证据的信息的可靠性，并考虑与这些信息生成与维护相关内部控制的有效性。

（2）如果在审计过程中识别出的情况使其认为文件记录可能是伪造的，或文件记录中的某些条款已发生变动，注册会计师应当做出进一步调查，包括直接向第三方询证，或考虑利用专家的工作以评价文件记录的真伪。

2. 使用被审计单位生成信息的考虑

（1）注册会计师要获取可靠的审计证据，实施审计程序时使用的被审计单位生成的信息需要足够完整和准确。

（2）如果针对被审计单位生成信息的完整性和准确性获取审计证据是所实施审计程序本身不可分割的组成部分，则可以与对这些信息实施的审计程序同时进行。

（3）在某些情况下，注册会计师可能打算将被审计单位生成的信息用于其他审计目的。在这种情况下，获取的审计证据的适当性，受到该信息对审计目的而言是否足够精确和详细的影响。

3. 证据相互矛盾时的考虑

（1）如果针对某项认定，从不同来源获取的审计证据或获取的不同性质的审计证据能够相互印证，与该项认定相关的审计证据则具有更强的说服力。

（2）如果从不同来源获取的审计证据或获取的不同性质的审计证据不一致，表明某项审计证据不可靠，注册会计师应当追加必要的审计程序。

4. 获取审计证据时对成本的考虑

（1）注册会计师可以考虑获取审计证据的成本与所获取信息的有用性之间的关系，但不应以获取审计证据的困难和成本为由，减少不可替代的审计程序。

（2）为了保证得出的审计结论、形成的审计意见是恰当的，注册会计师不应将获取审计证据的成本高低和难易程度作为减少不可替代的审计程序的理由。

三、审计证据的种类

关于审计证据的种类，各国准则均有规定。一般而言，注册会计师所获取的审计证据可以按照外形特征分为4类：实物证据、书面证据、口头证据和环境证据。

（一）实物证据

实物证据是指采用实际观察或检查有形资产的方法所取得、用于确定某些实物资产是否真实存在的证据。例如，要证实固定资产和各种存货是否存在，可以实施检查有形资产的审计程序。因此，实物证据通常是证明实物资产是否真实存在的非常有说服力的证据。但是，实物证据仍然有局限性：难以证明实物资产的所有权归属。实物资产的价值和所有权归属需要通过实施检查记录或文件程序来证实。在审计证据中,实物证据的证明力往往是最强的,因为它是现场观察得到的第一手资料。

(二)书面证据

书面证据是指注册会计师运用检查、函证、重新计算、执行和分析方法获取的各种以书面形式存在的证据。其包括各种凭证、账簿和报表,各种文件和合同等。书面证据按照其来源可以分为内部证据和外部证据。

(三)口头证据

口头证据是指注册会计师询问被审计单位内外有关人员取得的一类证据。例如,注册会计师就现金盘点中存在的现金短款询问出纳员形成的记录;就内部控制的有效性询问管理层及其相关人员形成的记录等。注册会计师可以通过询问获取一些重要的线索。相对而言,不同的被调查人对同一问题所做出的口头陈述相同时,口头证据具有较高的可靠性。一般而言,口头证据本身并不足以证明事情的真相,不足以发现认定层次存在的重大错报风险,也不足以测试内部控制运行的有效性,注册会计师在获取口头证据的同时,还应当实施其他审计程序获取充分、适当的审计证据。一般而言,注册会计师可以通过口头证据发掘出一些重要的线索,有利于对某些需审核的情况做进一步的调查,以搜集到更为可靠的证据。

在审计过程中,注册会计师应把各种重要的口头证据尽快做成记录,并注明是何人、何时、在何种情况下所做的口头陈述,必要时还应获得被询问者的签名确认。

(四)环境证据

环境证据是指通过观察所获取的对被审计单位产生影响的各种环境事实方面的证据。具体而言,包括内部控制情况、被审计单位管理人员的素质、各种管理条件和管理水平等。

尽管上述各种证据可用来实现各种不同的审计目标,但是对每一个具体账户及与其相关的认定来说,注册会计师应选择能以最低成本实现全部审计目标的证据,力求做到证据搜集有效、经济。

四、获取审计证据的程序

(一)审计程序概述

注册会计师利用审计程序获取审计证据涉及以下 4 个方面的决策:一是选用何种审计程序;二是对选定的审计程序应当选取多大的样本规模;三是应当从总体中选取哪些项目;四是何时执行这些程序。

(二)获取审计证据的总体审计程序

按实施审计程序获取审计证据的目的划分,审计程序可以分为风险评估程序、控制测试(必要时或决定测试时)和实质性程序三种。审计准则将审计程序的这三种分类称为总体审计程序。

1. 风险评估程序

风险评估程序是指注册会计师了解被审计单位及其环境的程序。风险评估程序的目的是识别和评估财务报表重大错报风险。注册会计师应当实施风险评估程序,了解被审计单位及其环境,以此作为评估财务报表层次和认定层次重大错报风险的基础。风险评估程序为注册会计师确定重要性水平、识别需要特别考虑的领域、设计和实施进一步审计程序等工作提供了重要基础,有助于注册会计师合理分配审计资源,获取充分、适当的审计证据。注册会计师应当实施下列风险评估程序:询问被审计单位管理层和内部其他相关人员、分析程序、观察和检查。

风险评估程序本身并不足以为发表审计意见提供充分、适当的审计证据,注册会计师还应当实施进一步审计程序,包括实施控制测试(必要时或决定测试时)和实质性程序。

2. 控制测试

控制测试是为了获取关于控制防止或发现并纠正认定层次重大错报的有效性而实施的测试,其目的是测试控制运行的有效性。

当存在下列情况之一时,控制测试是必要的。

(1)在评估认定层次重大错报风险时,预期控制的运行是有效的,注册会计师应当实施控制测试以支持评估结果。

(2)仅实施实质性程序不足以提供认定层次充分、适当的审计证据,注册会计师应当实施控制测试,以获取内部控制运行有效性的审计证据。

实施控制测试的目的是测试内部控制在防止、发现并纠正认定层次重大错报方面的运行有效性,从而支持或修正重大错报风险的评估结果,据以确定实质性程序的性质、时间和范围。

3. 实质性程序

注册会计师应当计划和实施实质性程序,以应对评估的重大错报风险。实质性程序是指注册会计师针对评估的重大错报风险实施的直接用于发现认定层次重大错报的审计程序,包括对某类交易、账户余额或披露的细节测试以及实质性分析程序。

(1)细节测试是对某类交易、账户余额或披露的具体细节进行测试,目的在于直接识别财务报表认定是否存在错报。细节测试被用于获取与某些认定相关的审计证据,如存在、准确性、计价等。

(2)实质性分析程序主要是通过研究数据间关系评价信息,用于识别某类交易、账户余额或披露及相关认定是否存在错报。实质性分析程序通常更适用于在一段时间内存在可预期关系的大量交易。

注册会计师对重大错报风险的评估是一种判断,且由于内部控制存在固有局限性,无论评估的重大错报风险结果如何,注册会计师均应当针对所有重大的各类交易、账户余额或披露实施实质性程序,以获取充分、适当的审计证据。

(三)获取审计证据的具体程序

在审计过程中,注册会计师可根据需要单独或综合运用以下 7 种审计程序,以获取充分、适当的审计证据。

1. 检查

检查是指注册会计师对被审计单位内部或外部生成的,以纸质、电子或其他介质形式存在的记录和文件进行审阅、复核,或对有形资产进行审查和复核。

检查记录或文件的目的是对财务报表所包含或应包含的信息进行验证。审计证据的可靠性取决于记录或文件的来源和性质。检查内部记录或文件时,其可靠性则取决于生成该记录或文件的内部控制的有效性。

检查有形资产是指注册会计师对资产实物进行审查,大多数情况下适用于对现金和存货的审计,也适用于对有价证券、应收票据和有形固定资产的验证。检查有形资产可为其存在提供可靠的审计证据,但不一定能够为权利和义务或计价等认定提供可靠的审计证据。要验证存在的资产确实为被审计单位所有,在财务报表中的列报金额估价要准确。检查有形资产获取的证据本身并不充分,还需要通过其他的审计程序获得充分适当的证据。

2. 观察

观察是指注册会计师查看相关人员正在从事的活动或实施的程序。观察程序具有方向性,即从账面观察到实物或过程,或者从实物或过程观察到账面。例如,对客户执行的存货盘点或控制活动进行观察。

观察提供的审计证据仅限于观察发生的时点,并且可能影响对相关人员从事活动或执行程序的真实情况的了解。观察时点的情况并不能证明一贯的情况。另外,被观察人员对观察的反应,也会对观察所得证据的客观性产生影响。因此,注册会计师在使用观察程序获取证据时,要注意其本身固有的局限性。

3. 询问

询问是指注册会计师以书面或口头方式,向被审计单位内部或外部的知情人员获取财务信息和非财务信息,并对答复进行评价的过程。

知情人员对询问的答复可能为注册会计师提供尚未获悉的信息或佐证证据,也可能提供与已获悉信息存在重大差异的信息。在某些情况下,对询问的答复为注册会计师修改审计程序或实施追加的审计程序提供了基础。询问通常不足以发现认定层次存在的重大错报风险,也不足以测试内部控制运行的有效性,注册会计师还应当实施其他审计程序获取充分、适当的审计证据。

4. 函证

函证是指注册会计师直接从第三方(被询证者)获取书面答复以作为审计证据的过程,书面答复可以采用纸质、电子或其他介质等形式。例如,对应收账款余额或银行存款的函证。

函证来自独立于被审计单位的第三方,因而是受到高度重视和经常使用的证据获取程序。但是,函证的成本相对较高,并且有可能给提供者带来不便。函证常用于对银行存款、应收账款、应收票据等项目的审计过程。同时,注册会计师应当对银行存款、借款(包括零余额账户和在本期内注销的账户)及与金融机构往来的其他重要信息实施函证。通过函证获取的证据可靠性较高。

5. 重新计算

重新计算是指注册会计师对记录或文件中的数据计算的准确性进行核对。重新计算可以通过手工方式或电子方式进行,通常包括:计算销售发票和存货的总金额;加总日记账和明细账;检查折旧费用和预付费用的计算;检查应纳税额的计算等。

注册会计师在进行审计时,往往需对被审计单位的凭证、账簿和报表中的数字进行计算,以验证其是否正确。注册会计师的计算并不一定按照被审计单位原先的计算形式和顺序进行。在计算过程中,注册会计师不仅要注意计算结果是否正确,而且还要对某些其他可能的差错(如计算结果的过账和转账有误等)予以关注。

6. 重新执行

重新执行是指注册会计师独立执行原本作为被审计单位内部控制组成部分的程序或控

制。例如,注册会计师利用被审计单位的银行存款日记账和银行对账单,重新编制银行存款余额调节表,并与被审计单位编制的银行存款余额调节表进行比较。

7. 分析程序

分析程序是指注册会计师通过分析不同财务数据之间以及财务数据与非财务数据之间的内在关系,对财务信息做出评价。例如,注册会计师可以对被审计单位的财务报表和其他会计资料中的重要比率及其变动趋势进行分析性复核,以发现其异常变动项目。对异常变动项目,注册会计师应重新考虑其所采用的审计方法是否合适,必要时,应追加适当的审计程序,以获取相应的审计证据。分析程序还包括调查与其他相关信息不一致或与预期数据严重偏离的波动和关系。

分析程序适用于下列情形:①分析不同财务数据之间的内在关系,对财务信息做出评价;②分析财务数据与非财务数据之间的内在关系,对财务信息做出评价;③分析已识别出的、与其他相关信息不一致或与预期值差异重大的波动或关系进行调查。

(四)总体审计程序和具体审计程序的关系

注册会计师可以将 7 种具体审计程序单独或组合起来,用作风险评估程序、控制测试和实质性程序。或者说,注册会计师在 3 类总体审计程序的取证环节可以单独或组合用到 7 种具体审计程序来实现,如图 4-2 所示。

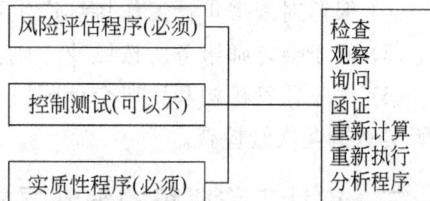

图 4-2 总体审计程序和具体程序的关系

第二节 审计工作底稿

一、审计工作底稿的含义及目的

(一)审计工作底稿的含义

审计工作底稿是指注册会计师对制订的审计计划、实施的审计程序、获取的相关审计证据,以及得出的审计结论做出的记录。具体来说,审计工作底稿是注册会计师在执行审计业务过程中,遵守审计准则的要求,将获取的审计证据以及审计工作过程的记录等,按照一定的格式和方法,编制成档案性原始文件。审计工作底稿是审计证据的载体,是注册会计师在审计过程中形成的审计工作记录和获取的资料。审计工作底稿形成于审计过程,也反映整个审计过程。

(二)审计工作底稿的编制目的

审计工作底稿在计划和执行审计工作中发挥关键作用,提供了审计工作实际执行情况的记录,并形成审计报告的基础。注册会计师应当及时编制审计工作底稿,以实现下列目的。

1. 提供充分、适当的记录,作为审计报告的基础

审计结论和审计意见是根据注册会计师获取的各种审计证据,结合注册会计师一系列的专业判断形成的。而注册会计师所收集到的审计证据和所做出的专业判断,都完整地记载于审计工作底稿中。因此,审计工作底稿就成为审计结论与审计意见的直接依据。

审计业务有一定的连续性,同一被审计单位前后年度的审计业务具有众多联系或相同点。因此,当前年度的审计工作底稿对以后年度审计业务具有很大的参考或备查作用。

2. 提供证据,证明注册会计师已经按照审计准则和相关法律、法规的规定计划和执行了审计工作

会计师事务所进行审计质量控制,主要是指导和监督注册会计师选择实施审计程序,及时编制审计工作底稿,并对审计工作底稿进行严格复核,这些工作有助于提高审计工作质量。注册会计师协会或其他有关单位依法进行的审计质量检查,也主要是对审计工作底稿的检查。没有审计工作底稿,审计质量的控制与检查就无法落到实处。

除上述目的外,编制审计工作底稿还可以实现以下目的。

(1) 有助于项目组计划和执行审计工作。

(2) 有助于负责督导的项目组成员对按照审计准则的规定,履行指导、监督与复核审计工作的责任。

(3) 便于项目组说明其执行审计工作的情况。

(4) 保留对未来审计工作持续产生重大影响的事项的记录。

(5) 便于会计师事务所按照业务质量控制准则的规定实施质量控制复核与检查。

(6) 便于监管机构和注册会计师协会根据相关法律、法规或其他相关要求,对会计师事务所实施执业质量检查。

二、审计工作底稿的编制要求

注册会计师编制的审计工作底稿必须达到总体要求,应当使未曾接触该项审计工作的有经验的专业人士清楚了解审计程序、审计证据与审计结论3个方面的内容,即①按照审计准则和相关法律、法规的规定实施的审计程序的性质、时间和范围;②实施审计程序的结果和获取的审计证据;③审计中遇到的重大事项和得出的结论,以及在得出结论时做出的重大职业判断。

三、审计工作底稿的内容

审计工作底稿通常包括以下内容。

(1) 总体审计策略。

(2) 具体审计计划。其包括:①风险评估程序;②控制测试;③实质性程序;④特殊项目审计程序。

(3) 分析表,主要是指对被审计单位财务信息执行分析程序的记录。

(4) 问题备忘录,指对某一事项或问题的概要的汇总记录。

(5) 重大事项概要。

(6) 询证函回函。

(7) 书面声明。

(8) 核对表,是指会计师事务所内部使用的、为便于核对某些特定审计工作或程序完成情况的表格。

(9) 有关重大事项的往来信件(包括电子邮件)。

(10) 对被审计单位文件记录的摘要或复印件。

(11) 业务约定书。

（12）管理建议书。

（13）项目组内部或项目组与被审计单位举行的会议记录。

（14）与其他人士（如其他注册会计师、律师、专家等）的沟通文件及错报汇总表等。

一般情况下，分析表主要是指对被审计单位财务信息执行分析程序的记录，如记录对被审计单位本年各月收入与上一年度的同期数据进行比较的情况，记录对差异的分析等。

核对表是指会计师事务所内部使用的、核对某些特定审计工作或程序的完成情况的表格，如特定项目（如财务报表列报）审计程序核对表、审计工作完成核对表等。它通常以列举的方式，列出审计过程中注册会计师应当进行的审计工作或程序以及特别需要提醒注意的问题，并在适当情况下索引至其他审计工作底稿，以便于注册会计师核对是否已按照审计准则的规定进行审计。

审计工作底稿通常不包括草稿、错误的文本或重复的文件记录等，这些不直接构成审计结论和审计意见的支持性证据，注册会计师通常无须保留这些记录。

四、审计工作底稿的存在形式与控制

审计工作底稿存在的形式有纸质、电子或其他介质形式存在。但无论哪种介质，会计师事务所都应当针对审计工作底稿设计和实施适当的控制，来确保审计工作底稿质量，以实现下列目的。

（1）使审计工作底稿清晰地显示其生成、修改及复核的时间和人员。

（2）在审计业务的所有阶段，尤其是在项目组成员共享信息或通过互联网将信息传递给其他人员时，保护信息的完整性和安全性。

（3）防止未经授权改动审计工作底稿。

（4）允许项目组和其他经授权的人员为适当履行职责而接触审计工作底稿。

在实务中，为了便于复核，注册会计师可以将以电子或其他介质形式存在的审计工作底稿通过打印等方式，转换成纸质形式的审计工作底稿，并归档；同时，单独保存这些电子或者其他介质形式的工作底稿。

五、审计工作底稿的格式、要素与范围

（一）确定审计工作底稿的格式、要素和范围时考虑的因素

在确定审计工作底稿的格式、内容和范围时，注册会计师应当考虑下列因素。

1. 被审计单位的规模和复杂程度

通常，被审计单位规模越大，注册会计师的审计范围越大，被审计单位业务越复杂，注册会计师的底稿越多。

2. 拟实施审计程序的性质

通常，不同的审计程序会使注册会计师获取不同性质的审计证据，注册会计师可能会编制不同格式、内容和范围的审计工作底稿。例如，注册会计师编制的有关函证程序的审计工作底稿（包括询证函及回函、有关不符事项的分析等）、存货监盘程序的审计工作底稿（包括盘点表、注册会计师对存货的测试记录等），在内容、格式及范围方面是明显不同的。

3. 已识别的重大错报风险

识别和评估的重大错报风险水平的不同，可能导致注册会计师执行的审计程序和获取

的审计证据不尽相同。例如,如果注册会计师识别出应收账款余额存在较高的重大错报风险,而其他应收款的重大错报风险较低,则注册会计师可能对应收账款执行较多的审计程序并获取较多的审计证据,对测试应收账款的记录会比对测试其他应收款的记录内容多且范围广。

4. 已获取审计证据的重要程度

注册会计师通过执行多项审计程序可能会获取不同的审计证据,有些审计证据的相关性和可靠性较高,有些则质量较差,注册会计师可能区分不同的审计证据,进行有选择性的记录。因此,审计证据的重要性程度也会影响审计工作底稿的格式、内容和范围。

5. 识别出的例外事项的性质和范围

有时,注册会计师在执行审计程序时会发现例外事项,可能会导致审计工作底稿在格式、内容和范围方面的不同。例如,某个函证的回函表明存在不符事项,但是注册会计师如果在实施恰当的追查后发现该例外事项并未构成错报,则注册会计师可能只在审计工作底稿中解释发生该例外事项的原因及影响。反之,如果该例外事项构成错报,则注册会计师可能需要执行额外的审计程序并获取更多的审计证据。由此编制的审计工作底稿,在内容及范围方面,可能有很大不同。

6. 当从已执行审计工作或获取审计证据的记录中不易确定结论或结论的基础时,记录结论或结论的基础的必要性

在某些情况下,特别是在涉及复杂的事项时,注册会计师仅将已执行的审计工作或获取的审计证据记录下来,并不容易使其他有经验的注册会计师通过合理的分析,得出审计结论或结论的基础。此时,注册会计师应当考虑是否需要进一步说明并记录得出结论的基础(即得出结论的过程)及该事项的结论。

7. 使用的审计方法和工具

使用的审计方法和工具也可能影响审计工作底稿的格式、内容和范围。例如,如果使用计算机辅助审计技术对应收账款的账龄进行重新计算时,通常可以针对总体进行测试,而采用人工方式重新计算时,则可能会针对样本进行测试。由此形成的审计工作底稿,在格式、内容和范围方面会有所不同。

考虑以上因素,有助于注册会计师确定审计工作底稿的格式、内容和范围是否恰当。另外,根据不同情况确定审计工作底稿的格式、内容和范围,均是为达到编制审计工作底稿的目的,特别是提供证据的目的。例如,细节测试和实质性分析程序的审计工作底稿所记录的审计程序不同,但两类审计工作底稿都应当充分、适当地反映注册会计师执行的审计程序。

(二)审计工作底稿的要素

1. 审计工作底稿的标题

每张审计工作底稿应当包括被审计单位名称、审计项目的名称以及资产负债表日期或底稿覆盖的会计期间(如果与交易相关)。

2. 审计过程记录

在记录审计过程时,应当注意以下几个方面的问题。

(1)记录具体项目或事项的识别特征。注册会计师在审计过程中记录实施的审计程序的性质、时间和范围时,应当记录测试的特定项目或事项的识别特征。

识别特征是指被测试的项目或事项表现出的征象或标志。识别特征因审计程序的性质和所测试的项目或事项的不同,而有所不同。对某一个具体项目或事项而言,其识别特征通

常具有唯一性,这种特性可以使其他人员根据识别特征在总体中识别该项目或事项并重新执行该测试。以下列举了部分审计程序中所测试的样本的识别特征。

① 对被审计单位生成的订购单进行细节测试时,注册会计师可以将订购单的日期或编号作为识别特征。需要注意的是,注册会计师也需要同时考虑被审计单位对订购单编号的方式。例如,若被审计单位按年对订购单依次编号,则识别特征是××年的××号;若被审计单位仅以序列号进行编号,则可以直接将该号码作为识别特征。

② 对一项需要选取或复核既定总体内一定金额以上的所有项目的审计程序,注册会计师可能会以实施审计程序的范围作为识别特征,如总账中一定金额以上的所有会计分录。

③ 对一项需要系统化抽样的审计程序,注册会计师可能会通过记录样本的来源、抽样的起点及抽样间隔来识别已选取的样本。例如,若被审计单位对发运单顺序编号,测试的发运单的识别特征可以是"对 4 月 1 日至 9 月 30 日的发运台账,从第 12345 号发运单开始,每隔 125 号,系统抽取发运单"。

④ 对一项需要询问被审计单位中特定人员的审计程序,注册会计师可能会以记录询问的时间、被询问人的姓名及职位作为识别特征。

⑤ 对观察这一审计程序,注册会计师可能会以观察的对象或观察过程、观察的地点和时间作为识别特征。

(2)记录重大事项及相关重大事项的判断。重大事项的记录不同于一般事项。重大事项对整个审计工作、审计结论都会产生重要的影响,在编制审计工作底稿过程中要加以重视,要严格地按照有关的规范执行。注册会计师应当根据具体情况判断某一事项是否属于重大事项。重大事项通常包括以下情形。

① 引起特别风险的事项。

② 实施审计程序的结果,该结果表明财务信息可能存在重大错报风险,或需要修正以前对重大错报风险的评估和针对这些风险拟采取的应对措施。

③ 导致注册会计师难以实施必要审计程序的情形。

④ 导致出具非标准审计报告的情形等。

注册会计师应当考虑编制重大事项概要,将其作为审计工作底稿的组成部分,以有效地复核和检查审计工作底稿,并评价重大事项的影响。重大事项概要包括审计过程中识别的重大事项及其如何得到解决,或对其他支持性审计工作底稿的交叉索引。注册会计师应当及时记录与管理层、治理层和其他人员对重大事项的讨论,包括讨论的内容、时间、地点和参加人员。在审计过程中,如果识别出的信息与针对重大事项得出的最终结论相矛盾或不一致,注册会计师应当记录形成最终结论时如何处理该矛盾或不一致的情况。

有关重大事项的记录可能分散在审计工作底稿的不同部分。将这些散落在审计工作底稿中的有关重大事项的记录,汇总在重大事项概要中,不仅可以帮助注册会计师集中考虑重大事项对审计的影响,还便于审计工作的复核人员全面、快速地了解重大事项,从而提高复核工作的效率。对大型、复杂的审计项目,重大事项概要的作用尤为重要。

(3)记录针对重大事项如何处理不一致的情况。如果注册会计师识别出的信息与针对某重大事项得出的最终结论不一致,则应当记录形成最终结论时如何处理该不一致的情况。

这种不一致的情况包括但不限于:①注册会计师针对该信息执行的审计程序;②项目组成员对某事项的职业判断不同而向专业技术部门的咨询情况;③项目组成员和被咨询人

员不同意见的解决情况。

记录如何处理识别出的信息与针对重大事项得出的结论不一致的情况,是非常有必要的,有助于注册会计师关注这些不一致,并对此执行必要的审计程序以恰当地解决这些不一致。

3. 审计结论

审计人员需要根据所实施的审计程序及获取的审计证据得出结论,并以此作为财务报表形成审计意见的基础。在记录审计结论时需要注意,在审计工作底稿中记录的审计程序和审计证据是否足以支持所得出的审计结论。同时,审计工作的每一部分都应当包含与已实施审计程序的结果及其是否实现既定审计目标相关的结论,还应包括审计程序识别出的例外情况和重大事项如何得到解决的结论。

4. 审计标识及其说明

审计标识及其说明是注册会计师用于表达各种审计含义的书面符号,被用于与已实施审计程序相关的底稿。适当运用审计标识可以缩短工作时间,提高工作效率。同时,每张审计工作底稿都应当包含对已实施审计程序的性质和范围做出的解释,以支持每一个标识的含义,在审计过程中应保持其前后一致和不同标识的唯一性。

以下是注册会计师在审计工作底稿中常用的标识。在实务中,注册会计师也可以依据实际情况运用更多的审计标识。

∧:纵加核对相符

<:横加核对相符

B:期初余额与上年审计后报表期末数核对相符

T:与原始凭证核对相符

G:与总分类账余额核对相符

S:与明细分类账余额核对相符

T/B:与试算平衡表核对相符

F/S:与已审会计报表核对相符

C:已发询证函

C\:已收回询证函

5. 索引号及编号

索引号是注册会计师为整理利用审计工作底稿,将具有同一性质或反映同一具体审计对象的审计工作底稿分别归类,形成相互联系、相互控制的特定编号。通常,审计工作底稿需要注明索引号及顺序编号,相关审计工作底稿之间需要保持清晰的钩稽关系。为了汇总及便于交叉索引和复核,每个事务所都会制订特定的审计工作底稿归档流程,每张表或记录都应有一个索引号。在实务中,注册会计师可以按照所记录的审计工作的内容层次进行编号。例如,固定资产汇总表的编号为 A1,按类别列示的固定资产明细表的编号为 A1-1,列示单个固定资产原值及累计折旧的明细表编号,包括房屋建筑物为 A1-1-1、机器设备为 A1-1-2 等。

6. 编制者姓名及编制日期

审计工作底稿还要有编制者姓名及编制日期。

7. 复核者姓名及复核日期

审计工作底稿还要有复核者姓名及复核日期。

为了明确责任,在记录实施审计程序的性质、时间和范围时,注册会计师应当记录:①测试的具体项目或事项的识别特征;②审计工作的执行人员及完成该项审计工作的日期；③审计工作的复核人员及复核的日期和范围。

通常，需要在每一张审计工作底稿上注明执行审计工作的人员和复核人员、完成该项审计工作的日期以及完成复核的日期。在实务中，如果若干页的审计工作底稿记录同一性质的具体审计程序或事项，并且编制在同一个索引号中，可以仅在审计工作底稿第一页上记录审计工作的执行人员和复核人员并注明日期。

8. 其他应说明事项

审计工作底稿还应记录其他应说明事项或注册会计师认为有必要特别说明的事项。

审计工作底稿的基本要素示例如表 4-1 所示。

表 4-1 控制测试审计抽样

被审计单位： 天地公司	索引号： CBD-2
项目： 采购订单授权	财务报表截止日/期间： 2012 年度
编制： 张三	复核： 李四
日期： 2012/01/10	日期： 2012/01/12

（一）样本设计

1. 确定测试目标
   拟测试的控制：采购订单须经总经理×××签字确认
   测试目标：确认在本期间内该项控制的运行是有效的
   相关交易和账户与认定：存货、应付账款、预付账款等账户的存在认定
   初步评估的控制运行有效性：有效
   初步评估的重大错报风险：低

2. 定义总体与抽样单元
   总体：2012 年发生的所有采购
   代表总体的实物：2012 年签订的所有采购订单
   抽样单元：每份采购订单

3. 定义偏差
   采购订单上没有总经理或其授权人签字

4. 确定样本规模
   总体规模：6 000
   样本规模：100

（二）选取样本并实施审计程序

1. 选取样本
   选样方法：系统选样
   如果选择系统选样，则计算选样间距（总体规模÷样本规模）：60
   确定样本起点（在 1 到选样间距之间选择）：10
   样本编号列表：
   10,70,130,190,250,310,370,430,490,550,610,670,730,790,…

2. 实施审计程序
   工作底稿索引号：CBD-2
   样本中发现控制偏差数量：3

（三）评价样本结果

1. 分析控制偏差的原因和性质
   原因：总经理无意中漏签
   性质：偶然偏差，不构成控制重大缺陷和舞弊

续表

---

2. 得出总体结论
    样本结果是否支持初步风险评估结果：否
    控制是否运行有效：无效
    修正后的重大错报风险评估水平：中
    是否需要增加样本规模：否
    工作底稿索引号：
    是否需要增加对相关账户的实质性程序：是
    工作底稿索引号：

知识链接 4-1

审计工作底稿的撰写

审计工作底稿一般有固定的范本与格式，但要避免我们审计的思考被这种僵化的表达方式束缚住。写审计工作底稿应该像写散文一样，"形散而神不散"，才能将审计思考很好地表达出来。

刚开始审计工作的审计人员，对在审计工作底稿里写注释，感觉是很困难的一件事。其实审计工作底稿里的注释就是要把你的思考过程和所做的工作表达出来。当然，这种表达是要有技巧的，不是写成流水账就行的。所以，关于写什么，不写什么，可以注意以下几点：要写一些背景介绍，方便阅读者理解；要写热点问题；要写我们的思考和所做的工作。

资料来源：金十七.让数字说话——审计，就这么简单.北京：中国财政经济出版社，2006.

六、审计工作底稿的复核

审计工作底稿的复核主要分为两个层次：一个是项目组内部复核；另一个是项目组外的项目质量控制复核。

（一）项目组内部复核

《中国注册会计师审计准则第 1121 号——对财务报表审计实施的质量控制》规定，项目组内部复核确定复核人员的原则是：由项目组内经验较多的人员（包括项目合伙人）复核经验较少的人员执行的工作。项目组内部复核人员应当知悉并解决重大的会计和审计问题；考虑会计和审计问题的重要程度；必要时修改总体审计计划和具体审计计划。

（二）项目组外的项目质量控制复核

项目组外的项目质量控制复核是指在出具报告前，对项目组做出的重大判断和在准备报告时形成的结论做出客观评价的过程，也称独立复核。

七、审计工作底稿的归档

（一）审计工作底稿的归档期限

注册会计师应当按照会计师事务所质量控制政策和程序的规定，及时将审计工作底稿归整为最终审计档案。《质量控制准则第 5101 号——会计师事务所对执行财务报表审计和审阅，其他鉴证和相关服务业务事实的质量控制》要求，会计师事务所制订有关及时完成最终业务档案归整工作的正常时间和程序。审计工作底稿的归档期限为审计报告日后 60 天内。如果注册会计师未能完成审计业务,审计工作底稿的归档期限为审计业务中止后的 60 天内。

如果针对客户的同一财务信息执行不同的委托业务,出具两个或多个不同的报告,会计师事务所应当将其视为不同的业务,根据制订的政策和程序,在规定的归档期限内分别将审计工作底稿归整为最终审计档案。

(二)归档期间对审计工作底稿进行的事务性变动

在出具审计报告前,注册会计师应完成所有必要的审计程序,取得充分、适当的审计证据并得出适当的审计结论。在审计报告日后,将审计工作底稿归整为最终审计档案是一项事务性的工作,不涉及实施新的审计程序或得出新的结论。如果注册会计师对审计工作底稿做出的变动属于事务性的,注册会计师就此可以做出变动。

在归档期间对审计工作底稿进行的事务性的变动主要包括:删除或废弃被取代的审计工作底稿;对审计工作底稿进行分类、整理和交叉索引;对审计档案归整工作的完成核对表签字认可;记录在审计报告日前获取的、与审计项目组相关成员进行讨论并取得一致意见的审计证据。

(三)审计工作底稿归档期后的变动

1. 审计工作底稿归档期后需要变动审计工作底稿的情形

一般情况下,在审计报告归档之后不需要对审计工作底稿进行修改或增加。如果有必要修改现有审计工作底稿或增加新的审计工作底稿的情形,主要有以下两种。

(1)注册会计师已实施了必要的审计程序,取得了充分、适当的审计证据并得出了恰当的审计结论,但审计工作底稿的记录不够充分。

(2)审计报告日后,发现例外情况要求注册会计师实施新的或追加审计程序,或导致注册会计师得出新的结论。例外情况主要是指注册会计师在审计报告日后发现与已审计的财务信息相关,且在审计报告日已经存在的事实,该事实如果被注册会计师在审计报告日前获知,可能影响审计报告。

2. 审计工作底稿归档期后变动审计工作底稿时的记录要求

在完成最终审计档案的归整工作后,如果发现有必要修改现有审计工作底稿或增加新的审计工作底稿,无论修改或增加的性质如何,注册会计师均应当记录下列事项:①修改或增加审计工作底稿的理由;②修改或增加审计工作底稿的时间和人员,以及复核的时间和人员。

(四)审计档案

对每项具体审计业务,注册会计师应当将审计工作底稿归整为审计档案。会计师事务所将审计档案分为永久性档案和当期档案,如表 4-2 所示。

表 4-2　审计档案分类

分　类	定　义	举　例
永久性档案	记录内容相对稳定、具有长期使用价值,并对以后的审计工作具有重要影响和直接作用的审计档案	被审计单位的组织结构、批准证书、营业执照、章程、重要资产的所有权或使用权的证明文件复印件等
当期档案	记录内容经常变化,主要供当期审计使用的审计档案	总体审计策略和具体审计计划

1. 永久性档案

永久性档案是指那些记录内容相对稳定、具有长期使用价值，并对以后的审计工作具有重要影响和直接作用的审计档案。例如，被审计单位的组织结构、营业执照、章程、重要资产所有权等。若永久性档案中某些内容发生改变，注册会计师应当及时进行更新。为保持资料的完整性以便满足以后查阅历史资料的需要，永久性档案中被替换下的资料一般也要保留。

2. 当期档案

当期档案是指那些记录内容经常变化，只供当期审计使用和下期审计参考的审计档案。例如，总体审计策略和具体审计计划。

（五）审计工作底稿的保存期限

会计师事务所应当自审计报告日起，对审计工作底稿至少保存 10 年。如果注册会计师未能完成审计业务，会计师事务所应当自审计业务中止日起，对审计工作底稿至少保存10 年。

需要注意的是，对连续审计的情况，当期归整的永久性档案虽然包括以前年度获得的资料（有可能是 10 年以前），但由于其作为本期档案的一部分，并作为支持审计结论的基础，注册会计师对于这些对当期有效的档案，应视为当期取得并保存 10 年。如果这些资料在某一个审计期间被替换，被替换资料应从被替换的年度起至少保存 10 年。

在完成最终审计档案的归档工作后，注册会计师不应在规定的保存期届满前删除或废弃任何性质的审计工作底稿。

【例 4-4】 甲会计师事务所在完成对被审计单位审计业务之后，已经形成了审计意见，并将在审计过程中的审计计划、控制测试和实质性测试的记录等进行了归集，作为审计工作底稿保存。但是，有两样资料没有归集成为工作底稿。其中，一件是公司章程；另一件是两次董事会会议记录。因为资料太厚，相关性不是很强，没有列为审计工作底稿。

请分析该做法是否合适。

经分析，甲会计师事务所的这种做法不合适。尽管公司章程和两次董事会会议记录的内容较多，相关性较差，但应该单独作为备查类审计工作底稿归为永久性档案。因其数量多而不归档的做法，是错误的。

【本章小结】

审计证据是指注册会计师为了得出审计结论、形成审计意见而使用的所有信息，包括财务报表依据的会计记录中含有的信息和其他信息。注册会计师应当保持职业怀疑态度，运用职业判断，评价审计证据的充分性和适当性。获取审计证据的审计程序分为：总体审计程序和具体审计程序。其中，总体审计程序包括风险评估程序、控制测试和实质性程序。具体审计程序包括检查、观察、询问、函证、重新计算、重新执行和分析程序。审计工作底稿是指注册会计师对制订的审计计划、实施的审计程序、获取的相关审计证据，以及得出的审计结论做出的记录。审计工作底稿形成于审计过程，同时也反映整个审计过程，是注册会计师发表审计意见的基础。

【课后习题】

一、判断题

1. 受注册会计师对重大错报风险评估的影响,若评估的重大错报风险越高,需要的审计证据可能越多。 （　　）

2. 审计证据的充分性能代替审计证据的适当性。 （　　）

3. 受注册会计师获取审计证据质量的影响,若审计证据质量越高,需要的审计证据可能越少。 （　　）

4. 实物证据的存在本身就具有很大的可靠性,所以实物证据具有较强的证明力。 （　　）

5. 从审计过程整体来看,注册会计师不能仅依赖实质性分析程序,而忽略对细节测试的运用。 （　　）

6. 项目质量控制复核评价的事项有项目组做出的重大判断和项目组在准备审计报告时得出的结论。 （　　）

7. 被审计单位的组织结构、批准证书、营业执照、章程、重要资产的所有权或使用权的证明文件复印件等是永久性档案,总体审计策略和具体审计计划是当期档案。 （　　）

8. 为了保证审计工作的质量,将审计风险降至业务环境下可接受的低水平,对该业务提供合理保证,小型被审计单位和业务简单被审计单位的工作底稿,与大型被审计单位和业务复杂被审计单位的工作底稿相同。 （　　）

9. 注册会计师在审计报告后获知法院在审计报告日前已对被审计单位的诉讼、索赔事项做出最终判决结果,但是出具审计报告时并不知道该事项,此时所有审计工作底稿的归档工作已完成,但是注册会计师可以变动审计工作底稿。 （　　）

10. 永久性档案是指记录内容相对稳定、具有长期使用价值,并对以后的审计工作具有重要影响和直接作用的审计档案。 （　　）

二、单项选择题

1. 下列审计证据中,最可靠的是（　　）。
    A. 银行询证函回函
    B. 董事会会议记录
    C. 被审计单位开出的销售发票
    D. 管理层声明书

2. 关于审计证据可靠性的说法中,不正确的是（　　）。
    A. 内部控制有效时内部生成的审计证据比内部控制薄弱时内部生成的审计证据更可靠
    B. 直接获取的审计证据比间接获取或推论得出的审计证据更可靠
    C. 电子介质和口头的形式的审计证据不可靠
    D. 从原件获取的审计证据比传真件或复印件的审计证据更可靠

3. 审计证据具有相关性和适当性的特征,有关审计证据特征的理解中,恰当的是（　　）。
    A. 获取的审计证据数量越多,越能增进审计证据的适当性

    B. 如果审计证据越适当,需要的数量越多

    C. 如果审计证据质量不高,则需要更多的数量的证据增强其证明力

    D. 审计证据质量存在缺陷,无法依靠证据数量弥补

4. 下列审计证据中,注册会计师通常还应当获取其他类型的佐证证据的是(　　　)。

    A. 重新计算　　　　　　B. 检查　　　　　　C. 询问　　　　　　D. 函证

5. 关于审计工作底稿的存在形式与控制的说法中,正确的是(　　　)。

    A. 审计工作底稿存在的形式只能有纸质,不能以电子或其他介质形式存在

    B. 对以电子形式或其他介质存在审计工作底稿,可以销毁其纸质审计工作底稿

    C. 审计工作底稿包括业务约定书、管理建议书、项目组内部或项目组与被审计单位
举行的会议记录、与其他人士(如其他注册会计师、律师、专家等)的沟通文件及
错报汇总表等

    D. 审计工作底稿应当包括已被取代的审计工作底稿的草稿或财务报表的草稿、对
不全面或初步思考的记录

6. ABC 会计师事务所 2011 年 2 月 1 日对甲上市公司开展审计工作,于 2011 年 3 月 10 日完成了审计工作并出具了审计报告。那么,审计工作底稿的归档期限为(　　　)之前。

    A. 2011 年 4 月 10 日　　　　　　　　B. 2011 年 5 月 10 日

    C. 2011 年 6 月 10 日　　　　　　　　D. 2011 年 4 月 25 日

7. W 会计师事务所在 2011 年 3 月 10 日开始对 ABC 上市公司的 2010 年度的财务报表进行审计工作,于 2011 年 3 月 31 日完成并出具了审计报告,2011 年 4 月 10 日完成审计工作的归档,那么该审计工作底稿的保存期限是到(　　　)。

    A. 2021 年 3 月 10 日　　　　　　　　B. 2021 年 3 月 31 日

    C. 2021 年 4 月 10 日　　　　　　　　D. 2031 年 3 月 31 日

8. 对审计档案的理解,不恰当的是(　　　)。

    A. 永久性档案需要永久保存,当期档案至少保存 10 年

    B. 永久性档案是指那些记录内容相对稳定、具有长期使用价值,并对以后的审计工
作具有重要影响和直接作用的审计档案

    C. 当期档案是指那些记录内容经常变化,主要供当期使用和下期参考的审计档案

    D. 会计事务所应当将对每项具体审计业务的审计工作底稿归整为审计档案

9. 在确定审计证据的相关性时,错误的表述是(　　　)。

    A. 特定的审计程序可能只为某些认定提供相关的审计证据,而与其他认定无关

    B. 针对某项认定从不同来源获取的审计证据存在矛盾,表明审计证据不存在说
服力

    C. 只与特定认定相关的审计证据并不能替代与其他认定相关的审计证据

    D. 针对同一项认定可以从不同来源获取审计证据或获取不同性质的审计证据

10. A 注册会计师的下列做法中,正确的是(　　　)。

    A. 设计相关可靠的审计程序,以消除财务报表中存在的重大错报风险

    B. 在应对认定层次重大错报风险时,优先考虑合理确定审计程序的范围

    C. 如果将特定重大账户重大错报的风险评估为低水平,且控制测试支持这一评估

结果,则不实施实质性程序

    D. 不因获取审计证据的困难和成本减少不可替代的审计程序

11. A 注册会计师实施的下列控制测试程序中,通常能获取最可靠审计证据的是( )。

    A. 询问   B. 检查控制执行留下的书面证据

    C. 观察   D. 重新执行

12. A 注册会计师在对应收账款实施函证程序时,针对应收账款,通常难以获取有效审计证据的是( )。

    A. 应收账款的存在性   B. 应收账款的可变现净值

    C. 应收账款金额的准确性   D. 应收账款是否归属于甲公司

13. 注册会计师通常认为不适合运用实质性分析程序的有( )。

    A. 存款利息收入   B. 借款利息支出

    C. 营业外收入   D. 房屋租赁收入

14. 审计证据适当性是指审计证据的相关性和可靠性,相关性是指审计证据应当与( )相关。

    A. 审计目标   B. 审计范围   C. 会计报表   D. 审计报告

15. 审计工作底稿的复核中,不能作为复核人的是( )。

    A. 主任会计师、所长或指定代理人   B. 部门经理或签字注册会计师

    C. 业务助理人员   D. 项目经理或项目负责人

三、多项选择题

1. 关于审计证据中构成财务报表基础的会计记录中含有的信息和其他信息的说法,正确的有( )。

    A. 会计记录中含有的信息本身足以提供充分的审计证据作为对财务报表发表审计意见的基础,注册会计师可以不用获取用作审计证据的其他信息

    B. 构成财务报表基础的会计记录中含有的信息和其他信息共同构成了审计证据

    C. 如果没有会计记录中含有的信息,审计工作将无法进行;如果没有其他信息,可能无法识别重大错报风险

    D. 如果没有其他信息,审计工作将无法进行;如果没有会计记录中含有的信息,可能无法识别重大错报风险

2. 注册会计师考虑获取审计证据的审计程序时,应当考虑的因素有( )。

    A. 选用何种审计程序   B. 选取多大的样本规模

    C. 应当从总体中选取哪些项目   D. 何时执行这些程序

3. 注册会计师编制的审计工作底稿,应当使未曾接触该项审计工作的有经验的专业人士清楚了解的内容,包括( )。

    A. 审计程序   B. 审计证据   C. 审计结论   D. 审计计划

4. 审计证据包括会计记录中含有的信息和其他信息,以下理解恰当的是( )。

    A. 注册会计师仅仅依靠会计记录中含有的信息不能有效形成结论,还应当获取其他信息

B. 会计记录中含有的信息是注册会计师对财务报表发表审计意见的基础

C. 如果会计记录中含有的信息是电子数据,注册会计师必须对生成这些信息所依赖的内部控制予以充分关注

D. 注册会计师将会计记录中含有的信息和其他信息两者结合在一起,才能将审计风险降至可接受的低水平,为发表审计意见提供合理基础

5. 在确定审计证据的相关性时,正确的表述是(　　)。

A. 特定的审计程序可能只为某些认定提供相关的审计证据,而与其他认定无关

B. 针对某项认定从不同来源获取的审计证据存在矛盾,表明审计证据不可靠

C. 只与特定认定相关的审计证据并不能替代与其他认定相关的审计证据

D. 针对同一项认定可以从不同来源获取审计证据或获取不同性质的审计证据

四、案例分析

甲会计师事务所的 H 注册会计师负责对乙公司 2010 年度财务报表进行审计,遇到以下情况。

(1) 2011 年 3 月 5 日,H 注册会计师完成审计业务,并于 6 月 5 日将审计工作底稿归整为最终审计档案。

(2) 2011 年 6 月 20 日,H 注册会计师发现存货监盘工作底稿缺少充分记录,私下修改了部分审计工作底稿,没有记录修改事项。

(3) 整理审计工作底稿时,注册会计师发现已经有乙公司从 2000—2009 年度的审计工作底稿,决定销毁 2000 年至 2005 年的年度审计工作底稿。

请指出上述资料中存在的问题。

第五章 计划审计工作

知识目标

- 理解初步业务活动的目的及内容；
- 了解审计业务约定书；
- 理解总体审计策略和具体审计计划；
- 理解并掌握审计重要性与审计风险。

技能目标

- 能够正确辨别总体审计策略和具体审计计划之间的关系及在整个审计过程中的作用；
- 能够正确理解审计重要性相关概念，熟练运用到审计实践中；
- 能够熟练运用审计风险模型于审计实践中。

案例导入

南方保健审计案例

2003年3月18日，美国最大的医疗保健公司——南方保健公司会计造假丑闻败露。为其财务报表进行审计，并连续多年签发"干净"审计报告的安永会计师事务所，也被置于风口浪尖上。

重要性是独立审计方法体系中的一个重要概念。在审计抽样过程中运用重要性原则，可帮助注册会计师选择恰当的样本，提高审计效率。但众多的舞弊案显示，常年接受审计的企业可能因为太了解注册会计师所运用的重要性水平，而别有用心地设计会计造假的应对和规避措施，南方保健舞弊案就是一个典型的例子。

事实上，对重要性的评估是注册会计师的一种专业判断，而且这一判断离不开特定的环境。如果仅仅依靠特定的比率（比率区间）计算重要性水平或因循长年使用的重要性水平，很容易让舞弊者有机可乘。安永在执行南方保健2001年度会计报表审计时，无视其正面临欺诈诉讼的事实和糟糕的内部控制情况，甚至对举报者明确告知的可疑账户都不从严制订重要性水平，进行彻底审查，其审计失败在所难免！

问题：

1. 面对被审单位不同的环境背景，如何制订审计计划？
2. 如何活学活用重要性水平，使其成为一条"流动的标准线"？

计划审计工作不是一个孤立的审计业务阶段，而是一个持续的、不断修正的过程，贯穿于整个审计过程始终。计划审计工作的内容主要包括：进行初步业务活动、制订总体审计策略和具体审计计划。

计划审计工作十分重要，很多关键决策往往在这个阶段做出，如可接受的审计风险水平和重要性的确定、项目人员的配置等。鉴于计划审计工作的重要性，项目负责人和项目组其他关键成员应参与计划审计工作,利用其经验和见解,以提高计划过程的效率和效果。

第一节　初步业务活动

一、审计的前提条件

(一)财务报告编制基础

注册会计师承接鉴证业务的条件之一是《中国注册会计师鉴证业务基本准则》中提及的标准适当,且能够为预期使用者获取。就审计准则而言,适用的财务报告编制基础为注册会计师提供了用以审计财务报表的标准。

(二)就管理层的责任达成一致意见

按照审计准则的规定,执行审计工作的前提是管理层已经认可并理解其承担的责任(如财务报表责任)。

财务报表责任如何在管理层和治理层之间划分,因被审计单位的资源和组织结构、相关法律和法规的规定以及管理层、治理层在被审计单位各自角色的不同而不同。一般情况下,管理层负责执行,治理层负责监督管理层。

管理层和治理层认可与财务报表相关的责任,是注册会计师执行审计工作的前提,构成注册会计师按照审计准则的规定执行审计工作的基础。因此,管理层和治理层应认可并理解其应当承担的下列责任。

(1)按照适用的财务报告编制基础编制财务报表,并使其实现公允反映。实现公允列报的报告目标非常重要,在与管理层达成一致意见的执行审计工作前提中需要特别提到这一点。

(2)设计、执行和维护必要的内部控制,以使财务报表不存在由于舞弊或错误导致的重大错报;由于内部控制的固有局限性,无论其如何有效,也只能合理保证被审计单位实现其财务目标。注册会计师按照审计准则规定执行审计工作,不能代替管理层维护编制财务报表所需要的内部控制。因此,注册会计师需要就管理层认可并理解其与内部控制有关的责任与管理层达成共识。

(3)向注册会计师提供必要的工作条件,包括允许注册会计师接触与编制财务报表相关的所有信息、向注册会计师提供审计所需的其他信息、允许注册会计师在获取审计证据时不受限制地接触其认为必要的内部人员和其他相关人员。

按照《中国注册会计师审计准则第1341号——书面声明》规定,注册会计师应当要求管理层就其已履行的某些责任提供书面声明。因此,注册会计师需要获取针对管理层责任的书面声明、其他审计准则要求的书面声明,以及在必要时需要获取用于支持其他审计证据的书面声明。注册会计师需要使管理层明确意识到这一点。

如果管理层不认可其责任或者不同意提供书面声明,注册会计师在审计工作中将不能获取充分适当的审计证据。在这种情况下,注册会计师承接此类审计业务是不恰当的,除非法律、法规另有规定。如果法律、法规要求承接此类审计业务,注册会计师可能需要向管理层解释这种情况的重要性及其对审计报告的影响。

二、初步业务活动的目的及内容

（一）初步业务活动的目的

注册会计师在计划审计工作前，需要开展初步业务活动。初步业务活动是指注册会计师在审计业务开始时，对审计客户的情况和自身的能力进行了解和评估，确定是否接受或保持审计客户。如果接受或保持审计客户，需要就审计业务约定书的条款进行协商并达成一致，并签订审计业务约定书。

小思考

谨慎承接业务

华兴公司是一个商贸类的上市公司，2006 年更换会计师事务所，拟委托公信会计师事务所审计 2005 年度会计报表。公信会计师事务所委派注册会计师李实与华兴公司洽谈业务。

李实首先从上市公司指定披露信息的报刊中收集了一些关于华兴公司的信息，了解到华兴公司主营百货文化用品、五金交电、油墨及印刷器材、家具、食品、针纺织品、日用杂品、烟酒等。该公司自 2000 年上市以来，业务迅速扩张，股价也不断攀升。李实向华兴公司索要了华兴公司 2004—2005 年的会计报表，及其前任会计师的审计报告，了解到华兴公司 2004 年和 2005 年分别实现主营业务收入 34.82 亿元和 70.46 亿元，同比增长 152.69% 和 102.35%。同时，总资产也分别增长了 178.25% 和 60.43%，但利润率从 2004 年开始出现明显下降，由 2004 年的 2% 下降到 2005 年的 0.69%，远远低于商贸类上市公司平均水平的 3.77%。另外，2005 年公司利润总额中 40% 为投资收益。据李实询问华兴公司相关人员得知，投资收益系华兴公司利用银行承兑汇票（承兑期长达 3~6 个月）进行账款结算，从回笼贷款到支付贷款之间有 3 个月的时间差，把这笔巨额资金委托华南证券进行短期套利所得。当李实询问华兴公司更换会计师事务所的理由时，华兴公司说明仅仅是由于公司董事会不满意前任注册会计师的工作效率。

问题：该会计师事务所是否应该接受华兴公司的审计委托？

注册会计师在计划审计工作前，开展初步业务活动，有助于确保在计划审计工作时达到下列要求：注册会计师已具备执行业务所需要的独立性和能力；不存在因管理层诚信问题而影响注册会计师保持该项业务意愿的事项；与被审计单位不存在对业务约定条款的误解。

（二）初步业务活动的内容

注册会计师进行初步业务活动，主要包括以下内容。

1. 针对保持客户关系和具体审计业务实施相应的质量控制程序

针对保持客户关系和具体审计业务实施相应的质量控制程序，并且根据实施相应程序的结果做出适当的决策，是注册会计师控制审计风险的重要环节。

在首次接受审计委托时，注册会计师需要执行针对建立有关客户关系和承接具体审计业务的质量控制程序。在确定是否接受新业务时，除了确定是否具有接受新业务所需的必要素质、专业胜任能力、时间和资源以外，会计师事务所还应当考虑接受该业务是否会导致现实或潜在的利益冲突。如果识别出潜在的利益冲突，会计师事务所应当考虑接受该业务是否适当。在连续审计的情况下，注册会计师已经积累了一定的经验，在决定是否保持与某一客户的关系时，项目负责人通常重点考虑本期或前期审计中发现的重大事项，及其对保持该客户关系的影响。在实务中，会计师事务所可以区别首次接受委托和连续审计的情况下不同的质量控制程序，以提高审计工作的效率及效果。

2. 评价遵守相关职业道德规范的情况

评价遵守相关职业道德规范的情况也是一项非常重要的初步业务活动。质量控制准则含有包括独立性在内的有关职业道德要求。职业道德规范要求项目组成员恪守独立、客观、公正的原则，保持专业胜任能力和应有的关注，并对审计过程中获知的信息保密。注册会计师应该严格按照职业道德规范的要求去执行审计工作。

3. 就审计业务约定条款达成一致意见

在做出接受或保持客户关系及具体审计业务的决策后，注册会计师应当按照《中国注册会计师审计准则第 1111 号——就审计业务约定条款达成一致意见》的规定，在审计业务开始前，与被审计单位就审计业务约定条款达成一致意见，签订审计业务约定书，以避免双方对审计业务的理解产生分歧。

三、审计业务约定书

签署审计业务约定书的目的是约定签约双方的责任与义务，促使双方遵守约定事项并加强合作，以保护会计师事务所与被审单位的利益。会计师事务所承接任何审计业务，都应该与被审计单位签订审计业务约定书。当注册会计师就业务约定条款与被审计单位达成一致意见后，即可起草审计业务约定书。审计业务约定书一式两份，会计师事务所一方的签署人应当是事务所的法人代表或其授权代表，被审计单位一方的签署人应当是其法人代表或其授权代表。审计业务约定书还应当同时加盖签约双方的印章。审计业务约定书在约定事项完成后，归入审计档案。

审计业务约定书的具体内容可能因被审计单位的不同而存在差异，但应当包括下列主要方面：①财务报表审计的目标与范围；②注册会计师的责任；③管理层对财务报表的责任；④指出用于编制财务报表所适用的财务报告编制基础；⑤提及注册会计师拟出具的审计报告的预期形式和内容，以及对在特定情况下出具的审计报告可能不同于预期形式和内容的说明。

（一）审计业务约定书的特殊考虑

1. 考虑特定需要

如果情况需要，注册会计师还应当考虑在审计业务约定书中列明下列内容。

（1）详细说明审计工作的范围，包括提及适用的法律、法规、审计准则以及注册会计师协会发布的职业道德守则和其他公告。

（2）对审计业务结果的其他沟通形式。

（3）说明由于审计和内部控制的固有限制，即使审计工作按照审计准则的规定得到恰当的计划和执行,仍不可避免地存在某些重大错报未被发现的风险。

(4) 计划和执行审计工作的安排,包括审计项目组的构成。

(5) 管理层确认将提供书面声明。

(6) 管理层同意向注册会计师及时提供财务报表草稿和其他所有附带信息,以使注册会计师能够按照预订的时间表完成审计工作。

(7) 管理层同意告知注册会计师在审计报告日至财务报表报出日之间注意到的可能影响财务报表的事实。

(8) 收费的计算基础和收费安排。

(9) 管理层确认收到审计业务约定书并同意其中的条款。

(10) 在某些方面对其他注册会计师和专家工作的安排。

(11) 对审计涉及的内部审计人员和被审计单位其他员工工作的安排。

(12) 在首次审计的情况下,与前任注册会计师(如存在)沟通的安排。

(13) 说明对注册会计师责任可能存在的限制。

(14) 注册会计师与被审计单位之间需要达成进一步协议的事项。

(15) 向其他机构或人员提供审计工作底稿的义务。

2. 组成部分的审计

如果母公司的注册会计师,同时也是公司组成部分的注册会计师,需要考虑下列因素,决定是否向公司组成部分单独致送审计业务约定书。

(1) 公司组成部分注册会计师的委托人(不同委托人,可单独签约)。

(2) 是否对公司组成部分单独出具审计报告。

(3) 与审计委托相关的法律、法规的规定。

(4) 母公司占公司组成部分的所有权份额(所占份额少,组成部分独立,可单独签约)。

(5) 公司组成部分管理层相对于母公司的独立程度。

3. 连续审计

对连续审计,注册会计师应当考虑是否需要根据具体情况修改业务约定的条款,以及是否需要提醒被审计单位注意现有的业务约定条款。注册会计师可以与被审计单位签订长期审计业务约定书,但如果出现以下特殊情况,应当考虑重新签订审计业务约定书。

(1) 有迹象表明被审计单位误解审计目标和范围。

(2) 需要修改约定条款或增加特别条款。

(3) 被审计单位高级管理人员近期发生变化。

(4) 被审计单位所有权发生重大变动。

(5) 被审计单位业务的性质或规模发生重大变化。

(6) 法律、法规的规定。

(7) 管理层编制财务报表采用的会计准则和相关会计制度发生变化。

(二) 审计业务约定条款的变更

在完成审计业务前,如果被审计单位要求注册会计师将审计业务变更为保证程度较低的鉴证业务或相关服务,注册会计师应当考虑变更业务的适当性,确定是否存在合理的理由予以变更。下列原因可能会导致被审计单位要求变更业务。

1. 环境变化对审计服务的需求产生影响

例如,某企业为了公开发行股票需要进行审计,由于情况变化,该企业决定不再上市,要求将审计业务变更为保证程度较低的审阅业务。

2. 对原来要求的审计业务的性质存在误解

例如,某广告公司在与其客户就广告项目签约时,约定广告公司发生的与该项目有关的支出均由该客户承担。根据这一约定,广告公司聘请注册会计师对其财务报表进行审计。但在审计过程中,广告公司了解到注册会计师审计的目标是对财务报表整体的合法性和公允性发表意见,而不是对客户关心的事项进行特别报告。广告公司在与其客户沟通之后,提出将审计业务变更为对特定支出明细表执行商定程序业务。

3. 无论是管理层施加的,还是其他情况引起的审计范围受到限制

例如,在审计实施过程中,注册会计师无法通过函证等程序对应收账款期末余额获取充分、适当的审计证据。为避免注册会计师出具保留意见或无法表示意见的审计报告,被审计单位要求注册会计师将约定的审计业务变更为审阅业务。

上述第 1 项和第 2 项通常被认为是变更业务的合理理由,但如果有迹象表明该变更要求与错误的、不完整的或者不能令人满意的信息有关,注册会计师不应认为该变更是合理的。

在同意将审计业务变更为审阅业务或相关服务业务前,接受委托按照审计准则执行审计工作的注册会计师,除考虑在适用的法律、法规允许的情况下提及的事项外,还需要评估变更业务对法律责任或业务约定的影响;如果注册会计师认为将审计业务变更为审阅业务或相关服务业务,具有合理理由,截至变更日已执行的审计工作可能与变更后的业务相关,相应的,注册会计师需要执行的工作和出具的报告会适用于变更后的业务。为避免引起报告使用者的误解,对相关服务业务出具的报告不应提及原审计业务和在原审计业务中已执行的程序;只有将审计业务变更为执行商定程序业务(相关服务),注册会计师才可在报告中提及已执行的程序。

如果没有合理的理由,注册会计师不应同意变更业务。如果注册会计师不同意变更审计业务约定条款,而管理层又不允许继续执行原审计业务,注册会计师应当:①在适用的法律、法规允许的情况下,解除审计业务约定;②确定是否有约定义务或其他义务向治理层、所有者或监管机构等报告该事项。

📌 小思考

注册会计师是否同意变更要求

甲注册会计师审计发现 K 公司报表存在重大错报,K 公司要求将该项业务变更为对财务信息执行商定程序业务。请问是否应同意被审计单位的变更要求?

K 公司提出的理由是不恰当的变更理由,注册会计师不能同意变更。注册会计师在年报审计中发现财务报表存在重大错报时,应当实施追加的或者更为广泛的程序,而不能因此作为变更业务的理由。

（三）审计业务约定书参考格式（合同式）

审计业务约定书

甲方：ABC 股份有限公司

乙方：××会计师事务所

兹由甲方委托乙方对20×1年度财务报表进行审计，经双方协商，达成以下约定。

一、业务范围与审计目标

1. 乙方接受甲方委托，对甲方按照企业会计准则和《××会计制度》编制的 20×1 年 12 月 31 日的资产负债表，20×1 年度的利润表、股东权益变动表和现金流量表以及财务报表附注（以下统称财务报表）进行审计。

2. 乙方通过执行审计工作，对财务报表的下列方面发表审计意见：（1）财务报表是否按照企业会计准则和《××会计制度》的规定编制；（2）财务报表是否在所有重大方面公允反映甲方的财务状况、经营成果和现金流量。

二、甲方的责任与义务

（一）甲方的责任

1. 根据《中华人民共和国会计法》及《企业财务会计报告条例》，甲方及甲方负责人有责任保证会计资料的真实性和完整性。因此，甲方管理层有责任妥善保存和提供会计记录（包括但不限于会计凭证、会计账簿及其他会计资料），这些记录必须真实、完整地反映甲方的财务状况、经营成果和现金流量。

2. 按照企业会计准则和《××会计制度》的规定编制财务报表是甲方管理层的责任，这种责任包括：（1）按照适用的财务报告编制基础编制财务报表，并使其实现公允反映；（2）设计、执行和维护必要的内部控制，以使财务报表不存在由于舞弊或错误导致的重大错报；（3）向注册会计师提供必要的工作条件，包括允许注册会计师接触与编制财务报表相关的所有信息，向注册会计师提供审计所需的其他信息，允许注册会计师在获取审计证据时不受限制地接触其认为必要的内部人员和其他相关人员。

（二）甲方的义务

1. 及时为乙方的审计工作提供其所要求的全部会计资料和其他有关资料（在 20×2 年×月×日之前提供审计所需的全部资料），并保证所提供资料的真实性和完整性。

2. 确保乙方不受限制地接触任何与审计有关的记录、文件和所需的其他信息。

（下段适用于集团财务报表审计业务，使用时需按每位客户/约定项目的特定情况修改，如果加入此段，应相应修改下面其他条款编号。）

【3. 为乙方对甲方合并财务报表发表审计意见的需要，甲方须确保以下内容。

乙方和为组成部分执行审计的其他会计师事务所的注册会计师（以下简称其他注册会计师）之间的沟通不受任何限制。

组成部分是指甲方的子公司、分部、分公司、合营企业、联营企业等。

如果甲方管理层、负责编制组成部分财务信息的管理层（以下简称组成部分管理层）对其他注册会计师的审计范围施加了限制，或客观环境使其他注册会计师的审计范围受到限制，甲方管理层和组成部分管理层应当及时告知乙方。

乙方及时获悉其他注册会计师与组成部分治理层和管理层之间的重要沟通（包括就内

部控制重大缺陷进行的沟通)。

乙方及时获悉组成部分治理层和管理层与监管机构就财务信息事项进行的重要沟通。

在乙方认为必要时,允许乙方接触组成部分的信息、组成部分管理层或其他注册会计师(包括其他注册会计师的审计工作底稿),并允许乙方对组成部分的财务信息实施审计程序。】

3. 甲方管理层对其做出的与审计有关的声明予以书面确认。

4. 为乙方派出的有关工作人员提供必要的工作条件和协助,主要事项将由乙方于外勤工作开始前提供清单。

5. 按本约定书的约定及时、足额支付审计费用以及乙方人员在审计期间的交通、食宿和其他相关费用。

三、乙方的责任和义务

(一)乙方的责任

1. 乙方的责任是在实施审计工作的基础上对甲方财务报表发表审计意见。乙方按照中国注册会计师审计准则(以下简称审计准则)的规定进行审计。审计准则要求注册会计师遵守职业道德规范,计划和实施审计工作,以对财务报表是否不存在重大错报获取合理保证。

(下段适用于集团财务报表审计业务,使用时需按每位客户/约定项目的特定情况而修改,如果加入此段,应相应修改下面其他条款编号。)

【2. 乙方不对非由乙方审计的组成部分的财务信息单独出具审计报告;有关的责任由对该组成部分执行审计的其他注册会计师及其所在的会计师事务所承担。】

2. 审计工作涉及实施审计程序,以获取有关财务报表金额和披露的审计证据。选择的审计程序取决于乙方的判断,包括对由于舞弊或错误导致的财务报表重大错报风险的评估。在进行风险评估时,乙方考虑与财务报表编制相关的内部控制,以设计恰当的审计程序,但目的并非对内部控制的有效性发表意见。审计工作还包括评价管理层选用会计政策的恰当性和做出会计估计的合理性,以及评价财务报表的总体列报。

3. 乙方需要合理计划和实施审计工作,以使乙方能够获取充分、适当的审计证据,为甲方财务报表是否不存在重大错报获取合理保证。

4. 乙方有责任在审计报告中指明所发现的甲方在重大方面没有遵循企业会计准则和《××会计制度》编制财务报表且未按乙方的建议进行调整的事项。

5. 由于测试的性质和审计的其他固有限制,以及内部控制的固有局限性,不可避免地存在着某些重大错报在审计后可能仍然未被乙方发现的风险。

6. 在审计过程中,乙方若发现甲方内部控制存在乙方认为的重要缺陷,应向甲方提交管理建议书。但乙方在管理建议书中提出的各种事项,并不代表已全面说明所有可能存在的缺陷或已提出所有可行的改善建议。甲方在实施乙方提出的改善建议前应全面评估其影响。未经乙方书面许可,甲方不得向任何第三方提供乙方出具的管理建议书。

7. 乙方的审计不能减轻甲方及甲方管理层的责任。

(二)乙方的义务

1. 按照约定时间完成审计工作,出具审计报告。乙方应于20×2年×月×日前出具审计报告。

2. 除下列情况外,乙方应当对执行业务过程中知悉的甲方信息予以保密:(1)取得甲方的授权;(2)根据法律、法规的规定,为法律诉讼准备文件或提供证据,以及向监管机构报告发现的违反法规行为;(3)接受行业协会和监管机构依法进行的质量检查;(4)监管机构对乙方进行行政处罚(包括监管机构处罚前的调查、听证)以及乙方对此提起行政复议。

四、审计收费

1. 本次审计服务的收费是以乙方各级别工作人员在本次工作中所耗费的时间为基础计算的。乙方预计本次审计服务的费用总额为人民币××万元。

2. 甲方应于本约定书签署之日起×日内支付×％的审计费用,剩余款项于××××日结清。

3. 如果由于无法预见的原因,致使乙方从事本约定书所涉及的审计服务实际时间较本约定书签订时预计的时间有明显的增加或减少时,甲、乙双方应通过协商,相应调整本约定书第四条第1项下所述的审计费用。

4. 如果由于无法预见的原因,致使乙方人员抵达甲方的工作现场后,本约定书所涉及的审计服务不再进行,甲方不得要求退还预付的审计费用;若上述情况发生于乙方人员完成现场审计工作,并离开甲方的工作现场之后,甲方应另行向乙方支付人民币××元的补偿费,该补偿费应于甲方收到乙方的收款通知之日起×日内支付。

5. 与本次审计有关的其他费用(包括交通费、食宿费等)由甲方承担。

五、审计报告和审计报告的使用

1. 乙方按照《中国注册会计师审计准则第1501号——审计报告》和《中国注册会计师审计准则第1502号——非标准审计报告》规定的格式和类型出具审计报告。

2. 乙方向甲方致送审计报告一式××份。

3. 甲方在提交或对外公布审计报告时,不得修改乙方出具的审计报告及其后附的已审计财务报表。当甲方认为有必要修改会计数据、报表附注和所作的说明时,应当事先通知乙方,乙方将考虑有关的修改对审计报告的影响,必要时,将重新出具审计报告。

六、本约定书的有效期间

本约定书自签署之日起生效,并在双方履行完本约定书约定的所有义务后终止。但其中第三(二)2、第四、第五、第八、第九、第十项并不因本约定书终止而失效。

七、约定事项的变更

如果出现不可预见的情况,影响审计工作如期完成,或需要提前出具审计报告时,甲、乙双方均可要求变更约定事项,但应及时通知对方,并由双方协商解决。

八、终止条款

1. 如果根据乙方的职业道德及其他有关专业职责、适用的法律和法规或其他任何法定的要求,乙方认为已不适宜继续为甲方提供本约定书约定的审计服务时,乙方可以采取向甲方提出合理通知的方式终止履行本约定书。

2. 在终止业务约定的情况下,乙方有权就其本约定书终止之日前对约定的审计服务项目所做的工作收取合理的审计费用。

九、违约责任

甲、乙双方按照《中华人民共和国合同法》的规定承担违约责任。

十、适用法律和争议解决

本约定书的所有方面均应适用中华人民共和国法律进行解释并受其约束。本约定书履行地为乙方出具审计报告所在地,因本约定书所引起的或与本约定书有关的任何纠纷或争议(包括关于本约定书条款的存在、效力或终止,或无效之后果),双方选择第×种解决方式。

(1) 向有管辖权的人民法院提起诉讼。

(2) 提交××仲裁委员会仲裁。

十一、双方对其他有关事项的约定

本约定书一式两份,甲、乙方各执一份,具有同等法律效力。

甲方:ABC 股份有限公司(盖章)　　　　乙方:××会计师事务所(盖章)

授权代表:(签名并签章)　　　　　　　授权代表:(签名并签章)

二〇×二年××月××日　　　　　　　　二〇×二年××月××日

第二节　总体审计策略与具体审计计划

注册会计师与被审计单位签订审计业务约定书后,为了使审计业务以有效的方式得到执行,应当开始计划审计工作,包括针对审计业务制订总体审计策略和具体审计计划。注册会计师可以就计划审计工作的基本情况与被审计单位治理层和管理层进行沟通。当就总体审计策略和具体审计计划中的内容,与治理层、管理层进行沟通时,注册会计师应当保持职业谨慎,以防止由于具体审计程序易于被管理层或治理层所预见而损害审计工作的有效性。需要说明的是,按照审计准则的规定,注册会计师可以与被审计单位的管理层和治理层就计划审计工作的基本情况(如时间和范围)进行沟通,以达成对审计项目的一致理解,并取得被审计单位对审计工作的协助,但独自制订总体审计策略和具体审计计划仍然是注册会计师应承担的责任。

小思考

注册会计师是否应该与被审计单位沟通详细的审计程序

甲会计师事务所承接了 A 公司 2012 年度会计报表审计,刘云是项目负责人,张鹏是参加项目的助理人员。审计中张鹏向刘云提议,注册会计师应当就计划实施的审计程序的性质、时间和范围的详细情况,直接与被审计单位治理层沟通,以便其配合审计工作。

问题:如果你是刘云,应当如何处理?

计划审计工作包括针对审计业务制订总体审计策略和具体审计计划,以将审计风险降至可接受的低水平。

一、总体审计策略

注册会计师应当为审计工作制订总体审计策略。总体审计策略用以确定审计范围、时间和方向,并指导制订具体审计计划。在制订总体审计策略时,注册会计师应当考虑以下主要事项。

（一）审计范围

注册会计师应当确定审计业务的特征,包括采用的会计准则和相关会计制度、特定行业的报告要求以及被审计单位组成部分的分布等,以界定审计范围。在确定审计范围时,注册会计师一般需要考虑下列情形。

（1）编制拟审计的财务信息所依据的财务报告编制基础。

（2）特定行业的报告要求,如某些行业的监管部门要求提交的报告。

（3）预期的审计工作涵盖范围,包括需要审计的公司内部组成部分的数量及所在地点。

（4）母公司和公司内其他组成部分之间存在的控制关系的性质,以确定如何编制合并财务报表。

（5）由公司组成部分注册会计师审计公司组成部分的范围。

（6）拟审计的经营分部性质,包括是否需要具备专门知识。

（7）外部折算,包括外币交易的会计处理、外币财务报表折算和相关信息的披露。

（8）除为合并目的执行的审计工作之外,对个别报表进行法定审计的需求。

（9）内部审计工作的可获得性及对内部审计工作的拟依赖程度。

（10）被审计单位使用服务机构的情况,注册会计师如何获得有关服务机构内部控制设计、执行和运行有效性的证据。

（11）对利用在以前期间审计工作中获取的审计证据的预期,如获取的与风险评估程序和控制测试相关的审计证据。

（12）信息技术对审计程序的影响,包括数据的可获得性和预期使用计算机辅助审计技术的情况。

（13）协调审计工作与中期财务信息审阅的预期涵盖范围和时间安排,以及中期审阅所获取的信息对审计工作的影响。

（14）与被审计单位人员的时间协调和相关数据的可获得性。

（二）报告目标、时间安排及所需沟通

总体审计策略的制订应当包括明确审计业务的报告目标,以及计划审计的时间安排和所需沟通的性质,包括提交审计报告的时间要求,预期与管理层和治理层沟通的重要日期等。计划报告目标、时间安排和所需沟通,注册会计师需要考虑下列情形。

（1）被审计单位的财务报告时间表,包括中间阶段和最终阶段。

（2）与管理层和治理层就审计工作的性质、范围和时间所举行的会议的组织工作。

（3）与管理层和治理层讨论预期签发报告和其他沟通文件的类型及提交时间,如审计报告、管理建议书及与治理层的沟通函。

（4）与管理层讨论预期就整个审计业务中对审计工作的进展进行的沟通。

（5）与组成部分注册会计师沟通拟出具的报告的类型和时间安排,以及与组成部分审计相关的其他事项。

（6）项目组成员之间沟通的预期的性质和时间安排,包括项目组会议的性质和时间安排,以及复核已执行工作的时间安排。

（7）预期是否需要和第三方进行其他沟通,包括与审计相关的法定或约定的报告责任。

（三）审计方向

总体审计策略的制订应当包括考虑影响审计业务的重要因素，以确定项目组工作方向，包括确定适当的重要性水平，初步识别可能存在较高的重大错报风险的领域，初步识别重要的组成部分和账户余额，评价是否需要针对内部控制的有效性获取审计证据，识别被审计单位、所处行业、财务报告要求及其他相关方面最近发生的重大变化等。

在确定审计方向时，注册会计师一般需要考虑下列情形。

（1）重要性方面，主要包括：①为计划目的确定重要性；②为组成部分确定重要性且与组成部分的注册会计师沟通；③在审计过程中重新考虑重要性；④识别重要的组成部分和账户余额。

（2）重大错报风险较高的审计领域。

（3）评估的财务报表层次的重大错报风险对指导、监督及复核的影响。

（4）项目组人员的选择（在必要时包括项目质量控制复核人员）和工作分工，包括向重大错报风险较高的审计领域分派具备适当经验的人员。

（5）项目预算，包括考虑为重大错报风险可能较高的审计领域分配适当的工作时间。

（6）如何向项目组成员强调在收集和评价审计证据过程中保持职业怀疑必要性的方式。

（7）以往审计中对内部控制运行有效性评价的结果，包括所识别的控制缺陷的性质及应对措施。

（8）管理层重视设计和实施健全的内部控制的相关证据，包括这些内部控制得以适当记录的证据。

（9）业务交易量规模，以基于审计效率的考虑确定是否依赖内部控制。

（10）对内部控制重要性的重视程度。

（11）影响被审计单位经营的重大发展变化，包括信息技术和业务流程的变化，关键管理人员变化，以及收购、兼并和分立。

（12）重大的行业发展情况，如行业法规变化和新的报告规定。

（13）会计准则及会计制度的变化。

（14）其他重大变化，如影响被审计单位的法律环境的变化。

（四）总体审计策略调配的资源

在编制总体审计策略时，审计资源的调配是一个重要内容。审计资源是完成审计业务的基础，在审计风险日益增加、财务报表审计时间相对集中的情况下，注册会计师要将可接受的检查风险控制在一个适当的水平，必须对自身拥有的审计资源进行合理调配，以确保审计工作的有效性，并按时完成委托业务。在执行审计业务的过程中，审计人员的组成并非固定不变，当出现新问题或审计环境发生变化时，应部分调配审计资源，由此带来的审计费用的调整，应及时与被审计单位沟通以取得理解和协助。

注册会计师应当在总体审计策略中清楚地说明资源的规划和调配，包括确定执行审计业务所必需的审计资源的性质、时间安排和范围。其具体内容如下。

（1）向具体审计领域调配的资源，包括向高风险领域分派有适当经验的项目组成员，就复杂的问题利用专家工作等。

（2）向具体审计领域分配资源的多少，包括分派到重要地点进行存货监盘的项目组成员的人数，在集团审计中复核组成部分注册会计师工作的范围，向高风险领域分配的审计时间预算等。

（3）何时调配这些资源，包括是在期中审计阶段，还是在关键的截止日期调配资源等。

（4）如何管理、指导、监督这些资源，包括预期何时召开项目组预备会和总结会，预期项目合伙人和经理如何进行复核，是否需要实施项目质量控制复核等。

总体审计策略的详略程度应当随被审计单位的规模及该项审计业务的复杂程度的不同而变化。在小型被审计单位审计中，全部审计工作可能由一个很小的审计项目组执行，项目组成员间容易沟通和协调，总体审计策略可以相对简单。

总体审计策略记录模式（参考格式），如下所示。

总体审计策略参考格式

被审计单位： 项目：总体审计策略 编制： 日期：	索引号： 财务报表截止日/期间： 复核： 日期：

一、审计范围

报 告 要 求	
适用的会计准则或制度	
适用的审计准则	
与财务报告相关的行业特别规定	
需审计的公司内组成部分的数量及所在地点	
需要阅读的含有已审计财务报表的文件中的其他信息	
制订审计策略需考虑的其他事项	

二、审计业务时间安排
（一）对外报告时间安排
（二）执行审计时间安排

执行审计时间安排	时　　间
1. 期中审计	
（1）制订总体审计策略	
（2）制订具体审计计划	
……	
2. 期末审计	
（1）存货监盘	
……	

（三）沟通的时间安排

所 需 沟 通	时 间
与管理层和治理层的会议	
项目组会议（包括预备会和总结会）	
与专家或有关人士的沟通	
与其他注册会计师的沟通	
与前任注册会计师的沟通	
……	

三、影响审计业务的重要因素

（一）重要性

确定的重要性水平	索 引 号

（二）可能存在较高重大错报风险的领域

可能存在较高重大错报风险的领域	索 引 号

（三）重要的组成部分和账户余额

重要的组成部分和账户余额	索 引 号
1. 重要的组成部分	
……	
2. 重要的账户余额	
……	

四、人员安排

职 位	姓 名	主 要 职 责

五、对专家或有关人士工作的利用（若适用）

（一）对内部审计工作的利用

主要报表项目	拟利用的内部审计工作	索 引 号

（二）对其他注册会计师工作的利用

其他注册会计师的名称	利用其工作范围和程度	索 引 号

（三）对专家工作的利用

主要报表项目	专家名称	主要职责及工作范围	利用专家工作的原因	索引号

（四）对被审计单位适用服务机构的考虑

主要报表项目	服务机构名称	服务机构提供的相反服务及其注册会计师出具的审计报告意见及日期	索 引 号

二、具体审计计划

　　总体审计策略一经制订,注册会计师应当针对总体审计策略中所识别的不同事项,为审计工作制订具体审计计划,并考虑通过有效利用审计资源以实现审计目标。

　　具体审计计划比总体审计策略更详细,其内容包括为获取充分、适当的审计证据,以将审计风险降至可接受的低水平,项目组成员拟实施的审计程序的性质、时间和范围。可以说,为获取充分适当的审计证据,而确定审计程序的性质、时间和范围的决策,是具体审计计划的核心。具体审计计划包括风险评估程序、计划实施的进一步审计程序和其他审计程序。

（一）风险评估程序

为了充分了解被审计单位及其环境，充分识别和评估被审计单位财务报表重大错报风险，注册会计师应当按照《中国注册会计师审计准则第 1211 号——了解被审计单位及其环境并评估重大错报风险》的规定，对实施的风险评估程序的性质、时间和范围做出详细规划与说明。

（二）计划实施的进一步审计程序

实施风险评估程序后，根据识别和评估的被审计单位财务报表重大风险情况，注册会计师应实施进一步审计程序。进一步审计程序是指针对评估的认定层次的重大错报风险，注册会计师计划实施的进一步审计程序的性质、时间和范围，包括控制测试和实质性程序。

通常，注册会计师计划的进一步审计程序，可以分为审计程序的总体方案和拟实施的具体审计程序两个层次。进一步审计程序的总体方案主要是指注册会计师针对各类交易、账户余额和披露采用的总体方案（包括实质性方案和综合性方案）。其具体审计程序则是对进一步审计程序的总体方案的延伸和细化，通常包括控制测试和实质性程序，如图 5-1 所示。

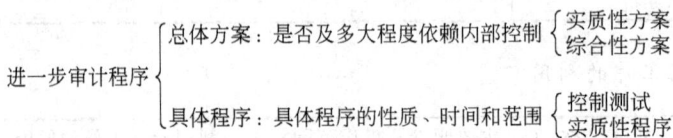

图 5-1　进一步审计程序的分类

（三）计划其他审计程序

其他审计程序，主要包括进一步审计程序没有涵盖的，根据审计准则的要求，注册会计师应当执行的既定程序。例如，针对舞弊的考虑而实施的审计程序；为证实持续经营假设合理性而实施的审计程序；针对法律、法规而实施的审计程序；针对关联方及其交易实施的审计程序；针对环境事项、电子商务实施的审计程序等。

在审计计划阶段，注册会计师应当按照中国注册会计师审计准则进行审计计划工作。由于被审计单位所处行业、环境各不相同，特定项目的计划审计工作也有所不同。例如，有些企业可能涉及环境事项、电子商务等，在实务中注册会计师应根据被审计单位的具体情况确定特定项目并执行相应的审计程序。

具体审计计划的参考格式如下所示。

具体审计计划参考格式

客户名称：	财务报表期间：	底稿索引号：
编制及复核人签字：		
编制人：	日期：	
复核人：	日期：	
项目质量控制复核人（若适用）：	日期：	

续表

目录:

1. 风险评估程序

该程序分为:一般风险评估程序(由项目组记录为了解被审计单位及其环境所执行的该程序,包括询问管理层有关业务、经营情况,观察实物存放状况、检查文件资料和分析年度报表、中期报表中的财务信息等。记录的内容包括项目组工作的性质和范围)和针对特别项目的程序(包括确定特定项目和实施相应审计程序。审计准则要求注册会计师在计划和实施审计时,对某些特定项目予以考虑、识别并执行相应审计程序。特定项目可能包括:电子商务;对舞弊的考虑;持续经营;对法律、法规的考虑;对关联方的考虑;诉讼及赔偿等)。

2. 了解被审计单位及其环境(不包括内部控制)

从行业状况、法律环境与监管环境及其他外部因素,被审计单位的性质,会计政策的选择和运用,目标、战略及相关经营风险,财务业绩的衡量与评价和内部控制 6 个方面记录对被审计单位及其环境的了解、信息来源及风险评估程序。

3. 了解内部控制

从控制环境、风险评估过程、信息系统与沟通、控制活动、对控制的监督 5 个方面了解、关注并评估与财务报表重大错报风险有关的内部控制,记录被审计单位所具有的控制,以及项目组为评价上述控制的设计和是否得到执行所实施的审计程序及其结果。因为并非所有的内部控制都与财务报表审计有关。

4. 对风险评估及审计计划的讨论

该部分主要记录项目组基于以上对被审计单位及其环境的了解进行的讨论,如对由关联方交易导致的财务报表的重大错报风险的怀疑;对项目组成员职责分工的讨论等。

5. 评估的重大错报风险

基于上述四部分的了解,从评估的财务报表层次、评估的认定层次分别记录识别的重大错报风险。记录评估的财务报表层次的重大错报风险的内容包括描述评估的财务报表层次的重大错报风险;对此确定的总体应对措施;对拟实施的进一步审计程序的总体方案的影响。记录评估的认定层次的重大错报风险的内容包括记录识别的风险及相关控制;将识别的重大错报风险与特定的某类交易、账户余额和披露相联系;评估风险是否为特别风险及其原因;评估重大错报风险水平。

6. 计划的进一步审计程序

本部分针对评估的认定层次的重大错报风险设计进一步审计程序的计划总体方案。记录内容包括:确定重要账户及列报;将其与评估的认定层次的重大错报风险相联系;对重要账户或列报确定相关认定;确定拟实施的总体方案及是否实施控制测试和实质性程序等。

7. 其他程序

记录根据审计准则的规定,计划实施的其他审计程序。

三、总体审计策略与具体审计计划的关系

总体审计策略与具体审计计划的关系如图 5-2 所示。

四、审计过程对计划的更改

在审计实际工作中,计划审计工作不是一个孤立阶段,而是一个持续的、不断修正的过程,贯穿于整个审计工作的始终。由于未预期事项、条件的变化或在实施审计程序中获取的审计证据等原因,注册会计师应当在审计过程中对总体审计策略和具体审计计划做出必要的更新和修改。一旦计划被更新和修改,审计工作也必须进行相应修正,并按照修改后的计划实施审计工作。注册会计师应当将审计工作过程中对总体审计策略和具体审计计划做出的任何重大更改及其理由以及对导致此类更改的事项、条件或审计程序结果、采取的应对措施形成书面记录并存档。

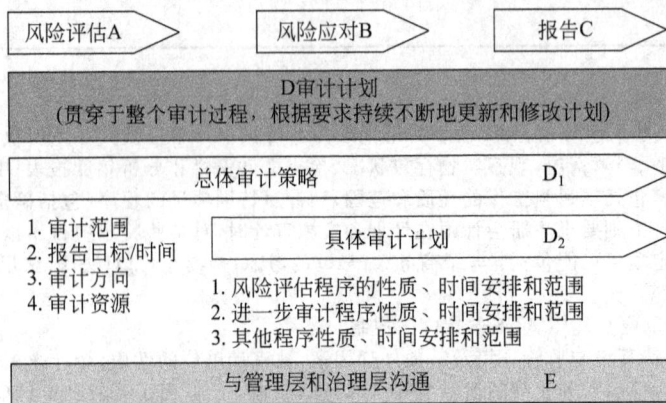

图 5-2　总体审计策略与具体审计计划的关系

知识链接 5-1

审计计划的更改

注册会计师在对某公司销售业务的相关控制的设计和执行获取证据时，得出的判断是：相关控制的设计合理并得到了执行，并将其评价为较低水平，计划进行控制测试。但是，在执行控制测试时得到新消息：该公司生产的产品，因被检验出含有国家明令禁止使用的成分，于即日开始停售，已经售出的应立即追回。

面对这一事项，注册会计师可能需要修正前期确定的风险评估水平，同时还要修改与新风险评估水平对应的计划审计方案。

五、监督、指导与复核

注册会计师应当针对项目组成员工作的指导、监督与复核的性质、时间和范围制订计划。对项目组成员工作的指导、监督与复核的性质、时间和范围主要取决于下列因素。

（一）被审计单位的规模和复杂程度

当被审计单位的规模较大、业务复杂时，对项目组成员的工作应进行经常性的指导、多角度的监督、程序严密的复核，以控制审计风险。

（二）审计领域

（三）评估重大错报风险

当重大错报风险较高时，应加大对项目组成员工作的监督、复核力度，规范执行获取充分、适当的审计证据所使用的审计程序，逐级严密复核项目组成员形成的审计工作底稿，以将检查风险控制在一个可以接受的水平。

（四）执行审计工作的项目组成员的素质和专业胜任能力

如果项目组成员的素质高、专业胜任能力强，则指导的工作量将大大减少，监督、复核工作可以放在审计工作过程的最后环节。

注册会计师应在评估重大错报风险的基础上，计划对项目组成员工作的指导、监督与复核的性质、时间和范围。当评估的重大错报风险增加时，注册会计师通常会扩大指导与监督的范围,增强指导与监督的及时性,执行更详细的复核工作。在计划复核的性质、时间和范围时,注册会计师还应考虑单个项目组成员的素质和专业胜任能力。

六、对计划审计工作的记录

记录的内容包括总体审计策略、具体审计计划、审计计划重大修改等。记录的形式和范围取决于被审计单位的规模和复杂程度、重要性、具体审计业务的情况以及对其他审计工作记录的范围等事项。

七、与治理层和管理层的沟通

注册会计师可以就计划审计工作的基本情况与被审计单位治理层和管理层进行沟通。沟通时,注册会计师应当保持职业谨慎,以防止由于具体审计程序易于被管理层或治理层所预见而损害审计工作的有效性。虽然注册会计师可以就总体审计策略和具体审计计划的某些内容与治理层和管理层沟通,但制定总体审计策略和具体审计计划仍然是注册会计师的责任。

第三节　审计重要性

审计重要性是审计学的一个基本概念,审计重要性概念的运用贯穿于整个审计过程。在计划审计工作时,注册会计师应当考虑导致财务报表发生重大错报的原因,并应当在了解被审计单位及其环境的基础上,确定一个可接受的重要性水平,即:首先为财务报表层次确定重要性水平,以发现在金额上重大的错报。同时,注册会计师还应当评估各类交易、账户余额或披露认定层次的重要性,以便确定进一步审计程序的性质、时间和范围,将审计风险降至可接受的低水平。在确定审计意见类型时,注册会计师也需要考虑重要性水平。

审计重要性概念的运用贯穿于整个审计过程,如表 5-1 所示。

表 5-1　审计重要性的运用阶段

过　　程	运　　用
计划审计工作	应考虑导致财务报表发生重大错报的原因,并在了解被审计单位及其环境的基础上,确定一个可接受的重要性水平,以发现在金额上的重大错报
确定进一步审计程序	应评估各类交易、账户余额或披露认定层次的重要性,以便确定进一步审计程序的性质、时间和范围,将审计风险降至可接受的低水平
确定审计意见的类型	考虑重要性水平

一、审计重要性的概念

《中国注册会计师审计准则第 1221 号——重要性》指出:重要性取决于在具体环境下对错报金额和性质的判断。如果一项错报(包括漏报)单独或连同其他错报可能影响财务报表使用者依据财务报表做出的经济决策,则该项错报是重大的。

为了更清楚地理解重要性概念,需要注意把握以下几点内容。

(一) 重要性包括对数量和性质两个方面的考虑

数量方面是指错报的金额大小;性质方面则是指错报的性质。一般而言,金额大的错报比金额小的错报更重要。在有些情况下,某些金额的错报从数量上看并不重要,但从性质上考虑,则可能是重要的。对某些财务报表披露的错报,难以从数量上判断是否重要,应从性质上考虑其是否重要。需要注意的是,如果仅从数量角度考虑,重要性水平只是提供了一个门槛或临界点。在该门槛或临界点之上的错报就是重要的;反之,该错报则不重要。

(二)要站在财务报表使用者整体共同需求的视角去判断

判断一项错报重要与否,应视其对财务报表使用者依据财务报表做出经济决策的影响程度而定。如果财务报表中的某项错报足以改变或影响财务报表使用者的相关决策,则该项错报就是重要的;否则,就不重要。需要说明的是,在通用目的财务报表的审计中,注册会计师对重要性的判断是基于将财务报表使用者作为具有一定的理解能力并能理性地做出相关决策的一个集体来考虑的。注册会计师难以考虑错报对具体的单个使用者可能产生的影响,因为他们的需求千差万别。

(三)重要性的判断与具体环境相关

不同的审计对象面临不同的环境,不同的报表使用者对信息的需求不尽相同。因此,注册会计师确定的重要性也不相同。某一金额的错报对某一被审计单位的财务报表是重要的,而对另一被审计单位的财务报表可能不重要。

(四)对重要性的评估需要运用职业判断

重要性的判断是一个复杂的过程,离不开特定的环境。影响重要性的因素很多,不同的审计对象的重要性不同,同一审计对象的重要性在不同时期也可能不同。注册会计师只能根据被审计单位面临的环境,并综合考虑其他因素,充分发挥其职业判断能力,合理确定其重要性水平。

知识链接 5-2

各国现有的审计准则对"重要性"的定义

国际会计准则委员会对"重要性"的定义是:如果信息的错报或漏报会影响使用者根据会计报表采取的经济决策,信息就具有重要性。

美国财务会计准则委员会对"重要性"的定义是:一项会计信息的错报或漏报是重要的是指在特定环境下,一个理性的人依赖该信息所做的决策可能因为这一错报或漏报得以变化或修正。

英国会计准则委员会对"重要性"的定义是:错报或漏报可能影响到会计报表使用者的决策,即为重要性。重要性可能在整个会计报表范围内、单个会计报表或会计报表的单个项目中加以考虑。

由此可见,各国对"重要性"的认识基本是一致的,即:如果信息的错报或漏报可能影响到会计报表使用者的决策,该信息被视为"重要"。

二、审计重要性水平的确定

在计划审计工作时,注册会计师应当确定一个可接受的重要性水平,以发现在金额上重大的错报。

（一）确定计划的重要性水平应考虑的因素

注册会计师应当运用职业判断确定重要性。在计划审计工作时，注册会计师应当确定一个可接受的重要性水平，以发现在金额上重大的错报。注册会计师在确定计划的重要性水平时，需要考虑以下主要因素。

1. 对审计单位及其环境的了解

被审计单位的行业状况、法律环境与监管环境等其他外部因素，以及被审计单位经营规模的大小和业务性质、对会计政策的选择和应用、被审计单位的目标、战略及相关的经营风险、被审计单位内部控制的可信赖程度等因素，都将影响注册会计师对重要性水平的判断。

2. 审计的目标

审计的目标包括特定报告要求、信息使用者的要求等因素，影响注册会计师对重要性水平的确定。例如，对特定报表项目进行审计的业务，其重要性水平可能需要以该项目金额（而不是以财务报表的一些汇总性财务数据）为基础加以确定。

3. 财务报表各项目的性质及其相互关系

财务报表使用者对不同报表项目的关心程度不同。一般而言，财务报表使用者十分关心流动性较高的项目，注册会计师应当对此从严制定重要性水平。由于财务报表各项目之间是相互联系的，注册会计师在确定重要性水平时，需要考虑这种联系。

4. 财务报表项目的金额及其波动幅度

财务报表项目的金额及其波动幅度，可能会促使财务报表使用者做出不同的反应。因此，注册会计师在确定重要性水平时，应当深入研究这些项目的金额及其波动幅度。

因为重要性是从报表使用者决策的角度来考虑的，只要影响预期财务报表使用者决策的因素，都可能对重要性水平产生影响。注册会计师应当在计划阶段充分考虑这些因素，并采用合理的方法确定重要性水平。

（二）从数量方面考虑重要性

注册会计师应当从数量和性质两个方面考虑重要性。重要性水平是针对错报的金额大小而言。重要性水平是一个经验值，注册会计师只能通过职业判断确定重要性水平。在审计过程中，注册会计师应当考虑财务报表层次和各类交易、账户余额或披露认定层次的重要性水平。

1. 财务报表层次的重要性水平

注册会计师在制订总体审计策略时，应当确定财务报表层次的重要性水平。确定多大错报会影响到财务报表使用者所做的决策，是注册会计师运用职业判断的结果。很多注册会计师都是根据所在会计师事务所的惯例及自己的经验考虑重要性水平。注册会计师通常先选择一个恰当的基准，再选用适当的百分比乘以该基准，从而得出财务报表层次的重要性水平。

在实务中，有许多汇总性财务数据都可以用作确定财务报表层次重要性水平的基准，如总资产、净资产、流动资产、流动负债、销售收入、费用总额、毛利、净利润等。

注册会计师对基准的选择有赖于被审计单位的性质和环境。例如，对以营利为目的的被审计单位，来自经常性业务的税前利润或税后净利润可能是一个适当的基准；如果被审计单位经常性业务的税前利润不稳定，选用其他标准可能更合适，如毛利或营业收入。由于销售收入和总资产具有相对稳定性，注册会计师经常将其用作确定计划重要性水平的基准。

此外,注册会计师在确定重要性时,通常考虑以前期间的经营成果和财务状况、本期的经营成果和财务状况、本期的预算和预测结果、被审计单位情况的重大变化(如重大的企业购并)以及宏观经济环境和所处行业环境发生的相关变化。例如,注册会计师在将净利润作为确定某被审计单位重要性水平的基准时,因情况变化使该被审计单位本年度净利润出现意外的增加或减少,注册会计师可能认为选择近几年的平均净利润作为确定重要性水平的基准更加合适。

在确定恰当的基准后,注册会计师通常运用职业判断合理选择百分比,据以确定重要性水平。百分比和选定的标准之间通常存在一定的联系,如经常性业务的税前利润对应的百分比通常比营业收入对应的百分比要高。以下是一些参考数值的举例:①以营利为目的的制造行业实体,可能认为经常性业务的税前利润的5%是适当的;②对非营利组织,注册会计师可能认为总收入或费用总额的1%是适当的。

注册会计师执行具体审计业务时,可能认为采用比上述百分比更高或更低的比例是适当的。当根据不同的基准计算出不同的重要性水平时,注册会计师应当根据实际情况决定采用何种计算方法。

2. 各类交易、账户余额或披露的重要性水平

由于财务报表提供的信息由各类交易、账户余额或披露的信息汇集加工而成,注册会计师只有通过对各类交易、账户余额或披露实施审计,才能得出财务报表是否公允反映的结论。因此,注册会计师还应当考虑各类交易、账户余额或披露的重要性。这一层次的重要性水平也称为"可容忍错报"。可容忍错报的确定以注册会计师对财务报表层次重要性水平的初步评估为基础。它是在不导致财务报表存在重大错报的情况下,注册会计师对各类交易、账户余额或披露确定的可接受的最大限度。低于这一水平的错报是可容忍的;反之,高于这一水平的错报是不可接受的。

在确定各类交易、账户余额或披露的重要性水平时,注册会计师应当考虑以下主要因素:①各类交易、账户余额或披露的性质及错报的可能性;②各类交易、账户余额或披露的重要性水平与财务报表层次重要性水平的关系。

由于为各类交易、账户余额或披露确定的重要性水平即可容忍错报,对审计证据数量有直接的影响,注册会计师应当合理确定可容忍错报。评估各类交易、账户余额或披露重要性水平的方法有两种:简单评估法和分配法。

(1)简单评估法。简单评估法就是结合上述几个因素考虑,将认定层次的重要性水平确定为财务报表层次的重要性水平的一定比例。例如,财务报表层次的重要性水平为10万元,确定应收账款的重要性水平为这一金额的1/5,即2万元,则应收账款的错报超过2万元都是重要的。

(2)分配法。分配法就是将财务报表层次的重要性水平分配到各交易、账户余额或披露项目,一般以资产负债表为对象。在分配重要性水平时,应当遵循以下原则:出现错误的可能性比较大、取证成本比较高的账户分配的重要性数额高些;对出现错误的可能性比较小、取证成本比较低的账户分配的数额要低些。

需要强调的是,在制订总体审计策略时,注册会计师应当对那些金额本身就低于所确定的财务报表层次重要性水平的特定项目,作额外的考虑。注册会计师应当根据被审计单位的具体情况,运用职业判断,考虑是否能够合理地预计这些项目的错报会影响使用者依据财务报表做出的经济决策。

（三）从性质方面考虑重要性

对重要性的确定，除了考虑错报的数额外，还要考虑错报的性质。特别是在某些情况下，金额不重要的错报从性质上看有可能是重要的。例如，一项不重大的违法支付或者没有遵循某项法律规定，可能导致一项重大的或有负债、重大的资产损失或者收入损失。注册会计师在判断错报的性质是否重要时，一般应当考虑以下方面的情况。

（1）对财务报表使用者需求的感知（其对财务报表的具体哪一方面最感兴趣）。

（2）获利能力趋势。

（3）因没有遵守贷款契约、合同约定、法规条款和法定的或常规的报告要求而产生错报的影响。

（4）计算管理层报酬（奖金等）的依据。

（5）由于错误或舞弊而使一些账户项目对损失的敏感性。

（6）重大或有负债。

（7）通过一个账户处理大量的、复杂的和相同性质的个别交易。

（8）关联方交易。

（9）可能的违法行为、违约和利益冲突。

（10）财务报表项目的重要性、性质、复杂性和组成。

（11）可能包含了高度主观性的估计、分配或不确定性。

（12）管理层的偏见。管理层是否有动机将收益最大化或者最小化。

（13）管理层一直不愿意纠正已报告的与财务报告相关的内部控制的缺陷。

（14）与账户相关联的核算与报告的复杂性。

（15）目前一个会计期间以来账户特征发生的改变（如新的复杂性、主观性或交易的种类）。

（16）个别极其重大但不同的错报抵消产生的影响。

三、实际执行的重要性

实际执行的重要性，是指注册会计师确定的低于财务报表整体的重要性的一个或多个金额，旨在将未更正和未发现错报的汇总数超过财务报表整体的重要性的可能性降至适当的低水平。如果适用，实际执行的重要性还指注册会计师确定的低于特定类别的交易、账户余额或披露的重要性水平的一个或多个金额。确定实际执行的重要性，应考虑以下因素：①对被审计单位的了解（这些了解在实施风险评估程序的过程中得到更新）；②前期审计工作中识别出的错报的性质和范围；③根据前期识别出的错报对本期错报做出的预期。

通常，实际执行的重要性通常为财务报表整体重要性水平的50%～75%。如果对被审计单位是非连续审计、以前年度审计调整较多或者项目总体风险较高（如属于高风险行业，经常面临较大的市场压力），注册会计师通常选用财务报表整体重要性水平的50%作为实际执行的重要性水平；如果是连续审计而且以前年度审计调整较少或者项目总体风险较小（如属于低风险行业，市场压力较小），注册会计师通常选用财务报表整体重要性水平的75%作为实际执行的重要性水平，如表5-2所示。

表 5-2　实际执行的重要性水平的经验值

经　验　值	情　形
接近财务报表整体重要性 50% 的情况	(1) 非连续审计 (2) 以前年度审计调整较多 (3) 项目总体风险较高
接近财务报表整体重要性 75% 的情况	(1) 经常性审计,以前年度审计调整较少 (2) 项目总体风险较低

四、对计划阶段确定的重要性水平的调整

在审计执行阶段,随着审计过程的推进,注册会计师应当及时评价计划阶段确定的重要性水平是否仍然合理,并根据具体环境的变化或在审计执行过程中进一步获取的信息,修正计划的重要性水平,进而修改进一步审计程序的性质、时间和范围。

以下情形可能导致注册会计师修改财务报表整体重要性水平和特定类别的交易、账户余额或披露的重要性水平:①审计过程中情况发生重大变化(如决定处置被审计单位的一个重要组成部分);②获取新信息;③通过实施进一步审计程序,注册会计师对被审计单位及其经营的了解发生变化。

五、评价审计过程中识别出的错报

(一) 错报的含义

错报是指某一财务报表项目的金额、分类、列报或披露,与按照适用的财务报告编制基础应当列示的金额、分类、列报或披露之间存在的差异。下列事项可能导致错报:①收集或处理用以编制财务报表的数据时出现错误;②遗漏某项金额或披露;③由于疏忽或明显误解有关事实导致做出不正确的会计估计;④注册会计师认为管理层对会计估计做出不合理的判断或对会计政策做出不恰当的选择和运用。

(二) 错报的类型

错报的类型如表 5-3 所示。

表 5-3　错报的类型

序号	识别出的错报	具 体 情 形
1	事实错报	(1) 被审计单位收集和处理数据的错误 (2) 对事实的忽略或误解 (3) 故意舞弊行为
2	判断错报	(1) 管理层和注册会计师对会计估计值的判断差异 (2) 管理层和注册会计师对选择和运用会计政策的判断差异。注册会计师认为管理层选用会计政策造成错报,管理层却认为选用会计政策适当,导致出现判断差异
3	推断错报	(1) 通过测试样本估计出的总体的错报减去在测试中发现的已经识别的具体错报 (2) 通过实质性分析程序推断出的估计错报

1. 事实错报

事实错报产生于被审计单位收集和处理数据的错误,对事实的忽略或误解,或故意舞弊

行为,是毋庸置疑的错报。例如,注册会计师在实施细节测试时,发现最近购入存货的实际价值为 60 000 元,但账面记录的金额却为 56 000 元。因此,存货被低估了 4 000 元,这里被低估的 4 000 元就是已识别的对事实的具体错报。

2. 判断错报

注册会计师认为管理层对会计估计做出不合理的判断或不恰当地选择和运用会计政策而导致的差异,形成错报。这类错报产生于两种情况:一是管理层和注册会计师对会计估计值的判断差异;二是管理层和注册会计师对选择和运用会计政策的判断差异。注册会计师认为管理层选用会计政策造成错报,管理层却认为选用会计政策适当,导致出现判断差异。

3. 推断错报

注册会计师对总体存在的错报做出的最佳估计数,涉及根据在审计样本中识别出的错报来推断总体错报。推断错报通常包括以下类型。

(1)通过测试样本估计出的总体的错报减去在测试中发现的已经识别的具体错报。例如,应收账款年末余额为 2 000 万元,注册会计师抽查样本发现金额有 100 万元的高估,高估部分为账面金额的 20%,据此注册会计师推断总体的错报金额为 400 万元(即 2 000×20%),则上述 100 万元就是已识别的具体错报,其余 300 万元为推断错报。

(2)通过实质性分析程序推断出的估计错报。例如,注册会计师根据客户的预算资料及行业趋势等要素,对客户年度销售费用独立地做出估计,并与客户账面金额比较,发现两者间有 50%的差异。考虑到估计的精确性有限,注册会计师根据经验认为 10%的差异通常是可接受的,而剩余 40%的差异需要有合理解释并取得佐证性证据。假定注册会计师对其中 20%的差异无法得到合理解释或不能取得佐证,则该部分差异金额即为推断错报。

(三)评价尚未更正错报汇总数的影响

尚未更正错报是指注册会计师在审计过程中累积的且被审计单位未予更正的错报。在评价未更正错报的影响之前,注册会计师可能有必要依据实际的财务结果对重要性做出修改。如果注册会计师对重要性水平进行的重新评价导致需要确定较低的金额,则应重新考虑实际执行的重要性和进一步审计程序的性质、时间安排和范围的适当性,以获取充分、适当的审计证据,作为发表审计意见的基础。

注册会计师在评价尚未更正错报的影响时,应当考虑错报可能不会孤立发生,一项错报的发生还可能表明存在其他错报,以及抽样风险和非抽样风险可能导致某些错报未被发现。任何时候,及时与管理层沟通错报是重要的,因为这能使管理层评价这些事项是否为错报,并采取必要的行动。管理层更正所有错报(包括注册会计师通报的错报)能够保持会计记录的准确性,降低由于与本期相关的、非重大的且尚未更正的错报的累积影响而导致未来期间财务报表出现重大错报的风险。

尚未更正错报与财务报表层次重要性水平相比,可能出现以下两种情况。

(1)尚未更正错报的汇总数低于重要性水平(并且特定项目的尚未更正错报也低于考虑其性质所设定的更低的重要性水平)。如果尚未更正错报汇总数低于重要性水平,对财务报表的影响不重大,注册会计师可以发表无保留意见的审计报告。

(2)尚未更正错报的汇总数超过或接近重要性水平。按照审计准则的规定,如果尚未更正错报汇总数超过了重要性水平,对财务报表的影响可能是重大的,注册会计师应当考虑通过扩大审计程序的范围或要求管理层调整财务报表降低审计风险。在任何情况下,注册会计师都应当要求管理层就已识别的错报调整财务报表。如果已识别但尚未更正错报的汇总数接近重要性水平,注册会计师应当考虑该汇总数连同尚未发现的错报是否可能超过重要性水平,并考虑通过实施追加的审计程序,或要求管理层调整财务报表降低审计风险。

如果管理层拒绝调整财务报表,并且扩大审计程序范围的结果不能使注册会计师认为尚未更正错报的汇总数不重大,注册会计师应当考虑出具非无保留意见的审计报告。在评价审计程序结果时,注册会计师确定的重要性和审计风险,可能与计划审计工作的重要性和审计风险存在差异,注册会计师应当考虑实施的审计程序是否充分。

第四节　审 计 风 险

一、与审计风险相关的概念

(一)审计风险

审计风险是指财务报表存在重大错报而注册会计师发表不恰当审计意见的可能性。可接受的审计风险的确定,需要考虑会计师事务所对审计风险的态度、审计失败对会计师事务所可能造成损失的大小等因素。审计业务是一种保证程度比较高的鉴证业务,可接受的审计风险应当足够低,以使注册会计师能够合理保证所审计的财务报表不含有重大错报。

由于审计工作中的不确定因素,审计风险在某种角度上说是不可避免的。虽然注册会计师不能完全消除审计风险,但是通过自身努力,寻找事物发展的风险点,改变风险存在和发生的条件,降低风险发生的频率,将风险降到可以接受的低水平,是可能的。

审计风险取决于财务报表重大错报风险和检查风险。注册会计师应当实施审计程序,评估重大错报风险,并根据评估结果设计和实施进一步审计程序,以控制检查风险。

(二)重大错报风险

重大错报风险是指财务报表在审计前存在重大错报的可能性。重大错报风险与被审计单位的风险相关,且独立于财务报表审计中。在设计审计程序以确定财务报表整体是否存在重大错报时,注册会计师应当从财务报表层次和各类交易、账户余额或披露方面考虑重大错报风险。

1. 财务报表层次的重大错报风险

财务报表层次的重大错报风险与财务报表整体存在广泛联系,可能影响多项认定。此类风险通常与控制环境有关,如管理层缺乏诚信、治理层形同虚设而不能对管理层进行有效监督等;也可能与其他因素有关,如经济萧条、企业所在行业处于衰退期。此类风险难以被界定于某类交易、账户余额或披露的具体认定,其增大了一个或多个不同认定发生重大错报的可能性,与由舞弊引起的风险特别相关。

2. 认定层次的重大错报风险

认定层次的重大错报风险一般与特定的某类交易、账户余额或披露的认定相关。注册会计师考虑认定层次的重大错报风险,直接有助于确定认定层次上实施的进一步审计程序的时间和范围。注册会计师在各类交易、账户余额或披露认定层次获取审计证据,以便能够在完成审计工作时,以可接受的审计风险水平对财务报表发表整体审计意见。

认定层次的重大错报风险又可以进一步分为固有风险和控制风险。

(1) 固有风险。固有风险是指在考虑相关的内部控制之前,某类交易、账户余额或披露的某一认定易于发生错报的可能性。某些类别的交易、账户余额或披露及其认定,固有风险很高。例如,复杂的计算比简单的计算更可能出错;受重大计量不确定性影响的会计估计发生错报的可能性较大。产生经营风险的外部因素也可能影响固有风险。例如,技术进步可能导致某项产品陈旧,进而导致存货易于发生高估错报(计价认定)。被审计单位及其环境中的某些因素还可能与多个,甚至所有类别的交易、账户余额或披露有关,进而影响多个认定的固有风险。这些因素包括维持经营的流动资金匮乏、被审计单位处于"夕阳行业"等。

(2) 控制风险。控制风险是指某类交易、账户余额或披露的某一认定发生错报,该错报单独或连同其他错报是重大的,但没有被内部控制及时防止或发现并纠正的可能性。控制风险取决于与财务报表编制有关的设计和运行的有效性。由于控制的固有局限性,某种程序的控制风险始终存在。

需要特别说明的是,由于固有风险和控制风险不可分割地交织在一起,有时无法单独进行评估,审计准则通常不再单独提到固有风险和控制风险,而将这两者合并称为"重大错报风险"。但这并不意味着注册会计师不可以单独对固有风险和控制风险进行评估。相反,注册会计师既可以单独对两者进行评估,也可以对两者进行合并评估。具体采用的评估方法取决于会计师事务所偏好的审计技术和方法及实务上的考虑。

(三) 检查风险

检查风险是指如果存在某一错报,该错报单独或连同其他错报可能是重大的,注册会计师为将审计风险降至可接受的低水平而实施程序后没有发现这种错报的风险。检查风险取决于审计程序设计的合理性和执行的有效性。由于现代审计是抽样审计,检查风险不可能降低为零。另外,注册会计师在执行审计过程中选择了不恰当的审计程序也不可避免产生检查风险。此外,检查风险与执行偏差、错误的解释审计结果、审计人员执行实质性测试的性质、范围和时间有关。注册会计师和所在的会计师事务所可以通过适当计划、在项目组成员之间进行恰当的职责分工、保持职业怀疑态度以及监督、指导和复核助理人员所执行的审计工作等措施,降低检查风险。检查风险是审计人员可以控制的风险。

二、审计风险模型

审计风险由重大错报风险和检查风险组成,可以用下列模型表示,称为现代审计风险模型。

$$审计风险 = 重大错报风险 \times 检查风险$$

由上述公式可以看出,在既定的审计风险水平下,可接受的检查风险水平与认定层次重大错报风险的评估结果呈反向关系。一般而言,评估的重大错报风险越高,可接受的检查风险越低;评估的重大错报风险越低,可接受的检查风险越高。同样,在既定的重大错报风险水平下,注册会计师可以接受的审计风险与可以接受的检查风险呈正向关系。一般而言,注册会计师可以接受的审计风险越高,可以接受的检查风险的水平就越高;反之,注册会计师可以接受的审计风险越低,可以接受的检查风险的水平就越低。

根据上述公式,在既定的审计风险水平下,检查风险的计算为:

$$检查风险 = 审计风险 \div 重大错报风险$$

从上面两种情况可以看出,检查风险随审计风险和重大错报风险的改变而改变,而且检查风险的高低决定了注册会计师搜集的审计证据的数量,这一数量与检查风险的高低呈反比关系,如表 5-4 所示。

表 5-4　重大错报风险、检查风险与审计证据数量之间的关系

比较项目	重大错报风险		检查风险
	固有风险	控制风险	
特性	注册会计师无法控制,可以评估	注册会计师无法控制,可以评估	注册会计师可以控制
证据数量	呈正向关系。评估的固有风险越高,则所需的审计证据就越多;反之,就越少	呈正向关系。评估的控制风险越高,则所需的审计证据就越多;反之,就越少	呈反向关系。可接受的检查风险越高,则所需的审计证据就越少;反之,就越多

【例 5-1】　注册会计师在对甲公司进行审计时,评估的存货项目认定的重大错报风险为 20%,所执行的审计程序不能发现该项认定重大错报的风险为 60%。请问,该项认定的审计风险为多少?

$$审计风险 = 0.20 \times 0.6 = 0.12$$

此结果表明,客户存在重大错报或漏报而内部控制和审计程序未能发现的风险为 12%。

【例 5-2】　注册会计师在对乙公司进行审计时,确定应收账款存在重大错报的可接受的审计风险水平为 5%,应收账款余额存在重大错报的风险为 20%。请计算出应收账款的检查风险。

$$计划检查风险 = 0.05 \div 0.20 = 0.25$$

据此,审计人员确定该公司存货的检查风险为 25%。

三、重要性与审计风险的关系

重要性与审计风险之间存在反向关系。重要性水平越高,审计风险越低;重要性水平越低,审计风险越高。这里所说的重要性水平高低指的是金额的大小。例如,100 000 元的重要性水平比 50 000 元的重要性水平高。在理解两者之间的关系时,必须明白,重要性水平是注册会计师从财务报表使用者的角度进行判断的结果。如果重要性水平是 100 000 元,则意味着低于 100 000 元的错报不会影响到财务报表使用者的决策,此时注册会计师需要通过执行有关审计程序合理保证能发现高于 100 000 元的错报。如果重要性水平是 50 000 元,则金额在 50 000 元以上的错报就会影响财务报表使用者的决策,此时注册会计师需要通过执行有关审计程序合理保证能发现金额在 50 000 元以上的错报。显然,重要性水平为 50 000 元时审计不出这样的重大错报的可能性即审计风险,要比重要性水平为 100 000 元时的审计风险高。审计风险越高,越要求注册会计师收集更多更有效的审计证据,以将审计风险降至可接受的低水平。因此,重要性和审计证据之间也是反向变动关系。

需要注意的是,注册会计师不能通过不合理地人为调高重要性水平,降低审计风险。因为重要性是依据从报表使用者角度的判断标准确定的,而不是由主观期望的审计风险水平决定。由于重要性和审计风险存在上述反向关系,而且这种关系对注册会计师将要执行的审计程序的性质、时间和范围有直接的影响,注册会计师应当综合考虑各种因素,合理确定重要性水平。

【例 5-3】　注册会计师所审项目的报表使用者是法官,注册会计师专业判断的重要性

水平定为∞元(无穷大,即注册会计师假设法官认为账错不错都无所谓),或将其重要性水平定为 0 元(一分钱都不能错,即注册会计师假设法官认为错了一厘一毫都不行),假设都有 5 000 元错报未能查出,则这一错报可能会影响到项目的报表使用者的决策判断。

请对上述两种情况,进行分析重要性与审计风险之间的关系。

第一种情况:重要性水平定为∞元时,法官认为 5 000 元错报未能查出,没事! 第二种情况:重要性水平定为 0 元时,法官认为 5 000 元错报未能查出,要追究注册会计师的责任! 显然,重要性水平为 0 元时存在的审计风险要比重要性水平为∞元时存在的审计风险高。

小思考

注册会计师的做法是否正确

ABC 会计师事务所承接了甲公司 2012 年度会计报表审计,请思考在执行审计业务时,A 注册会计师下列做法中哪些是正确的?

(1) 通过调高重要性水平,降低评估的重大错报风险。

(2) 在确定计划的重要性水平时,应当考虑对甲公司及其环境的了解。

(3) 通过修改计划实施的实质性程序的性质、时间和范围,降低检查风险。

(4) 获得认定层次充分、适当的审计证据,以便在完成审计工作时,能够以可接受的低审计风险对财务报表整体发表意见。

(5) 合理设计审计程序的性质、时间和范围,并有效执行审计程序,以控制重大错报风险。

(6) 合理设计审计程序的性质、时间和范围,并有效执行审计程序,以消除检查风险。

【本章小结】

本章主要阐述了计划审计工作的内容,主要包括进行初步业务活动、制订总体审计策略和具体审计计划、审计重要性和审计风险。注册会计师在进行审计计划前要进行初步业务活动,与被审计单位签订审计业务约定书。审计计划具体分为总体审计策略和具体审计计划,总体审计策略用于确定审计范围、时间安排和方向,并指导具体审计计划。具体审计计划比总体审计策略更加详细,其内容包括为获取充分、适当审计证据以将审计风险降至可以接受的低水平,项目组成员拟实施的审计程序的性质、时间和范围。审计重要性是审计工作中非常重要一个概念,是在总体审计策略中就要制订好的,并随审计工作的进展,可以对重要性水平进行修正。如果合理预期错报(包含漏报)单独或汇总起来,可能影响财务报表使用者依据财务报表做出经济决策,则通常认为错报是重大的。审计风险是指财务报表存在重大错报时注册会计师发表不恰当审计意见的可能性。审计风险取决于重大错报风险和检查风险,在既定的审计风险水平下,可接受的检查风险水平与认定层次重大错报风险的评估结果呈反向关系。

【课后习题】

一、判断题

1. 重大错报风险与被审计单位的风险相关,且独立存在于财务报表的审计。 (　　)

2. 审计业务要求可接受的审计风险应足够低,以合理保证所审计财务报表不含有任何错报。 （　　）

3. 财务报表层次重大错报风险与财务报表整体存在广泛联系,受被审计单位控制环境的影响,可能影响多项认定,但难以界定于某类交易、账户余额或披露的具体认定。（　　）

4. 控制风险是指在考虑相关的内部控制之前,某类交易、账户余额或披露的某一认定易于发生错报的可能性。 （　　）

5. 认定层次重大错报风险与各类交易、账户余额或披露认定有关,有助于注册会计师确定认定层次上实施的进一步审计程序的性质、时间和范围。 （　　）

6. 审计风险模型中固有风险、控制风险、重大错报风险都是针对认定层次而言的。
（　　）

7. 实际执行的重要性低于注册会计师确定的财务报表整体的重要性水平,重要性水平一经确定,不得改变。 （　　）

8. 注册会计师不能通过不合理地人为调高重要性水平来降低审计风险。 （　　）

9. 注册会计师应当要求管理层就其对财务报告责任提供书面声明,不能是口头说明。
（　　）

10. 会计师事务所要对项目组成员的工作实施指导、监督与复核,在确定该工作的性质、时间安排和范围时要考虑审计单位的规模和复杂程度。 （　　）

二、单项选择题

1. 执行审计工作前,注册会计师应当与被审计单位管理层就其责任达成一致意见。下列关于管理层责任的说法中,不正确的是（　　）。

   A. 注册会计师应当要求管理层就其对财务报告责任提供书面或口头声明

   B. 如果管理层不认可对财务报告责任,或不同意提供书面声明,一般情况下注册会计师不能承接该业务

   C. 注册会计师需要就管理层认可并理解其与内部控制有关的责任与管理层达成共识

   D. 管理层应设计、执行和维护必要的内部控制,以合理保证编制的财务报表不存在由于舞弊或错误导致的重大错报

2. A注册会计师负责对甲公司20×8年度财务报表进行审计。在本期审计业务开始时,A注册会计师应当开展的初步业务活动是（　　）。

   A. 就审计范围与甲公司管理层沟通

   B. 获取甲公司管理层声明书

   C. 就审计责任与甲公司治理层沟通

   D. 评价项目组成员的独立性

3. 在完成审计业务前,如果将审计业务变更为保证程度较低的鉴证业务,注册会计师认为合理的理由是（　　）。

   A. 注册会计师不能获取完整和令人满意的信息

   B. 注册会计师不能获取充分、适当的审计证据

   C. 甲公司提出大幅度削减审计费用

   D. 甲公司对原来要求的审计业务的性质存在误解

4. 在选择确定重要性的基准时,A注册会计师通常无须考虑的因素是（　　）。

    A. 财务报表要素

    B. 财务报表使用者特别关注的项目

    C. 财务报表个别使用者对财务信息的特殊需求

    D. 甲公司所处行业和经营环境

5. 使用重要性水平,可能无助于实现下列目的的是(　　)。

    A. 确定风险评估程序的性质、时间和范围

    B. 识别和评估重大错报风险

    C. 确定进一步审计程序的性质、时间和范围

    D. 确定重大不确定事项发生的可能性

6. 与重大错报风险相关的表述中,正确的是(　　)。

    A. 重大错报风险是因错误使用审计程序产生的

    B. 重大错报风险是假定不存在相关内容控制,某一认定发生重大错报的可能性

    C. 重大错报风险独立于财务报表审计而存在

    D. 重大错报风险可以通过合理实施审计程序予以控制

7. 在控制检查风险时,B注册会计师应当采取的有效措施是(　　)。

    A. 调高重要性水平

    B. 测试内部控制的有效性,以降低控制风险

    C. 进行穿行测试,以降低固有风险

    D. 合理设计和有效实施进一步审计程序

8. 注册会计师需要获取的审计证据的数量受错报风险的影响。有关表述正确的是(　　)。

    A. 评估的错报风险越高,则可接受的检查风险越低,需要的审计证据可能越多

    B. 评估的错报风险越高,则可接受的检查风险越高,需要的审计证据可能越少

    C. 评估的错报风险越低,则可接受的检查风险越低,需要的审计证据可能越少

    D. 评估的错报风险越低,则可接受的检查风险越高,需要的审计证据可能越多

9. 有关审计重要性的表述中,错误的有(　　)。

    A. 在考虑一项错报是否重要时,既要考虑错报的金额,又要考虑错报的性质

    B. 如果一项错报单独或连同其他错报可能影响财务报表使用者依据财务报表做出的经济决策,则该项错报是重要的

    C. 如果已识别但尚未更正的错报汇总数接近但不超过重要性水平,注册会计师无须要求管理层调整

    D. 重要性的确定离不开职业判断

10. 当可接受的检查风险降低时,B注册会计师可能采取的措施是(　　)。

    A. 缩小实质性程序的范围

    B. 将计划实施实质性程序的时间从期中移至期末

    C. 降低评估的重大错报风险

    D. 消除固有风险

三、多项选择题

1. 注册会计师在计划审计工作前,需要开展初步业务活动,以实现(　　)目的。

    A. 具备执行业务所需的独立性和能力

  B. 不存在因管理层诚信问题而可能影响注册会计师保持该项业务的意愿的事项

  C. 评价遵守职业道德要求的情况

  D. 确定重要性水平

2. 具体审计计划包括( )。

  A. 风险评估程序 B. 控制测试 C. 其他审计程序 D. 实质性程序

3. 属于具体审计计划的是( )。

  A. 对高风险领域安排的审计时间预算,对专家工作的利用和对其他注册会计师工作的复核范围

  B. 为识别和评估财务报表重大错报风险计划实施的风险评估程序的性质、时间和范围

  C. 针对所有重大交易、账户余额或披露与披露认定的重大错报风险计划实施的进一步审计程序的性质、时间和范围

  D. 注册会计师针对审计业务需要实施的其他审计程序

4. 一般在本期审计开始时进行初步业务活动,这些活动包括( )。

  A. 针对保持客户关系和具体审计业务实施相应的质量控制程序

  B. 评价遵守职业道德规范的情况

  C. 了解被审计单位及其环境

  D. 就审计业务约定条款达成一致意见

5. A注册会计师负责对甲公司20×8年度财务报表进行审计。在制订总体审计策略时,A注册会计师应当考虑包括的内容是( )。

  A. 计划实施的风险评估程序的性质、时间和范围

  B. 计划与管理层和治理层沟通的日期

  C. 计划向高风险领域分派的项目组成员

  D. 计划召开项目组会议的时间

四、案例分析

  甲会计师事务所承接了乙上市公司2010年度财务报表审计业务,该公司2010年度利润总额为150万元。甲会计师事务所在审计过程中,关于重要性水平的确定和修订的工作底稿的内容如下。

  (1) 在确定重要性水平时,注册会计师既要考虑针对具体环境对错报的金额,也要对错报的性质进行判断。同时,要满足个别财务报表使用者对财务信息的特殊需求。

  (2) 财务报表使用者非常重视公司的盈利能力,注册会计师决定以X公司税前利润作为确定重要性水平的基准。虽然乙公司本年经营情况不稳定,注册会计师还是决定将本年税前利润作为重要性水平的基准。

  (3) 审计过程中,发现一些应收账款金额高估的错报。因为每笔金额都接近并小于错报金额,由于每笔错报单独考虑影响不大,注册会计师认为无须提请乙公司调整,将这些错报视为明显微小错报。

  (4) 注册会计师将审计过程中确定的重要性水平为200万元,发现营业收入高估100万元,营业成本低估80万元。因为每项错报都低于重要性水平,注册会计师没有将此错报认定为重大错报。

  针对上述各种情况,请指出注册会计师做出的与重要性有关的决策或结论是否合理,如果认为存在不合理之处,请说明理由并提出改进建议。

第六章　风险评估与风险应对

知识目标

- 掌握控制测试和实质性程序的内涵和要求；
- 理解内部控制、控制测试和实质性程序间的关系；
- 掌握识别和评估重大错报风险时应当实施的审计程序；
- 掌握针对评估的重大错报风险采取的总体应对措施；
- 掌握控制测试和实质性程序的性质、时间和范围。

技能目标

- 能够利用风险评估程序，识别被审计单位财务报表的重大错报风险；
- 能够准确理解控制测试与实质性程序。

案例导入

银广厦审计案中的风险

2001 年的银广厦案件是我国近年来影响最大的案件之一。其直接原因是银广厦天津公司捏造虚假经营行为引起的。公司通过伪造购销合同、伪造出口报关单、虚开增值税专用发票、伪造免税文件和伪造金融票据等手段，虚构主营业务收入，虚构巨额利润 7.45 亿元。由此，银广厦风光多时的业绩神话，被连续两年半亏损的事实所取代。银广厦事发之后，中天勤会计师事务所以及相关注册会计师被吊销执业资格，并受到法律惩处。

不可否认，在上述案例中，涉案的会计师事务所大多负有普通过失、重大过失或欺诈等责任。但是，导致会计师事务所及其注册会计师出现审计失败而承担风险的直接原因并不是事务所本身，而是被审计公司的生产经营状况出现了问题。因此，被审计公司利用虚构业务、虚增收入、夸大利润、隐瞒亏损和负债、虚增资产和股东权益等手段进行舞弊，并且这种舞弊是由管理层策划并执行的"一条龙造假"，可以轻易绕过内部控制的约束。

近年来，资本市场上有很多重大的财务丑闻属于管理层舞弊。"一条龙造假"一般能做到证证相符、账务处理正确。在这种情况下，交易的实质性测试失灵。如果是员工舞弊，内控导向的实质性测试可能有效，但对管理舞弊往往无效。如果注册会计师不注重从宏观层面把握财务风险，而是直接实施控制测试和实质性的测试，容易产生审计失败，因为企业管理层的舞弊凌驾于内部控制之上，内部控制是失效的。正是基于这种管理舞弊，注册会计师需要把视角放在企业内部的监管之外，放在企业的目标、战略和相关的经营风险方面，审计时要跳出账簿、跳出内控，根据现代财务舞弊的特点进入以查找管理舞弊为核心的风险导向审计模式。

问题：注册会计师为什么要执行风险评估程序？

第一节　风险评估

现代审计是以风险为导向的审计,其目标是对财务报表整体是否不存在由于舞弊或错误导致的重大错报获取合理保证。风险评估是指注册会计师在对被审计单位及其环境进行了解的基础上,通过连续和动态地收集、更新与分析被审计单位及其环境的有关信息,对被审计单位财务报表的重大错报风险进行识别和评估,以便于设计和实施进一步审计程序的过程。

一、审计风险准则

在审计风险准则出台之前,注册会计师通常先对被审计单位获取基本了解,然后针对财务报表获取充分、适当的审计证据。审计资源主要集中于管理层做出的决策信息和财务报表。审计风险准则的出台,有利于降低审计失败发生的概率,增强社会公众对行业的信心。同时,审计风险准则对注册会计师风险评估程序以及依据风险评估结果,实施进一步审计程序影响很大,也影响到审计工作的各个方面。

审计风险准则主要有以下特点。

(1) 要求注册会计师必须了解被审计单位及其环境。

(2) 要求注册会计师在审计的所有阶段都要实施风险评估程序。

(3) 要求注册会计师将识别和评估的风险与实施的审计程序挂钩。

(4) 要求注册会计师针对重大的各类交易、账户余额和披露实施实质性程序。

(5) 要求注册会计师将识别、评估和应对风险的关键程序形成审计工作记录,以保证执业质量,明确执业责任。

二、风险评估的意义

了解被审计单位及其环境是审计工作的必要程序,特别是为注册会计师在以下关键环节做出职业判断,提供重要基础。

(1) 确定重要性水平,并随着审计工作的进程评估对重要性水平的判断是否仍然适当。

(2) 考虑会计政策的选择和运用是否恰当,以及财务报表的列报是否适当。

(3) 识别需要特别考虑的领域,包括关联方交易、管理层运用持续经营假设的合理性,或交易是否具有合理的商业目的等。

(4) 确定在实施分析程序时所使用的预期值。

(5) 设计和实施进一步审计程序,以将审计风险降至可接受的水平。

(6) 评价所获取审计证据的充分性和适当性。

了解被审计单位及其环境是一个连续和动态地收集、更新与分析信息的过程,贯穿于整个审计过程的始终。注册会计师应当运用职业判断确定需要了解被审计单位及其环境的程度。对被审计单位及其环境了解的程度,应以是否满足识别和评估财务报表重大错报风险为判断标准。如果获取的信息足以识别和评估重大错报风险,说明了解的程度是适宜的。

三、风险评估程序

注册会计师了解被审计单位及其环境,目的是识别和评估财务报表重大错报风险。为了了解被审计单位及其环境而实施的程序称为"风险评估程序"。识别和评估财务报表重大错报风险,包括:财务报表层次的重大错报风险和各类交易、账户余额及披露认定层次的重大错报风险。注册会计师应当实施风险评估程序,通过了解被审计单位及其环境,识别和评估这两个层次的重大错报风险。因此,注册会计师应当实施下列风险评估程序。

(一)询问

询问被审计单位管理层和内部其他相关人员是注册会计师了解被审计单位及其环境的一个重要的程序和重要信息来源。一般情况下,注册会计师可以考虑向管理层和财务负责人询问下列事项。

(1)管理层所关注的主要问题(如新的竞争对手、主要客户和供应商的流失、新的税收法规的实施以及经营目标或战略的变化等)。

(2)被审计单位的财务状况、经营成果和现金流量。

(3)可能影响财务报告的交易和事项,或者目前发生的重大会计处理问题(如重大的购并事宜等)。

(4)被审计单位发生的其他重要变化(如所有权结构、组织结构的变化、内部控制的变化等)。

注册会计师通过询问管理层和负责财务报告的人员,可获取大部分信息,但为了更好地了解被审计单位及其环境,识别和评估风险,注册会计师还应当考虑询问被审计单位不同层级的人员。如治理层、内部审计人员、采购人员、生产人员、销售人员、内部法律顾问等其他人员,以便从不同视角获取对识别重大错报风险有用的信息。

(二)实施分析程序

分析程序是指注册会计师通过研究不同财务数据之间以及财务数据与非财务数据之间的内在联系,并对发现的与其他相关信息不一致或与预期数据严重偏离、较大波动和异常数据关系进行调查和分析,对财务信息做出评价的程序。注册会计师实施分析程序有助于识别异常的交易或事项,以及对财务报表和审计产生影响的金额、比率和趋势。在实施分析程序时,注册会计师应当预期可能存在的合理关系,并与被审计单位记录的金额、依据记录金额计算的比率或趋势相比较,如果发现异常或未预期到的关系,注册会计师应当在识别重大错报风险时考虑这些比较结果。分析程序既可用做风险评估程序和实质性程序,也可用来对财务报表进行总体复核。

(三)观察和检查

观察和检查程序可以印证对管理层和其他相关人员的询问结果,并可提供有关被审计单位及其环境的信息。注册会计师可实施的观察和检查程序,包括以下5个方面。

(1)观察被审计单位的生产经营活动。例如,通过观察被审计单位人员正在从事的生产活动和内部控制活动,可以增加注册会计师对被审计单位人员如何进行生产经营活动及实施内部控制活动的了解。

(2)检查文件、记录和内部控制手册。这里提及的"文件和记录",包括被审计单位的章程、与其他单位签订的合同或协议、各业务流程操作指引和内部控制手册、各种会计资料、内部凭证和单据等。

（3）阅读由管理层和治理层编制的报告。例如，阅读被审计单位年度和中期财务报告、管理层的讨论和分析资料、经营计划和战略、对重要经营环节和外部因素的评价、内部管理报告以及其他特殊目的的报告等。

（4）实地察看被审计单位的生产经营场所和设备。现场访问和实地察看被审计单位的生产经营场所和设备，可以帮助注册会计师了解被审计单位的性质及其经营活动。

（5）追踪交易在财务报告信息系统中的处理过程（即穿行测试）。通过追踪某一笔或某几笔交易在业务流程中如何生成、记录、处理和报告，以及相关内部控制如何执行，注册会计师可以确定被审计单位的交易流程和内部控制是否与之前通过其他程序所获得的了解一致，并确定内部控制是否得到执行。

注册会计师在了解被审计单位及其环境，识别和评估财务报表重大错报风险时，主要使用上述程序。但是，在了解被审计单位及其环境的每一方面时，无须实施上述所有程序。

（四）其他审计程序和信息来源

除了采用询问、分析程序、观察和检查程序，从被审计单位内部获得信息以了解被审计单位及其环境外，注册会计师还可以实施其他审计程序以获取信息。例如，询问被审计单位聘请的外部法律顾问、专业评估师、投资顾问和财务顾问等；阅读外部的信息，如证券分析师、银行、评级机构出具的有关被审计单位及其所处行业的经济或市场环境等状况的报告，贸易与经济方面的期刊、法规或金融出版物，以及政府部门或民间组织发布的行业报告和统计数据等。

项目组讨论是注册会计师了解被审计单位及其环境、评估重大错报风险、制订总体应对措施和设计并实施进一步审计程序，甚至评价审计证据、形成审计结论、出具审计报告等整个审计工作过程中的一种专业工作要求。项目组讨论的实质是整合项目组内部资源，保持项目组成员的职业谨慎，在确保审计报告质量的同时，提高审计效率。

四、了解被审计单位及其环境

被审计单位及其环境所包含的信息广泛，而注册会计师了解的目的是识别和评估重大错报风险。因此，需要有选择地获取信息。如图 6-1 所示，通常注册会计师应当从下列 6 方面了解被审计单位及其环境。

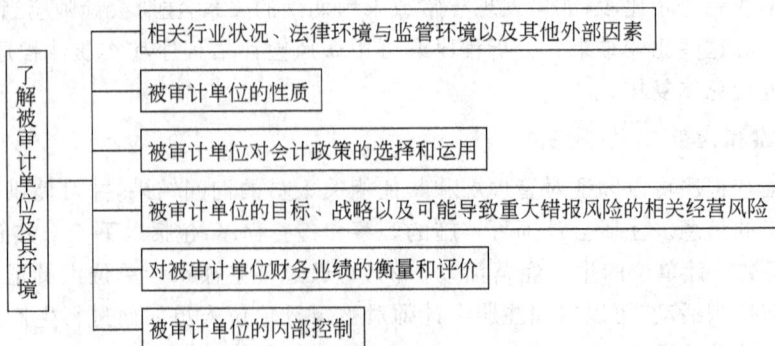

图 6-1   了解被审计单位及其环境的内容

（1）相关行业状况、法律环境与监管环境以及其他外部因素。

（2）被审计单位的性质。

（3）被审计单位对会计政策的选择和运用。

（4）被审计单位的目标、战略以及可能导致重大错报风险的相关经营风险。

（5）对被审计单位财务业绩的衡量和评价。

（6）被审计单位的内部控制。

（一）了解行业状况、法律环境和监管环境及其他外部因素

1. 行业状况

了解行业状况有助于注册会计师识别与被审计单位所处行业有关的重大错报风险。应当了解与被审计单位有关的行业状况，主要包括：①所处行业的市场供求与竞争；②生产经营的季节性和周期性；③产品生产技术的变化；④能源供应与成本；⑤行业的关键指标和统计数据。

2. 法律环境与监管环境

某些法律、法规或监管要求，可能对被审计单位经营活动有重大影响，或者规定了被审计单位某些方面的责任和义务，或者决定了被审计单位需要遵循的行业惯例和核算要求。因此，需要了解法律环境及监管环境。主要包括：适用的会计准则、会计制度和行业特定惯例；对经营活动产生重大影响的法律、法规及监管活动；对开展业务产生重大影响的政府政策，包括货币、财政、税收和贸易等政策；与被审计单位所处行业和所从事经营活动相关的环保要求。

3. 其他外部因素

注册会计师应当了解影响被审计单位经营的其他外部因素，主要包括：宏观经济的景气度；利率和资金供求状况；通货膨胀水平及币值变动；国际经济环境和汇率变动。

（二）了解被审计单位的性质

了解被审计单位的性质有助于注册会计师理解预期在财务报表中反映的各类交易、账户余额或披露。注册会计师应当主要从所有权结构、治理结构、组织结构、经营活动、投资活动、筹资活动、财务报告 7 个方面了解被审计单位的性质。

1. 所有权结构

对被审计单位所有权结构的了解，有助于注册会计师识别关联方关系并了解被审计单位的决策过程。注册会计师应当了解所有权结构以及所有者与其他人员或单位之间的关系，考虑关联方关系是否已经得到识别，以及关联方交易是否得到恰当核算。

2. 治理结构

良好的治理结构可以对被审计单位的经营和财务运作实施有效的监督，从而降低财务报表发生重大错报的风险。因此，注册会计师应当了解被审计单位的治理结构。例如，董事会的构成情况、董事会内部是否有独立董事；治理结构中是否设有审计委员会或监事会及其运作情况。

3. 组织结构

复杂的组织结构可能导致某些特定的重大错报风险。注册会计师应当了解被审计单位的组织结构，考虑复杂组织结构可能导致的重大错报风险，包括财务报表合并、商誉摊销和减值、长期股权投资核算以及特殊目的实体核算等问题。例如，对在多个地区拥有子公司、合营企业、联营企业或其他成员机构,或者存在多个业务分部和地区分部的被审计单位,不仅编制合并财务报表的难度增加,还存在其他可能导致重大错报风险的复杂事项,包括对子公司、合营企业、联营企业和其他股权投资类别的判断及其会计处理。

4. 经营活动

了解被审计单位经营活动,有助于注册会计师识别预期在财务报表中反映的主要交易类别、重要账户余额或披露。

5. 投资活动

了解被审计单位投资活动,有助于注册会计师关注被审计单位在经营策略和方向上的重大变化。

6. 筹资活动

了解被审计单位筹资活动,有助于注册会计师评估被审计单位在融资方面的压力,并进一步考虑被审计单位在可预见未来的持续经营能力。

7. 财务报告

例如,会计政策和行业特定惯例;收入确认惯例;公允价值会计计算;外币资产、负债与交易;异常或复杂交易的会计处理等。

(三)被审计单位对会计政策的选择和运用

注册会计师应当了解被审计单位对会计政策的选择和运用,是否符合适用的会计准则和相关会计制度,是否符合被审计单位的具体情况。

(四)被审计单位的目标、战略以及相关经营风险

目标是企业经营活动的指针。企业管理层或治理层一般会根据企业经营面临的外部环境和内部各种因素,制订合理可行的经营目标。战略是企业管理层为实现经营目标采用的总体层面的策略和方法。为了实现某一既定的经营目标,企业可能有多个可行战略。经营风险是指可能对被审计单位实现目标和实施战略的能力产生不利影响的重要状况、事项、情况、作为(或不作为)而导致的风险,或者是由于制订不恰当的目标和战略而导致的风险。不能因环境的变化而做出适应性调整,固然可能产生经营风险。但是,调整的过程也可能导致经营风险。不同的企业面临不同的经营风险,这取决于企业经营的性质、所处行业、外部监管环境、企业的规模和复杂程度等。管理层有责任识别和应对这些风险。

经营风险与财务报表重大错报风险,是既有联系又相互区别的两个概念。前者比后者范围更广。注册会计师了解被审计单位的经营风险,有助于其识别财务报表重大错报风险。然而,注册会计师没有责任识别或评估所有经营风险。多数经营风险最终都会产生财务后果,从而影响财务报表,但并非所有经营风险都会导致重大错报风险。经营风险可能对各类交易、账户余额以及列报认定层次或财务报表整体层次,带来直接影响。管理层通常制订识别和应对经营风险的策略,注册会计师应当了解被审计单位的风险评估过程。此类风险评估过程是被审计单位内部控制的组成部分。

(五)被审计单位财务业绩的衡量和评价

被审计单位内部或外部对财务业绩的衡量和评价,可能对管理层产生压力,促使其采取行动改善财务业绩或歪曲财务报表。因此,通过了解被审计单位财务业绩的衡量和评价,注册会计师应考虑这种压力是否可能导致管理层采取行动,以致增加财务报表发生重大错报的风险。

内部财务业绩衡量可能显示未预期到的结果或趋势。在这种情况下,管理层通常会进行调查并采取纠正措施,与内部财务业绩衡量相关的信息可能显示财务报表存在错报风险。因此,注册会计师应当关注被审计单位内部财务业绩衡量所显示的未预期到的结果或趋势、管理层的调查结果和纠正措施,以及相关信息是否显示财务报表可能存在重大错报。

如果拟利用被审计单位内部信息系统生成的财务业绩衡量指标,注册会计师应当考虑相关信息是否可靠,以及利用这些信息是否足以实现审计目标。

(六)被审计单位的内部控制

1. 内部控制的含义

内部控制是被审计单位为了合理保证财务报告的可靠性、经营的效率和效果以及对法律、法规的遵守,由治理层、管理层和其他人员设计和执行的政策和程序。设计和实施内部控制的责任主体是治理层、管理层和其他人员,组织中的每一个人都对内部控制负有责任。

内部控制的目标可以对以下事项提供合理保证:①财务报告的可靠性,这一目标与管理层履行财务报告编制责任密切相关;②经营的效率和效果,即经济有效地使用资源,以最优方式实现企业目标;③遵守适用的法律、法规的要求,即在法律、法规的框架下从事经营活动。

2. 内部控制的要素

内部控制要素主要包括控制环境、风险评估过程、信息系统与沟通、控制活动、对控制的监督5个方面。

(1)控制环境。控制环境是对企业控制的建立和实施有重大影响的因素的总称。控制环境包括治理职能和管理职能,以及治理层和管理层对内部控制及其重要性的态度、认识、措施。控制环境设定了被审计单位的内部控制基调,影响员工对内部控制的认识和态度。良好的控制环境是实施有效内部控制的基础,是其他4个要素的基础。在评价控制环境的设计和实施情况时,注册会计师应当了解管理层在治理层的监督下,是否营造并保持了诚实守信和合乎道德的文化,以及是否建立了防止或发现并纠正舞弊和错误的恰当控制。控制环境主要包括以下内容。

① 对诚信和道德价值观念的沟通与落实。诚信和道德价值观念是控制环境的重要组成部分,影响重要业务流程的设计和运行。

② 对胜任能力的重视。相关重要人员能否胜任在一定程度上取决于被审计单位对胜任能力的重视,从而对企业控制环境整体产生影响。例如,财务人员能否对编制财务报表所适用的会计准则和相关会计制度有足够的了解并能正确运用。

③ 治理层的参与程度。治理层的参与程度对被审计单位的控制环境会产生很大的影响。治理层的职责应在被审单位的章程和政策中予以规定。治理层的职责还包括监督用于复核内控有效性的政策和程序设计是否合理,执行是否有效。

④ 管理层的理念和经营风格。控制环境在很大程度上会受到管理层理念和经营风格的影响。管理层对内部控制的重视,有助于控制的有效运行,并减少特定控制被忽视或规避的可能性。

⑤ 组织结构及职权与责任分配。被审计单位的组织结构为计划、运作、控制及监督经营活动提供了一个整体框架。组织结构将影响权利、责任和工作任务在组织成员中的分配。注册会计师对组织结构进行了解,有助于确定被审计单位职责划分应达到何种程度,有助于

评价被审计单位在这方面的不足会对整体审计策略产生的影响。

⑥ 人力资源政策与实务。被审计单位是否有能力雇用并保留一定数量有能力又有责任心的员工,很大程度取决于其人力资源政策与实务。而政策与程序(包括内部控制)的有效性,通常取决于执行人。因此,被审计单位的人力资源政策与实务,对被审计单位的控制环境有至关重要的影响。

小思考

内部控制环境

A 会计事务所承接了甲公司 2012 年财务报表审计业务,注册会计师在了解被审计单位控制环境时,应当关注以下哪些方面?

(1) 乙公司的职责分离情况。

(2) 乙公司管理层的理念和经营风格。

(3) 乙公司员工整体的道德价值观。

(4) 乙公司对控制的监督。

(2) 风险评估过程。风险评估是企业确认和分析与其目标实现相关的风险的过程,形成如何管理风险的基础。风险评估过程的作用是识别、评估和管理影响被审计单位实现经营目标能力的各种风险。导致风险发生和变化的环境,一般包括招收新的员工、高速增长、新技术、新产品或新作业、信息系统的变化和公司重组。企业也必须设立可辨认、分析和管理相关风险的机制,以了解自身所面临的风险,并适时加以处理。

对财务报表审计来说,主要关注的风险评估过程包括识别与财务报告相关的经营风险以及针对这些风险采取的措施。注册会计师应当评价被审计单位风险评估过程的有效性。如果注册会计师在了解被审计单位业务情况时,发现了某些经营风险,注册会计师应该了解管理层是否也意识到这些风险以及如何应对。

知识链接 6-1

百富勤的风险管理

百富勤原来只是一家只有 3 亿港元资本金的本地小型投资银行,由于业务进展迅速,短短 10 年间,发展成为一家拥有 240 亿港元资产的跨国金融集团,成为亚洲(除日本外)最大的投资银行。可是,这个金融奇迹却同样在 1997 年亚洲金融风暴冲击下遭遇了灭顶之灾。百富勤在短短一年内出现入不敷出,于 1999 年 1 月宣布破产。消息传出的当天,中国香港地区恒生指数下跌 8.7%。

中国香港政府在调查百富勤的报告中表示,没有证据显示百富勤倒闭涉及任何欺诈行为。其倒闭的原因主要是由于缺乏有效风险管理、内控体制和完善的财会报告系统。

百富勤虽然设立了信贷委员会和风险管理部门,却未能制衡业务部门强大的权力,特别是在经济不景气的时候,追求业绩的目标完全盖过了防范风险的意识。这种脆弱的企业风险管理文化,最终使百富勤的股东和员工付出了沉重的代价。

(3) 信息系统与沟通。企业在经营过程中,需按某种形式辨识、取得确切的信息,并进行沟通,以使员工能够履行其责任。与财务报告相关的信息系统,包括用以生成、记录、处理和报告交易、事项和情况,对相关资产、负债和所有者权益履行经营管理责任的程序与记录。

一个良好的信息系统应能生成经营情况、财务和法规遵循情况的信息,这些信息对企业的经营与管理是十分有帮助的。企业自上而下、自下而上的信息传递系统,能够使企业及时发现内部控制系统中的薄弱环节,并及时进行改进。

与财务报告相关的沟通,包括使员工了解各自在与财务报告有关的内部控制方面的角色和职责、员工之间的工作联系,以及向适当级别的管理层报告例外事项的方式。沟通可以采用政策手册、会计和财务报告手册和备忘录等形式进行,也可以通过发送电子邮件、口头沟通和管理层的行动来进行。注册会计师应当了解被审计单位内部如何对财务报告的岗位职责,以及与财务报告相关的重大事项进行沟通;还应当了解管理层与治理层(特别是审计委员会)之间的沟通,以及被审计单位与外部的沟通。

(4)控制活动。控制活动是指有助于确保管理层的指令得以执行的政策和程序,有助于保证已经采取了必要的行动或措施以关注会影响企业实现其目标的相关风险。用于防止和发现会计数据错误或舞弊的控制活动,有助于会计信息系统编制出可靠的财务报告。控制活动存在于整个公司内,并出现于各管理阶层及功能组织中,包括与授权、业绩评价、信息处理、实物控制和职责分离等相关的活动。

① 授权。与授权有关的控制活动,包括一般授权和特别授权。一般授权是指管理层制订的、要求组织内部遵守的、普遍适用于某类交易或活动的政策。特别授权是指管理层针对特定类别的交易或活动逐一设置的授权,如重大资本支出和股票发行等。特别授权也可能用于超过一般授权限制的常规交易。

② 业绩评价。与业绩评价有关的控制活动,主要包括:被审计单位分析评价实际业绩与预算(或预测、前期业绩)的差异,综合分析财务数据与经营数据的内在关系,将内部数据与外部信息来源相比较,评价职能部门、分支机构或项目活动的业绩(如银行客户信贷经理复核各分行、地区和各种贷款类型的审批和收回),以及对发现的异常差异或关系采取必要的调查与纠正措施。

③ 信息处理。与信息处理有关的控制活动,包括信息技术的一般控制和应用控制。信息技术的一般控制是指与多个应用系统有关的政策和程序,有助于保证信息系统持续恰当地运行,支持应用控制作用的有效发挥。信息技术应用控制是指主要在业务流程层次运行的人工或自动化程序,与用于生成、记录、处理、报告交易或其他财务数据的程序相关,通常包括检查数据计算的准确性、审核账户和试算平衡表、设置对输入数据和数字序号的自动检查、对例外报告进行人工干预等。

④ 实物控制。实物控制主要包括:了解对资产和记录采取适当的安全保护措施,对访问计算机程序和数据文件设置授权,以及定期盘点并将盘点记录与会计记录相核对。例如,现金、有价证券和存货的定期盘点控制。

⑤ 职责分离。职责分离控制主要包括:了解被审计单位如何将交易授权、交易记录以及资产保管等职责分配给不同员工,以防范同一员工在履行多项职责时可能发生的舞弊或错误。当信息技术运用于信息系统时,职责分离可以通过设置安全控制来实现。

(5)对控制的监督。对控制的监督是指被审计单位评价内部控制在一段时间内运行有效性的过程。该过程包括及时评价控制的设计和运行,以及根据情况的变化采取必要的纠正措施。例如,管理层对是否定期编制银行存款余额调节表进行复核,内部审计人员评价销售人员是否遵守公司关于销售合同条款的政策,被审计单位可能使用内部审计人员或具有类似职能的人员对内部控制的设计和执行进行专门的评价,以找出内部控制的优点和不足,并提出改进建议。管理层的重要职责之一就是建立和维护控制并保证其持续有效运行。因此,监督对控制的持续有效运行十分重要。通常,被审计单位通过持续的监督活动、专门的评价活动或两者相结合,来实现对控制的监督。持续的监督活动通常贯穿于被审计单位的日常经营活动与常规管理工作中。

不管对内部控制要素如何进行分类,注册会计师都应当重点考虑被审计单位某项控制,是否能够以及如何防止或发现并纠正各类交易、账户余额或披露存在的重大错报。

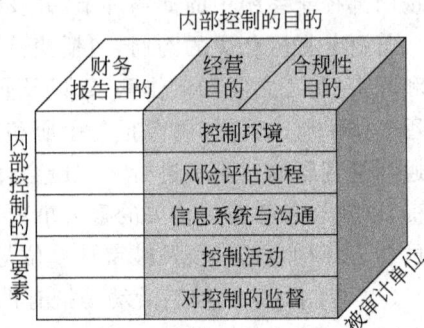

图 6-2　内部控制的目的及要素

总之,内部控制的目的及要素,可以用图 6-2 表示。

【例 6-1】 某国有大型集团公司为切实提升管理水平和风险防范能力,于 2012 年 12 月 26 日召开了由集团领导班子成员参加的内部控制高层会议,讨论通过了关于集团内部控制建设和实施的决议。有关人员的发言要点如下。

——总经理刘某:我先讲两点意见。一是加强内部控制建设十分重要,可以杜绝财务欺诈、串通舞弊、违法违纪等现象的发生,这是关系到集团可持续发展的重要举措。二是集团公司内部控制建设应当抓住重点,尤其要注重加强对控制环境、风险评估、控制活动等内控要素方面的建设,企业文化方面对内部控制影响较小,可不必投入太多人力、物力。

——常务副总经理张某:企业生产经营过程中面临着各种各样的风险,这些风险能否被准确识别并得以有效控制,是衡量内控质量和效果的重要标准。建议重点关注集团内部各种风险的识别,找出风险控制点,据此设计相应的控制措施,来自集团外部的风险不是内部控制所要解决的问题。可不必过多关注。在内控建设与实施过程中,对于那些可能给企业带来重大经济损失的风险事项,应采取一切措施予以回避。

——总会计师李某:由于集团公司是基于行政划转的原因而组建的,母、子公司内部连接纽带脆弱,子公司各行其是的现象比较严重。建议集团公司加强对子公司重大决策权的控制,包括筹资权、对外投资权、对外担保权、重大资本性支出决策权等,对子公司重大决策应当实行集团公司总经理审批制。

——董事长吴某:以上各位的发言我都赞同,最后提三点意见。一是思想要统一。对集团公司而言,追求的是利润最大化。一切制度安排都要将利润最大化作为唯一目标,包括内部控制。二是组织要严密。我建议由总会计师李某全权负责建立、健全和有效实施集团内部控制,我和总经理全力支持和配合。三是监督要到位。应当成立履行内部控制监督检查职能的专门机构,直接对集团公司总经理负责,定期或不定期对内部控制执行情况进行检查评价,不断完善集团公司内部控制。

从企业内部控制理论和方法角度,请指出总经理刘某、常务副总经理张某、总会计师李某、董事长吴某在会议发言中的观点有何不当之处,并分别简要说明理由。

分析结果如下。总经理刘某:认为内部控制可以杜绝财务欺诈、串通舞弊、违法违纪等现象发生的观点不恰当。理由是内部控制由于其固有的局限性以及出于成本效益的考虑，只能合理保证有关目标的实现，不能完全杜绝上述现象的发生。企业文化对内部控制影响较小的观点不恰当。理由是企业文化是内部控制环境的重要组成部分，良好的企业文化可以促进内部控制机制的有效运作。

常务副总经理张某：①认为外部风险不是内部控制问题的观点不恰当。理由是内部控制所称风险识别不仅包括内部风险，还包括外部风险。②对可能给企业带来重要经济损失的风险事项一律予以回避的观点不恰当。理由是除风险回避外，企业还可以选择风险承担、风险降低和风险分担等风险应对策略。

总会计师李某：有关子公司重大决策权限的授权批准控制不恰当。理由是不符合内部会计控制有关规定，重大决策应实行集体决策制度，不应由总经理一人审批。

董事长吴某：①以利润最大化作为内部控制的唯一目标的观点不恰当。理由是内部控制的目标不仅包括经营目标，还包括战略目标、报告目标、资产目标和合规目标。②由总会计师全权负责建立、健全和有效实施集团内部控制的观点不恰当。理由是董事长对建立、健全和有效执行内部控制负总责。③履行内控监督检查职能的专门机构直接对总经理负责的观点不恰当。理由是履行内控监督检查职能的专门机构应当对董事会或审计委员会负责。

3. 对内部控制了解的深度

注册会计师需要了解和评价的内部控制只是与财务报表审计相关的内部控制，并非被审计单位所有的内部控制。

对内部控制了解的深度，是指在了解被审计单位及其环境时对内部控制了解的程度，包括评价控制的设计，并确定其是否得到执行，但不包括对控制是否得到一贯执行的测试。

注册会计师在了解内部控制时，应当评价控制的设计，并确定其是否得到执行。评价控制的设计是指考虑一项控制单独或连同其他控制是否能够有效防止或发现并纠正重大错报。控制得到执行是指某项控制存在且被审计单位正在使用。设计不当的控制可能表明内部控制存在重大缺陷。注册会计师在确定控制是否得到执行时，应当首先考虑控制的设计。如果控制设计不当，不需要再考虑控制是否得到执行。

4. 了解内部控制实施的审计程序

注册会计师通常实施下列风险评估程序，获取有关控制设计和是否执行的审计证据：①询问被审计单位的人员；②观察特定控制的运行；③检查文件和报告；④追踪交易在财务报告信息系统中的处理过程（即穿行测试）。

穿行测试是指追踪交易在财务报告信息系统中的处理过程。这是注册会计师了解被审计单位业务流程及其相关控制时经常使用的审计程序。穿行测试通过追踪交易在财务报告信息系统中的处理过程，来证实注册会计师对控制的了解以及确定控制是否得到执行。可见，穿行测试更多地在了解内部控制时运用。

这些程序是风险评估程序在了解被审计单位内部控制方面的具体运用，"询问"本身并不足以评价控制的设计以及确定其是否得到执行，注册会计师应当将"询问"与其他风险评估程序结合使用。

5. 内部控制的局限性

内部控制存在固有局限性，无论如何设计和执行，只能对财务报告的可靠性提供合理的保证。内部控制存在的固有局限性，主要包括以下方面。

（1）在决策时人为判断可能出现失误和由于人为失误而导致内部控制失效。例如，被审计单位信息技术工作人员没有完全理解系统如何处理销售交易，为使系统能够处理新型产品的销售，可能错误地对系统进行更改；或者对系统的更改是正确的，但程序员没能把更改转化为正确的程序代码。

（2）可能由于两个或更多的人员进行串通或管理层凌驾于内部控制之上，而导致内部控制失效。例如，管理层可能与客户签订背后协议，对标准的销售合同做出变动，从而导致确认收入发生错误。又如，软件中的编辑控制旨在发现和报告超过赊销信用额度的交易，但这一控制可能被逾越或规避。

（3）可能因行使控制职能的人员素质不适应岗位要求，而影响内部控制功能的正常发挥。

（4）实施内部控制的成本效益问题，影响控制环节或控制措施的设置。

（5）内部控制一般都是针对常规业务而设置的。如果出现非常规业务，原有控制就可能不适用。

（6）内部控制的设计和实施是在特定环境下进行的。一旦环境发生变化，控制政策和程序可能无法正常发挥作用。

另外，小型被审计单位拥有的员工通常较少，限制了其职责分离的程度，业主凌驾于内部控制之上的可能性较大。注册会计师应当考虑一些关键领域是否存在有效的内部控制，包括考虑小型被审计单位总体的控制环境，特别是业主对于内部控制及其重要性的态度、认识和措施。

6. 了解与评价内部控制

了解和评价被审计单位的内部控制，是设计和实施进一步审计程序、评估和应对重大错报风险、提高审计的效率和效果的基础。注册会计师应当了解与审计相关的内部控制，以识别潜在错报风险的类型，考虑导致重大错报风险的因素，以及设计和实施进一步审计程序的性质、时间和范围。注册会计师在了解和评价内部控制的设计和执行情况时，应当运用职业判断并实施相应的风险评估程序，以获取有关控制设计和执行的审计证据。

内控控制环境要素更多地对被审计单位整体层面产生影响，而其他要素（如信息系统和沟通、控制活动）则可能更多地与特定业务流程相关。在实务中，注册会计师往往从被审计单位整体层面和业务流程层面分别了解和评价被审计单位的内部控制。

（1）在整体层面了解和评估内部控制。通常由项目组中对被审计单位情况比较了解且较有经验的成员负责，同时需要项目组其他成员的参加与配合。对连续审计，注册会计师可以重点关注整体层面内部控制的变化情况，包括由于被审计单位及其环境的变化而导致内部控制发生的变化以及采取的对策。注册会计师还需要特别考虑因舞弊而导致重大错报的可能性及其影响。在了解内部控制的各构成要素时，注册会计师应当对被审计单位整体层面内部控制的设计进行评价，并确定其是否得到执行。这一工作需要大量的职业判断，并没有固定的公式或指标可供参考。

财务报表层次的重大错报风险，很可能源于薄弱的控制环境。因此，注册会计师在评估财务报表层次的重大错报风险时，应当将被审计单位整体层面的内部控制状况和了解到的被审计单位及其环境其他方面的情况，结合起来考虑。被审计单位整体层面的内部控制是否有效，将直接影响重要业务流程层面控制的有效性，进而影响注册会计师拟实施的进一步审计程序的性质、时间安排和范围。

（2）在业务流程层面了解内部控制。在初步计划审计工作时,注册会计师需要确定在被审计单位财务报表中可能存在的重大错报风险的重大账户及其相关认定,为实现此目的,应当在业务流程层面上了解和评估被审计单位的内部控制。其通常采取以下步骤。

① 确定业务流程和重要交易类型。审计实务中,将被审计单位的整个经营活动划分为几个重要的业务循环,有助于注册会计师更有效地了解和评估重要业务流程及相关控制。通常被审计单位经营活动的性质不同,划分的业务循环也不同。例如,对制造企业,通常可以划分为销售与收款循环、采购与付款循环、生产与存货循环、筹资与投资循环等。重要交易类别应与相关账户及其认定相联系。例如,销售收入与应收账款对一般制造企业来说可能是重大账户,销售与收款是重要交易类别。注册会计师首先确定被审计单位业务流程和重要交易类型,对在业务层面了解其内部控制至关重要。

② 了解重要交易流程,并进行记录。在确定被审计单位业务流程和重要交易类型之后,注册会计师应了解每一类重要交易在信息技术或人工系统中生成、记录、处理以及在财务报表中报告的程序,即重要交易流程。这是注册会计师确定被审计单位哪个环节可能发生错报的基础。注册会计师可以通过下列方法获得对重要交易流程的了解:检查被审计单位的手册和其他书面资料;询问被审计单位的适当人员;观察所运用的处理方法和程序;穿行测试。

注册会计师了解重要交易相关交易流程,通常包括生成、记录、处理和报告等交易活动。例如,在销售循环中,这些活动包括输入销售订购单、编制货运单据和发票、更新应收账款信息记录等。了解上述信息的根本目的,是帮助注册会计师确定哪个环节可能发生错报,并进行适当记录。

③ 确定可能发生错报的环节。注册会计师所关注的控制,是那些能通过防止错报的发生,或通过发现和纠正已有的错报,从而确保每个流程中业务活动具体流程能够顺利运转的人工或自动化控制程序。注册会计师需要确定和了解被审计单位是否在那些可能发生错报的环节设置了控制。注册会计师要了解被审计的单位应在哪些环节设置控制,以防止或发现并纠正各重要业务流程可能发生的错报。

企业的控制目标通常有完整性、存在或发生、准确性、恰当的分类、正确汇总和过账等。对被审计单位的每个重要交易流程,注册会计师都会考虑这些控制目标,同时评价被审计单位为了实现这些控制目标是否存在相应的控制来防止或发现并纠正错报。注册会计师通过设计一系列关于控制目标是否实现的问题,从而确认某项业务流程中需要加以控制的环节。表6-1列示了在销售交易中的控制目标是否实现的问题。

表 6-1　销售交易中的控制目标

控 制 目 标	相关认定	解　　释	控制目标是否实现的问题
每项已记录的交易均是真实的	发生	必须有程序确保会计记录中没有虚构或重复入账的项目	怎样确保没有记录虚构或重复的销售
所有有效交易均已记录	完整性	必须有程序确保没有漏记已发生的交易	怎样确保所有的销售交易均已记录
发票上的数量即是真实的发货数量	准确性	必须有程序确保发票上数量的准确性	怎样保证发票正确反映了发货数量
恰当确定交易生成的会计期间	截止	必须有程序确保交易在适当的会计期间入账	怎样保证交易计入正确的会计期间

④ 识别和了解相关控制。一般而言,如果注册会计师了解到被审计单位业务流程层面的某些控制是无效的,或者注册会计师并不打算信赖控制,就没有必要进一步了解在业务流程层面的控制。但是,如果认为仅通过实质性程序无法将认定层次的检查风险降至可接受的水平,或者针对特别风险,注册会计师应当了解和评估相关的控制活动。如果注册会计师打算进一步了解被审计单位业务流程层面的有关控制,应该针对业务流程中容易发生错报的环节,确定被审计单位是否建立了有效的控制,以防止或发现并纠正这些错报,被审计单位是否遗漏了必要的控制以及是否识别了可以最有效测试的控制。

业务流程中对重要交易类别的有效控制,通常同时包括预防性控制和检查性控制。预防性控制通常用于正常业务流程的每一项交易,以防止错报的发生。如果缺乏有效的预防性控制,则增加了错报的风险。建立检查性控制的目的,是发现流程中可能发生的错报。有时即使有预防性控制,有些错报有可能还会发生。因此,通过建立检查性控制,进行进一步控制,以发现交易流程中发生的错报,并进行纠正。表 6-2 和表 6-3 是预防性控制与检查性控制的示例。

表 6-2　预防性控制示例

对控制的描述	控制用来防止的错报
生成收货报告的计算机程序,同时也更新采购档案	购货漏记账的情况
在更新采购档案之前必须先有收货报告	记录了未收到购货的情况
销货发票上的价格根据价格清单上的信息确定	销货计价错误
计算机将各凭证上的账户号码与会计科目表对比,然后进行一系列的逻辑测试	出现分类错报

表 6-3　检查性控制示例

对控制的描述	控制预期查出的错报
定期编制银行存款余额调节表,跟踪调查挂账的项目	在对其他项目进行审核的同时,查找存入银行但没有计入日记账的现金收入,未记录的银行现金支付或虚构入账的不真实的银行现金收入或支付,未及时入账或未正确汇总分类的银行现金收入或支付
每天计算比较运出货物的数量和开票数量。如果发现差异,产生报告,由开票主管复核和追查	查找没有开票和记录的出库货物(发货未开票;存货——存在、收入——完整性),以及与真实发货无关的发票(开票未发货;收入——发生)

识别和了解控制采用的主要方法,是询问被审计单位各级别的负责人员,了解被审计单位的重要控制;特别是检查控制;还可以采用与被审计单位讨论的方式,了解确保信息系统生成数据的完整性与准确性的控制。如果注册会计师打算信赖控制,就需要实施控制测试。

⑤ 执行穿行测试,证实对交易流程和相关控制的了解。为了解各类交易在业务流程中发生、处理和记录的过程,注册会计师每年通常执行穿行测试。对重要的业务流程,注册会计师要对整个流程执行穿行测试,涵盖交易从发生到记账的整个过程。注册会计师执行穿行测试,通常可以获得以下证据:确认对业务流程的了解、确认对重要交易的了解是完整的、确认获取的有关流程中预防性控制和检查性控制信息的准确性、评估控制设计的有效性、确认控制是否得到执行等。

注册会计师应将对业务流程和相关控制的穿行测试情况,可记录于工作底稿。记录的内容包括穿行测试中查阅的文件、穿行测试的程序以及注册会计师的发现和结论。

⑥ 对控制的初步评价和风险评估。注册会计师在识别和了解被审计单位相关内部控制后,需要评价控制设计的合理性并确定其是否得到执行。注册会计师对控制的评价结论可能是:所设计的控制单独或连同其他控制能够防止或发现并纠正重大错报,并得到执行;控制本身的设计是合理的,但没有得到执行;控制本身的设计就是无效的或缺乏必要的控制。由于对控制的了解和评价,是在穿行测试完成后,但又在控制测试之前进行的。因此,上述评价结论只是初步结论。

需要指出的是,除非存在某些可以使控制得到一贯执行的自动化控制,注册会计师对控制的了解和评价并不能够代替对控制运行有效性的测试。

(3)对财务报表流程的了解。注册会计师除了通过了解被审计单位重要业务流程、重要交易流程及其容易发生错报的环节,对被审计单位内部控制进行初步识别和评估后,在实务中还应该进一步了解有关信息从具体交易的业务流程过入总账、财务报表以及相关列报的流程。这一流程称为财务报表流程。因为财务报告流程将直接影响财务报告,注册会计师应当重视对这一重要流程的了解,确定可能发生错报的环节,识别和了解用于防止或发现并纠正错报的控制,执行穿行测试,对控制的设计及是否得到执行进行评估等。注册会计师对财务报告流程以及该流程如何与其他流程相连接的了解,有助于其识别和评估与财务报表重大错报风险相关的控制。

我们通过图 6-3 对如何在被审单位业务流程层面,对其进行了解和评价进行简要汇总。

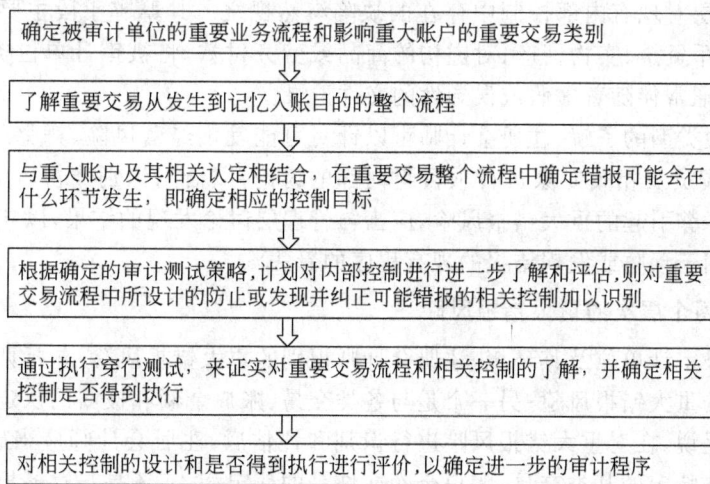

图 6-3 在重要业务流程层面对内部控制了解和评估的一般程序

五、评估重大错报风险

了解被审计单位及其环境的目的之一,就是评估重大错报风险。评估重大错报风险也是风险评估阶段的最后一个步骤,是确定进一步审计程序性质、时间安排和范围的基础。

(一)识别重大错报风险的类型

1. 识别经营风险

经营风险源于对被审计单位产生重大影响的各种事项、环境和行动等。注册会计师应当了解被审计单位可能存在经营风险的领域,以便正确加以识别,做出恰当判断。就目前环境而言,被审计单位可能存在经营风险的领域主要有:行业发展;开发新产品;业务扩张;执行新颁布的会计法规;监管出现新要求;业务特征;非常规业务;管理层的判断。

2. 识别舞弊风险

舞弊是指被审计单位的管理层、治理层、员工或第三方使用欺骗手段获取不当或非法利益的故意行为。舞弊风险的类型,主要有以下两种。

(1)对财务信息做出虚假报告导致的错报。这类风险可能源于管理层通过操纵利润误导财务报表使用者对被审计单位业绩或盈利能力的判断。可能产生这种舞弊风险的因素主要包括 3 个:管理层或员工具有舞弊的动机和压力;环境为管理层或雇员提供了机会;管理层或雇员故意做出的不诚实行为。

上述舞弊风险的表现通常为:对财务报表所依据的会计记录或相关文件记录的操纵、伪造或篡改;对交易、事项或其他重要信息在财务报表中的不真实表达或故意遗漏;对与确认、计量、分类或列报有关的会计政策和会计估计的故意误用。

(2)侵占资产导致的错报。侵占资产是指被审计单位的管理层或员工非法占用被审计单位的资产。可能产生这种舞弊风险的因素主要包括 3 个:管理层或员工具有侵占资产的动机。例如,某高级管理人员或员工已经知道或预计被解雇;某高级管理人员或员工的提升、奖金等报酬比预期大大减少;环境的影响。例如,在接近控制弱化的情况下,保管着价值较大存货的雇员一旦休假,就可能产生存货被盗的风险;管理层或雇员故意做出的不诚实行为。例如,管理层对现有内部控制中存在的缺陷漠然视之。其舞弊手段主要包括:贪污收入款项;盗取货币资金、实物资产;对虚构的商品或劳务付款;将被审计单位资产挪为私用。因此,侵占资产通常伴随着虚假或误导性的文件记录。

通过对风险类型的了解,注册会计师可以针对可能发现经营风险、舞弊风险的领域,组织项目组关键成员及相关专家进行项目组内部的讨论,以恰当识别经营风险或舞弊风险。如果识别了因舞弊引起的重大错报风险,应当与管理层讨论发现的结果,以获取管理层对潜在舞弊和设计用于预防或发现错报的现有程序的看法。

(二)识别两个层次的重大错报风险

通过了解被审计单位及其环境,注册会计师识别的重大错报风险,包括两个层次:一个是财务报表层的重大错报风险;另一个是与各类交易、账户余额和披露的认定相关的重大错报风险。也就是说,在对重大错报风险进行识别和评估后,注册会计师应当确定,识别的重大错报风险是与特定的某类交易、账户余额或披露的认定相关,还是与财务报表整体广泛相关,进而影响多项认定。

1. 财务报表层次的重大错报风险

注册会计师应当将了解的被审计单位及其环境各方面的情况结合,对所有识别的财务报表层次的重大错报风险加以汇总和评估。除了被审计单位的性质、行业状况、宏观环境、经营风险等的影响外,财务报表层次的重大错报风险很可能源于薄弱的控制环境。薄弱的控制环境带来的风险可能对财务报表产生广泛影响,难以限于某类交易、账户余额和披露,注册会计师应当采取总体应对措施。例如,被审计单位治理层、管理层对内部控制的重要性缺乏认识、管理层经营理念过于激进,又缺乏实现激进目标的人力资源等。这些缺陷源于薄弱的环境,对报表产生广泛的影响。

2. 认定层次的重大错报风险

考虑针对重大的各类交易、账户余额和披露认定,将识别的与该认定相关的重大错报风险加以汇总,评估认定层次的重大错报风险,以此确定进一步审计程序的性质、时间和范围。认定层次的重大错报风险与特定的控制相关,很可能源于其内部控制失效。有效的控制会减少错报发生的可能性,而控制不当或缺乏控制,错报可能变成现实。注册会计师应当考虑对识别的各类交易、账户余额和披露认定层次的重大错报风险予以汇总和评估,以确定进一步审计程序的性质、时间安排和范围。

【例 6-2】 甲公司根据董事会制订的公司近 3 年的发展计划,本年要实现 3% 的市场份额增长和 10% 的收入及净利润增长,该公司坏账准备是根据账龄分析法下的个别认定法计提。假定甲公司财务报表显示收入增长预测已实现,但同时应收账款余额大幅增加;管理层可能会为了满足董事会的预期而虚增收入。同时,管理层为了扩大销售而可能草率地接受了一些新客户,由于对新客户的资信状况缺乏深入了解,应收账款的可收回性可能存在问题,坏账准备可能被低估。

注册会计师识别的有关该赊销业务的重大错报风险列示,如表 6-4 所示。

表 6-4 评估认定层次的重大错报风险

被审计单位名称:甲公司　　　　编制人姓名:李娜　　　　日期:2013 年 2 月 2 日
内容:赊销业务　　　　　　　　复核人姓名:陈斌　　　　日期:2013 年 2 月 2 日
会计期间:2012 年 12 月 31 日　　索引号:ACE　　　　　　页码:2

重大账户	认　　定	识别的重大错报风险	重大错报风险
收入	发生、截止和准确性	经营风险	高
应收账款	存在、计价和分摊	经营风险	高
坏账准备	计价和分摊	经营风险	高

说明:注册会计师也可以在该底稿中记录针对认定层次重大错报风险的评估结果相应制订的审计策略。

(三)评估重大错报风险的审计程序

在评估重大错报风险时,注册会计师应当实施下列审计程序。

(1)在了解被审计单位及其环境(包括与风险相关的控制)的整个过程中,结合对财务报表中各类交易、账户余额和披露的考虑,识别风险。

(2)结合对拟测试的相关控制的考虑,将识别出的风险与认定层次可能发生错报的领域相联系。

(3)评估识别出的风险,并评价其是否更广泛地与财务报表整体相关,进而潜在地影响多项认定。

(4)考虑发生错报的可能性(包括发生多项错报的可能性),以及潜在错报的重大程度是否足以导致重大错报。

注册会计师应当利用实施风险评估程序获取的信息,包括在评价控制设计和确定其是否得到执行时获取的审计证据,作为支持风险评估结果的审计证据。注册会计师应当根据风险评估结果,确定实施进一步审计程序的性质、时间和范围。

注册会计师应当关注下列事项和情况,可能表明被审计单位存在重大错报风险:在经济不稳定的国家或地区开展业务;在高度波动的市场开展业务;在严厉、复杂的监管环境中开展业务;持续经营和资产流动性出现问题,包括重要客户流失;融资能力受到限制;行业环境发生变化;供应链发生变化;开发新产品或提供新服务,或进入新的业务领域;开辟新的经营场所;发生重大收购、重组或其他非经常性事项;拟出售分支机构或业务分部;复杂的联营或合资;运用表外融资、特殊目的实体以及其他复杂的融资协议;重大的关联方交易;缺乏具备胜任能力的会计人员;关键人员变动;内部控制薄弱;信息技术战略与经营战略不协调;信息技术环境发生变化;安装新的与财务报告有关的重大信息技术系统;经营活动或财务报告受到监管机构的调查;以往存在重大错报或本期期末出现重大会计调整;发生重大的非常规交易;按照管理层特定意图记录的交易;应用新颁布的会计准则或相关会计制度;会计计量过程复杂;事项或交易在计量时存在重大不确定性;存在未决诉讼和或有负债。

注册会计师应当充分关注可能表明被审计单位存在重大错报风险的上述事项和情况,并考虑由于上述事项和情况导致的风险是否重大,以及该风险导致财务报表发生重大错报的可能性。

(四)需要特别考虑的重大错报风险

特别风险是指注册会计师识别和评估的、根据判断认为需要特别考虑的重大错报风险。作为风险评估的一部分,注册会计师应当运用职业判断,确定识别的风险哪些是需要特别考虑的重大错报风险(简称特别风险)。在确定哪些风险是特别风险时,注册会计师应当在考虑识别出的控制对相关风险的抵消效果前,根据风险的性质、潜在错报的重要程度(包括该风险是否可能导致多项错报)和发生的可能性,判断风险是否属于特别风险。

特别风险通常与重大的非常规交易和判断事项有关,而日常的、简单的、常规处理的交易不大可能产生特别风险。

非常规交易是指由于金额或性质异常而不经常发生的交易。与重大非常规交易相关的特别风险可能导致更高的重大错报风险,这是因为在非常规交易中,管理层会更多地介入会计处理,数据收集和处理将涉及更多的人工成分,业务处理将涉及复杂的计算或会计处理方法,而且非常规交易的性质可能使被审计单位难以对由此产生的特别风险实施有效控制。

判断事项通常是指做出的会计估计。对重大判断事项来说,一方面,对涉及会计估计、收入确认等方面的会计原则存在不同的理解;另一方面,所要求的判断可能是主观和复杂的,或需要对未来事项做出假设。因此,与重大判断事项相关的特别风险也可能导致更高的重大错报风险。

(五)仅通过实质性程序无法应对的重大错报风险

作为风险评估的一部分,如果认为仅通过实质性程序获取的审计证据无法将认定层次的重大错报风险降至可接受的低水平,注册会计师应当评价被审计单位针对这些风险设计的控制,并确定其执行情况。例如,在被审计单位对日常交易采用高度自动化处理的情况下,审计证据可能仅以电子形式存在,其充分性和适当性通常取决于自动化信息系统相关控制的有效性,注册会计师可能仅通过实施实质性程序不能获取充分、适当的审计证据。此时,注册会计师应当考虑依赖的相关控制的有效性。例如,某企业通过高度自动化的系统确定采购品种和数量,生成采购订单,并通过系统中设定的收货确认和付款条件进行付款。除了系统中的相关信息以外,该企业没有其他有关订单和收货的记录。在这种情况下,如果认为仅通过实质性程序不能获取充分、适当的审计证据,注册会计师应当考虑依赖的相关控制的有效性,并对其进行了解、评估和测试。

(六)对风险评估的修正

对认定层次重大错报风险的评估应当以获取的审计证据为基础,并可以随着审计过程中对审计证据的不断获取而相应变化。风险评估是一个不断进行和修正的过程,如果通过实施进一步审计程序获取的审计证据与初始评估相矛盾,注册会计师还应当修正风险评估结果,并相应修改原计划实施的进一步审计程序。例如,注册会计师对重大错报风险的评估可能基于预期控制运行有效这一判断,即相关控制可以防止或发现并纠正认定层次的重大错报。但在测试控制运行的有效性时,注册会计师获取的证据可能表明相关控制在被审计期间并未有效运行。同样,在实施实质性程序后,注册会计师可能发现错报的金额和频率,比在风险评估时预计的金额和频率要高。

(七)考虑财务报表的可审计性

注册会计师在了解被审计单位内部控制后,可能对被审计单位财务报表的可审性产生怀疑。

如果通过对内部控制的了解发现下列情况,并对财务报表局部或整体的可审计性产生疑问,注册会计师应当考虑出具保留意见或无法表示意见的审计报告:①被审计单位会计记录的状况和可靠性存在重大问题,不能获取充分、适当的审计证据以发表无保留意见。②对管理层的诚信存在严重疑虑。必要时注册会计师应当考虑解除业务。

第二节 风险应对

注册会计师了解被审计单位及其环境并评估重大错报风险后,应当针对评估的财务报表层次重大错报风险确定总体应对措施,并针对评估的认定层次重大错报风险设计和实施进一步审计程序,以将审计风险降至可接受的低水平。

一、针对财务报表层次重大错报风险的总体应对措施

在确定针对财务报表层次重大错报风险的总体应对措施时,注册会计师要运用职业判断。一般来说,针对评估的财务报表层次重大错报风险的总体应对措施,包括以下方面。

(一)向项目组强调在收集和评价审计证据过程中保持职业怀疑态度的必要性

职业怀疑态度是指注册会计师以质疑的思维方式评价所获取审计证据的有效性,并对相互矛盾的审计证据,以及引起对文件记录或管理层和治理层提供的信息的可靠性产生怀疑的审计证据保持警觉。

(二)指派更有经验或具有特殊技能的审计人员,或利用专家的工作

来自不同行业的审计客户,在经营业务、经营风险、财务报告、法规和监管要求等方面可能各具特点,注册会计师的选派必须针对客户的特殊性,项目组成员中应有一定比例的人员曾经参加过被审计单位以前年度的审计,或具有被审计单位所处行业的相关审计经验。必要时,还应考虑利用专家的工作。

（三）提供更多的督导

对财务报表层次重大错报风险较高的被审计单位,项目组的高级注册会计师应强化对一般注册会计师的督导,严格复核一般注册会计师的工作。

（四）在选择拟实施的进一步审计程序时,融入更多不可预见的因素

被审计单位管理层如果熟悉注册会计师的审计套路,就可能采取种种规避手段,掩盖财务报告的舞弊行为。注册会计师在实施进一步审计程序中融入不可预见的因素,这种考虑可以避免被审计单位管理层采取规避手段掩盖重大错报。例如,对某些未测试过的、低于设定的重要性水平或风险水平的账户余额和认定实施实质性程序;调整实施审计程序的时间;采取与前期审计不同的审计抽样方法以改变测试样本;不预先告知或选取不同的审计程序实施地点等,都可以降低审计程序被管理层预见的可能性。审计程序的不可预见性示例表见表 6-5。

表 6-5　审计程序的不可预见性示例表

审计领域	可能适用的具有不可预见性的审计程序
1. 存货	(1) 向以前审计过程中接触不多的被审计单位员工询问,如采购、销售、生产人员等
	(2) 在不事先通知被审计单位的情况下,选择一些以前未曾到过的盘点地点进行存货监盘
2. 销售和应收账款	(1) 向以前审计过程中接触不多或未曾接触过的被审计单位员工询问,如负责处理大客户账户的销售部人员
	(2) 改变实施实质性分析程序的对象,如对收入按细类进行分析
	(3) 针对销售和销售退回,延长截止测试期间
	(4) 实施以前未曾考虑过的审计程序,例如: ① 函证确认销售条款或者选定销售额较不重要、以前未曾关注的销售交易,如对出口销售实施实质性程序; ② 实施更细致的分析程序,如使用计算机辅助审计技术复核销售及客户账户; ③ 测试以前未曾函证过的账户余额,如金额为负或是零的账户,或者余额低于以前设定的重要性水平的账户; ④ 改变函证日期,即把所函证账户的截止日期提前或者推迟; ⑤ 对关联公司销售和相关账户余额,除了进行详细函证外,再实施其他审计程序进行验证
3. 采购和应付账款	(1) 如果以前未曾对应付账款余额普遍进行函证,可考虑直接向供应商函证确认余额。如果经常采用函证方式,可考虑改变函证的范围或者时间
	(2) 对以前由于低于设定的重要性水平而未曾测试过的采购项目,进行细节测试
	(3) 使用计算机辅助审计技术审阅采购和付款账户,以发现一些特殊项目,如是否有不同的供应商使用相同的银行账户
4. 现金和银行存款	(1) 多选几个月的银行存款余额调节表进行测试
	(2) 对有大量银行账户的,考虑改变抽样方法
5. 固定资产	对以前由于低于设定的重要性水平而未曾测试过的固定资产进行测试,如考虑实地盘查一些价值较低的固定资产(汽车和其他设备等)
6. 跨区域审计项目 (在集团公司中)	修改分支机构审计工作的范围或者区域(如增加某些较次要分支机构的审计工作量或实地去分支机构开展审计工作)

（五）对拟实施审计程序的性质、时间安排或范围做出总体修改

财务报表层次的重大错报风险很可能源于薄弱的控制环境。薄弱的控制环境带来的风险可能对财务报表产生广泛影响，而不仅限于某类交易、账户余额和披露。如果控制环境存在缺陷，注册会计师在对拟实施审计程序的性质、时间和范围做出总体修改时应当考虑以下方面。

（1）在期末而非期中实施更多的审计程序。因为控制环境的缺陷通常会削弱期中获得的审计证据的可信赖程度。

（2）通过实施实质性程序获取更为广泛的审计证据。良好的控制环境是其他控制要素发挥作用的基础。控制环境存在缺陷通常会削弱其他控制要素的作用，导致注册会计师可能无法信赖内部控制，而主要依赖实施实质性程序获取审计证据。

（3）增加拟纳入审计范围的经营地点的数量。

图 6-4 总结了针对财务报表层次的重大错报风险，注册会计师应采取的总体应对措施。这会对注册会计师拟实施的进一步审计程序的总体审计方案产生重要影响。因为财务报表层次的重大错报风险会对多项认定产生影响，必然增加注册会计师对认定层次重大错报风险的评估难度，进而影响拟实施的进一步审计程序的总体审计方案。

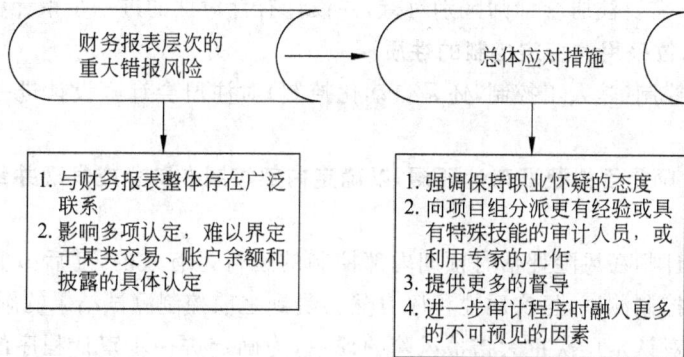

图 6-4　财务报表层次重大错报风险与总体应对措施

注册会计师针对财务报表层次重大错报风险，拟实施的进一步审计程序的总体审计方案，包括实质性方案和综合性方案。实质性方案是指注册会计师实施的进一步审计程序以实质性程序为主；综合性方案是指注册会计师在实施进一步审计程序时，将控制测试与实质性程序结合使用。如果财务报表层次的重大错报风险属于高风险水平，拟实施进一步审计程序的总体方案往往更倾向于实质性方案，如图 6-5 所示。

二、针对认定层次重大错报风险的进一步审计程序

（一）设计进一步审计程序应考虑的因素

进一步审计程序是相对风险评估程序而言，是指注册会计师针对评估的各类交易、账户余额或披露认定层次重大错报风险实施的审计程序，包括控

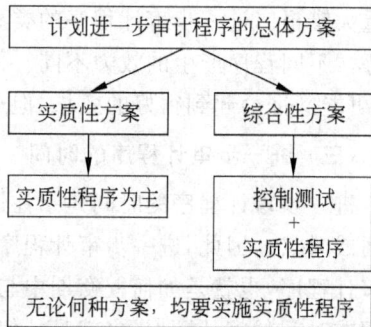

图 6-5　计划进一步审计程序的总体方案

制测试和实质性程序。

实质性程序包括对各类交易、账户余额或披露的细节测试和实质性分析程序。在通常情况下,注册会计师出于成本效益的考虑,可以采用综合性方案设计进一步审计程序,即将控制运行的有效性测试与实质性程序结合使用。但在某些情况下,如仅通过实质性程序无法应对的重大错报风险,则注册会计师必须通过实施控制测试,才可能有效应对评估出的某一认定的重大错报风险;而在另一些情况下,注册会计师可能认为仅实施实质性程序是适当的。但是,无论选择何种方案,注册会计师都应当对所有重大的各类交易、账户余额或披露设计和实施实质性程序。注册会计师在设计进一步审计程序时,应当考虑下列因素。

1. 风险的重要性

风险的重要性是指风险造成后果的严重程度。风险的后果越严重,就越需要注册会计师关注和重视,越需要精心设计有针对性的进一步审计程序。

2. 重大错报发生的可能性

重大错报发生的可能性越大,越需要注册会计师精心设计进一步审计程序。

3. 涉及的各类交易、账户余额和披露的特征

不同的交易、账户余额和披露,产生的认定层次重大错报风险也会存在差异,适用的审计程序也有差别,需要注册会计师区别对待,并设计有针对性的进一步审计程序予以应对。

4. 被审计单位采用的特定控制的性质

不同性质的控制(是人工控制,还是自动化控制)对注册会计师设计进一步的审计程序具有重要影响。

5. 注册会计师是否拟获取审计证据,以确定内部控制在防止或发现并纠正重大错报方面的有效性

如果注册会计师在风险评估时预期内部控制的运行是有效的,随后拟实施的进一步审计程序必须包括控制测试,且实质性程序自然会受到之前控制测试结果的影响。

注册会计师对认定层次重大错报风险的评估,为确定进一步审计程序的总体方案奠定了基础。因此,注册会计师应当根据对认定层次重大错报风险的评估结果,恰当选用实质性方案或综合性方案。

(二)进一步审计程序的性质

进一步审计程序的性质是指进一步审计程序的目的和类型。进一步审计程序的目的包括通过实施控制测试以确定内部控制运行的有效性,通过实施实质性程序以发现认定层次的重大错报。进一步审计程序的类型包括检查、观察、询问、函证、重新计算、重新执行和分析等。不同程序产生的效力不同。例如,注册会计师要获得应收账款的"存在"认定相关证据,可能函证会起到很好的效果,但通常不能为应收账款的"完整性"认定提供有效的证据。

(三)进一步审计程序的时间

进一步审计程序的时间是指注册会计师何时实施进一步审计程序,或审计证据适用的期间或时点。因此,进一步审计程序的时间确定涉及两方面问题:一方面,是何时实施进一步审计程序,也就是如何权衡期中与期末实施审计程序的问题;另一方面,是选择获取什么期间或时间的审计证据,也就是如何权衡期中审计证据与期末审计证据的问题。

从理论上说,注册会计师可以在期中或期末实施控制测试或实质性程序。当重大错报风险较高时,注册会计师应当考虑在期末或接近期末实施实质性程序;或采用不通知的方式,或在管理层不能预见的时间实施审计程序。

虽然在期末实施审计程序在很多情况下非常必要,但注册会计师在期中实施审计程序也可以发挥积极的作用。在期中实施进一步审计程序,可能有助于注册会计师在审计工作初期识别重大事项,并在管理层的协助下及时解决这些事项;或针对这些事项制订有效的实质性方案或综合性方案。如果注册会计师在期中实施了进一步审计程序,注册会计师还应当针对剩余期间获取审计证据。

在确定何时实施审计程序时,注册会计师应当考虑的因素如下。

1. 控制环境

良好的控制环境可以抵消在期中实施进一步审计程序的局限性,使注册会计师在确定实施进一步审计程序的时间时有更大的灵活度。

2. 何时能得到相关信息

例如,某些控制活动可能仅在期中(或期中以前)发生,而之后可能难以再被观察到。

3. 错报风险的性质

例如,被审计单位可能为了保证盈利目标的实现,而在会计期末以后伪造销售合同以虚增收入,注册会计师这时需要考虑在期末(即资产负债表日)这个特定时点获取被审计单位截至期末所能提供的所有销售合同及相关资料。

4. 审计证据适用的期间或时点

注册会计师应当根据需要获取的特定审计证据确定何时实施进一步审计程序。例如,为了获取资产负债表日的存货余额证据,显然不宜在与资产负债表日间隔过长的期中时点或期末以后时点实施存货监盘等相关审计程序。

虽然注册会计师可以在很多情况下,根据具体情况选择实施进一步审计程序的时间。但是,也存在一些特殊情况。例如,被审计单位在期末发生了重大交易,注册会计师必须在期末或期末以后检查这一交易。因此,注册会计师要根据被审计单位的各种具体情况,以确定进一步审计的时间。

(四)进一步审计程序的范围

进一步审计程序的范围是指实施进一步审计程序的数量,包括抽取的样本量、对某项控制活动的观察次数等。

在确定进一步审计程序的范围时,应当考虑下列因素。

1. 确定的重要性水平

注册会计师确定的重要性水平越低,实施进一步审计程序的范围越广。

2. 评估的重大错报风险

评估的重大错报风险越高,注册会计师实施进一步审计程序的范围就会越广,对拟获取的审计证据的相关性、可靠性要求越高。

3. 计划获取的保证程度

注册会计师计划获取的保证程度越高,对测试结果可靠性要求越高,实施进一步审计程序的范围越大。随着重大错报风险的增加,注册会计师应当考虑扩大审计程序的范围。但是,只有当审计程序本身与特定风险相关时,扩大审计程序的范围才是有效的。

三、控制测试

（一）控制测试的含义和要求

1. 控制测试的含义

控制测试是指测试控制运行的有效性，是指用于评价内部控制在防止或发现并纠正认定层次重大错报方面的运行有效性的审计程序。其目的在于确定内部控制的可依赖程度。这里的控制测试要与之前的了解内部控制相区分，如表6-6所示。了解内部控制是在风险评估过程中实施的，了解的程度有限。控制测试，是在实施进一步审计程序时实施的，用以测试内部控制运行的有效性，为实施实质性程序打下基础。

表 6-6　了解内部控制与控制测试的区别

区　　别	了解内部控制	控制测试
目的不同	(1) 评价控制的设计(哪里来?) (2) 确定控制是否得到执行(用不用?)	测试控制运行的有效性(好不好?)
重点不同	控制得到执行	控制运行的有效性
过程不同	风险评估程序时	进一步审计程序时
证据质量不同	(1) 某项控制是否存在(有没有?) (2) 被审单位正在使用(用不用?)	从下面判断控制是否能够在各个不同时点按照既定设计得以一贯执行: 控制在所审计期间的不同时点是如何运行的; 控制是否得到一贯执行; 控制由谁执行; 控制以何种方式运行
证据数量不同	(1) 只需抽取少量的交易进行检查 (2) 观察某几个时点	(1) 需要抽取足够数量的交易进行检查 (2) 对多个不同时点进行观察
性质不同	(1) 询问被审单位的人员 (2) 观察特定控制的运用 (3) 检查文件和报告 (4) 穿行测试	(1) 询问以获取与内控运行情况相关的信息 (2) 观察以获取控制(如职责分离)的运行情况 (3) 检查以获取控制的运行情况 (4) 重新执行
要求不同	必要程序	必要时或决定测试时

在测试控制运行的有效性时，注册会计师应当从下列方面获取关于控制是否有效运行的审计证据：①控制在所审计期间的不同时点是如何运行的；②控制是否得到一贯执行；③控制由谁执行；④控制以何种方式运行（如人工控制或自动化控制）。

从这4个方面来看，控制运行有效性强调的是控制能够在各个不同时点按照既定设计一贯被执行。因此，在测试控制运行的有效性时，注册会计师需要抽取足够数量的交易进行检查，或对多个不同时点进行观察。这也是与了解内部控制的区别。了解内部控制时，注册会计师只需要抽取少量的交易进行检查或者观察某几个时点。

2. 控制测试的要求

控制测试并非在任何情况下都需要实施。当存在下列情形之一时，注册会计师应当实施控制测试。

（1）在评估认定层次重大错报风险时，预期控制的运行是有效的。注册会计师通过实施风险评估程序，可能发现某项控制的设计是存在的，也是合理的，同时得到了执行。在这种情况下，出于成本效益的考虑，注册会计师可能预期，如果相关控制在不同时点都得到了一贯执行，与该项控制有关的财务报表认定发生重大错报的可能性就不会很大，也就可以考虑通过实施控制测试而减少实施实质性程序。因此,注册会计师可能会认为值得对相关控制在不同时点是否得到了一贯执行进行测试,即实施控制测试。只有认为控制设计合理、能够防止或发现和纠正认定层次的重大错报,注册会计师才有必要对控制运行的有效性实施测试。

(2) 仅实施实质性程序不足以提供认定层次充分、适当的审计证据。如果认为仅实施实质性程序获取的审计证据无法将认定层次的重大错报风险降至可接受的低水平,注册会计师应当实施相关的控制测试,以获取控制运行有效性的审计证据。有时,对有些重大错报风险,注册会计师仅通过实质性程序无法予以应对。例如,在被审计单位对日常交易或与财务报表相关的其他数据(包括信息的生成、记录、处理、报告)采用高度自动化处理的情况下,审计证据可能仅以电子形式存在。此时,审计证据是否充分和适当通常取决于自动化信息系统相关控制的有效性。如果信息的生成、记录、处理和报告均通过电子格式进行,而没有适当有效地控制,则生成不正确信息或信息被不恰当修改的可能性就会大大增加。在认为仅通过实施实质性程序不能获取充分、适当的审计证据的情况下,注册会计师必须实施控制测试,且这种测试已经不再是单纯出于成本效益的考虑,而是必须获取的一类审计证据。

【例 6-3】 甲会计师事务所承接乙公司 2012 年度财务报表审计业务,A 注册会计师的助理 B 在对乙公司内部控制进行测试时提出以下问题。请说明这些问题是否正确。

(1) 如果控制设计不合理,则不必实施控制测试。

(2) 如果在评估认定层次重大错报风险时预期控制的运行是有效的,则应当实施控制测试。

(3) 如果认为仅实施实质性程序不足以提供认定层次充分、适当的证据,则应当实施控制测试。

(4) 对特别风险,即使拟信赖的相关控制没有发生变化,也应当在本次审计中实施控制测试。

分析结果如下:

问题(1)正确。因为控制设计不合理,不能防止或发现和纠正财务报表重大错报。因此,不必测试内部控制。

问题(2)正确。因为预期控制的运行是有效的,注册会计师为减少审计工作量考虑,拟信赖内部控制,应当进行控制测试。

问题(3)正确。因为仅实施实质性程序不足以提供认定层次充分、适当的审计证据,需要借助控制测试。

问题(4)正确。因为对于特别风险,即使拟信赖的相关控制没有发生变化,也需要进行控制测试,以获取控制运行有效性的审计证据。

(二)控制测试的性质

控制测试的性质是指控制测试所使用的审计程序的类型及其组合。其在很大程度上取决于注册会计师计划从控制测试中获取的保证水平。当拟实施的进一步审计程序主要以控制测试为主,注册会计师计划从控制测试中获取的保证水平越高,对控制有效性信赖程度越高,应当获取越有说服力的审计证据。特别是仅实施实质性程序无法或不能获取充分、适当的审计证据时,注册会计师应当获取有关控制运行有效的、更高的保证水平。

注册会计师应当选择适当类型的审计程序,以获取有关控制运行有效性的保证。控制测试的审计程序类型通常包括：询问、观察、检查、重新执行。

1. 询问

注册会计师可以向被审计单位适当的员工询问，获取与内部控制运行情况相关的信息。例如，询问信息系统管理人员有无未经授权接触计算机硬件和软件。然而，仅仅通过询问不能为控制运行的有效性提供充分的证据，注册会计师通常需要印证被询问者的答复，如向其他人员询问和检查执行控制时所使用的报告、手册或其他文件等。因此，虽然询问是一种有用的手段，但必须和其他测试手段结合使用才能发挥作用。

2. 观察

观察是测试不留下书面记录的控制运行情况的有效方法。例如，查看仓库门是否锁好；空白支票是否妥善保管；不相容职责是否分离等。通常情况下，注册会计师通过观察直接获取的证据比间接获取的证据更可靠。但是，注册会计师还要考虑其所观察到的控制，在注册会计师不在场时可能未被执行的情况。

3. 检查

对运行情况留有书面证据的控制，检查非常适用。例如，检查销售发票是否有复核人员签字、是否附有客户订购单和出库单等。

4. 重新执行

通常只有当询问、观察和检查程序结合在一起仍无法获得充分的证据时，注册会计师才考虑通过重新执行来证实控制是否有效运行。但是，要检查复核人员有没有认真执行核对，仅仅检查复核人员是否在相关文件上签字是不够的，还需要注册会计师自己选取一部分发票进行核对，这也是重新执行程序。

控制测试的目的是评价控制是否有效运行；细节测试的目的是发现认定层次的重大错报。尽管两者目的不同，但注册会计师可以考虑针对同一交易同时实施控制测试和细节测试，以实现双重目的。例如，注册会计师通过检查某笔交易的发票，可以确定其是否经过适当的授权，也可以获取关于该交易的金额、发生时间等细节证据。如果拟实施双重目的的测试，注册会计师应当仔细设计和评价测试程序。

如果注册会计师通过实施实质性程序未发现某项认定存在错报，这本身并不能说明与该认定有关的控制是有效运行的；但如果通过实施实质性程序发现某项认定存在错报，注册会计师应当在评价相关控制的运行有效性时予以考虑。例如，①降低对相关控制的信赖程度；②调整实质性程序的性质；③扩大实质性程序的范围。

如果实施实质性程序发现被审计单位没有识别出的重大错报，通常表明内部控制存在重大缺陷，注册会计师应当就这些缺陷与管理层和治理层进行沟通。

（三）控制测试的时间

1. 控制测试时间的含义

控制测试的时间包含两层含义：一是何时实施控制测试；二是测试所针对的控制适用的时点或期间。如果测试特定时点的控制，注册会计师仅得到该时点控制运行有效性的审计证据；如果测试某一期间的控制，注册会计师可获取控制在该期间有效运行的审计证据。因此，注册会计师应当根据控制测试的目的，确定控制测试的时间，并确定拟信赖的相关控制的时点或期间。如果仅需要测试控制在特定时点的运行有效性，注册会计师只需要获取该时点的审计证据；如果需要获取控制在某一期间有效运行的审计证据，仅获取与时点相关的审计证据是不充分的,注册会计师应当辅以其他控制测试,如测试被审计单位对控制的监督。

2. 如何考虑期中审计证据

注册会计师可能在期中实施进一步审计程序。对控制测试,注册会计师在期中实施此类程序具有更积极的作用。即使注册会计师已获取了有关控制在期中运行有效性的审计证据,仍然需要考虑如何能够将控制在期中运行有效性的审计证据合理延伸至期末。因此,如果已获取有关控制在期中运行有效性的审计证据,并拟利用该证据,注册会计师应当实施下列审计程序。

(1) 获取这些控制在剩余期间发生重大变化的审计证据。针对期中已获取审计证据的控制,考察这些控制在剩余期间的变化情况,包括是否发生了变化以及如何变化。如果这些控制在剩余期间没有发生变化,注册会计师可能决定信赖期中获取的审计证据;如果这些控制在剩余期间发生了变化,注册会计师需要了解并测试控制的变化对期中审计证据的影响。

(2) 确定针对剩余期间还需获取的补充审计证据。这种情况是源于期中进行了控制测试,而且其在剩余期间发生了变化,注册会计师需要了解并测试控制的变化对期中审计证据的影响,获取充分、适当的补充证据。针对期中证据以外的、剩余期间的补充证据,注册会计师应当考虑下列因素。

① 评估的认定层次重大错报风险的重大程度。评估的重大错报风险对财务报表的影响越大,注册会计师需要获取的剩余期间的补充证据越多。

② 在期中测试的特定控制。例如,对自动化运行的控制,注册会计师更可能测试信息系统一般控制的运行有效性,以获取控制在剩余期间运行有效性的审计证据。

③ 在期中对有关控制运行有效性获取的审计证据的程度。如果注册会计师在期中对有关控制运行有效性获取的审计证据比较充分,可以考虑适当减少需要获取的剩余期间的补充证据。

④ 剩余期间的长度。剩余期间越长,注册会计师需要获取的剩余期间的补充证据越多。

⑤ 在信赖控制的基础拟减少进一步实质性程序的范围。注册会计师对相关控制的信赖程度越高,通常在信赖控制的基础上拟减少进一步实质性程序的范围就越大。在这种情况下,注册会计师需要获取的剩余期间的补充证据越多。

⑥ 控制环境。在注册会计师总体上拟信赖控制的前提下,控制环境越薄弱(或把握程度越低),注册会计师需要获取的剩余期间的补充证据越多。

除了上述的测试剩余期间控制的运行有效性,测试被审计单位对控制的监督也能作为一项有益的补充证据,以便更有把握地将控制在期中运行有效性的审计证据延伸至期末。

3. 如何考虑以前审计获取的审计证据

注册会计师在本期审计时还是可以适当考虑利用以前审计获取的有关控制运行有效性的审计证据。一方面,内部控制中的诸多要素对于被审计单位具体的交易、账户余额或披露往往是相对稳定的,注册会计师在本期审计时还是可以适当考虑利用以前审计获取的有关控制运行有效性的审计证据;另一方面,内部控制在不同期间可能发生重大变化,注册会计师在利用以前审计获取的有关控制运行有效性的审计证据时,需要充分考虑各种因素。

关于如何利用以前审计获取的有关控制运行有效性的审计证据时,可以考虑拟信赖的以前审计中测试的控制在本期是否发生变化,分别情况来处理。如果拟信赖以前审计获取的有关控制运行有效性的审计证据,注册会计师应当通过实施询问并结合观察或检查程序,获取这些控制是否已经发生变化的审计证据。

(1) 控制在本期发生变化。如果控制在本期发生变化,注册会计师应当考虑以前审计获取的有关控制运行有效性的审计证据,是否与本期审计相关。例如,如果系统的变化仅仅使被审计单位从中获取新的报告,这种变化通常不影响以前审计所获取证据的相关性;如果系统的变化引起数据累积或计算发生改变,这种变化可能影响以前审计所获取证据的相关性。如果拟信赖的控制自上次测试后已发生变化,注册会计师应当在本期审计中测试这些控制的运行有效性。

(2) 控制在本期没有发生变化。如果拟信赖的控制自上次测试后没有发生变化,且不属于旨在减轻特别风险的控制,注册会计师应当运用职业判断确定是否在本期审计中测试其运行有效性,以及本次测试与上次测试的时间间隔。

在确定利用以前审计获取的有关控制运行有效性的审计证据是否适当以及再次测试控制的时间间隔时,注册会计师应当考虑的因素或情况包括以下方面。

① 内部控制其他要素的有效性,包括控制环境、对控制的监督以及被审计单位的风险评估过程。例如,当被审计单位控制环境薄弱或对控制的监督薄弱时,注册会计师应当缩短再次测试控制的时间间隔或完全不信赖以前审计获取的审计证据。

② 控制特征(人工控制或自动化控制)产生的风险。当相关控制中人工控制的成分较大时,考虑到人工控制一般稳定性较差,注册会计师可能决定在本期审计中继续测试该控制的运行有效性。

③ 信息技术一般控制的有效性。当信息技术一般控制薄弱时,注册会计师可能更少地依赖以前审计获取的审计证据。

④ 控制设计及其运行的有效性,包括在以前审计中测试控制运行有效性时发现的控制运行偏差的性质和程度。例如,当所审计期间发生了对控制运行产生重大影响的人事变动时,注册会计师可能决定在本期审计中不依赖以前审计获取的审计证据。

⑤ 由于环境发生变化而特定控制缺乏相应变化导致的风险。当环境的变化表明需要对控制做出相应的变动,但控制却没有做出相应变动时,注册会计师应当充分意识到控制不再有效、从而导致本期财务报表发生重大错报的可能性,此时不应再依赖以前审计获取的有关控制运行有效性的审计证据。

⑥ 重大错报的风险和对控制的拟信赖程度。如果重大错报风险较大或对控制的拟信赖程度较高,注册会计师应当缩短再次测试控制的时间间隔或完全不信赖以前审计获取的审计证据。

如果拟信赖以前审计获取的某些控制运行有效性的审计证据,注册会计师应当在每次审计时从中选取足够数量的控制,测试其运行有效性;不应将所有拟信赖控制的测试集中于某一次审计,而在之后的两次审计中不进行任何测试。这主要是为了尽量降低审计风险,毕竟注册会计师可能难以充分识别以前审计中测试过的控制在本期是否发生变化。另外,在每一次审计中选取足够数量的部分控制进行测试,除了能够提供这些以前审计中测试过的控制在当期运行有效性的审计证据外,还可提供控制环境持续有效性的旁证,从而有助于注册会计师判断其信赖以前审计获取的审计证据是否恰当。

鉴于特别风险的特殊性,对旨在减轻特别风险的控制,无论该控制在本期是否发生变化,注册会计师都不应依赖以前审计获取的证据。因此,如果确定评估的认定层次重大错报风险是特别风险,并拟信赖旨在减轻特别风险的控制,注册会计师不应依赖以前审计获取的审计证据,而应在本期审计中测试这些控制的运行有效性。也就是说,如果注册会计师拟信赖针对特别风险的控制,那么所有关于该控制运行有效性的审计证据必须来自当年的控制测试。相应的,注册会计师应当在每次审计中都测试这类控制。

综上所述,注册会计师在本审计期间测试某项控制的决策过程如图 6-6 所示。

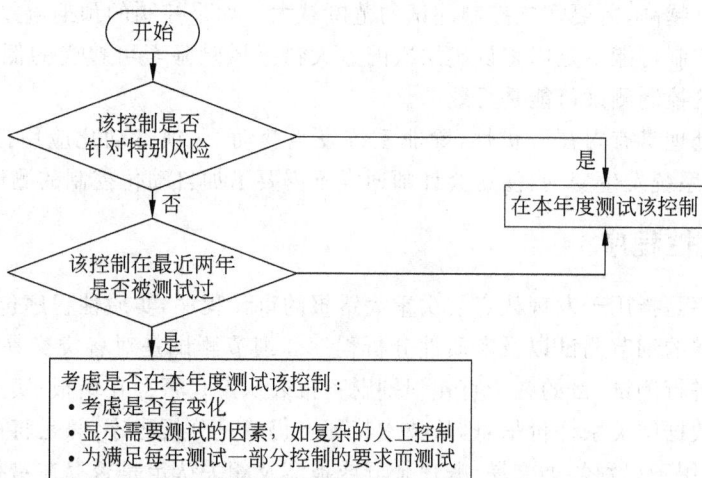

图 6-6　本审计期间测试某项控制的决策过程

（四）控制测试的范围

控制测试的范围主要是指某项控制活动的测试次数。注册会计师应当设计控制测试,以获取控制在整个拟信赖的期间有效运行的充分、适当的审计证据。

在确定某项控制测试的范围时,注册会计师通常考虑下列因素。

1. 执行控制的频率

执行控制的频率是指在整个拟信赖的期间,被审计单位执行控制的频率。控制执行的频率越高,控制测试的范围越大。

2. 在所审计期间,注册会计师拟信赖控制运行有效性的时间长度

注册会计师拟信赖控制运行有效性的时间长度不同,在该时间长度内发生的控制活动次数也不同。注册会计师需要根据拟信赖控制运行有效性的时间长度,确定控制测试的范围。拟信赖控制运行有效性的期间越长,控制测试的范围越大。

3. 证据的相关性和可靠性

证据的相关性和可靠性是指为证实控制能够防止或发现并纠正认定层次重大错报,所需获取审计证据的相关性和可靠性。对审计证据的相关性和可靠性要求越高,控制测试的范围越大。

4. 通过测试与认定相关的其他控制获取的审计证据的范围

针对同一认定,可能存在不同的控制。当针对其他控制获取审计证据的充分性和适当性较高时,测试该控制的范围可适当缩小。

5. 在风险评估时拟信赖控制运行有效性的程度

注册会计师在风险评估时对控制运行有效性的拟信赖程度越高,需要实施控制测试的范围越大。

6. 控制的预期偏差

预期偏差可以用控制未得到执行的预期次数占控制应当得到执行次数的比率,加以衡量。考虑该因素,是因为在考虑测试结果是否可以得出控制运行有效性的结论时,不可能只要出现任何控制执行偏差就认定控制运行无效,需要确定一个合理水平的预期偏差率。控制的预期偏差率越高,需要实施控制测试的范围越大。如果控制的预期偏差率过高,注册会计师应当考虑控制可能不足以将认定层次的重大错报风险降至可接受的低水平,从而针对某一认定实施的控制测试可能是无效的。

信息技术处理具有内在一贯性,除非系统发生变动,一项自动化应用控制应当一贯运行。因此,除非系统发生变动,注册会计师通常不需要增加自动化控制的测试范围。

四、实质性程序

实质性程序是指用于发现认定层次重大错报的审计程序,实质性程序包括对各类交易、账户余额或披露的细节测试以及实质性分析程序。细节测试是对各类交易、账户余额或披露的具体细节进行测试,目的在于直接识别财务报表认定是否存在错报;实质性分析程序主要是通过研究数据间关系评价信息,从技术特征上仍然是分析程序,只是将该技术方法用做实质性程序,即用于识别各类交易、账户余额或披露及相关认定是否存在错报。注册会计师应当针对评估的重大错报风险设计和实施实质性程序,以发现认定层次的重大错报。

由于注册会计师对重大错报风险的评估是一种判断,可能无法充分识别所有的重大错报风险,并且由于内部控制存在固有局限性,无论评估的重大错报风险结果如何,注册会计师都应当针对所有重大的各类交易、账户余额或披露实施实质性程序。

如果认为评估的认定层次重大错报风险是特别风险,注册会计师应当专门针对该风险实施实质性程序。例如,如果认为管理层面临实现盈利指标的压力而可能提前确认收入,注册会计师在设计询证函时不仅应当考虑函证应收账款的账户余额,还应当考虑询证销售协议的细节条款(如交货、结算及退货条款);还可考虑在实施函证的基础上,针对销售协议及其变动情况询问被审计单位的非财务人员。如果针对特别风险仅实施实质性程序,注册会计师应当使用细节测试,或将细节测试和实质性分析程序结合使用,因为应对特别风险需要获取具有高度相关性和可靠性的审计证据,仅实施实质性分析程序不足以获取有关特别风险的充分、适当的审计证据。

(一)实质性程序的性质

实质性程序的性质是指实质性程序的类型及其组合。实质性程序的两种基本类型包括细节测试和实质性分析程序。注册会计师应当根据各类交易、账户余额或披露的性质选择实质性程序的类型。细节测试和实质性分析程序的目的和技术手段存在一定差异,细节测试适用于对各类交易、账户余额或披露认定的测试,尤其是对存在或发生、计价认定的测试;对在一段时期内存在可预期关系的大量交易,注册会计师可以考虑实施实质性分析程序。

注册会计师应当针对评估的风险设计细节测试,获取充分、适当的审计证据,以达到认定层次所计划的保证水平。注册会计师需要根据不同的认定层次的重大错报风险设计有针对性的细节测试。在针对存在或发生认定设计细节测试时,注册会计师应当选择包含在财务报表金额中的项目,并获取相关审计证据。在针对完整性认定设计细节测试时,注册会计师应当选择有证据表明应包含在财务报表金额中的项目,并调查这些项目是否确实包括在内。

(二)实质性程序的时间

实质性程序的时间选择与控制测试的时间选择类似。一方面,两类程序都面临着对期中审计证据和对以前审计获取的审计证据的考虑;另一方面,两者也在以下两个方面存在差异。第一,在控制测试中,期中实施控制测试并获取期中关于控制运行有效性审计证据的做法更常用;由于实质性程序的目的在于更直接地发现重大错报,在期中实施实质性程序时,需要权衡其成本和效益。第二,在本期控制测试中拟信赖以前审计获取的有关控制运行有效性的审计证据,已经受到了很大的限制;而对于以前审计中通过实质性程序获取的审计证据应当持更加慎重的态度和更严格的限制。

1. 考虑是否在期中实施实质性测试

对于控制测试,注册会计师在期中实施此类程序具有更积极的作用,以及需要考虑如何能够将控制在期中运行有效性的审计证据合理延伸至期末。在考虑是否要在期中实施实质性程序方面,如果在期中实施实质性程序,一方面消耗了审计资源;另一方面期中实施实质性程序获取的审计证据不能直接作为期末财务报表认定的审计证据,注册会计师仍然需要消耗进一步的审计资源,使期中审计证据能够合理延伸至期末。于是,这两部分审计资源的总和是否能够显著小于完全在期末实施实质性程序所需消耗的审计资源,是注册会计师需要权衡的。因此,注册会计师在期中实施实质性程序面临增加期末存在错报而未被发现的风险,并且该风险随着剩余期间的延长而增加。

综上所述,注册会计师在考虑是否在期中实施实质性程序时应当考虑如下因素。

(1)控制环境和其他相关的控制。控制环境和其他相关的控制越薄弱,注册会计师越不宜在期中实施实质性程序。

(2)实施审计程序所需信息在期中之后的可获得性。如果实施实质性程序所需信息在期中之后可能难以获取,注册会计师应考虑在期中实施实质性程序。例如,系统变动导致某类交易记录难以获取。

(3)实质性程序的目标。如果针对某项认定实施实质性程序的目标就包括获取该认定的期中审计证据(与期末比较),注册会计师应在期中实施实质性程序。

(4)评估的重大错报风险。注册会计师评估的某项认定的重大错报风险越高,针对该认定所需获取的审计证据的相关性和可靠性要求也就越高,注册会计师越应当考虑将实质性程序集中于期末或接近期末实施。

(5)各类交易、账户余额以及相关认定的性质。例如,某些交易、账户余额以及相关认定的特殊性质决定了注册会计师必须在期末或接近期末实施实质性程序。如收入截止认定、未决诉讼等。

(6)针对剩余期间,能否通过实施实质性程序或将实质性程序与控制测试相结合,降低期末存在错报而未被发现的风险。如果针对剩余期间可以通过实施实质性程序或将实质性程序与控制测试相结合,较有把握地降低期末存在错报而未被发现的风险,注册会计师可以考虑在期中实施实质性程序。但是,如果针对剩余期间还需要消耗大量审计资源,才有可能降低期末存在错报而未被发现的风险,甚至没有把握通过适当的进一步审计程序降低期末存在错报而未被发现的风险,注册会计师就不宜在期中实施实质性程序。

2. 考虑期中审计证据

如果在期中实施了实质性程序,注册会计师应当针对剩余期间实施进一步的实质性程序,或将实质性程序和控制测试结合使用,以将期中测试得出的结论合理延伸至期末。此时,注册会计师有两种选择:一是针对剩余期间实施进一步的实质性程序;二是将实质性程序和控制测试结合使用。如果拟将期中测试得出的结论延伸至期末,注册会计师应当考虑针对剩余期间仅实施实质性程序是否足够。如果认为实施实质性程序本身不充分,注册会计师还应测试剩余期间相关控制运行的有效性或针对期末实施实质性程序。

对舞弊导致的重大错报风险,被审计单位存在故意错报或操纵的可能性。如果已识别出由于舞弊导致的重大错报风险,就不能将期中得出的结论延伸至期末,即使实施一些审计程序也是无效的。此时,注册会计师应当考虑在期末或者接近期末实施实质性程序。

3. 考虑以前审计获取的审计证据

在以前审计中实施实质性程序获取的审计证据,通常对本期只有很弱的证明力或没有证明力,不足以应对本期的重大错报风险。只有当以前获取的审计证据及其相关事项未发生重大变动时,以前获取的审计证据才可能用作本期的有效审计证据。例如,以前审计通过实质性程序测试过的某项诉讼在本期没有任何实质性进展。尽管如此,如果拟利用以前审计中实施实质性程序获取的审计证据,注册会计师还应当在本期实施审计程序,以确定这些审计证据是否具有持续相关性。

(三)实质性程序的范围

在确定实质性程序的范围时,注册会计师应当考虑评估的认定层次重大错报风险和实施控制测试的结果。评估的认定层次的重大错报风险水平越高,需要实施实质性程序的范围越大。如果对控制测试结果不满意,注册会计师应当考虑扩大实质性程序的范围。在设计细节测试时,注册会计师除了从样本量的角度考虑测试范围外,还要考虑选取样本的方法是否有效等因素。例如,从总体中选取大额或异常项目,而不是进行代表性抽样或分层抽样。

实质性分析程序的范围有两层含义。一是对什么层次上的数据进行分析,注册会计师可以选择在高度汇总的财务数据层次进行分析,也可以根据重大错报风险的性质和水平调整分析层次。例如,按照不同产品或月份、不同销售区域或存货存放地点等实施实质性分析程序。二是需要对什么幅度或性质的偏差展开进一步调查。实施分析程序可能发现偏差,但并非所有的偏差都值得展开进一步调查。可容忍或可接受的偏差(即预期偏差)越大,作为实质性分析程序一部分的进一步审计的范围就越小。因此,在设计实质性分析程序时,注册会计师应当主要考虑各类交易、账户余额或披露认定的重要性和计划的保证水平,据此确定已记录金额与预期值之间可接受的差异额。

财务报表审计是一个累积和不断修正的过程。随着计划审计程序的实施,如果获取的信息与风险评估时依据的信息有重大差异,注册会计师应当考虑修正风险评估结果,并据以修改原计划的其他审计程序的性质、时间和范围。

在完成审计工作前,对进一步审计程序所获取审计证据的评价主要体现在,根据发现的错报或控制执行偏差考虑修正重大错报风险的评估结果。通过实施进一步审计程序,注册会计师首先要考虑获取的审计证据是否可能影响此前对认定层次重大错报风险的评估结果。注册会计师应当根据实施的审计程序和获取的审计证据,评价对认定层次重大错报风险的评估是否仍然适当。在实施控制测试时,如果发现被审计单位控制运行出现偏差,注册会计师应当了解这些偏差及其潜在后果,并确定已实施的控制测试是否为信赖控制提供了充分、适当的审计证据,是否需要实施进一步的控制测试或实质性程序以应对潜在的错报风险。注册会计师不应将审计中发现的舞弊或错误视为孤立发生的事项,而应当考虑其对评估的重大错报风险的影响。

在完成审计工作前,注册会计师应当评价是否已将审计风险降至可接受的低水平,是否需要重新考虑已实施审计程序的性质、时间和范围。

另外,风险评估与风险应对可以用图 6-7 来表述其框架结构。

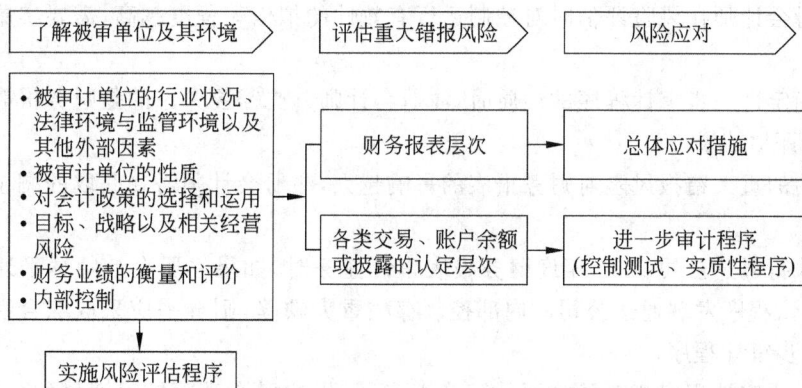

图 6-7　风险评估与风险应对框架图

【本章小结】

在识别和评估重大错报风险之前,注册会计师首先应当了解被审计单位及其环境,了解的内容包括行业状况、法律环境与监管环境以及其他外部因素,被审计单位的性质,对会计政策的选择和运用,目标、战略以及相关经营风险,财务业绩的衡量和评价,相关内部控制。注册会计师通过对被审计单位及其环境进行了解,识别重大错报风险,考虑识别的风险导致财务报表发生重大错报的可能性,并将识别的风险与认定层次可能发生错报的领域相联系。评估重大错报风险应当从财务报表层和认定层次两个层次进行考虑。注册会计师应根据财务报表层次重大错报风险的评估结果,确定总体应对措施;根据认定层次重大错报风险的评估结果,确定进一步审计程序的性质、时间和范围。其中,进一步审计程序包括控制测试与实质性程序。注册会计师应当考虑实施实质性程序发现的错报对评价相关控制运行有效性的影响。如果实施实质性程序发现被审计单位没有识别出的重大错报,通常表明内部控制存在重大缺陷,注册会计师应当就这些缺陷与管理层和治理层进行沟通。

【课后习题】

一、判断题

1. 内部控制存在固有局限性,无论如何设计和执行,只能对财务报告的可靠性提供合理的保证。　　　　　　　　　　　　　　　　　　　　　　　　　　　　　　（　　）

2. 注册会计师在期中实施进一步审计程序,可能有助于注册会计师在审计工作初期识别重大事项,并在管理层的协助下及时解决这些事项,或针对这些事项制定有效的实质性方案或综合性方案。   (   )

3. 如果注册会计师在期中实施了进一步审计程序,注册会计师不需要针对剩余期间获取审计证据。   (   )

4. 如果实施实质性程序发现被审计单位没有识别的重大错报,通常表明内部控制存在重大缺陷,注册会计师应当就这些缺陷与管理层和治理层进行沟通。   (   )

5. 注册会计师在风险评估时对控制运行有效性的拟信赖程度越高,需要实施控制测试的范围越小。   (   )

6. 在确定进一步审计程序的性质时,注册会计师首先需要考虑的是财务报表层次重大错报风险的评估结果。   (   )

7. 评估的重大错报风险对财务报表的影响越大,注册会计师需要获取的剩余期间的补充证据越多。   (   )

8. 在执行通达公司 2012 年度财务报表审计业务时,如果注册会计师林平通过实施了解和控制测试程序发现通达公司的内部控制存在重大缺陷,则林平应采取综合性的总体策略实施进一步审计程序。   (   )

9. 进一步审计程序相对风险评估程序而言,是指注册会计师针对评估的各类交易、账户余额或披露认定层次重大错报风险实施的审计程序,包括控制测试和实质性程序。
                                                                           (   )

10. 在财务报表重大错报风险的评估过程中,注册会计师应当确定,识别的重大错报风险是与特定的某类交易、账户余额或披露的认定相关,还是与财务报表整体广泛相关,进而影响多项认定。如果是后者,则属于财务报表层次的重大错报风险。   (   )

二、单项选择题

1. 在编制审计计划时,应当了解 L 公司的内部控制。了解重要内部控制时,不应实施的程序是(   )。

    A. 询问 L 公司的有关人员,并查阅相关内部控制文件

    B. 检查内部控制生成的文件和记录

    C. 选择若干具有代表性的交易和事项进行穿行测试

    D. 重新执行 L 公司的重要内部控制

2. 无论评估的重大错报风险结果如何,注册会计师都应当针对重大的各类交易、账户余额和披露实施(   )。

    A. 细节测试   B. 实质性程序   C. 分析程序   D. 控制测试

3. 注册会计师了解被审计单位及其环境,其目的是(   )。

    A. 识别和评估财务报表重大错报风险

    B. 识别和评估财务报表层次重大错报风险

    C. 识别和评估认定层次重大错报风险

    D. 设计和实施进一步审计程序

4. 关于内部控制的说法中,不正确的是(   )。

    A. 注册会计师对内部控制的了解,主要是评价内部控制的设计和确定内部控制的

执行

  B. 注册会计师对内部控制的了解不能代替其对内部控制运行有效性的测试程序

  C. 内部控制的自动化成分在处理涉及主观判断的状况或交易事项时可能比人工控制更为适当

  D. 信息技术通常可以降低控制被规避的风险,从而提高被审计单位内部控制的效率和效果

5. 提高审计程序的不可预见性是注册会计师应对财务报表层次重大错报风险的重要措施。下列情况不属于注册会计师提高审计程序的不可预见性的是(　　)。

  A. 对某些以前未测试的低于重要性水平或风险较小的账户余额实施实质性程序

  B. 调整实施审计程序的人员,由助理人员担任关键项目的审计工作

  C. 采取不同的审计抽样方法,使当期抽取的测试样本与以前有所不同

  D. 选取不同的地点实施审计程序,或预先不告知被审计单位所选定的测试地点

6. 如果控制环境存在缺陷,注册会计师在对拟实施审计程序的性质、时间和范围做出总体修改时,以下不属于注册会计师考虑的是(　　)。

  A. 在期末而非期中实施更多的审计程序

  B. 更多地依赖控制测试获取审计证据

  C. 修改审计程序的性质,获取更具有说服力的审计证据

  D. 扩大审计程序的范围

7. 注册会计师在将识别的重大错报风险进行汇总时,对在日常交易采用高度自动化处理的企业中所识别的风险,应列入(　　)风险。

  A. 财务报表层次重大错报风险

  B. 认定层次重大错报风险

  C. 特别风险

  D. 仅通过实质性程序无法应对的重大错报风险

8. 控制测试与了解内部控制的目的不同,但两者采用审计程序的类型通常是相同的,但(　　)程序是例外。它属于控制测试程序,而不属于了解内部控制的程序。

  A. 询问和观察   B. 重新执行

  C. 检查文件记录   D. 穿行测试

9. 在了解被审计单位及其环境时,A 注册会计师可能实施的风险评估程序,不包括(　　)。

  A. 询问甲公司管理层和内部其他人员

  B. 实地查看甲公司生产经营场所和设备

  C. 检查文件、记录和内部控制手册

  D. 重新执行内部控制

10. 注册会计师认为不属于控制活动的是(　　)。

  A. 授权   B. 业绩评价   C. 风险评估   D. 职责分离

三、多项选择题

1. 注册会计师应当从(　　)方面了解被审计单位及其环境。

  A. 被审计单位的内部控制

  B. 行业状况、法律环境与监管环境以及其他外部因素

C. 被审计单位的目标、战略以及可能导致重大错报风险的相关经营风险

D. 被审计单位财务业绩的衡量和评价

2. 注册会计师在了解被审计单位的性质时,需要从( )方面进行了解。

    A. 财务报告

    B. 所有权结构、治理结构、组织结构

    C. 经营活动、投资活动、筹资活动

    D. 被审计单位的目标、战略

3. 注册会计师在了解被审计单位的行业状况时,从( )方面入手。

    A. 所处行业的市场供求与竞争,包括市场需求、生产能力和价格竞争

    B. 生产经营的季节性和周期性

    C. 与被审计单位相关的税务法规是否发生变化

    D. 能源供应与成本

4. 注册会计师在实施风险评估程序时,询问的对象可以包括( )。

    A. 管理层   B. 财务负责人

    C. 内部审计人员   D. 内部法律顾问

5. 在识别和评估重大错报风险时,注册会计师应当实施( )审计程序。

    A. 在了解被审计单位及其环境的整个过程中识别风险

    B. 将识别的风险与认定层次可能发生错报的领域相联系

    C. 考虑识别的风险是否重大

    D. 考虑识别的风险导致财务报表发生重大错报的可能性

6. 注册会计师在实施风险评估程序时,通过询问,可以获取( )信息。

    A. 询问财务负责人可以了解到新的竞争对手、主要客户和供应商的流失、新的税收法规的实施以及经营目标或战略的变化等信息

    B. 询问管理层,可以了解到被审计单位最近的财务状况、经营成果和现金流量

    C. 询问治理层,有助于注册会计师理解财务报表编制的环境

    D. 询问内部审计人员,有助于获取本年度针对被审计单位内部控制设计和运行有效性而实施的内部审计程序,以及管理层是否根据实施这些程序的结果采取了适当的应对措施

7. 注册会计师在了解被审计单位业务流程层面的内部控制后,需要针对( )方面,进行初步评价。

    A. 控制本身的设计是否合理

    B. 控制本身是否得到执行

    C. 是否打算信赖内部控制并拟实施控制测试

    D. 控制是否得到一贯执行

8. 注册会计师运用各项风险评估程序,在了解被审计单位及其环境的整个过程中识别风险。以下识别的风险中,与各类交易、账户余额和披露相联系的有( )。

    A. 被审计单位因相关环境法规的实施需要更新设备,可能面临原有设备闲置或贬值的风险

    B. 被审计单位对存货跌价准备的计提没有实施比较有效的内部控制,管理层未根

据存货的可变现净值,计提相应的跌价准备带来的风险

  C. 管理层缺乏诚信或承受异常的压力可能引发舞弊风险

  D. 竞争者开发的新产品上市,可能导致被审计单位的主要产品在短期内过时,预示将出现存货跌价和长期资产的减值

  9. 了解行业状况有助于注册会计师识别与被审计单位所处行业有关的重大错报风险。注册会计师应当了解被审计单位的行业状况,主要包括( )。

  A. 所处行业的市场供求与竞争

  B. 生产经营的季节性和周期性

  C. 产品生产技术的变化、能源供应与成本

  D. 行业的关键指标和统计数据

  10. 注册会计师在设计进一步审计程序的总体方案时,包括( )。

A. 实质性方案	B. 不可预见性方案
C. 综合性方案	D. 细节测试方案

四、案例分析

  1. 张扬和郑佳两位注册会计师负责审计 ABC 有限责任公司 2012 年度财务报表,于 2012 年 12 月 1~20 日对 ABC 有限责任公司的相关的内部控制进行了解、测试与评价。张扬和郑佳拟订的总体审计计划中关于控制测试和评价的部分内容,摘录如下。

  (1) 在了解内部控制后,若认为 Y 公司内部控制设计合理且得到执行,则对相关内部控制进行测试。

  (2) 选择 2012 年 1 月 1 日至 2012 年 11 月 30 日作为控制测试样本总体的所属期间。

  (3) 如果认为仅实施实质性程序不足以提供认定层次充分、适当的证据,则应当实施控制测试。

  假定不考虑其他条件,请指出张扬和郑佳拟订的总体审计计划中关于控制测试和评价的内容是否存在缺陷,并简要提出改进建议。

  2. 针对下列被审计单位的内部控制,请指出该项控制所用来防范的错报,将序号填在下表相应位置。

  A. 生成收货报告的计算机程序,同时也更新采购档案

  B. 在更新采购档案之前必须先有收货报告

  C. 销货发票上的价格根据价格清单上的信息确定

  D. 计算机将各凭证上的账户号码与会计科目表对比,然后进行一系列的逻辑测试

  E. 计算机每天比较运出货物的数量和开票数量。如果发现差异,产生报告,由开票主管复核和追查

相关控制	用来防范的错报
	防止出现分类错报
	防止记录了未收到购货的情况
	查找没有开票和记录的出库货物,以及与真实发货无关的发票
	防止销货计价错误
	防止出现购货漏记账的情况

3. 甲公司主要从事小型电子消费品的生产和销售。A 注册会计师负责审计甲公司 20×8 年度财务报表。

资料一：A 注册会计师在审计工作底稿中记录了所了解的甲公司情况及其环境，部分内容摘录如下。

甲公司于 20×8 年年初完成了部分主要产品的更新换代。由于利用现有主要产品(T 产品)生产线生产的换代产品(S 产品)的市场销售情况良好，甲公司自 20×8 年 2 月起大幅减少了 T 产品的产量，并于 20×8 年 3 月终止了 T 产品的生产和销售。S 产品和 T 产品的生产所需原材料基本相同，原材料平均价格相比上年上涨了约 2%。由于 S 产品的功能更加齐全且设计新颖，其平均售价比 T 产品高约 10%。

资料二：A 注册会计师在审计工作底稿中记录了所获取的甲公司财务数据，部分内容摘录如下。(金额单位：万元)

年份	20×8 年未审数			20×7 年已审数		
产品	S 产品	T 产品	其他产品	S 产品	T 产品	其他产品
营业收入	32 340	3 000	20 440	0	28 500	18 000
营业成本	27 500	2 920	19 800	0	27 200	15 300
存货	S 产品	T 产品	其他存货	S 产品	T 产品	其他存货
账面余额	2 340	180	4 440	0	2 030	4 130
减：存货跌价准备	0	0	0	0	0	0
账面价值	2 340	180	4 440	0	2 030	4 130

问题：针对资料一，结合资料二，假定不考虑其他条件，指出资料一所述事项是否可能表明存在重大错报风险。如果认为存在，简要说明理由，并分别说明该风险主要与哪些财务报表项目(仅限于营业收入、营业成本、存货、长期股权投资、无形资产和预计负债)的哪些认定相关。

第七章 审计方法

知识目标

- 了解审计的基本方法；
- 明确审计书面资料与实务资料的方法；
- 掌握审计抽样的方法和审计抽样的种类；
- 熟悉审计抽样风险。

技能目标

- 能够将各种审计基本方法在审计实务中恰当运用；
- 在内部控制审计和实务审计中合理运用审计抽样，控制抽样风险。

案例导入

中国第一家退市案——琼民源公司舞弊案

琼民源公司 1988 年 7 月在海口注册成立。1992 年 9 月，在全国证券交易自动报价 (STAQ)系统中募集法人股 3 000 万股，实收股本 3 000 万元。1993 年 4 月 30 日，以琼民源 A 股的名义在深圳上市，成为当时在深圳上市的 5 家异地企业之一。1996 年 4 月 30 日，1995 年年报公布，其每股收益不足 1 厘，股价也仅为 3.65 元。从 1996 年 7 月 1 日起，股价以 4.45 元起步，在短短几个月内蹿升至 20 元，翻了数倍。"琼民源"成为创造 1996 年中国股市神话中的一匹"大黑马"。

1997 年 1 月 22 日，琼民源公司率先公布 1996 年年报。年报赫然显示：1996 年每股收益 0.867 元，净利润比去年同比增长 1290.68 倍，分配方案为每 10 股转送 9.8 股；年报一公布，"琼民源"股价便赫然飙升至 26.18 元。经过 1997 年 2 月 28 日罕见的、巨大的成交量之后，证交所突然宣布：琼民源公司于 3 月 1 日起停牌。时至今日，"琼民源"仍未复牌，成为中国股市停牌时间最长者之一。调查发现，"琼民源"1996 年年报中所称利润总额 5.7 亿元中有 5.4 亿元是虚构出来的，并虚增了 6.57 亿元资本公积金。鉴于"琼民源"原董事长兼总经理马玉和等人制造虚假财务数据的行为涉嫌犯罪，中国证监会旋即将有关材料移交司法机关。其造假手段主要是虚报利润、虚增资本公积和操纵市场等。审计中困难重重，主要有以下问题。

琼民源利润形成的一个重要特征是关联交易多，所形成的债权债务也多。关联方在北京有 6～7 家，海南有 7～8 家，大多没有具体的办公地点、人员和具体业务，法人代表往往都是同一个人——马玉和。

琼民源从 1993 年上市，到 1997 年年初造假败露，4 年间四易会计师事务所，以致每一家都只能为其服务 1 年，造成会计师资料获取有限，为准确判断公司经营状况设下了障碍。

琼民源还在时间上为难会计师。例如，1996 年年报审计，尽管总资产逾 30 亿元，业务遍及海南、北京等地,仍要求海南中华会计师事务所1月22日就结束审计工作。

海南中华会计师事务所出具的1996年年度审计报告和海南大正会计师事务所出具的资产评估报告,均含有虚假、严重误导性内容。面对琼民源1996年年报中利润和资本公积大幅度的增加,两个事务所都没有保持应有的职业谨慎。海南中华会计师事务所甚至在众多投资者对1996年年报提出疑问的情况下,还站出来声称"报表的真实性不容置疑"。

问题: 本案中注册会计师应该采取哪些审计方法避免审计责任? 我们可以从中悟出哪些道理? 得到什么启示?

第一节　审计方法概述

关于审计方法的概念,大致有两种不同的观点:一种是狭义的审计方法,即认为审计方法是审计人员为取得充分有效审计证据而采取的一切技术手段;另一种是广义的审计方法,即:认为审计方法不应只是用来收集审计证据的技术,而应将整个审计过程中所运用的各种方式、方法、手段、技术都包括在审计方法的范畴之内。

我们认为,审计方法是指审计人员为了行使审计职能、完成审计任务、达到审计目标所采取的方式、手段和技术的总称。目前,我国常用的审计方法有一般方法和技术方法。审计的一般方法是就审计工作的先后顺序和审计工作的范围或繁简程度而进行划分的某种方法。审计的技术方法是指收集审计证据时应用的技术手段。根据我国的独立审计准则,审计人员在审计过程中可以采用检查、监盘、观察、查询及函证、计算和分析性复核等审计方法,获取审计证据。

一、审计方法的演进

(一)从单项详查到系统抽查

审计方法从单项详查演变到系统抽查,反映出审计指导思想的变化,经历了详细检查、一般抽查、依赖控制测试三个阶段。

最初的审计,主要对被审计资料进行逐项的审查,以揭露会计资料中存在的错误和弊端。随着审计范围的扩大,必须寻求新的审计方法,以提高工作效率,缓解供需矛盾。加之,企业管理水平的提高和审计经验的积累,抽样审计便应运而生。随着现代企业管理水平的提高与现代科学技术在管理中的普遍应用,为了避免判断抽样所造成的审计风险,审计人员又采用随机抽样方法,通过科学计算抽取样本和预测,控制抽样风险。运用概率论与数理统计的原理进行随机抽样,从理论上讲十分科学,但却避免不了被抽中的样本出现偏倚,或者被抽中的样本都出现问题,或者有问题样本未被抽中等问题,样本的性质很难反映出总体的性质,而失去代表性。

到了20世纪,西方审计界普遍认为,对内部控制的评价是决定抽样技术是否成功的先决条件。原有的审计模式被改变为:首先对内部控制制度进行健全性与符合性测试;在对内部控制制度的评价基础上对被审计单位的业务内容进行实质性的测试。在审计报告与结论中,应写进存在的错误、造成错误的原因、纠正错误的措施和建议等内容,以促进被审计单位改善经营管理。

如今,在依赖内部控制制度审计的基础上,又出现了一种以风险为导向的审计模式。该种审计模式要求审计人员重视对企业环境和企业经营进行全面的风险分析,并以此为出发点,制订审计战略,制订与企业状况相适应的多样化审计计划,以达到审计工作的效率性和效果性。风险导向审计是迎合高风险社会的产物,是现代审计方法的最新发展。风险导向审计模式是对制度导向审计的发展,代表了现代审计方法发展的最新趋势。它强调审计战略,要求制订适合被审计单位的审计计划,要求不仅应检查与会计制度有关的因素,而且应检查被审计单位内外的各种环境因素;不仅应进行与会计事项有关的个别风险分析,而且应进行涉及各种环境因素的综合风险分析。与制度导向审计模式强调内部控制制度与审计测试之间的关系不同,风险导向审计模式要求从固有风险、控制风险、检查风险和分析性检查这一更广范围的角度,来考虑审计测试。

(二)从单一听审技术到综合检查技术

审计在技术方法发展过程中,还经历了听审报告、会计检查和综合检查三个阶段。由于现代的审计活动依然以审查会计资料及会计工作为主,查账技术一直是审计的主要技术。

(三)从手工审计手段到计算机技术审计手段

审计操作手段现在正由手工制作向计算机操作方面发展。现代科学技术的进步,电子计算机在信息处理系统中得到了普遍应用,通过运用专用或通用的审计软件来检查有关信息资料及其反映的经济活动,通过计算机收集审计证据,进行分析判断,提供审计结论与决定依据,可以提高审计效率,也可以减少人为的差错,促进审计的质量。

由上可见,审计方法不是一成不变的,由单一到系统,不断进步、完善,最终形成科学的体系。目前,我国大多数审计工作者认为审计方法没有会计方法那样有完整的体系。

二、审计方法体系

审计工作不是毫无规律可言,其主要内容应包括以下几个方面。

(一)审计规划方法

审计规划方法是指对全部审计活动或具体审计项目进行合理组织和安排时所采用的各种措施与手段。其主要内容包括计划制订方法、程序确定方法、方案设计方法等。计划制订方法,涉及如何设计审计总体目标以及对审计活动长、短期安排;程序确定方法,主要是指对一般审计步骤的设计问题,包括对审计准备、实施与结束工作的具体安排。方案设计方法,涉及对具体审计项目进行审计的要点、审计顺序、审计时间、人员分工等部署问题。

(二)审计实施方法

审计实施方法是指对被审计单位或被审计项目进行具体审计时所采用的各种程式、措施和手段。其目的在于证实审计目标,搜集充分有效的证据,以保证审计结论和决定有可靠的依据。审计实施方法是审计最基本的方法,既包括了一定的程式,又包括了各种技术手段,主要内容包括审核稽查方法、审计记录方法、审计评价方法和审计报告方法。

审核稽查方法是指搜集审计证据时所采取的各种方式和技术。其主要目的在于查明事实真相,证实被审计问题。

审计记录方法是指对审计记录文件的设计、填制与审阅的各种方法。审计记录文件,有审计人员日记和审计工作底稿之分。

审计评价方法是指根据查明的事实,对照审计标准以判定是非良莠的方法。

审计报告方法是指对审计报告进行设计、编写与审定的方法。

(三)审计管理方法

审计管理方法是指对审计主体活动及审计过程进行控制和调节的各种措施和手段,其目的在于提高审计质量和审计效率,保证各种审计资源得到有效的使用。审计主体管理方法,主要是指对审计机构和审计人员的管理方法,如机构设置、人员编制、岗位责任、人员培训考核等管理方法。审计质量管理方法,主要是指质量标准制定、质量控制与考核等管理方法,如质量目标管理、审计过程监控等。审计信息管理方法,是指对审计信息收集、处理、存储与应用的各种措施和手段,如信息管理的一般方法、审计统计方法、审计档案管理方法等。

我国审计准则规定,审计人员实施审计时,可以运用详查、内控测评、抽样审计、计算、分析性复核、询证、监盘以及计算机辅助审计等方法,审查被审计单位银行账户、会计资料,查阅与审计事项有关的文件、资料,检查现金、实物、有价证券,取得审计证据。

三、审计方法的选用

正确选用审计方法是保证有效发挥审计监督的职能作用、实现审计目标的重要条件。要做到选用正确,必须遵循一定的原则和注意相关的问题。

1. 依据审计对象和审计目标的具体情况选用审计方法

一般来说,进行财务审计时,主要运用查账的方法,如审阅法、复核法、核对法、函证法等;进行经济效益审计时,则既要运用财务审计的一般方法,又要运用多种分析方法及现代管理方法,如经济活动分析、技术经济分析、决策分析和数学分析等。就每个具体的审计项目而言,则应具体分析以后才能决定选用何种方法。

2. 依据被审单位的实际情况选用审计方法

被审单位情况不同,需要选用的审计方法也不相同。

3. 依据不同的审计类型选用审计方法

不同类型的审计或同一类型的不同审计项目,或是同一审计项目,可能都需要经过不同途径获取多种证据。不同证据要用不同方法才能获得。例如,实物证据的获得必须运用盘点法,第三方的外来证据要运用函证法或询问法等。

4. 依据审计人员的素质来选用审计方法

审计作为一项技术性很强的工作,既要求审计人员具有相应的专业知识和其他学科的专门知识,又要求审计人员具有丰富的实践经验、敏锐的观察力和职业判断能力。但是,审计职业人员同其他事业人员相比,也并无"先见之明",真正让每个职业审计人员都成为"通才",是很难做到的。因此,为充分利用每个审计人员的业务能力,又能保证收集到所需的合理证据,在选用审计方法时必须考虑审计人员的素质,即看该审计人员的素质是否与运用该方法时所需具备的能力相适应。

5. 依据审计方式选用审计方法

审计方式不同,选用审计的方法也不同。例如,行政事业单位实行报送审计,一般就不需要运用盘存法去核实资产(特例除外);进行就地审计时,盘存法核实资产的实有数,常常是必须经过的步骤。在进行全面审计时,则一般可以采用逆查法和抽查法;若进行专题审计,则一般要用详查法、顺查法等。要真正彻底查清问题,则需要很多方法配合使用。因此,在选用审计方法时,应该考虑审计的方式。

6. 依据审计结论的保证程度和审计成本选用审计方法

审计结论的保证程度不同,需要办理的审计手续也各不相同,保证程度越高,办理的审计手续也要求越精密,从而也就决定了审计方法选用。若要保证审计结论100%可靠,则必须进行详查,其结果也就必然要综合运用各种审计方法;如果保证程度是90%,就可以采用抽样审查。

审计成本也决定了审计方法的选用。审计人员既要考虑成本的限度,同时又要考虑由于降低成本而对审计结论产生的影响,通过综合比较后,再决定应选用的审计方法。

第二节 审计基本方法

一、审计的一般方法

审计的一般方法是指按审计工作的先后顺序和审计工作范围或详略程度而进行划分的审计方法。如按审计工作顺序分为顺查和逆查,按审计工作范围或详略程度分为详查和抽查。它们不是审计取证的具体方法,而是审计查证的思路。

(一)按照取证的先后顺序分

1. 顺查法(正查法)

顺查法是指按照会计核算程序,依次对凭证、账簿、报表各环节进行逐一检查核对的一种审核方法。

2. 逆查法(倒查法)

逆查法是指按照会计核算程序的相反顺序,依次审查报表、账簿和凭证资料的一种检查方法。

顺查法与逆查法的优、缺点如表7-1所示。

表7-1 顺查和逆查的优、缺点

方 法	优 点	缺 点
顺查法	无遗漏,容易发现会计记录及财务处理上的弊端	工程量巨大,费时费力,不能抓住审计的重点和主要问题
逆查法	对凭证、账簿的检查有目的、有重点,省时省力	审计风险大

(二)按照取证的范围分

1. 详查法(精查法)

详查法是指对被审计单位审计期内的所有凭证、账簿报表进行全部详细审查的一种审计方法。

2. 抽查法

抽查法是指从作为特定审计对象的总体中,按照一定方法,有选择地抽出其中一部分资料进行检查,并根据其检查结果来对其余部分的正确性及恰当性进行推断的一种审计方法。

抽查法是从被审单位被审计对象中抽取其中一部分进行审查;根据审查结果,借以推断审计对象总体有无错误和弊端。其基本特点是:根据审计对象的具体情况和审计目的,经过判断,选取具有代表性的、相对重要的项目作为样本,或者从被审查资料中随机抽取一定数量的样本,然后根据样本的审查结果来推断总体的正确性,或推断其余未抽部分有无错弊。这种方法的关键在于抽取样本,又称抽样审计法。现代审计多用此法。抽查法可分为任意抽样法、判断抽样法和统计抽样法三种。

(1)任意抽样法。这种方法是审计人员在总体中任意抽取一部分进行审计,抽查的出发点纯粹是为了减少审计人员的工作量。选取哪些内容、什么经济资料和经济活动、选取多少内容、多少样本等,都无一定规律和依据,审计人员心中无数。因此,它所取得的审计证据,风险较大,有时带有极大的偶然性和任意性。

(2)判断抽查法,又称重点抽查法。它是根据审计目的、被审单位内部控制完备程度和所需要的证据,由审计人员根据经验,有选择、有重点地对审计总体中一部分内容进行审计,据以对总体做出推断。这种方法重点突出,针对性强,但所得的抽查结果是否有效,不好判定。此项抽查法和审计人员的素质是密不可分的。

显然,上述两种方法主观色彩太浓,客观性较差,不能正确反映审计工作的效果。

(3)统计抽样法,又称数理抽查法。它是指审计人员运用概率论的原理,按随机原则在审计总体中抽取一定数量内容作为样本进行审计,再根据样本结果推断总体特征。统计抽样法有3个主要特点:依靠概率论的原理进行抽查,不依赖审计人员的经验和判断能力,样本规模由审计总体的数量因素决定;样本不是人为的重点选择,而是根据随机原则,保证了被审项目总体各部分被选择抽样的机会均等;根据随机抽取的样本得出的结果来推断总体的特征,较为科学合理。统计抽样的具体运用有两种:一是用符合性测试,用来估计总体特征的发生率;二是用于实质性测试,用来估计总体数额的差异值。前者称为属性抽样,后者称为变量抽样。

抽查法审查重点明确,如果选对目标,省时省力、事半功倍。如果目标和对象选择不当或缺乏代表性,往往不能发现问题,甚至前功尽弃。在财务收支审计和财经法纪审计中,抽查法往往不及详查法。因此,它还有一定的局限性。实际中,常将其与其他方法配合运用。

二、审计的具体方法

审计的具体方法,主要是收集审计证据,大体可以分为审查书面资料的方法和证实客观事物的方法。此外,还包括审计调查方法。

(一)审查书面资料的方法

按审查书面资料的技术,可分为核对法、审阅法、复算法、比较法、分析法;按审查资料的顺序分为逆查法和顺查法;按审查资料的范围分为详查法和抽查法。

1. 核对法

核对法是将会计记录及其相关资料中两处以上的同一数值或相关数据相互对照,用于验明内容是否一致,计算是否正确的审计方法,其目的是查明证、账、表之间是否相符,证实被审单位财务状况和财务成果的真实、正确、合法。其一般包括会计资料间的核对、会计资料与其他资料的核对、有关资料记录与实物的核对。

核对法要比对的资料包括以下类型。

（1）原始凭证与有关原始凭证、原始凭证与汇总原始凭证、记账凭证与汇总记账凭证（或科目汇总表）。核对内容是所附或有关的原始凭证数量是否齐全，日期、业务、内容、金额同记账凭证上的会计科目及金额是否相符，原始凭证之间、记账凭证同汇总记账凭证之间内容上是否一致。

（2）凭证与账簿。核对凭证的日期、会计科目、明细科目、金额同账簿记录内容是否一致；汇总记账凭证（或科目汇总表）与记入总账的账户、金额、方向是否相符。

（3）明细账同总分类账。要核对期初余额、本期发生额和期末余额是否相符。

（4）账簿与报表。以总账或明细账的期末余额或本期发生额为依据，核对账户记录同有关报表项目是否相符。

（5）报表与报表。核对报表是否按制度规定要求编制，报表之间的相应关系是否正确。

核对中如发现错误或疑点，应及时查明原因。特别需要指出的是，采用核对法作为证据的资料必须真实正确，否则核对是毫无意义的。当缺乏依据时，相互核对的数据应至少有两个不同来源，并使其核对相符。

2. 审阅法

审阅法是对凭证、账簿和报表，以及经营决策、计划、预算、合同等文件和资料的内容详细阅读和审查，以检查经济业务是否合法规，经济资料是否真实正确，是否符合会计准则的要求。审阅法主要是查证证、账、表等会计资料。

（1）审阅原始凭证、记账凭证。既要从形式和技术上审查，也要从内容上审查。前者主要是审查凭证是否完整正确，如日期、摘要、金额、大小写、签章等应填写是否齐全，有无涂改；后者主要是审查经济业务是否符合有关手续，有无违反财经纪律、财会制度规定，甚至从事非法经营活动的事实等。

（2）审阅经济资料的记录是否符合有关原理和原则。例如，会计账簿中科目使用是否正确、账户对应关系是否正常合理；会计报表是否按制度的规定编制，报表应有的关系是否正确等。

（3）审阅经济资料的记录有无异常情况。例如，账簿中是否有涂改、刮擦、挖补、伪造以及不符合规定的书写和更动；报表各项目有无异常的增减变化现象。

3. 复算法

复算法就是对凭证、账簿和报表以及预算、计划、分析等书面资料重新复核、验算的一种方法。这种方法是包含在核对法之中的。复核验算的主要方面有：一是原始凭证中单价乘数量的积数，小计、合计等；二是记账凭证中的明细金额合计；三是账簿中每页各栏金额的小计、合计、余额；四是报表中有关项目的小计、合计、总计及其他计算；五是预算、计划、分析中的有关数据。

复算法一般与审阅法结合运用，可提高审计的保险系数。

4. 比较法

比较法就是通过相同被审计项目的实际与计划、本期与前期、本企业与同类企业的数额进行对比分析，检查有无异常情况和可疑问题，以便跟踪追查提供线索，取得审计证据。例如,以本期的有关项目相比(如利润未同产品销售收入同步增长),以被审项目同其他单位的相同项目相比(如把流动资金周转水平同先进企业比),都可以说明情况,发现问题。

比较法又可分为绝对数比较法和相对数比较法,两者目的只有一个,就是为了更好地进行审计和核对。

5. 分析法

分析法就是通过分解被审项目的内容,以揭示其本质和了解其构成要素的相互关系。其又可分为以下类型。

(1) 比率分析法。是通过对相关项目之间的比率关系,如资金周转率、资金利润率、销售成本率等进行对比分析,从中发现情况,或判断被审单位的经济活动是否经济、合理。

(2) 账户分析法。是根据账户对应关系的原理,对某些账户借贷方发生额及其对应账户进行对照分析,从中找出异常情况。例如,将"产品销售"、"银行存款"和"应收销货款"结合起来进行分析,一方面可以审核有无差错;另一方面可以深入了解产品销售情况和应收账款的情况,若有异常现象则应进一步采用其他方法进行审计。

(3) 趋势分析法。分析某项经济指标在若干时期的发展趋势。运用此法,分三个步骤:首先,确定所要分析的经济指标(如捐益、应收账款、应付账款、产成品等);其次,确定基期数;最后,将该指标各年度的数额除以基期数,求出年度对基期的趋势比率。通过这种方法可以观察某项指标不同时期的变动情况和发展趋势,如发现变动过大或过小等异常情况,则需进一步深入审查。

此外,还有对有关账户按期限长短进行归类分析,借以进一步重点追查的期龄分析法;对会计报表相关项目之间的平衡关系、钩稽关系进行对照分析的平衡分析法;分析计算各个因素变动对有关经济指标的影响程度的因素分析法。按运用方法的时间和目的的不同,分析还有事前分析、事中分析和事后分析之分。

上述分析方法运用于审计,主要是经济效益审计、管理审计类。当然,也可用于财务管理和其他经营管理方面,如财务分析、技术分析、统计分析和经济活动分析,而且其本身就这些分析的主要方法。

(二) 证实客观事物的方法

除了收集书面资料方面的信息,审计工作还必须取得实物存在方面的资料,即:证明落实客观事物的形态、性质、存在地点、数量、价值等,以审核是否账目相符,有无错误和弊端。这类方法主要有盘点法、调节法和鉴定法。

1. 盘点法

盘点法是指审计人员通过对各项财产物资的实地盘存,检查实物的数量、品种、规格、金额等实际情况,借以确证经济资料和经济活动的真实正确、经济资料与实物是否一致的审计方法。

盘点法分为直接盘点法和监督盘点法两种。直接盘点法是由审计人员亲自到场盘点,以证实书面资料同有关的财产物资是否相符,这种方法一般对贵重财产,如稀有金属、珍宝、贵重文物和现金等盘点才采用,其他情况下由被审单位自己盘点,同单位领导和主管人员以及审计人员签章即可。监督盘点法是审计人员亲临现场观察检查,由被审单位自行组织盘存,必要时审计人员可以进行抽查、复点,保证盘存的质量。这种方法一般用于数量较大的实物,如厂房、机器设备、材料、商品等。

2. 调节法

如果现成的数据和需要证实的数据在表面不一致时,为了证实数据的真实性,就要运用调节法。调节法是从一定出发点上的数据着手,对已发生的正常业务而出现的数据进行必要的增减调查的一种方法。例如,通常运用调节法编制银行存款调节表,以便根据银行对账单的余额来验证银行存款账户的余额是否正确。另外,调节法还可用于编制有关财产物资的调节表,以验证有关财产物资结账日账面数与实存数是否相符。其基本方法是:当盘点与书面资料结存日期不同时,先进行实物盘点,然后即可审查账实是否一致。

3. 鉴定法

鉴定法是指需邀请有关专业人员运用专门技术对书面资料、实物和经济活动进行确定和识别的方法。例如,对实物性能、质量、价值、书面资料的真伪以及经济活动的合理性、有效性等的鉴定,就超出了一般审计人员的能力,需要聘请一定数量的工程技术人员、律师等提供鉴定结论,并做出独立的审计证据。因此,审计部门应当在法律部门及技术部门的配合下,完成相关工作。

(三)审计调查方法

审计调查是审计方法中不可缺少的一个重要组成部分。审计实施过程除了审查书面资料和证实客观事物外,还需要对经济活动及其活动资料以内或以外的某些客观事实进行内查外调,以判断真相,或查找新的线索,或取得审计证据,这就需要审计人员深入实际进行审计调查。审计调查方法包括观察法、查询法、函证法、专题审计调查法。

1. 观察法

观察法是审计人员亲临观场进行实地观察检查,借以查明事实真相,取得审计证据的一种调查方法。审计人员进入被审单位后,深入到车间、科室、工地、仓库等地,对生产经营管理工作的进行、财产物资的保管和利用、内部控制制度的执行等,进行直接的观看视察,注意其是否符合审计标准和书面资料的记载,从中发现薄弱环节和存在的问题,借以收集书面资料以外的证据。充分搜集证据,是搞好审计的关键;否则,是不能发现问题的。

2. 查询法

查询法是指对审计过程中发现的疑点和问题,通过口头询问或质疑的方式看清事实真相并取得口头或书面证据的一种调查方法。例如,对可疑账项或异常情况、内部控制制度、经济效益等的审查,都可以向有关人员提出口头或书面的询问。对一般问题,口头或书面询问均可。但对重要问题,则尽量采用书面询问并取得书面证据。书面证据是非常重要的,有时是审计成败的最重要因素。

3. 函证法

函证法实际上也是一种查询法,是指审计人员通过给有关单位和个人发函,以了解情况取得证据的一种调查方法。这种方法以多用于往来款项的查证,作为认证债权债务的必要手段,对被审单位银行、保险公司、法律顾问处和其他单位的情况,也可采用这种办法核对认证。函证法有很强的核对性,在查证方面非常有效,是审计工作必不可少的重要方法。

4. 专题审计调查法

专题审计调查实际上就是专题调查,是指国家审计机关对全国、某一地区、某个行业范围内某些专题组织力量进行审计调查。它是审计发挥促进微观管理,加强宏观调控作用的有力手段,是政府决策化、合理化的信息保证。

除上述审计方法外,针对特定审计种类,还有一些专门方法。例如,评审内部控制制度采用的调查表法,电算化审计采用的绕过计算机审计和通过计算机审计的方法等。实际工作中各种方法的使用不是孤立的、单一的,通常一项审计内容要运用多种审计方法,相互补充、相互促进,以求尽快查明经济活动和经济资料的正确性、真实性、合法性、合理性和有效性。

第三节 审 计 抽 样

一、审计抽样的概念

(一)审计抽样的定义和范围

审计抽样是指审计人员在实施审计程序时,从审计对象总体中选取一定数量的样本进行测试,并根据测试结果推断总体结果特征的一种方法。

审计人员拟实施的审计程序将对审计抽样产生重要影响。有些审计程序可以使用审计抽样,有些审计程序则不宜使用审计抽样,可以从以下情形判断。

风险评估程序不可以使用审计抽样;控制程序仅限留下控制运行轨迹的情况下可以使用审计抽样;实质性程序在细节测试时可以用审计抽样。实质性分析是对总体进行分析,不可以用审计抽样。

(二)审计抽样的种类

1. 按照审计抽样决策的依据不同,划分为统计抽样和非统计抽样

统计抽样是指审计人员运用数理统计方法确定样本及样本量,进而随机选择样本,并根据样本的审查结果来推断总体特征的一种审计抽样方法。统计抽样同时具备下列特征:随机选取样本;运用概率论评价样本结果,包括计量抽样风险。统计抽样的样本必须具有这两个特征,不同时具备上述两个特征的抽样方法为非统计抽样。

非统计抽样是指审计人员运用专业经验和主观判断来确定样本规模和选取样本的一种审计抽样方法。非统计抽样有两个方面的优势:一是简单易行;二是能充分利用审计人员的实践经验和判断能力。

2. 按照审计抽样目的不同,划分为属性抽样和变量抽样

属性抽样是指在精确度界限和可靠程度一定的条件下,为了确定总体特征的发生频率而采用的一种方法。属性抽样是一种用来对总体中某一事件发生率得出结论的统计抽样方法。属性抽样在审计中最常用的是测试某一控制的偏差率,以支持注册会计师评估的控制有效性。在属性抽样中,设定控制的每一次发生或偏离都被赋予同样的权重,而不管交易金额的大小。

变量抽样是指用来估计总体金额而采用的一种方法。变量抽样是一种用来对总体金额得出结论的统计抽样方法。变量抽样通常回答下列问题:金额是多少、账户是否存在

错报等。变量抽样在审计中的主要用途是进行实质性细节测试,以确定记录金额是否合理。

一般而言,属性抽样得出的结论与总体的发生率有关,而变量抽样得出的结论与总体金额有关。有一个例外,即统计抽样中概率比例规模抽样,是运用属性抽样原理得出以金额表示的结论。

二、样本的选取方法

属性抽样目的是检查内控有效性;变量抽样目的是查报表的错报。在设计审计程序时,注册会计师应当确定选取测试项目的适当方法,包括选取全部项目、选取特定项目和审计抽样。

(一)选取全部项目

选取全部项目是指对总体中的全部项目进行检查。对全部项目进行检查,通常更适用于细节测试,而不适合控制测试。可以包括构成某类交易或账户余额的所有项目,也可以是其中的一层,同一层中的项目具有某一共同特征。

(二)选取特定项目

选取特定项目是指对总体中的特定项目进行针对性测试。选取的特定项目可能包括:①大额或关键项目;②超过某一金额的全部项目;③被用于获取某些信息的项目;④被用于测试控制活动的项目。

(三)审计抽样

审计抽样是指注册会计师对某类交易或账户余额中低于100%的项目实施审计程序,使所有抽样单元都有被选取的机会。审计抽样使注册会计师能够获取和评价与被选取项目的某些特征有关的审计证据,以形成或帮助形成对从中抽取样本的总体结论。

审计抽样应当具备三个基本特征:①对某类交易或账户余额中低于100%的项目实施审计程序;②所有抽样单元都有被选取的机会;③审计测试的目的是评价该账户余额或交易类型的某一特征。

审计抽样并非在所有审计程序中都可以使用。

三、抽样风险和非抽样风险

抽样风险和非抽样风险,通过影响重大错报风险的评估和检查风险的确定,进而影响审计风险。

(一)抽样风险

抽样风险是指注册会计师根据样本得出的结论,与对总体全部项目实施与样本同样的审计程序得出的结论存在差异的可能性,也就是抽出的样本不能代表总体的风险。实施控制测试的抽样风险是信赖过度风险和信赖不足风险。信赖过度风险是指推断的控制有效性高于其实际有效性的风险,与审计的效果有关。对注册会计师而言,信赖过度风险更容易导致注册会计师发表不恰当的审计意见,更应予以关注。也就是说,无论在控制测试,还是在细节测试中,抽样风险都可以分为两种类型:一类是影响审计效果的抽样风险,包括控制测试中的信赖过度风险和细节测试中的误受风险;另一类是影响审计效率的抽样风险,包括控制测试中的信赖不足风险和细节测试中的误拒风险。只要使用了审计抽样,抽样风险就总会存在。对特定样本而言,抽样风险与样本规模呈反方向变动。样本规模越小,抽样风险越大;样本规模越大,抽样风险越小。无论是控制测试,还是细节测试,注册会计师都可以通过扩大样本规模降低抽样风险。

(二) 非抽样风险

非抽样风险是指审计人员采用不恰当的审计程序或方法,或因误解审计证据等而未能发现错报或偏差,即与样本规模无关的因素而导致注册会计师得出错误结论的可能性。在审计过程中,可能导致非抽样风险的原因包括下列情况。

(1) 注册会计师选择的总体不适合于测试目标。例如,测试应收账款销售完整性的时候,选择了主营业务收入日记账作为总体。

(2) 注册会计师未能适当地定义控制偏差或错报,导致注册会计师未能发现样本中存在的偏差或错报。

(3) 注册会计师选择了不适于实现特定目标的审计程序。

(4) 注册会计师未能适当地评价审计发现的情况。例如,注册会计师错误解读审计证据导致没有发现误差;对所发现误差的重要性的判断有误,从而忽略了性质十分重要的误差,也可能导致得出不恰当的结论。

(5) 其他原因。

四、审计抽样的一般程序

(一) 样本设计

样本设计是指审计人员围绕样本的性质、样本量、抽样组织方式、抽样工作质量要求所进行的计划工作。审计人员设计样本时,应当考虑以下基本因素。

1. 审计目标

审计人员在设计审计样本时,应当考虑审计将要达到的具体目标,并考虑将要取得的审计证据的性质、可能存在的误差的条件,以及该项审计证据的其他特征,以正确界定误差和审计对象总体,并确定采用何种审计程序。

2. 审计对象总体和抽样单元

审计人员在设计审计样本时,还要考虑审计对象总体和抽样单元。

3. 抽样风险和非抽样风险

审计人员在进行控制测试时,应关注以下抽样风险:信赖不足风险和信赖过度风险。审计人员在进行细节测试时,应关注以下抽样风险:误拒风险和误受风险。信赖不足风险会影响效率,信赖过度风险会影响效果;误拒风险会影响效率,误受风险会影响效果。非抽样风险会影响效率和效果。

4. 样本规模

影响样本规模的因素,包括以下几个方面。

(1) 可接受抽样风险。可接受抽样风险程度越高,样本规模越小;可接受抽样风险程度越低,样本规模越大。

（2）可容忍误差。可容忍误差越大，样本规模越小；可容忍误差越小，样本规模越大。

（3）预计总体误差。预计总体误差越大，则样本规模越大；预计总体误差越小，则样本规模越小。

（4）总体变异性。总体变异性越大，样本规模越大；总体变异性越小，则样本规模越小。

（5）总体规模。一般来说，总体规模越大，样本规模越大；总体规模越小，样本规模越小。

（二）样本选取

选取样本要遵循的基本原则是保证总体中的所有抽样单元均有被选取的机会，以使样本能够代表总体。这样，才能保证根据抽样结果推断得到的总体特征具有合理性和可靠性。如果注册会计师有意识地选择总体中某些具有特殊特征的项目而放弃其他项目，就无法保证所选样本的代表性。注册会计师可以采用统计抽样或非统计抽样的方法选取样本。只要运用得当，均可以取得充分、适当的审计证据。

选取样本的方法有多种，常用的有随机选样、系统选样和随意选样等。

1. 随机选样

随机选样是指对审计对象总体或子总体的所有项目，按随机规则选取样本。使用随机数选样的前提是总体中的每一项目都有不同的编号。注册会计师可以使用计算机生成的随机数，如电子表格程序、随机数码生成程序、通用审计软件程序等计算机程序生成随机数，也可以使用随机数表获得所需的随机数。使用随机数表的实例如表7-2所示。

在考虑总体的特征时，注册会计师可能认为分层或金额加权选择是适当的。

表7-2中的每一个数都是运用随机方法选出的随机5位数，但此表并非全部的随机5位数表。

表 7-2 随机数表（局部）

序号	（1）	（2）	（3）	（4）	（5）
1	20 960	30 011	03 536	03 011	31 647
2	44 736	46 573	55 595	55 313	60 995
3	48 260	28 360	32 527	57 265	86 393
4	84 334	91 093	06 243	21 680	09 856
5	75 140	29 975	81 837	16 656	08 121
6	77 921	06 907	21 008	52 751	47 756
7	99 562	70 905	56 420	19 994	98 872
8	96 301	90 977	05 463	02 972	28 876
9	89 579	24 342	93 661	10 281	17 453
10	85 475	56 857	23 342	33 988	63 060
11	56 018	69 578	78 231	73 276	40 997
12	63 553	80 961	98 235	01 427	49 626

使用随机数表时，首先应建立总体中项目与表中数字的一一对应关系。如果总体中的项目为连续编号，这种对应关系很容易确定，但有时也需要重新编号才能做到对应。例如，

若经济业务事项编号为 A-001,B-001,…时,注册会计师可指定用 1 代替 A,用 2 代替 B 等。其次应选择一个随机起点和一个选号路线,起点和选号路线可任意选择,但一经选定,则应从起点开始,按照选号路线依次选样。例如,假定注册会计师对某公司连续编号为 500~5 000 的现金支票进行随机选样,希望选取一组样本量为 20 的样本。首先,注册会计师确定只用随机数表所列数字的前 4 位数来与现金支票号码——对应。其次,确定第 5 列第一行为起点,选号路线为第 5 列,第 4 列,第 3 列,第 2 列,第 1 列,依次进行。最后,按照规定的——对应关系和起点及选号路线,选出 20 个数码:3 164,985,812,4 775,2 887,1 745,4 099,4 962,2 168,1 665,1 999,1 028,3 398,3 252,624,2 100,546,2 334,3 001,4 657。凡前 4 位数在 500 以下或 5 000 以上的,因为支票号码没有——对应关系,均不入选。选出 20 个数码后,按此数码选取号码与其对应的 20 张支票作为选定样本进行审查。

2. 系统选样

系统选样也称等距选样,是按照相同的间隔从审计对象总体中等距离地选取样本的一种选样方法。采用系统选样法,首先要计算选样间距,确定选样起点;然后,再根据间距,顺序地选取样本。选择间距公式为:

$$选样间距＝总体规模÷样本规模$$

例如,注册会计师希望采用系统选样法从 4 000 张凭证中选出 200 张作为样本。首先计算出间隔为 20(4 000÷200)。假定注册会计师确定随机起点为 422,则每隔 20 张凭证选取 1 张,共选取 200 张凭证作为样本即可。例如,422 为头一张,则往下的顺序为 402,382,…;往上的顺序为 442,462,…。

系统选样方法使用简便,并可用于无限总体。使用系统选样方法,要求总体必须是随机排列的,否则容易发生较大的偏差。

系统选样可以在非统计抽样中使用,在总体随机分布时也可用于统计抽样。

3. 随意选样

随意选样也称任意选样,是指注册会计师不带任何偏见地选取样本,即:注册会计师不考虑项目的性质、大小、外观、位置或其他特征而选取总体项目。随意选样的主要缺点在于很难完全无偏见地选取样本项目。随意选样属于随机基础选样方法,即对总体的所有项目按随机规则选取样本。因此,可以在统计抽样中使用,也可以在非统计抽样中使用。

(三) 抽样结果评价

审计人员必须运用恰当的审计技术对所选取的样本进行审查,并按照下列步骤评价抽样结果。

1. 分析样本误差

注册会计师应当考虑样本的结果、已识别的所有误差的性质和原因,及其对审计具体目标和审计的其他方面可能产生的影响。

无论是统计抽样,还是非统计抽样,对样本结果的定性评估和定量评估一样重要。即使样本的统计评价结果在可以接受的范围内,注册会计师也应当对样本中的所有误差(包括控制测试中的控制偏差和细节测试中的金额错报)进行定性分析。

审计人员在分析样本误差时,一般应从以下方面入手。

(1) 根据预先确定的构成误差的条件,确定某一有问题的项目是否为一项误差。

(2) 审计人员按照既定的审计程序,无法对样本取得审计证据时,应当实施替代审计程序以获取相应的审计证据。如果没有或无法实施替代审计程序,应将有关样本视为误差。

(3) 如果某些样本误差项目具有共同的特征,如相同的经济业务类型、场所、时间,则应将这些具有相应的审计证据。

2. 推断总体误差

在对样本误差进行分析后,注册会计师应根据样本误差,采用适当的方法,推断审计对象总体误差。当总体划分为几层时,应先对每一层做个别的推断,然后将推断结果加以汇总。由于存在多种抽样方法,注册会计师根据样本误差,推断总体误差的方法应与所选用的抽样方法一致。

3. 重估抽样风险

注册会计师在推断总体误差后,应将总体误差与可容忍误差进行比较,将抽样结果与从其他有关审计程序中所获得的证据相比较。如果推断的总体误差超过可容忍误差,经重估后的抽样风险不能接受,则应增加样本量或执行替代审计程序。如果推断的总体误差接近可容忍误差,应考虑是否增加样本量或执行替代审计程序。

在进行控制测试时,注册会计师如果认为抽样结果无法达到其对所测试的内部控制的预期信赖程度,应考虑增加样本量或修改实质性测试程序。

4. 形成审计结论

注册会计师在评价抽样结果的基础上,应根据所取得的证据,确定审计证据是否足以证实某一审计对象的总体特征,从而得出审计结论。

如果认为审计抽样没有为有关测试总体的结论提供合理的基础,注册会计师可以:
①要求管理层对识别出的错报和是否可能存在更多错报进行调查,并在必要时进行调整。
②调整进一步审计程序的性质、时间安排和范围,以更好地获取所需的保证。

第四节　抽样技术在审计中的运用

一、控制测试中抽样技术的应用

审计抽样所涉及的基本概念,在控制测试和细节测试中有不同的表现方式。

可接受的抽样风险在控制测试中主要是指可接受的信赖过度风险。可接受的信赖过度风险与样本规模成反比。注册会计师愿意接受的信赖过度风险越低,样本规模通常越大。控制测试中选取的样本旨在提供关于控制运行有效性的证据。由于控制测试是控制是否有效运行的证据来源,可接受的信赖过度风险应确定在相对较低的水平上。通常相对较低的水平在数量上是指 $5\% \sim 10\%$ 的信赖过度风险。在实务中,一般的测试是将信赖过度风险确定为 10%。

可容忍误差在控制测试中表现为可容忍偏差率。可容忍偏差率是指注册会计师在不改变其计划评估的控制有效性,从而不改变其计划评估的重大错报风险水平的前提下,愿意接受的对设定控制的最大偏差率。在确定可容忍偏差率时,注册会计师应考虑计划评估的控制有效性。计划评估的控制有效性越低,注册会计师确定的可容忍偏差率通常越高,所需的样本规模越小。可容忍偏差率越高,意味着控制运行不会大大降低相关实质性程序的程度。注册会计师在风险评估时越依赖控制运行的有效性,确定的可容忍偏差率越低,进行控制测试的范围越大,样本规模增加。预计总体误差在控制测试中是指预计总体偏差率。

(一)控制测试中抽样技术的一般程序

1. 样本设计阶段

(1)确定测试目标。如果对控制运行有效性的定性评价可以分为最高、高、中等和低4个层次,注册会计师只有在初步评估控制运行有效性在中等或以上水平时,才会实施控制测试。

(2)定义总体和抽样单元。

① 定义总体。在控制测试中,注册会计师必须考虑总体的同质性。同质性是指总体中的所有项目应该具有同样的特征。注册会计师还应考虑总体的完整性,包括代表总体的实物的完整性。

② 定义抽样单元。定义的抽样单元应与审计测试目标相适应。在控制测试中,注册会计师应根据所测试的控制定义抽样单元。抽样单元通常是能够提供控制运行证据的一份文件资料、一个记录或其中一行。

(3)定义偏差。在控制测试中,误差是指控制偏差。注册会计师应仔细定义所要测试的控制及可能出现偏差的情况。

(4)定义测试期间。注册会计师通常在期中实施控制测试。对总体而言,可以将总体定义为整个被审计期间的交易;也可以将总体定义为从年初到期中测试日为止的交易。

2. 选取样本阶段

(1)确定样本规模。

① 影响样本规模的因素。在控制测试中影响样本规模的因素,如下所述。

a. 可接受的信赖过度风险。在实施控制测试时,注册会计师主要关注抽样风险中的信赖过度风险。可接受的信赖过度风险与样本规模反向变动。

b. 可容忍偏差率。可容忍偏差率与样本规模反向变动。确定的可容忍偏差率越低,进行控制测试的范围越大,因而样本规模增加。

c. 预计总体偏差率。注册会计师可以根据上年测试结果和控制环境等因素对预计总体偏差率进行估计。

d. 总体规模。

② 确定样本规模。实施控制测试时,注册会计师可能使用统计抽样方法,也可能使用非统计抽样方法。

(2)选取样本。在控制测试中使用统计抽样方法时,注册会计师必须在使用随机数表或计算机辅助审计技术选样和系统选样中选择一种方法。

(3)实施审计程序。在对选取的样本项目实施审计程序时可能出现以下几种情况。

① 无效单据。注册会计师选取的样本中可能包含无效的项目。

② 未使用或不适用的单据。注册会计师对未使用或不适用单据的考虑与无效单据类似。

③ 对总体的估计出现错误。

④ 在结束之前停止测试。

⑤ 无法对选取的项目实施检查。

如果注册会计师无法对选取的项目实施计划的审计程序或适当的替代程序,就要考虑在评价样本时将该样本项目视为控制偏差。另外,注册会计师要考虑造成该限制的原因,以及该限制可能对其了解内部控制和评估重大错报风险产生的影响。

3. 评价样本结果阶段

(1) 计算总体偏差率。将样本中发现的偏差数量除以样本规模,就计算出样本偏差率。样本偏差率就注册会计师对总体偏差率的最佳估计,在控制测试中无须另外推断总体偏差率。但注册会计师还必须考虑抽样风险。

(2) 分析偏差的性质和原因。除了评价偏差发生的频率之外,注册会计师还要对偏差进行定性分析,包括考虑偏差的性质和原因。注册会计师应当注意,控制偏差并不一定导致财务报表中的金额错报。控制偏差虽然增加了金额错报的风险,但两者不是一对应的关系。

(3) 得出总体结论。在实务中,注册会计师使用统计抽样方法时通常使用公式、表格或计算机程序直接计算在确定的信赖过度风险水平下可能发生的偏差率上限,即估计的总体偏差率与抽样风险允许限度之和。

① 使用统计公式评价样本结果。

$$总体偏差率上限(MDR) = \frac{R}{n} = \frac{风险系数}{样本量}$$

② 使用样本结果评价表。注册会计师也可以使用样本结果评价表评价统计抽样的结果。表 7-4 列示了可接受的信赖过度风险为 10% 时的总体偏差率上限。

4. 在控制测试中使用非统计抽样方法

在控制测试中使用非统计抽样方法时,样本的设计与使用统计抽样方法时相同。注册会计师首先必须确定测试目标;然后,根据测试目标定义总体、抽样单元、偏差和测试期间。

在非统计抽样,注册会计师也必须考虑可接受抽样风险、可容忍偏差率、预计总体偏差率以及总体规模等,但可以不对其进行量化,只对其进行定性的估计。注册会计师可以使用随机数表或计算机辅助审计技术选样、系统选样,也可以使用随意选样。总之,非统计抽样只要求选出的样本具有代表性,并不要求必须是随机样本。有些控制可能执行次数很多,但不是每天都执行。在确定被审计单位自动控制的测试范围时,如果支持其运行的信息技术一般控制有效,注册会计师测试一次应用程序控制便可能足以获得对控制有效运行的较高保证水平。

在非统计抽样中,抽样风险无法直接计量。注册会计师通常将样本偏差率(即估计的总体偏差率)与可容忍偏差率相比较,以判断总体是否可以接受。

(二) 控制测试中常用的抽样方法

实施控制测试时,注册会计师可能使用统计抽样方法,也可能使用非统计抽样方法。注册会计师在统计抽样中通常使用的抽样方法有 3 种:固定样本量抽样、停走抽样和发现抽样三种。

1. 固定样本量抽样

在固定样本量抽样中,注册会计师对一个确定规模的样本实施检查,且等到某一确定规模的样本全部选取、审查完以后,才做出审计结论。其具体程序如下。

（1）确定样本规模

① 使用统计公式计算样本规模。在泊松分布的统计模型中,样本量的计算公式为:

$$样本量＝可接受的信赖过度风险系数÷可容忍偏差率$$

"可接受的信赖过度风险系数"取决于特定的信赖过度风险和预期将出现偏差的个数,可以在泊松分布表中查得。表 7-3 列示了在控制测试中常用的风险系数。

表 7-3　控制测试中常用的风险系数

预期发生偏差的数量	信赖过度风险		预期发生偏差的数量	信赖过度风险	
	5％	10％		5％	10％
0	3.0	2.3	6	11.9	10.6
1	4.8	3.9	7	13.2	11.8
2	6.3	5.3	8	14.5	13.0
3	7.8	6.7	9	15.7	14.2
4	9.2	8.0	10	17.0	15.4
5	10.5	9.3			

假定注册会计师确定的可容忍信赖过度风险为 10％,可容忍偏差率为 9％,并预期至多发生 2 例偏差。应用公式可计算出所需的样本量为 59,计算如下:

$$样本量＝5.3÷0.09＝59$$

② 使用样本量表确定样本规模。表 7-4 提供了在控制测试中确定的可接受信赖过度风险为 10％时所使用的样本量表。如果注册会计师需要其他信赖过度风险水平的抽样规模,必须使用统计抽样参考资料中的其他表格或计算机程序。

注册会计师根据可接受的信赖过度风险,先选择相应的抽样规模表;然后,读取预计总体偏差率栏找到适当的比率。接下来,确定与可容忍的偏差率对应的列。可容忍偏差率所在列与预计总体偏差率所在行的交点就是所需的样本规模。

例如,注册会计师确定的可接受信赖过度风险为 10％,可容忍偏差率为 9％,预计总体偏差率为 2.5％。在信赖过度风险为 10％时,使用表 7-4,9％可容忍偏差率与 2.5％预计总体偏差率的交叉处为 58,即所需的样本规模,约等于前面利用公式所计算的结果。

表 7-4　控制测试中统计抽样样本规模

（信赖过度风险 10％）（括号内是可接受的偏差数）

预计总体偏差率/％	可容忍偏差率/％										
	2	3	4	5	6	7	8	9	10	15	20
0.00	114(0)	76(0)	57(0)	45(0)	38(0)	32(0)	28(0)	25(0)	22(0)	15(0)	11(0)
0.25	194(1)	129(1)	96(1)	77(1)	64 (1)	55(1)	48(1)	42(1)	38(1)	25(1)	18(1)
0.5	265(2)	129(1)	96(1)	77(1)	64(1)	55(1)	48(1)	42(1)	38(1)	25(1)	18(1)
0.75	*	129(1)	96(1)	77(1)	64(1)	55(1)	48(1)	42(1)	38(1)	25(1)	18(1)
1.00	*	176(2)	96(1)	77(1)	64(1)	55(1)	48(1)	42(1)	38(1)	25(1)	18(1)
1.25	*	221(3)	132(2)	77(1)	64(1)	55(1)	48(1)	42(1)	38(1)	25(1)	18(1)
1.50	*	*	166(3)	105(2)	64(1)	55(1)	48(1)	42(1)	38(1)	25(1)	18(1)

续表

预计总体偏差率/%	可容忍偏差率/%										
	2	3	4	5	6	7	8	9	10	15	20
1.75	*	*	198(4)	105(2)	88(2)	55(1)	48(1)	42(1)	38(1)	25(1)	18(1)
2.00	*	*	*	132(3)	88(2)	75(2)	48(1)	42(1)	38(1)	25(1)	18(1)
2.25	*	*	*	132(3)	88(2)	75(2)	65(2)	42(2)	38(2)	25(1)	18(1)
2.50	*	*	*	158(4)	110(3)	75(2)	65(2)	58(2)	38(2)	25(1)	18(1)
2.75	*	*	*	209(6)	132(4)	94(3)	65(2)	58(2)	52(2)	25(1)	18(1)
3.00	*	*	*	*	132(4)	94(3)	65(2)	58(2)	52(2)	25(1)	18(1)
3.25	*	*	*	*	153(5)	113(4)	82(3)	58(2)	52(2)	25(1)	18(1)
3.50	*	*	*	*	194(7)	113(4)	82(3)	73(3)	52(2)	25(1)	18(1)
3.75	*	*	*	*	*	131(5)	98(4)	73(3)	52(2)	25(1)	18(1)
4.00	*	*	*	*	*	149(6)	98(4)	73(3)	65(3)	25(1)	18(1)
5.00	*	*	*	*	*	*	160(8)	115(6)	78(4)	34(2)	18(1)
6.00	*	*	*	*	*	*	*	182(11)	116(7)	43(3)	25(2)
7.00	*	*	*	*	*	*	*	*	199(14)	52(4)	25(2)

（2）推断总体误差

① 计算总体偏差率。将样本中发现的偏差数量除以样本规模，就可以计算出样本偏差率。样本偏差率就是注册会计师对总体偏差率的最佳估计，在控制测试中无须另外推断总体偏差率。但注册会计师还必须考虑抽样风险。

② 考虑抽样风险。在实务中，注册会计师使用统计抽样方法时通常使用公式、表格或计算机程序直接计算在确定的信赖过度风险水平下可能发生的偏差率上限，即估计的总体偏差率与抽样风险允许限度之和。

例如，假定注册会计师对 59 个项目实施了既定的审计程序，且未发现偏差，则在既定的可接受信赖过度风险下，根据样本结果，计算总体最大偏差率为：

$$总体偏差率 = 2.30 \div 59 = 3.90\%$$

其中，风险系数根据可接受的信赖过度风险为 10%，且偏差数量为 0，在表 7-3 中查得为 2.3。这意味着样本量为 59 且无一例偏差，总体偏差率超过 3.90% 的风险为 10%，即有 90% 的把握保证总体实际偏差率不超过 3.90%。由于注册会计师可容忍的偏差率为 9%，可以得出结论，总体的实际偏差率超过可容忍偏差率的风险很小，总体可以接受。也就是说，样本结果证实注册会计师对控制运行有效性的估计和评估的重大错报风险水平，是适当的。

如果在 58 个样本中有两个偏差，则在既定的可接受信赖过度风险下，按照公式计算：

$$总体偏差率上限 = 5.3 \div 58 = 8.98\%$$

这意味着，如果样本量为 58 且有两个偏差，总体实际偏差率超过 8.98% 的风险为 10%。在可容忍偏差率为 9% 的情况下，注册会计师可以得出结论，总体的实际偏差率超过可容忍偏差率的风险很大，不能接受总体。也就是说，样本结果不支持注册会计师对控制运行有效性的估计和评估的重大错报风险水平。注册会计师应当扩大控制测试的范围，以证实初步评估结果,或提高重大错报风险评估水平,并增加实质性程序的数量,或者对影响重大错报风险评估水平的其他控制测试,以支持计划的重大错报风险评估水平。

注册会计师也可以使用样本结果评价表评价统计抽样的结果。除了评价偏差发生的频率之外,还要对偏差进行定性分析。

2. 停走抽样

停走抽样是固定样本量抽样的一种特殊形式,是从预计总体偏差为零开始,通过边抽样边评价,来完成抽样工作的方法。在这种方法下,抽样工作要经过几个步骤,每一步骤完成后,注册会计师都需要决定是停止抽样,还是继续下一个步骤。由于这种方法的样本量是不固定的,抽查到哪一步结束,应根据注册会计师对审查结果是否满意而定,故被称为停走抽样。停走抽样的基本步骤如下。

(1) 确定可容忍偏差和风险水平。

(2) 确定初始样本量。通常根据所确定的可容忍偏差和风险水平查停走抽样初始样本量表(见表 7-5)获得。

(3) 进行停走抽样决策。通常利用停走抽样决策表进行决策。

下面,举例说明停走抽样的应用。

假定注册会计师确定的可容忍偏差为 5%,风险水平为 5%,查停走抽样初始样本量表可得样本量应为 60。

表 7-5 停走抽样初始样本量表

(预计总体偏差为零)

可容忍偏差 \ 风险水平 样本量	10%	5%	2.5%	可容忍偏差 \ 风险水平 样本量	10%	5%	2.5%
10%	24	30	37	5%	48	60	74
9%	27	34	42	4%	60	75	93
8%	30	38	47	3%	80	100	124
7%	35	43	53	2%	120	150	185
6%	40	50	62	1%	240	300	370

如果注册会计师在 60 个项目中找出 1 个偏差,则总体偏差在 5%风险水平下为 8%(查表 7-6,风险系数除以样本量,即 4.8÷60),这个结果大于可容忍偏差 5%。因此,注册会计师需增加样本 36 个,将样本量扩大到 96 个(风险系数除以可容忍误差,即 4.8÷0.05)。如果对增加的 36 个样本审计后没有发现误差,则注册会计师可有 95%的把握确信总体误差率不超过 5%。

3. 发现抽样

发现抽样将预计总体偏差率直接定为零,并根据可接受的信赖过度风险和可容忍偏差率一起确定样本量。在对选出的样本量进行审查时,一旦发现偏差就立即停止抽样。如果在样本中没有发现偏差,则可以得出总体可以接受的结论。发现抽样适合于查找重大舞弊或非法行为。

表 7-6　停走抽样样本量扩展及总体偏差评估表

发现的错误数＼风险系数 风险水平	10%	5%	2.5%	发现的错误数＼风险系数 风险水平	10%	5%	2.5%
0	2.4	3.0	3.7	11	16.7	18.3	19.7
1	3.9	4.8	5.6	12	18.0	19.5	21.0
2	5.4	6.3	7.3	13	19.0	21.0	22.3
3	6.7	7.8	8.8	14	20.2	22.0	23.5
4	8.0	9.2	10.3	15	21.4	23.4	24.7
5	9.3	10.6	11.7	16	22.6	24.3	26.0
6	10.6	11.9	13.1	17	23.8	26.0	27.3
7	11.8	13.2	14.5	18	25.0	27.0	28.5
8	13.0	14.5	15.8	19	26.0	28.0	29.6
9	14.3	16.0	17.1	20	27.1	29.0	31.0
10	15.5	17.0	18.4				

二、实质性程序中抽样技术的应用

（一）抽样的基本概念在实质性程序中的具体表现

在实质性程序中，审计抽样只能在实施细节测试时使用。在细节测试中，可接受的抽样风险主要是指抽样风险中的误受风险，有时也包括误拒风险。在确定可接受的误受风险水平时，注册会计师需要考虑下列因素：注册会计师愿意接受的审计风险水平；评估的重大错报风险水平；针对同一审计目标（财务报表认定）的其他实质性程序的检查风险，包括分析程序。

可容忍偏差在细节测试中表现为可容忍错报。可容忍错报是指在不导致财务报表存在重大错报的情况下，注册会计师对各类交易、账户余额和列报确定的可接受的最大错报金额。可容忍错报的确定是以注册会计师对财务报表层次重要性水平的初步评估为基础。某账户可容忍的错报，实际上就是该账户的重要性水平。它是该账户的错报与其他账户的错报汇总起来，不会引起财务报表整体重大错报的最大金额。对特定的账户而言，当抽样风险一定时，注册会计师确定的可容忍错报降低，所需的样本规模就会增加。

在细节测试中，预计总体偏差是指预计总体错报额，即预计总体发生错报的金额。

（二）在细节测试中使用非统计抽样方法

1. 样本设计阶段

实施细节测试时，注册会计师在样本设计阶段必须完成的工作，包括 4 个环节：确定测试目标；定义总体；定义抽样单元；界定错报。

（1）明确测试目标。细节测试旨在对各类交易、账户余额、列报的相关认定进行测试，尤其是对存在或发生、计价认定的测试。注册会计师实施审计程序的目标就是确定相关认定是否存在重大错报。

（2）定义总体。

① 考虑总体的适当性和完整性。

② 识别个别重大项目（超过可容忍错报应该单独测试的项目）和极不重要的项目。

（3）定义抽样单元。注册会计师定义抽样单元时，也应考虑实施计划的审计程序或替代程序的难易程度。

（4）界定错报。在细节测试中，误差是指错报。注册会计师应根据审计目标，确定什么构成错报。

2. 选取样本阶段

（1）确定样本规模。影响样本规模的因素，包括以下方面。

① 总体的变异性。

② 可接受的抽样风险。细节测试中的抽样风险分为两类：误受风险和误拒风险。在细节测试中使用非统计抽样方法时，注册会计师主要关注误受风险。

在确定可接受的误受风险水平时，注册会计师需要考虑下列因素：注册会计师愿意接受的审计风险水平；评估的重大错报风险水平；针对同一审计目标（财务报表认定）的其他实质性程序的检查风险，包括分析程序。

③ 可容忍错报。可容忍错报与注册会计师计划的重要性水平有关。

④ 预计总体错报。在确定细节测试所需的样本规模时，注册会计师还需要考虑预计在账户余额或交易中存在的错报金额和频率。

⑤ 总体规模。总体中的项目数量在细节测试中对样本规模的影响很小。因此，按总体的固定百分比确定样本规模通常缺乏效率。

（2）利用统计量表确定样本规模。利用模型确定样本规模。注册会计师在细节测试中也可以利用模型确定样本规模：

$$样本规模 = 总体账面金额 \div 可容忍错报 \times 保证系数$$

本模型只用于说明计划抽样时考虑的各种因素对样本规模的影响，不能代替职业判断。注册会计师使用本模型时，需要在下列方面运用职业判断：①评估重大错报风险；②确定可容忍错报；③估计预计总体错报；④评估其他实质性程序未能发现重大错报的风险；⑤剔除100%检查的项目后估计总体的账面金额；⑥调整确定样本规模。

对本模型计算的样本规模进行适当调整后，注册会计师可以确定非统计抽样所需的适当样本规模。使用本模型时确定样本规模的步骤为：

① 考虑重大错报风险，将其评估为最高、高、中和低四个等级。最高——没有实施其他实质性程序测试相同认定。高——预计用于测试相同认定的其他实质性程序不能有效地发现该认定中的重大错报。中——预计用于测试相同认定的其他实质性程序发现该认定中重大错报的有效程度适中。低——预计用于测试相同认定的其他实质性程序能有效地发现该认定中的重大错报。

② 确定可容忍错报。

③ 评估用于测试相同认定的其他实质性程序（如分析程序）未能发现该认定中重大错报的风险。

④ 剔除百分之百检查的所有项目后估计总体的账面金额。

⑤ 从中选择适当的保证系数，并适用下列公式估计样本规模。

样本规模＝总体账面金额/可容忍错报×保证系数

⑥调整估计的样本规模。在实务中，如果样本不是以统计有效的方式选取，注册会计师调整样本规模的幅度通常在10%～50%。

（3）选取样本并对其实施审计程序。在选取样本之前，注册会计师通常先识别单个重大项目。然后，从剩余项目中选取样本，或者对剩余项目分层，并将样本规模相应分配给各层。

3. 评价样本结果阶段

（1）考虑错报的性质和原因。除了评价错报的频率和金额之外，注册会计师还要对错报进行定性分析。

（2）推断总体错报。这里介绍两种常用的方法：第一种方法是比率法，即用样本中的错报金额除以该样本中包含的账面金额占总体账面总金额的比例；第二种方法是差异法，即计算样本中所有项目审定金额和账面金额的平均差异，并推断至总体的全部项目。

（3）考虑抽样风险并得出总体结论。注册会计师应当将推断的总体错报额与100%检查的项目中所发现的错报加总，并要求被审计单位调整已经发现的错报。依据被审计单位已更正的错报对推断的总体错报额进行调整后，注册会计师要将其与该类交易或账户余额的可容忍错报相比较，并适当考虑抽样风险。

4. 记录抽样程序

注册会计师要记录所实施的审计程序，以形成审计工作底稿。

（三）在细节测试中使用统计抽样

注册会计师在细节测试中使用的统计抽样方法，主要包括传统的变量抽样法和概率比例规模抽样法（以下简称PPS抽样）。

1. 变量抽样法

变量抽样法主要包括三种具体的方法：均值估计抽样、差额估计抽样和比率估计抽样。每种方法推断总体错报的方法各不相同。

（1）均值估计抽样。均值估计抽样是指通过抽样审查确定样本的平均值，再根据样本平均值推断总体的平均值和总值的一种变量抽样方法。

（2）差额估计抽样。差额估计抽样是以样本实际金额与账面金额的平均差额来估计总体实际金额与账面金额的平均差额；然后，再以这个平均差额乘以总体规模，从而求出总体的实际金额与账面金额的差额（即总体错报）的一种方法。差额估计抽样的计算公式为：

平均错报＝样本实际金额与账面金额的差额÷样本规模

推断的总体错报＝平均错报×总体规模

（3）比率估计抽样。比率估计抽样是指以样本的实际金额与账面金额之间的比率关系来估计总体实际金额与账面金额之间的比率关系；然后，再以这个比率去乘总体的账面金额，从而求出估计的总体实际金额的一种抽样方法。比率估计抽样法的计算公式为：

比率＝样本审定金额÷样本账面金额

估计的总体实际金额＝总体账面金额×比率

推断的总体错报＝估计的总体实际金额－总体账面金额

2. 概率比例规模抽样

(1) PPS抽样的概念。PPS抽样是一种运用属性抽样原理对货币金额而不是对发生率得出结论的统计抽样方法。PPS抽样以货币单元作为抽样单元,有时也称为金额加权抽样、货币单元抽样、累计货币金额抽样、综合属性变量抽样等。

(2) PPS抽样的优缺点。PPS抽样的优点包括下列方面:①PPS抽样一般比传统变量抽样更易于使用。②PPS抽样可以如同大海捞针一样发现极少量的大额错报,原因在于其通过将少量的大额实物单元拆成数量众多、金额很小的货币单元,从而赋予大额项目更大的机会被选入样本。③PPS抽样的样本规模不需考虑被审计金额的预计变异性。④PPS抽样中项目被选取的概率与其货币金额大小成比例,生成的样本自动分层。⑤如果注册会计师预计错报不存在或很小,PPS抽样的样本规模通常比传统变量抽样方法更小。⑥PPS抽样的样本更容易设计,且可在能够获得完整的总体之前开始选取样本。

PPS抽样的缺点包括下列方面:①PPS抽样要求总体每一实物单元的错报金额不能超出其账面金额。②在PPS抽样中,被低估的实物单元被选取的概率更低,PPS抽样不适用于测试低估。如果注册会计师在PPS抽样的样本中发现低估,在评价样本时需要特别考虑。③对零余额或负余额的选取需要在设计时特别考虑。④当总体中错报数量增加时,PPS抽样所需的样本规模也会增加。在这些情况下,PPS抽样的样本规模可能大于传统变量抽样所需的规模。⑤当发现错报时,如果风险水平一定,PPS抽样在评价样本时可能高估抽样风险的影响,从而导致注册会计师更可能拒绝一个可接受的总体账面金额。⑥在PPS抽样中注册会计师通常需要逐个累计总体金额。如果相关的会计数据以电子形式储存,就不会额外增加大量的审计成本。

(3) 确定样本规模

① 公式法。在PPS抽样中,计算样本规模的公式为:

$$样本规模(n) = \frac{总体账面价值 \times 风险系数}{可容忍错报 - 预计总体错报 \times 扩张系数}$$

注册会计师确定样本规模时必须事先确定下列因素:总体账面价值,误受风险的风险系数,可容忍错报,预计总体错报,扩张系数。注册会计师使用审计风险模型,确定所需的误受风险,即:

$$误受风险 = 审计风险 \div (控制风险 \times 分析程序风险)$$

扩张系数来自表7-7。如果误受风险为20%,扩张系数就是1.3。

表 7-7 预计总体错报的扩张系数表

误受风险/%	1	5	10	15	20	25	30	37	50
扩张系数	1.9	1.6	1.5	1.4	1.3	1.25	1.2	1.15	1.0

② 查表法。由于PPS抽样以属性抽样原理为基础,注册会计师也可以直接使用控制测试的统计抽样样本量表。这比使用扩张系数近似值所计算的样本规模更加准确。注册会计师将可容忍错报和预计总体错报额从绝对数形式转化为相对数形式,即转化为占总体账面金额的百分比,并使用表中相应比例所对应的样本规模。

(4) 选取样本

① 样本简介。PPS抽样是属性抽样的变种,可以得出关于总体中错报总额的结论。与

一般的属性抽样关注实物单元(如发票或收据)不同,PPS抽样关注总体的货币单元。

② 选样方法。PPS样本可以通过运用计算机软件、随机数表等随机数法或系统选样法来获取。

a. 随机数法。注册会计师将对这些实物单元项目进行审计,并将各实物单元项目的审计结果应用到它们各自包含的随机货币金额上。

b. 系统选样法。系统选样要将总体分为若干个由同样的货币单元构成的组,并从每一组中选择一个逻辑单元(即实物单元)。每组的货币单元数量就是选样间距。

在使用系统选样方法时,注册会计师在1和选样间距(包含该选样间距)之间选择一个随机数,这个数字就是随机起点。

③ 可能存在的问题。PPS抽样的样本选取会出现以下两个方面问题。

a. 在选样时,账面余额为零的总体项目存在没有被选中的机会,尽管这些项目可能含有错报。另外,严重低估的小余额项目被选入样本的机会也很小。对此,如果注册会计师关注这些余额为零或较小的项目,那么解决这一问题的方法是对它们进行专门的审计测试。

b. PPS抽样选取的样本中无法包括负余额,如应收账款的贷方余额等。在进行选样时,可以先不考虑这些负余额,而后用其他方法去测试它们。另外,就是将它们视同为正余额,加入到所要测试的货币金额总数中,但这样做会使分析过程变得复杂化。

(5) 推断总体。如果样本中没有发现错报,推断的总体错报就是零,抽样风险允许限度小于或等于设计样本时使用的可容忍错报。在这种情况下,注册会计师通常不需进行额外的计算就可得出结论,在既定的误受风险下,总体账面金额高估不超过可容忍错报。如果样本中发现了错报,注册会计师需要计算推断的错报和抽样风险允许限度。

① 错报比例。如果在实物单元中发现了错报,注册会计师要计算该实物单元的错报比例(用t表示),即用该实物单元中的错报金额除以该实物单元的账面金额。

$$t=错报金额÷项目账面金额$$

t代表该实物单元包含的每一个货币单元中存在的错报金额。例如,如果某客户账户余额的账面金额是100元,其中有50元是高估(即审定金额为50元),那么该账户余额的错报比例是:

$$t=50÷100=0.5$$

样本中存在错报的货币单元的错报比例,可以用来计算测试结果。注册会计师首先将错报分为高估错报和低估错报两组;然后,两组分别按降序排列错报比例。例如,如果两个高估错报的错报比例分别为0.37和0.42,不管错报的金额如何,将0.42作为t_1,将0.37作为t_2。

② 推断总体。完成排序后,注册会计师使用泊松分布,评价特定抽样风险水平下货币单元的抽样结果。注册会计师应当计算在一定的保证水平下总体中的错报上限,并判断总体是否存在重大错报。

错报最大发生率并不能直接提供总体中可能存在的错报金额的信息,注册会计师还需要将错报发生率转换为金额。假设某总体包含N个实物单元,账面金额合计为BV。如果在样本的n个货币单元中发现了x个错报,那么从规模为n的样本中计算的既定风险水平下的错报最大发生率就是MF_x/n。注册会计师推断总体中被高估的实物单元的最大数量是：

$$总体高估错报的最大数量(MNM) = N \times \frac{MF_x}{n}$$

如果这些实物单元中的最大错报是 X，那么估计总体高估错报最大金额是：

$$总体高估错报的最大金额(MDM) = N \times \frac{MF_x}{n} \times X$$

对 PPS 样本而言，账面金额(BV)就是总体中包含的项目(货币单元)数量，每一货币单元可能发生的最大高估错报是 1 元(即 PPS 抽样要求任一项目错报金额不能超过账面金额)。既然 $BV = N$，$X = 1$，则估计的总体高估错报上限是：

$$总体高估错报上限(UML) = \text{Max}MDM = BV \times \frac{MF_x}{n} \times 1$$

注册会计师可以利用从样本中发现的其他信息和泊松分布中 MF_x 累积增加的特点对总体高估错报上限的点估计值进行修正。

如果样本中没有发现错报，注册会计师估计的总体错报上限(当没有错报时称为"基本界限")是：

$$基本界限 = BV \times \frac{MF_0}{n} \times 1$$

"基本界限"表示，不管样本结果如何，注册会计师在给定的风险水平下估计的总体错报上限总是不会低于这个"基本界限"。在预计总体错报为 0 时，"基本界限"实际上等于可容忍错报。如果在样本中发现了 1 个错报，估计的总体错报上限就会大于这个"基本界限"。

(四) 在实质性程序中常用的审计方法

1. 均值估计抽样

均值估计抽样是通过抽样审查确定样本的平均值，根据样本平均值推断总体的平均值和总值的一种变量抽样方法。注册会计师先计算样本中所有项目审定金额的平均值；然后用样本平均值乘以总体规模，得出总体金额的估计值。总体估计金额和总体账面金额之间的差额就是推断的总体错报。均值估计抽样法的计算公式为：

样本平均值 = 样本审定额 ÷ 样本量

总体实际金额 = 样本平均值 × 总体规模

2. 比率估计抽样

比率估计抽样是以样本实际价值与账面价值之间的比率关系来估计总体实际价值与账面价值之间的比率关系，再以这个比率乘以总体的账面价值，从而求出总体实际价值的估计金额的一种抽样方法。当误差与账面价值成比例关系时，通常运用比率估计抽样。比率估计抽样法的计算公式为：

比率 = 样本审定金额 ÷ 样本账面金额

估计的总体实际金额 = 总体账面价值 × 比率

推断的总体错报 = 估计的总体实际金额 − 总体账面金额

3. 差额估计抽样

差额估计抽样是以样本实际金额与账面金额的平均差额来估计总体实际金额与账面金额的平均差额，再以这个平均差额乘以总体规模，从而求出总体的实际金额与账面金额差额

的一种抽样方法。当误差与账面价值不成比例时,通常运用差额估计抽样。差额估计抽样的计算公式为:

$$平均错报=(样本实际金额-样本账面金额)÷样本规模$$
$$推断的总体错报=平均错报×总体规模$$

下面,举例说明比率估计抽样和差额估计抽样。

假设被审计单位的应付账款账面总额为 8 000 000 元,共计 6 000 个账户,注册会计师希望对应付账款总额进行估计,现选出 300 个账户,账面金额为 260 000 元,审计后认定的价值为 270 040 元。

使用比率估计抽样时,注册会计师确定的实际金额与账面金额的比率为 1.04(270 040÷260 000)。因此,估计的总体价值为 8 320 000 元(8 000 000×1.04)。

使用差额估计抽样时,平均差额为 33.47 元[(270 040-260 000)÷300],估计的总体差额为 200 820 元(33.47×6 000),因此,估计的总体金额为 8 200 820 元(8 000 000+200 820)。

【例 7-1】 A 会计师事务所审计甲公司 2012 年度主营业务收入时,为了确定甲公司销售业务是否真实、完整,会计处理是否正确,注册会计师张丹拟从甲公司 2012 年开具的销售发票的存根中选取若干张,核对销售合同和发运单,并检查会计处理是否符合规定。甲公司2012 年共开具连续编号的销售发票 4 000 张,销售发票号码为第 2001 号至第 6000 号,注册会计师张丹计划从中选取 10 张销售发票样本。(随机数表见表 7-8)

表 7-8 随机数表(部分)

序号	(1)	(2)	(3)	(4)	(5)
(1)	10 480	15 011	01 536	02 011	81 647
(2)	22 368	46 573	25 595	85 313	30 995
(3)	24 130	48 360	22 527	97 265	76 393
(4)	42 167	93 093	06 243	61 680	07 856
(5)	37 570	39 975	81 837	16 656	06 121
(6)	77 921	06 907	11 008	42 751	27 756
(7)	99 562	72 905	56 420	69 994	98 872
(8)	96 301	91 977	05 463	07 972	18 876
(9)	89 759	14 342	63 661	10 281	17 453
(10)	85 475	36 857	53 342	53 988	53 060

问题:

(1) 针对资料,假定注册会计师张丹以随机数表所列数字的后 4 位数与销售发票号码一一对应,确定第(2)列第(4)行为起点,选号路线为自上而下、自左而右。请代注册会计师张丹确定选取的 10 张销售发票样本的发票号码分别为多少?

(2) 如果上述 10 笔销售业务的账面价值为 1 000 000 元,审计后认定的价值为 1 000 300 元。假定甲公司 2012 年度主营业务收入账面价值为 180 000 000 元,并假定误差与账面价值不成比例关系,请运用差额估计抽样法推断甲公司 2012 年度主营业务收入的总体实际价值(要求列示计算过程)。

经分析：选取的 10 张销售发票样本的发票号码分别为 3093、2905、4342、5595、2527、5463、3661、3342、2011、5313。

$$平均差额＝(1\ 000\ 300－1\ 000\ 000)÷10＝30(元)$$
$$估计的总体差额＝30×4\ 000＝120\ 000(元)$$
$$估计的总体价值＝180\ 000\ 000＋120\ 000＝180\ 120\ 000(元)$$

【本章小结】

本章主要阐述了审计方法体系，可分为一般方法和技术方法。审计的一般方法是就审计工作的先后顺序和审计工作的范围或详简程度而进行划分的某种方法。审计的技术方法是指收集审计证据时应用的技术手段。根据我国的独立审计准则，审计人员在审计过程中可以采用检查、监盘、观察、查询及函证、计算和分析性复核等审计方法，来获取审计证据。在介绍审计抽样的含义、分类以及影响样本量的因素等的基础上，重点阐述抽样风险和非抽样风险及其对审计的影响，分别详细介绍控制测试和实质性程序中抽样技术的应用。

【课后习题】

一、判断题

1. 系统抽样法要求总体项目必须分布均匀，总体的排列必须是完全处于随机状态。（　　）

2. 任意抽样是在被审查的资料中，任意抽取一部分样本进行审查，并以样本的审查结果来推断总体的一种方法。每一样本抽中的概率相同，因此这种方法是最先进的方法。（　　）

3. 可靠程度和风险度是同一个概念。（　　）

4. 可靠程度的确定主要取决于被审计单位的内部控制制度，内部控制制度健全、有效，则可靠程度就高；反之，亦然。（　　）

5. 分层抽样法可理解为任意抽样与统计抽样的综合运用。（　　）

6. 逆查法能够实现的审计具体目标是完整性；顺查法能够实现的审计具体目标是真实性。（　　）

7. 进行财经法纪审计应选用突击审计所适用的方法，而且不能采用抽查法，只能对一定范围内的内容进行详细审计。（　　）

8. 对报送审计，一般采用盘点法、观察法等进行审计。（　　）

9. 如果被审单位的内部控制制度比较健全、科学和合理，并一贯执行并且有效，则可采用抽查法；反之，则不宜选用抽查法，应在一定范围内选用详查法。（　　）

10. 顺查法的优点是有选择，有重点，便于抓住主要问题，省时、省力，少耗费。（　　）

二、单项选择题

1. 顺查法不适用于（　　）。

　　A. 规模较小、业务量少的审计项目

　　B. 内部控制制度较差的审计项目

　　C. 规模较大、业务量较大的审计项目

D. 重要的审计事项

2. 审计调查、取证的方法不包括（　　）。

A. 观察法　　　　B. 调账法　　　　C. 查询法　　　　D. 专题调查法

3. 函询是指通过向有关单位发函来了解情况取得审计证据的一种方法。一般用于（　　）。

A. 货币资金的审查　　　　　　　　B. 期间费用的审查

C. 长期资产的审查　　　　　　　　D. 往来款项的审查

4. 对库存现金、有价证券、贵重物品的盘存，应采用（　　）。

A. 监督盘存　　　　B. 观察盘存　　　　C. 抽查盘存　　　　D. 直接盘存

5. 统计抽样与非统计抽样具有各自不同的用途。以下用于控制测试的抽样目的，适宜采用非统计抽样的是（　　）。

A. 通过调整样本规模精确地控制抽样风险

B. 分析被测试的内部控制偏差率是否与上年相同

C. 分析被测试的内部控制偏差率比上年下降的原因

D. 通过抽样查找内部控制偏差率下降的幅度

6. 注册会计师运用分层抽样方法的主要目的是（　　）。

A. 减少样本的非抽样风险

B. 决定审计对象总体特征的正确发生率

C. 审计可能有较大错误的项目，并减少样本量

D. 无偏见地选取样本项目

7. 属于信赖不足风险的是（　　）。

A. 根据抽样结果对实际存在重大错误的账户余额得出不存在重大错误的结论

B. 根据抽样结果对实际不存在重大错误的账户余额得出存在重大错误的结论

C. 根据抽样结果对内控制度的信赖程度高于其实际应信赖的程度

D. 根据抽样结果对内控制度的信赖程度低于其实际应信赖的程度

8. 关于注册会计师对审计抽样方法运用中，不恰当的是（　　）。

A. 风险评估程序通常不涉及审计抽样，但如果注册会计师在了解内部控制的同时对内部控制运行有效性进行测试可以运用审计抽样

B. 当控制的运行留下轨迹时可以将审计抽样用于控制测试

C. 控制测试过程中注册会计师采用审计抽样

D. 审计抽样适用于细节性测试，不适用于实质性分析程序

三、多项选择题

1. 非直接取证的方法包括（　　）。

A. 顺查法　　　　B. 逆查法　　　　C. 详查法

D. 抽查法　　　　E. 审查法

2. 审阅原始凭证的内容时，应注意原始凭证（　　）。

A. 账户名称和会计分录是否正确

B. 反映的经济内容是否合理、合法

C. 是否符合该单位的实际情况和用途

D. 入账时是否经过了必要的批准手续

    E. 原始凭证的张数与记载数量是否一致

3. 审计调查、取证的方法,一般包括(   )。

    A. 专题调查法   B. 专案调查法   C. 观察法

    D. 查询法   E. 分析法

4. 审计人员在选用审计方法时,应注意(   )。

    A. 审计方法的选用要考虑审计证据的数量

    B. 审计方法的选用要适应审计的目的

    C. 审计方法的选用要适合审计方式

    D. 审计方法的选用要联系被审计单位的实际

    E. 审计方法的选用要考虑审计人员的胜任能力

5. 在进行控制测试时,注册会计师如认为抽样结果无法达到其对所测试的内部控制的预期信赖程度,应当考虑(   )。

    A. 增加样本量   B. 执行替代审计程序

    C. 修改实质性测试程序   D. 发表保留意见或否定意见

    E. 以上都是

四、综合题

1. 某公司应收账款的编号为 0001 至 5000,审计人员拟选择其中 50 张进行函证。

随 机 数 表

序号	1	2	3	4	5	6	7	8	9
1	32 044	69 037	29 655	92 114	81 034	40 582	11 584	77 184	85 762
2	23 821	96 070	82 592	81 642	18 971	17 411	19 037	81 530	56 195
3	82 383	94 987	66 441	28 677	95 961	78 346	37 916	19 416	42 438
4	68 310	21 792	71 635	86 089	38 157	95 620	96 718	79 554	50 209
5	94 856	76 940	22 165	11 414	11 413	37 231	15 509	37 489	56 459
6	95 000	61 958	83 430	98 250	70 030	15 436	74 814	45 978	19 277
7	20 764	64 638	11 359	32 556	89 822	12 713	81 293	52 970	25 080
8	71 401	17 964	50 940	95 753	34 905	93 566	36 318	79 530	51 105
9	38 464	75 707	16 750	61 371	11 523	69 205	32 122	13 436	14 489
10	59 442	59 247	74 955	82 835	98 378	83 513	47 870	20 795	11 352
11	11 818	40 951	99 279	32 222	75 433	27 397	46 214	48 872	26 536
12	65 785	16 837	96 483	11 230	58 220	19 756	11 533	17 614	98 144
13	15 933	69 834	57 402	35 168	84 138	44 850	11 527	15 692	84 810
14	31 722	97 334	77 178	70 361	15 819	35 037	46 319	21 085	37 957
15	95 118	88 373	26 934	42 991	11 142	90 852	14 199	93 593	76 028

问题:

(1) 如果利用随机数表,从第 3 行第 1 个数字起,自左向右,以各数的后 4 位数为准,审计人员选择的最初 10 个样本的号码分别是哪些？

（2）如果采用系统抽样法进行选择，并确定随机起点 0002，审计人员选择的最初 10 个样本的号码分别是哪些？

2. 某企业 2012 年 12 月 31 日账面结存甲材料 3 000 吨，通过审阅和核对并无错弊。2013 年 1 月 1～15 日期间收入 1 500 吨，发出 2 000 吨。1 月 1 日期初余额及收发余额经核对、审阅和复算无误。2013 年 1 月 15 日下班后，监督盘存实存量为 2 800 吨。

问题：2012 年年底账面记录是否正确？

第八章　销售与收款循环审计

知识目标

- 了解销售与收款循环的主要业务活动；
- 掌握销售与收款循环内部控制和控制测试的内容、程序、方法；
- 了解营业收入、应收账款、坏账准备的审计目标；
- 掌握营业收入、应收账款实质性程序的步骤和方法。

技能目标

- 掌握销售与收款循环内部控制测试方法和对交易、账户余额实施的实质性程序；
- 运用审计程序和方法对营业收入、应收账款等实施实质性程序。

案例导入

Satyam：山寨版的"安然"案

印度第四大计算机软件外包服务商 Satyam 公司董事长拉贾因涉嫌逾十亿美元的做假账财务诈欺案，2009 年 1 月 10 日被印度检警逮捕拘押，而董事会全体成员也遭政府解职，公司的后续治理将由当局指派代表负责。

2009 年年初，首家在 3 个国际交易所上市的印度软件业巨头——Satyam 软件技术有限公司（以下简称 Satyam）爆出惊天财务丑闻，该集团董事长兼 CEO 拉贾突然宣布辞职。此前，他承认曾在过去几年中操纵公司财务报表，其中仅虚报现金余额一项的规模就高达十多亿美元。在截至 2008 年 9 月 30 日的财季中，Satyam 的实际销售额为 4.34 亿美元，但公司公布的数据是 5.55 亿美元。Satyam 公布的利润是 1.36 亿美元，但实际利润只有 1 250 万美元。拉贾说，该公司公布可用现金为 11 亿美元，但实际只有 6 600 万美元。2008 年 6～9 月，公司报告的收入为 5.41 亿美元，营业利润 1.3 亿美元，运营利润率为 24%（实际仅为 3%）；仅一季度的利润就虚增 1.18 亿美元，资产负债表上 94% 的现金是不存在的。

然而，随着造假金额的不断扩大，公司已经不能提供如此巨额的现金，拉贾就用股票做抵押去借款来维持公司运营。但如此巨额的现金留在账上风险还是很大的，尤其是 94% 的现金还是假的。拉贾通过关联交易将该部分"假现金"转移出去，用于购买其家族控制下的另一家公司，将"假现金"变成"假资产"，妄图通过这样的变化来掩盖造假的痕迹。随后，公司股东纷纷跳票，Satyam 股价大跌，原先借款给拉贾的债主也不得不忍痛杀跌。最终真相大白，财务造假终于将拉贾和他的 Satyam 推向了"不归路"。

问题：从审计的角度思考这起巨案给我们带来什么启示？我们应该用什么程序和方法进行审计，以尽早发现审计风险，揭露财务造假案，维护投资者和债权人的利益？

在对交易和账户余额实施实质性程序过程中,既可以按报表项目进行,也可以按业务循环组织实施。按报表项目进行的实质性程序称为分项审计;按业务循环组织实施的实质性程序称为业务循环审计。业务循环是指处理某一类经济业务的工作程序和先后顺序,以制造类企业为例,业务循环包括:销售与收款循环、采购与付款循环、生产与存货循环、人力资源与工薪循环、筹资与投资循环。货币资金与上述多个业务循环均密切相关。因此,货币资金既是业务循环的有机组成部分,又是相对独立的一个重要环节。

收入的审计属于利润表审计的范畴。判断一个企业的盈利能力的主要依据是企业的利润指标,而利润的多少是由一定会计期间的各项收入和费用成本共同决定的。同时,收入的审计与资产负债表审计又存在必然的联系。利润的错报和漏报大多数会影响资产负债表的项目。因此,在实务审计中,往往将收入的审计与资产负债表相关项目审计同时结合进行,也称为销售与收款循环审计。收入审计主要包括主营业务收入审计、其他业务收入审计、投资收益审计、营业外收入审计等。其中,主营业务的收入是企业的销售业务过程中形成的,由于收入有现销、赊销和销售调整等交易,在审计实务中与货币资金、应收账项、预收账款、坏账准备等项目相关。

第一节　销售与收款循环审计概述

销售与收款循环主要是指公司接受销售订单,向顾客销售商品的过程。它既影响资产负债表项目,又影响利润表项目。

一、销售与收款循环的主要活动

（一）销售业务中的主要活动

（1）处理订单。顾客订单处理包括:①接受顾客订单;②编制销售单。

销售单是证明管理层有关销售交易的"发生"认定的凭据之一,也是此笔销售的交易轨迹的起点。

（2）信用批准。信用批准包括:①信用机构核准赊销;②销售单上签字认可赊销。

（3）供货与发运。

（4）开具账单。

（5）记录销售。

（二）收款业务中的主要活动

（1）收到现金,包括现销交易中收到的现金和赊销交易中应收账款的收回。

（2）将现金送存银行。

（3）记录收款。

在收到货款时,应编制相应的记账凭证,并登记相应的总账、明细账。

（三）销售调整业务中的主要活动

（1）办理和记录销货退回、折扣与折让。

（2）提取坏账准备。

（3）注销坏账。

对确实无法收回的应收账款,经批准后方可作为坏账进行处理。对已经冲销的应收账款,应在备查登记簿上登记,以便冲销的应收账款以后又收回时进行会计处理。年末,根据应收账款的余额或账龄分析等,确定本期应计提的坏账准备的数额。

综上所述,销售与收款循环的主要活动如图 8-1 所示。

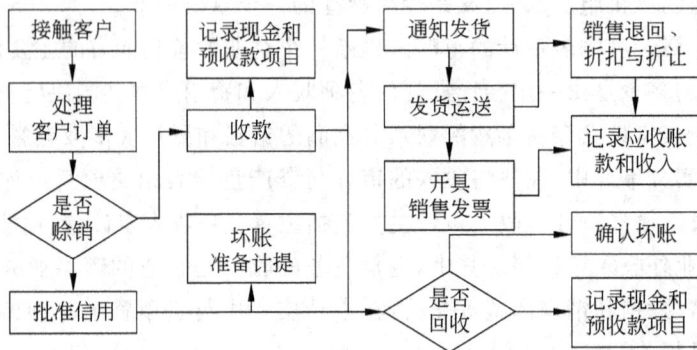

图 8-1　销售与收款循环的主要活动

二、销售与收款循环中主要业务凭证和账户

1. 原始凭证类

在销售与收款循环中,原始凭证类包括:①顾客订单;②销售单;③装运凭证;④销售发票;⑤汇款通知书;⑥贷项通知单;⑦坏账审批表。

2. 记账凭证类

在销售与收款循环中,记账凭证类包括:①收款凭证;②转账凭证。

涉及的主要凭证和记录,如图 8-2 所示。

3. 序时账和明细账类

在销售与收款循环中,序时账和明细账类有:①现金日记账和银行存款日记账;②应收账款明细账;③主营业务收入明细账;④折扣与折让明细账。

图 8-2　涉及的主要凭证和记录

4. 总账类

在销售与收款循环中,总账类有:①现金和银行存款账户;②应收账款;③应收票据;④坏账准备;⑤预收账款;⑥应交税费;⑦其他应交款;⑧主营业务收入;⑨营业税金及附加;⑩销售费用;⑪其他业务收入;⑫其他业务成本。

三、销售与收款循环的主要会计报表项目

销售与收款循环的主要会计报表项目如表 8-1 所示。

表 8-1　销售与收款循环的主要会计报表项目

业务循环	资产负债表项目	利润表项目
销售与收款循环	应收票据、应收账款、坏账准备、预收账款、应交税金、其他应交款	营业收入、营业成本、营业税金及附加、营业费用、其他业务利润（包括其他业务收入和其他业务支出）

🔍 小思考

业务循环审计

　　注册会计师张宇负责某公司的年度报表审计工作。他安排人员分别做销售与收款循环、采购与付款循环、生产与存货循环、人力资源与工薪循环、筹资与投资循环和货币资金审计。该公司负责接待的小王问为什么不按照会计报表的项目进行审计呢？

　　这是因为按报表项目进行的实质性程序与按业务循环进行的内部控制测试严重脱节，致使控制测试与实质性程序相背离。按业务循环进行的实质性程序与按业务循环进行的内部控制测试紧密相连。且循环内的业务相互联系。例如，销售与收款循环中的应收账款与主营业务收入的业务内容具有类似之处，将两者放在一起审计，可以节省审计时间，提高审计效率。

第二节　销售与收款循环的内部控制及其测试

　　注册会计师通常利用在了解被审计单位内部控制中所获取的资料来评价内部控制风险。

一、销售业务与内部控制要求

1. 处理订单

　　顾客提出订货要求是整个销售与收款循环的起点。顾客的订货单只有在符合管理层的授权标准时，才能被接受。管理层一般都列出了已批准销售的顾客名单。在决定是否接受某顾客的订货单时，销售单管理部门应追查该顾客是否被列入已批准销售的顾客名单。如果该顾客未被列入顾客名单，则通常需要由销售单管理部门的主管来决定是否批准销售。

　　接受某顾客的订货单之后，应编制一式多联的销售单。销售单是证明管理层有关销售交易的"发生"认定的凭据之一。

2. 信用批准

　　赊销批准是由信用管理部门负责进行的。信用管理部门在收到销售单管理部门的销售单后，将销售单与购货方已被授权的赊销额度及欠款余额加以比较，以决定是否继续给予赊销。在执行人工赊销信用检查时，应当合理划分工作责任，以切实避免销售人员为增加销售而使企业承受不适当的信用风险。

　　企业应对每个新顾客进行信用调查，包括获取信用评审机构对顾客信用等级的评定报告。无论是否批准赊销,信用管理部门都要在销售单上签署意见,然后再将签署意见后的销售单送回销售单管理部门。

设计信用批准控制的目的是为了降低坏账风险。因此,这些控制与应收账款净额的"计价和分摊"认定有关。

知识链接 8-1

核准赊销的重要性

某印刷厂销售部门为了进一步占领市场,扩大销售量,不管订单是否赚钱,不管销售款是否能按时收回,只注重账面上的利润,片面追求个人销售业绩。其赊销部门未能对销售部门进行有效监督,盲目批示赊销,导致应收账款的急速增长。

企业虚盈实亏,企业经营者很容易陷入收不回货款的困境。同时,担心接老客户的新订单又怕客户以此为借口不付过往的货款,往往旧账未清、新账又增。企业的应收账款如同滚雪球一样,越滚越大,企业的坏账风险也与日俱增。

3. 供货与发运

(1) 按销售单供货。企业管理层通常要求仓库只有在收到经过批准的销售单时才能供货,以防止仓库在未经授权的情况下擅自发货。

(2) 按销售单发运。装运部门的职员在装运之前,必须独立检查从仓库提取的商品是否都附有经批准的销售单以及商品内容是否与销售单一致。仓库在装运商品的同时还要编制一式多联、连续编号的提货单。按序归档的装运凭证通常由装运部门保管,装运凭证提供了商品确实已被装运的证据。因此,它是证实销售交易"发生"认定的另一种形式的凭据。而定期对每一张装运凭证后是否附有相应的销售发票进行检查,有助于保证销售交易"完整性"认定的正确性。

4. 开具账单

开具账单包括编制账单和向顾客寄送事先连续编号的销售发票。为了降低开单过程中出现遗漏、重复、错误计价或其他种类错报的风险,应设计以下控制程序。

(1) 开单部门人员在编制每张销售发票之前,应独立检查装运凭证是否存在和相应的经批准的销售单。

(2) 应根据已授权批准的价格编制销售发票。

(3) 独立检查销售发票计价和计算的正确性。

(4) 将装运凭证上的商品总数与对应的销售发票上的商品总数进行比较。

上述控制程序有助于确保用于记录销货情况的销售发票的正确性,这项功能所针对的主要问题是:是否对所有装运的货物都开具了账单(即"完整性"认定问题);是否只对实际装运的货物才开具账单,有无重复开具账单或虚构交易(即"发生"认定问题);是否按已授权批准的商品价目表所列价格计价开具账单(即"准确性"认定问题)。

5. 记录销售

为了确保正确记录销售发票,将销货交易归属于适当的会计期间,企业需设计并执行记录销售的控制程序。

知识链接 8-2

记录销售的控制程序

记录销售的控制程序包括以下内容。

（1）只依据附有有效装运凭证和销售单的销售发票记录销售。这些装运凭证和销售单应能证明销售交易的发生及其发生的日期。

（2）控制所有事先连续编号的销售发票。

（3）独立检查已处理销售发票上的销售金额同会计记录金额的一致性。

（4）记录销售的职责应与处理销售交易的其他功能相分离。

（5）对记录过程中所涉及的有关记录的接触予以限制，以减少未经授权批准的记录发生。

（6）定期独立检查应收账款的明细账与总账的一致性。

（7）定期向客户寄送对账单，并要求客户将任何例外情况直接向指定的未执行或记录销售交易的会计主管报告。

以上这些控制与"发生"、"完整性"、"准确性"以及"计价和分摊"认定有关。

对这项职能，注册会计师主要关心的问题是销售发票是否记录正确，并归属适当的会计期间。

二、销售与收款循环内部控制测试

（一）描述对内部控制的了解

注册会计师通过询问、观察和检查凭证，可以取得对被审计单位销售与收款循环的控制政策和程序的了解。如果审计的是老客户，则去年的审计工作底稿是重要的信息来源。注册会计师应将所了解到的情况做成书面记录，记录的方式可根据需要灵活选择，如问卷调查表、流程图或者是文字说明性备忘录。

（二）测试内部控制

1. 销货业务内部控制环节及测试

（1）适当的职责分离。适当的职责分离有助于防止各种有意或无意的错误。办理销售与收款业务的不相容岗位应当相互分离、制约和监督。

销售与收款业务相关职责适当分离的基本要求如下。

① 单位应当将办理销售、发货、收款三项业务的部门（或岗位）分别设立。

② 单位在销售合同订立前，应当指定专门人员就销售价格、信用政策、发货及收款方式等具体事项与客户进行谈判。谈判人员至少应有两人以上，并与订立合同的人员相分离。

③ 编制销售发票通知单的人员与开具销售发票的人员应相互分离。

④ 销售人员应当避免接触销货现款。

⑤ 单位应收票据的取得和贴现必须经由保管票据以外的主管人员的书面批准。

注册会计师通常通过观察有关人员的活动，以及与这些人员进行讨论，来实施职责分离的控制测试。

知识链接 8-3

例如,会计人员 A 登记主营业务收入账,会计人员 B 记录应收账款账,会计人员 C 定期调节总账和明细账,当某个账户记录出现问题时,在相互的核对中就会发现问题,这样就形成了一个很好的自动交互牵制。

又如,记录主营业务收入和应收账款账簿的职员不允许经手货币资金,这样可以很好地避免收到货款不入账。

再如,批准赊销的职能与销售的职能相互分离,能够有效地避免销售人员片面追求销售量,而不考虑款项能否收回的控制缺陷。

(2) 正确的授权审批。适当的授权审批可以保证业务的进行是在有管理的正常秩序中进行,能够很好地维护企业的利益。注册会计师应当关注以下 5 个关键点上的授权审批程序:①在销货发生之前,赊销已经正确审批;②非经正当审批,不得发出货物;③销售价格、销售条件、运费、折扣等必须经过审批;④审批人应当根据销售与收款授权批准制度的规定,在授权范围内进行审批,不得超越审批权限;⑤对超过单位既定销售政策和信用政策规定范围的特殊销售交易,单位应当进行集体决策。

注册会计师通常通过检查凭证在上述 5 个关键点上是否经过审批,可以测试出授权审批方面的内部控制效果。

销售与收款循环关键控制点的授权审批如表 8-2 所示。

表 8-2　授权审批内部控制关键点及其目的

内部控制关键点	控制目的
在销售发生之前,赊销已经正确审批	防止企业因向虚构的或者无力支付货款的客户发货而蒙受损失
非经正当审批,不得发出货物	防止企业因向虚构的或者无力支付货款的客户发货而蒙受损失
销售价格、销售条件、运费、折扣等必须经过审批	保证销售交易按照企业定价政策规定的价格开票收款
审批人应当根据销售与收款授权批准制度的规定,在授权范围内进行审批,不得超越审批权限	防止因审批人决策失误而造成严重损失
对于超过单位既定销售政策和信用政策规定范围的特殊销售交易,单位应当进行集体决策	防止因审批人决策失误而造成严重损失

(3) 充分的凭证和记录。只有具备充分的记录手续,才有可能实现其他各项控制目标。注册会计师通常会采用清点凭证和记录的方法进行测试。

例如,有的企业在收到客户订货单后,就立即编制一份预先编号的一式多联的销售单,分别用于批准赊销、审批发货、记录发货数量以及向客户开具账单等。在这种制度下,只要定期清点销售发票,漏开账单的情形几乎就不太会发生。相反的情况是,有的企业只在发货以后才开具账单,如果没有其他控制措施,这种制度下漏开账单的情况就很可能会发生。

(4) 凭证的预先编号。对凭证的预先编号,旨在防止销售以后忘记向顾客开具账单或登记入账,也可以防止重复开具账单或重复记账。所以要求事先对凭证进行编号;由收款员对每笔发货开具账单后,将发运凭证按顺序归档,而由另一位职员定期检查全部凭证的编号,并调查凭证缺号的原因。

常用的控制测试程序就是清点各种凭证。例如,抽查销售发票存根,看其编号是否连续,有无不正常的缺号发票和重号发票。

(5)按月寄出对账单。由不负责出纳、销货及应收账款记账的人员按月向顾客寄发对账单。能促使客户在发现应付账款余额不正确后及时反馈有关信息,指定一位不掌管货币资金也不记载营业收入和应收账款账目的主管人员处理。

注册会计师观察指定人员寄送对账单和审查顾客复函档案,是非常有效的控制测试程序。

(6)内部核查程序。应当由内部审计人员或其他独立人员核查销售交易的处理和记录。核查的主要内容如下。

① 销售与收款业务相关岗位及人员的设置情况,重点检查是否存在销售与收款业务不相容职务混岗的现象。

② 销售与收款业务授权批准制度的执行情况,重点检查授权批准手续是否健全,是否存在越权审批行为。

③ 销售的管理情况,重点检查信用政策、销售政策的执行是否符合规定。

④ 收款的管理情况,重点检查单位销售收入是否及时入账,应收账款的催收是否有效,坏账核销和应收票据的管理是否符合规定。

⑤ 销售退回的管理情况,重点检查销售退回手续是否齐全、退回货物是否及时入库。注册会计师可以通过检查内部审计人员的报告,或其他独立人员在他们核查的凭证上的签字等方法实施控制测试。

知识链接 8-4

销售与收款循环内部控制的监督检查

企业应当建立对销售与收款内部控制的监督检查制度,明确监督检查机构或人员的职责权限,定期或不定期地进行检查。企业监督检查机构或人员应检查销售与收款业务内部控制制度是否健全,各项规定是否得到有效执行。

销售与收款内部控制制度核查,还应该关注以下内容:销售与收款业务相关岗位及人员的设置情况。重点检查是否存在销售与收款业务不相容职务混岗的现象;销售与收款业务授权批准制度的执行情况。重点检查授权批准手续是否健全,是否存在越权审批行为;销售的管理情况。重点检查信用政策、销售政策的执行是否符合规定;收款的管理情况。重点检查企业销售收入是否及时入账,应收账款的催收是否有效,坏账核销和应收票据的管理是否符合规定;销售退回的管理情况。重点检查销售退回手续是否齐全、退回货物是否及时入库。

2. 收款业务内部控制环节及测试

(1)单位应当按照《现金管理暂行条例》、《支付结算办法》和《内部会计控制规范——货币资金(试行)》等规定,及时办理销售收款业务。

(2)单位应将销售收入及时入账,不得账外设账,不得擅自坐支现金。销售人员应当避免接触销售现款。

（3）单位应当建立应收账款账龄分析制度和逾期应收账款催收制度。销售部门应当负责应收账款的催收，财会部门应当督促销售部门加紧催收。对催收无效的逾期应收账款可通过法律程序予以解决。

（4）单位应当按客户设应收账款台账，及时登记每一客户应收账款余额增减变动情况和信用额度使用情况。对长期往来客户应当建立起完善的客户资料，并对客户资料实行动态管理，及时更新。

（5）单位对可能成为坏账的应收账款应当报告有关决策机构，由其进行审查，确定是否确认为坏账。单位发生的各项坏账，应查明原因，明确责任，并在履行规定的审批程序后作出会计处理。

（6）单位注销的坏账应当进行备查登记，做到账销案存。已注销的坏账又收回时应当及时入账，防止形成账外款。

（7）单位应收票据的取得和贴现必须经由保管票据以外的主管人员的书面批准。应有专人保管应收票据，对即将到期的应收票据，应及时向付款人提示付款；已贴现票据应在备查簿中登记，以便日后追踪管理，并应制订逾期票据的冲销管理程序和逾期票据追踪监控制度。

（8）单位应当定期与往来客户通过函证等方式核对应收账款、应收票据、预收账款等往来款项。若有不符，应查明原因，及时处理。

由于销售业务与收款业务同属于一个循环，在经济活动中密切相关。因此，收款业务的一部分控制测试可与销售业务的测试一并进行，但收款业务的特殊性又决定了其另一部分控制测试仍须单独进行。

（三）评价控制风险

注册会计师将执行控制测试所获取的证据，用来评价与销售交易有关的每项重要认定的控制风险，并将评价过程的结论和相关依据记录在审计工作底稿中。

如果被审计单位销售与收款循环的内部控制不存在，或尽管存在但未得到遵循，或者控制测试的工作量不能达到减少实质性测试程序的工作量，则注册会计师不应再继续实施控制测试，而应直接进行实质性程序。

【例8-1】 正大会计师事务所的注册会计师李阳和张兵正在对某股份有限公司2012年度财务报表进行审计。该公司2012年度未发生购并、分立和债务重组行为，供、产、销形势与上年相当。在对应收账款项目及相关的内部控制进行检查时，发现相关的内部控制如下。

（1）产品的赊销由销售经理批准，并由会计部门负责催收。

（2）会计部门由专人登记应收账款，分析账龄。

（3）某公司一般是在年末时，与债务单位对账结算。由不负责登记应收账款的出纳向顾客寄送对账单。

请代注册会计师李阳和张兵指出上述内部控制存在哪些问题？

经分析，该公司内部控制存在以下问题。

（1）信用销售应经适当的授权，对顾客信用应评定等级和额度，由信用管理部门批准。

（2）销售部门负责应收账款的催收，会计部门负责应收账款的对账。

（3）企业应建立定期的对账制度，以利于催收和及时发现已归还的应收账款。

（4）对账不能由出纳负责对账，应由不负责现金出纳和销售及应收账款记账的人员寄发对账单，以保证资产的安全。

【例 8-2】 注册会计师张兵在对某公司的内部控制进行了解和测试，注意到下列情况。

（1）根据批准的顾客订单，销售部编制预先连续编号的一式三联现销或赊销销售单。经销售部被授权人员批准后，所有销售单的第一联直接送仓库作为按销售单供货和发货给装运部门的授权依据，第二联交开具账单部门，第三联由销售部留存。

（2）仓库部门根据批准的销售单供货，装运部门将从仓库提取的商品与销售单核对无误后装运，并编制一式四联预先连续编号的发运单。其中，三联及时分送开具账单部门、仓库和顾客，一联留存装运部门。

请指出上述情况中，内部控制是否存在缺陷。若有，请指出，并说明理由及提出改进建议。

经分析，只有情况（1）存在缺陷。理由是，对于赊销的则应当由信用审批部门根据管理层的赊销政策进行确定，以及对每个顾客的已经授权的信用额度进行调查。建议在由销售部授权人员签字批准后，涉及赊销业务的销售单将先被送交信用管理部门。信用管理部门将销售单将先被送交信用管理部门。信用管理部门将销售单与该顾客的可用信用额度进行比较，在签署信用审阅意见后将销售单送回销售部。对可用信用额度不足的赊销业务销售单，需要经过公司授权人员批准才能发出。然后，经批准的销售单才能送交仓库作为按销售单供货和发货给装运部门的授权依据。

小思考

内部控制的缺陷

某公司会计部门职员王某根据收到的发运单、销售单、预先连续编号的销售发票核对无误后，登记销售收入和应收账款明细账。请指出该公司内部控制是否存在缺陷，为什么？

经分析，存在缺陷。理由是，登记收入明细账和应收账款明细账的职员应当是两个人。

某公司由负责登记应收账款备查簿的人员在每月末定期给顾客寄送对账单，并对顾客提出的异议进行专门追查。请指出该公司内部控制是否存在缺陷，为什么？

经分析，存在缺陷。理由是，登记应收账款备查簿的人员不能寄发对账单。建议由不负责现金出纳和销售及应收账款记账的人员寄发对账单。

第三节　销售与收款循环的实质性测试运用

销售与收款循环实质性程序一般包括分析程序、重视配比关系、注意应收账款的高估风险、注意收入的确认时点、注意操纵收入的预警信号等内容。这里主要介绍营业收入审计、应收账款审计、坏账准备的审计等内容。

一、销售与收款循环的实质性程序

（一）审计目标与认定的对应关系
审计目标与认定的对应关系如表 8-3 所示。

表 8-3　审计目标与认定的对应关系

审计目标	财务报表认定					
	发生	完整性	准确性	截止	分类	列报
利润表中记录的营业收入已发生,且与被审计单位有关	√					
所有应当记录的营业收入均已记录		√				
与营业收入有关的金额及其数据已恰当记录			√			
营业收入已记录于正确的会计期间				√		
营业收入已记录于恰当的账户					√	
营业收入已按照企业会计准则的规定在财务报表中做出恰当的列报						√

(二) 销售业务的实质性程序

1. 测试登记入账的销货业务是否真实

这一测试所要达到的一般审计目标是——销售的真实性(与"发生"认定有关)。

在审计测试中,审计人员一般关心三类错误的可能性:第一类,未曾发货却已将销货业务登记入账;第二类,销货业务重复入账;第三类,向虚构的顾客发货,并作为销货业务登记入账。前两类错误可能是有意的,也有可能是无意的,而第三类错误却是有意的。显然,将不真实的销货登记入账的情况虽然极少,但其后果却相当严重,因为这会导致虚增资产和收入。

任何以恰当的实质性程序来发现不真实的销货,都取决于注册会计师的专业判断。注册会计师通常认为只有当内部控制存在薄弱环节时,才可能出现与"发生"认定有关的重大错报,才有必要进行实质性测试程序。因此,与"发生"认定有关的实质性程序的性质取决于潜在的控制弱点的性质。

(1) 对于未曾发货却已将销货业务登记入账错误的审计。注册会计师可以从营业收入明细账中抽取几笔业务,追查有无发运凭证及其他佐证凭证。如果注册会计师对发运凭证等的真实性表示怀疑,就有必要再进一步追查存货的永续盘存记录,测试存货余额有无减少。

(2) 对于销货业务重复入账错误的审计。注册会计师可以通过复核企业为防止重复编号而设置的有序号的销货交易记录清单加以确定。

(3) 向虚构的顾客发货并作为销货业务登记入账错误的审计。这类错误一般只有在登记销货的人员,同时又兼有批准发货职能时才会发生。当内部控制存在上述缺陷时,注册会计师很难察觉这种虚构的发货。注册会计师可以从营业收入明细账中抽取若干笔业务,审查其相应的销售单,确认销售单是否经过赊销批准手续和发货审批手续,这是测试被审计单位是否向虚构的顾客发货的方法之一。

查找上述三类高估销货错误的一种有效的办法是追查应收账款明细账中贷方发生额的记录。如果是收回货款或者收到退货,则原来记录入账的销货业务通常是真实的;如果贷方发生额是注销坏账,或者直到审计时所欠货款仍未收回,则有虚构销货的可能性,就必须详细追查相应的发货凭证和顾客订货单等,因为这些迹象都说明可能存在虚构的销货业务。

当然,常规审计的主要目的并不是纠错防弊,除非这些舞弊对财务报表有重大影响。只有在注册会计师认为由于缺乏足够的内部控制而可能出现舞弊时,才有必要进行上述实质性程序。

2. 测试已发生的销货业务是否均已登记入账

这一测试所要达到的一般审计目标是——完整性(与"完整性"认定有关)。

销货业务的审计通常偏重于检查资产和收入的虚增问题,一般无须对完整性目标进行交易的实质性程序。但是,如果被审计单位内部控制不健全,如没有由装运凭证追查至营业收入明细账的独立内部检查程序,就有必要进行交易的实质性程序。

对销货交易完整性目标的审计通常是从发货部门的档案中选取部分发运凭证,并追查至有关的销售发票副本和营业收入明细账,以测试货已发出但未开票的情况。但注册会计师必须检查凭证的编号是否连续,以确认全部发运凭证均已归档,这一点通过检查凭证的编号顺序来查明。

可见,发生目标的审计和完整性目标的审计,其审计程序的顺序是相反的。这一点对审计程序适当与否至关重要。发生目标的审计程序是从明细账追查至原始凭证,即起点是明细账,从营业收入明细账中抽取样本,追查至销售发票副本、发运凭证及顾客订货单;完整性目标的审计程序是从原始凭证追查至明细账,即起点是发运凭证,从发运凭证中选取样本,追查至销售发票副本和营业收入明细账。但在测试其他审计目标时,审查方向一般无关紧要。例如,测试交易业务的估价时,可以由销售发票追查至装运凭证,也可以反向追查。

3. 测试登记入账的销货业务估价是否准确

这一测试所要达到的一般审计目标是——估价(与"计价与分摊"认定有关)。

销货业务的准确估价包括:按发货数量准确地开单;及时将账单上的数额准确地记入会计账簿。对这两个方面,在每次审计中,一般都要进行实质性程序,以确保其准确无误。

4. 测试登记入账的销货业务的分类是否正确

典型的实质性程序包括重新计算会计记录中的数据。通常的做法是:以营业收入明细账中的会计分录为起点,选取若干笔业务,将其合计数与应收账款明细账和销售发票副本进行比较核对。销售发票存根上所列的单价,通常还要与经过批准的商品价目表核对,其金额小计和合计数也要重新计算。发票中所列商品的规格、数量和顾客名称(或代号)等,则应与发运凭证进行比较核对。另外,还要审核顾客订货单和销售单中的同类数据。

这一测试所要达到的一般审计目标是——分类(与"分类"认定有关)。

首先,要区分销货是现销还是赊销,注意两者的会计处理是不同的。其次,要注意区分不同种类的销货业务,如主营业务与附营业务相区别。销货分类正确的测试一般可与估价测试一并进行。注册会计师可以通过审核原始凭证来确定具体交易业务的类别是否正确,并以此与账簿的实际记录相比较。

5. 测试销货业务的记录是否及时

发货后应尽快开具销售发票并登记入账,以防止无意漏记销货业务,确保把它们记入正确的会计期间。在执行估价实质性程序的同时,一般要将选取的发运凭证的日期与相应的销售发票存根、营业收入明细账和应收账款明细账上的日期比较。若有重大差异,就可能存在销货跨期入账的错误。

6. 测试销货业务是否已正确地记入明细账并准确地汇总

应收账款明细账和营业收入明细账必须予以准确地加总并过入总账。在多数审计中,通常采用加总营业收入明细账数,并将加总数和一些具体内容分别追查至营业收入总账和应收账款明细账或现金、银行存款日记账等的测试方法。这一程序的样本量要受内部控制质量的影响。从营业收入明细账追查至应收账款明细账,一般与为实现其他审计目标所作的测试一并进行;而将营业收入明细账加总,并追查、核对加总数至其总账,则应作为单独的一项程序来执行。

知识链接 8-5

过账、汇总目标的测试与其他目标测试的区别

过账、汇总目标的测试包括加总营业收入明细账、应收账款明细账和总账三项,并从其中之一追查核对至其他两者,仅此而已。其他目标如估价等,其测试除包括上述程序外,还要包括凭证之间的相互核对和凭证与相关明细账的核对,如由销售发票存根追查核对至营业收入明细账或应收账款明细账。

(三)收款业务的实质性程序

收款的交易类别测试同销售的交易类别测试一样,实质性程序的范围在一定程度上取决于关键控制是否存在以及控制测试的结果。由于销售与收款业务同属于一个循环,在经济活动中密切相关,收款业务的一部分测试可与销售业务的测试一并进行,但收款业务的特殊性又决定了其另一部分测试仍须单独进行。

二、营业收入审计

(一)营业收入的审计目标

营业收入项目既反映企业在销售商品、提供劳务等主营业务活动中所产生的收入,也涵盖企业确认的除主营业务活动以外的其他营业活动实现的收入。其审计目标一般包括:①确定已记录的营业收入是否确实发生,且与被审计单位有关;②确定已实现的营业收入是否全部入账;③确定对销售退回、折扣与折让的处理是否适当;④确定营业收入是否记录于正确的会计期间;⑤确定营业收入的内容是否正确;⑥确定营业收入的披露是否适当。

(二)营业收入审计中常见的会计错弊

(1) 由于发票管理不严格而带来的漏洞,如提前开具发票、虚开发票、上下联不符等;

(2) 销售收入入账时间不正确。例如,提前入账或推迟入账,以达到调节收入的目的;

(3) 销售收入入账金额不实,故意隐匿收入,或在存在重大不确定时确认收入;

(4) 销售折扣与折让处理不规范,以此调整收入;

(5) 在建工程领用产品不作销售处理,以虚减增值税;

(6) 受托销售(在收取手续费的情况下)将代销收入列入本企业的销售收入,以虚增收入;

(7) 递延确认收入。在公司当期业绩下降时,通过确认以前年度的收入来高估当期收益,以此达到误导投资者的目的,这是一种严重的操纵收入的行为;

(8) 制造收入事项。通过关联方及关联交易,利用子公司按市场价格销售给第三方,确认该子公司的收入,再由另一公司从第三方手中购回。这种做法在避免了集团内部交易必

须抵消的约束的同时,确保了在合并会计报表中收入的确认。

表 8-4 为中国上市公司十大财务舞弊案造假手法一览表。

表 8-4　中国上市公司十大财务舞弊案造假手法一览表

公司名称	多计存货价值	多计应收账款	多计固定资产	虚增销售收入	虚减销售成本	费用任意递延	漏列负债	隐瞒重要事项
原野公司		√		√		√		√
琼民源			√					
东方锅炉			√					
红光实业	√		√					√
郑百文					√	√		
张家界				√				
黎明股份	√			√		√		
大东海		√		√				
银广夏	√	√		√				
麦科特			√	√				

资料来源:王英姿. 审计学原理与实务. 第 2 版. 上海:上海财经大学出版社,2007.

小思考

被审计单位发生财务舞弊的重点领域是什么?

从表 8-4 可知,被审计单位发生财务舞弊的重点领域是营业收入。我国上市公司十大财务舞弊案中有九家是通过虚增营业收入来造假的。

(三)营业收入审计的实质性程序

1. 取得或编制营业收入明细表

取得或编制营业收入明细表,复核加计正确,并与报表数、总账数和明细账数核对相符。

2. 审查营业收入的确认原则和计量是否正确

注册会计师应当审查被审计单位是否遵守了企业会计准则有关收入确认时间与计量的规定。企业销售商品收入应同时满足下列条件的,才能予以确认:①企业已将商品所有权上的主要风险和报酬转移给购货方;②企业既没有保留通常与所有权相联系的继续管理权,也没有对已售出的商品实施有效控制;③收入的金额能够可靠计量;④相关的经济利益很可能流入企业;⑤相关的已发生或将发生的成本能够可靠计量。

企业营业收入的确认时间(即产品销售的实现时间),取决于产品销售方式和货款结算方式。因此,对营业收入确认时间的审计,应结合不同的产品销售方式和货款结算方式进行。

(1)采用交款提货销售方式,应于货款已收到或取得收取货款的权利,同时已将发票账单和提货单交给购货单位时确认收入的实现。对此,注册会计师应着重审查被审计单位是否收到货款或取得收取货款的权利,发票账单和提货单是否已交付购货单位。应注意有无扣押结算凭证,将当期收入转入下期,或者虚计收入、开假发票、虚列购货单位,而将当期未实现的收入虚转为收入入账,在下期予以冲销的现象。

(2)采用预收账款销售方式,应于商品已经发出时,确认收入的实现。对此,注册会计师应着重审查被审计单位是否收到了货款,商品是否已经发出。应注意是否存在对已收货款不入账、转为下期收入,或开具虚假出库凭证、虚增收入等现象。

(3)采用托收承付结算方式,应于商品已经发出或劳务已经提供,并已将发票账单提交银行、办妥托收手续时确认收入的实现。对此,注册会计师应着重审查被审计单位是否发货、托收手续是否办妥、发运凭证是否真实、托收承付结算回单是否正确。

(4)采用委托其他单位代销商品方式,如果代销单位采用视同买断方式,应于代销商品已经销售并收到代销清单时,按企业与代销单位确定的协议价确认收入的实现。对此,注册会计师应注意查明有无商品未销售、编制虚假代销清单、虚增本期收入等现象;如果代销单位采用收取手续费方式,应在代销单位将商品销售、企业已收到代销清单时,按企业与代销单位确定的手续费比率确认收入的实现。

(5)销售合同或协议明确销售价款的收取采用递延方式,实质上具有融资性质的,应当按照应收的合同或协议价款的公允价值确定销售商品收入金额。应收的合同或协议价款与其公允价值之间的差额,应当在合同或协议期间内采用实际利率法进行摊销,计入当期损益。

(6)长期工程合同,如果合同的结果能够可靠估计,一般应当根据完工百分法合理确认营业收入。注册会计师应重点审查收入的计算、确认方法是否符合规定,并核对应计收入与实际收入是否一致,注意查明有无随意确认收入,虚增或虚减本期收入的情况。

(7)委托外贸代理出口、实行代理制方式的,应在收到外贸企业代办的发运凭证和银行交款凭证时确认收入的实现。对此,注册会计师应重点审查代办发运凭证和银行交款单是否真实,注意有无内外勾结,出具虚假发运凭证或虚假银行交款单的情况。

(8)对外转让土地使用权和销售商品房的,应在土地使用权和商品房已经移交,并将发票结算账单提交对方时确认收入的实现。对此,注册会计师应重点审查应办理的移交手续是否符合规定要求,发票账单是否已交对方;注意查明被审计单位有无编造虚假移交手续,采用"分层套写"的方法开具虚假发票的行为,防止其高价出售、低价收款,从中贪污货款。

对上述营业收入确认的审查,主要是采用抽查法、核对法和验算法。

【例8-3】 注册会计师李兵在审核有关收入的审计工作底稿时,发现有以下结论,请代其评价这些结论是否恰当,并说明理由。

(1)销售给某公司产品10 000件,每件5 000元,合同约定分5年等额收款,当年已收取10 000 000元,企业确认收入50 000 000元。建议分5年等额确认收入。

(2)转让某专利技术的使用权3年,一次性收费300万元,不再提供后续服务,企业已全部确认为收入。建议其分期确认,调整收入。

(3)含在商品售价内5年的服务费(可以单独区分),企业全部确认为收入。建议其调整记入"预收款项"分期确认收入。

(4)资产负债表日至财务报告批准报出日之间退回的报告期收入。建议其调整报告期的收入、成本、税费等相关项目。

分析结果如下。

业务(1)结论不恰当。因为具有融资性质的分期收款销售商品,应该按照合同约定应收款项的未来现金流量现值或商品现销价格确认收入,而非按照合同约定应收款项等额确认收入。

业务(2)结论不恰当。因为企业专利技术使用权的转让,如果合同或协议规定一次性收取使用费,且不提供后续服务的,应当视同销售该项资产一次性确认收入,企业的处理正确,不应建议其调整。

业务(3)结论恰当。因为收入准则规定:包括在商品售价内可区分的服务费,在提供服务的期间内分期确认收入。企业全部确认为收入,注册会计师建议其调整记入"预收款项"分期确认收入是正确的。

业务(4)结论恰当。因为企业已经确认销售商品收入的售出商品发生销售退回的,应当在发生时冲减当期销售商品收入,同时冲减当期销售商品成本、税费等相关项目。销售退回属于资产负债表日后事项的,适用《企业会计准则第 29 号——资产负债表日后事项》,应当在发生时冲减报告期销售商品收入,同时冲减报告期销售商品成本、税费等相关项目。本业务属于资产负债表日后事项。

3. 选择运用实质性分析程序

(1) 将本期与上期的营业收入进行比较,寻找差异并分析其产生的原因,从而判断产品销售的结构和价格的变动是否正常。

(2) 比较本期各月各种营业收入的情况,分析判断其变动趋势是否正常,是否符合被审计单位季节性、周期性的经营规律,并查明异常现象和重大波动的原因。

(3) 计算本期重要产品的毛利率,以分析比较本期与上期同类产品毛利率的变化情况,注意收入与成本是否配比,并查明重大波动和异常情况的原因。

(4) 计算重要客户的销售额及产品的毛利率,分析比较本期与上期有无异常变化。

(5) 将本年与以前年度的销售退回及折扣、折让占销售收入的比例进行比较,判断有无高估或低估销售退回及折扣、折让的可能。

4. 相关凭证的审查

(1) 根据增值税发票或普通发票申报表,推算全年收入并与收入的实际入账金额核对,检查是否存在虚开发票或已销售但未开发票的情况。

(2) 从销售发票中选取样本,将其单价与经批准的产品价格目录比较,并分析价格的合理性,判断有无低价或高价结算以转移收入的现象。

(3) 审查销货发票的开票、记账、发货日期是否相符;品名、数量、单价、金额是否与发运凭证、销售合同等一致,编制测试表。

5. 实施销售的截止测试

销售的截止测试是指通过测试资产负债表日前后若干天且金额较大的发货单据,将应收账款和收入明细账进行核对;同时,从应收账款和收入明细账选取在资产负债表日前后若干天且金额较大的凭证,与发货单据核对,以确定销售是否存在跨期现象。

截止测试是实质性程序中常用的一种审计技术,被广泛运用于货币资金、往来款项、存货、投资、营业收入和期间费用等诸多财务报表项目的审计中,尤以在营业收入项目中的运用更为典型。对营业收入项目实施截止测试,其目的主要在于确定被审计单位营业收入业务的会计记录归属期是否正确;应计入本期或下期的营业收入有无被推迟至下期或提前至本期。

根据收入确认的基本原则,注册会计师在审计中应该注意把握 3 个与营业收入确认有着密切关系的日期:①发票开具日期或者收款日期;②记账日期;③发货日期(服务行业则是指提供劳务的日期)。

这里的"发票开具日期"是指开具增值税专用发票或普通发票的日期;记账日期是指被

审计单位确认营业收入实现,并将该笔经济业务记入营业收入账户的日期;发货日期是指仓库开具出库单并发出库存商品的日期。检查三者是否归属于同一适当会计期间,是营业收入截止测试的关键所在。

围绕上述3个重要日期,在审计实务中,注册会计师可以考虑选择3条审计路线实施营业收入的截止测试,具体内容可见表8-5。

表8-5 营业收入截止测试的3条审计路线比较

起点	路 线	目 的	优 点	缺 点
账簿记录	从报表日前后若干天的账簿记录查至记账凭证,检查发票存根与发货凭证	证实已入账收入是否在同一期间已开具发票发货,有无多记收入,防止高估营业收入	比较直观,容易追查至相关凭证记录	缺乏全面性和连贯性,只能查多记,无法查漏记
销售发票	从报表日前后若干天的发票存根查至发货凭证与账簿记录	确认已开具发票的货物是否发货并于同一会计期间确认收入,防止低估收入	较全面、连贯,容易发现漏记收入	较费时、费力,尤其是难以查找相应的发货及账簿记录,不易发现多记收入
发运凭证	从报表日前后若干天的发货凭证查至发票开具情况与账簿记录	确认收入是否已计入适当的会计期间,防止低估收入	较全面、连贯,容易发现漏记收入	较费时、费力,尤其是难以查找相应的发货及账簿记录,不易发现多记收入

在现实生活中,由于被审计单位所处的环境不同,导致管理层的意图也不尽相同,所以他们对待营业收入计算的态度就会有所差异。例如,有的为了逃避税收而低估营业收入;有的为了掩盖企业财务困境或骗取银行信贷等,可能会高估营业收入。因此,为了提高审计效率,注册会计师应当根据经验和所掌握的信息做出正确的专业判断,结合实际情况选择一条或两条审计路线实施有效的营业收入截止测试。

【例8-4】 注册会计师张兵审计光明公司的营业收入时,通过实施分析性程序发现光明公司2012年12月营业收入波动异常。于是,他实施销售截止性测试,以期发现营业收入是否存在高估或是低估的问题。通过销售截止性测试,如表8-6所示。张兵认为光明公司存在少计或多计销售收入事项,提请光明公司进行调整。

表8-6 光明公司营业收入截止测试

客户:光明公司　　　　　　编制人:张兵　　　　　　日期:2013/03/01　　　　索引号:S06-3
截止日:2012年12月31日　　复核人:李阳　　　　　　日期:2013/03/01　　　　页次:1/1

发票内容				出库记录	记账凭证		是否跨期	备 注
编号	日 期	客户名称	销售额	出库日期	日 期	编号	√(×)	
11231	12/12/14	B公司	18 649	12/12/03	12/12/15	134	×	T,J
11232	12/12/19	S公司	54 376	—	12/12/31	165	×	J,没有发运记录
11233	12/12/26	A公司	120 000	12/12/26	13/01/15	0021	√	T,需调整
11234	12/12/28	D公司	28 000	12/12/25	13/01/15	0022	√	T,需调整
18735	12/12/31	F公司	68 000	12/12/26	13/01/15	0023	√	T,需调整

截止日 2012 年 12 月 31 日

续表

| 发 票 内 容 | | | | 出库记录 | 记账凭证 | | 是否跨期 | 备　　注 |
编号	日　期	客户名称	销售额	出库日期	日　期	编号	√（×）	
18736	13/01/03	S公司	54 376	13/01/03	13/01/15	0024		红字冲销
18737	13/01/07	E公司	28 000	13/01/07	13/01/15	0025	×	T，J
18738	13/01/13	H公司	68 000	13/01/05	13/01/15	0026	×	T，J
18739	13/01/19	C公司	16 000	13/01/19	13/01/31	0027	×	T，J

说明：T——与发货核对相符；J——正确过入明细账、总账。

分析结果如下。

对12月3笔已开发票，但未计入当月账的主营业务收入进行调整（漏计）。

借：应收账款——A公司　　　　　　　　　　120 000

　　　　　　　——D公司　　　　　　　　　　28 000

　　　　　　　——F公司　　　　　　　　　　68 000

　　贷：主营业务收入　　　　　　　　　　　　　　184 615.38

　　　　应交税费——应交增值税（销项税额）　　　31 384.62

对12月多计主营业务收入进行调整（多计）。

借：主营业务收入　　　　　　　　　　　　46 475.21

　　应交税费——应交增值税（销项税额）　　7 900.79

　　贷：应收账款——S公司　　　　　　　　　　54 376

6. 销售折扣、销货退回与折让业务测试

企业在销售过程中，经常会因为产品质量、品种不符合要求以及结算方面的原因发生销售折扣、销货退回与折让业务。尽管引起销售折扣、销货退回与折让的原因不尽相同，其表现形式也不尽一致，但最终结果都是对收入的抵减，直接影响营业收入的确认和计量。因此，注册会计师在对销售折扣、销货退回与折让业务测试时，应注意以下内容。

（1）检查销售折扣、销货退回与折让的原因和条件是否真实、合规，有无借销售折扣、销货退回与折让之名，转移收入或贪污货款。

（2）检查销售折扣、销货退回与折让的审批手续是否完备和规范，有无擅自折让和折扣而转利于关联方企业的情况。

（3）检查销售折扣、销货退回与折让的数额计算是否正确，会计处理是否恰当。

（4）检查销售退回的产品是否已验收入库并登记入账，有无形成账外"小仓库"的情况。

（5）销售折扣与折让是否及时足额提交对方，有无虚设中介、转移收入私设账外"小金库"的情况。

（6）检查销售折扣与折让的会计处理是否正确。

对销售折扣、销货退回与折让业务的测试，主要是根据销售合同的相关规定，审阅有关收入明细账和存货明细账，抽查相关会计凭证，验算并核对账证是否相符，若有不符，应进一步分析原因，核实取证。

知识链接 8-6

审计销售退回业务

在审计销售退回业务时,审计人员应该关注"合同"的规定,如果合同规定对方只要无法将货再售出就可以退货,这就意味着"商品所有权上的主要风险"并未转移,本质上应该属于"寄销商品"。这说明企业已提前确认收入了。

7. 检查有无特殊的销售行为

特殊的销售行为包括附有销售退回条件的商品销售、委托代销、售后回购、以旧换新、商品需要安装和检验的销售、分期收款销售、售后租回等,确定恰当的审计程序进行审核。

8. 调查集团内部的销售情况

调查集团内部的销售情况,记录其交易价格、数量和金额,并追查在编制合并报表时是否予以抵消。

9. 调查关联方销售的情况

调查关联方销售的情况,记录其交易品种、价格、数量和金额,以及占主营业务收入的比例。

10. 确认营业收入在利润表上的列报

确认营业收入在利润表上的列报是否恰当。

【例 8-5】 审计人员 2013 年 4 月 15 日审查某企业 2012 年产品销售业务时发现,该企业 12 月 28 日售给外地某厂 A 产品 500 件,每件售价 800 元,已向银行办理了托收手续,尚未作为产品销售收入和应收账款入账。该产品单位成本 700 元,适用的增值税税率为 17%,所得税税率 25%,法定盈余公积 10%,公益金 5%(已结账)。

请问该企业这样处理的影响是什么?应如何改正?

经分析,该企业本期已实现的主营业务收入没有全部入账,将会影响到企业的收入、成本、利税等一系列指标的真实性。

(1) 补记收入

借:应收账款 468 000
　　贷:以前年度损益调整 400 000
　　　　应交税费——应交增值税(销项税) 68 000

(2) 补记成本

借:以前年度损益调整 350 000
　　贷:库存商品 350 000

(3) 补交所得税

借:以前年度损益调整 12 500
　　贷:应交税费——应交所得税 12 500

(4) 结转

借:以前年度损益调整 37 500
　　贷:利润分配——未分配利润 37 500

（5）补提法定盈余公积和公益金

借：利润分配——未分配利润   5 625

 贷：盈余公积——法定盈余公积   3 750

      ——公益金   1 875

【例 8-6】 审计人员在审查某工业企业 2013 年 1 月"银行存款"日记账时，发现 1 月 24 日摘要中注明预收某产品货款，但对方科目的名称是"主营业务收入"，金额计 26 万元。经查阅 2013 年 1 月 24 日 17♯记账凭证，其会计分录如下。

借：银行存款   260 000

 贷：主营业务收入   260 000

该凭证所附的原始凭证是一张信汇收账通知，无发票记账联。经过询问当事人并调阅有关销售合同，确定该企业预收某单位产品预购款 26 万元，但因对会计制度规定不熟悉，会计人员已将其在收到预购款当日作了收入处理。

请指出该企业存在的问题，并提出处理意见。

审计人员认为，该企业违反了会计制度中关于采用预收货款方式销售产品入账时间的规定，致使当期销售收入虚列，影响了有关资料的真实性。

如果该问题在 1 月即查清，被审计单位应编制调账分录如下。

借：主营业务收入   260 000

 贷：预收账款   260 000

三、应收账款审计

（一）应收账款的审计目标

应收账款的审计目标一般包括：确定应收账款是否存在；确定应收账款的增减变动的记录是否完整；确定应收账款是否归被审计单位所有；确定应收账款的期末余额是否正确；确定应收账款在财务报表上的披露是否恰当。

应收账款的审计目标与认定的对应关系如表 8-7 所示。

表 8-7 应收账款的审计目标与认定的对应关系

审计目标	财务报表认定				
	存在	完整性	权利和义务	计价和分摊	列报
资产负债表中记录的应收账款是存在的	√				
所有应当记录的应收账款均已记录		√			
记录的应收账款由被审计单位拥有或控制			√		
应收账款以恰当的金额包括在财务报表中，与之相关的计价调整已恰当记录				√	
应收账款以按照企业会计准则的规定在财务报表中做出恰当列报					√

（二）应收账款的实质性测试程序

1. 应收账款审计中常见的会计错弊

（1）虚增应收账款调节利润。通过挂"应收账款"账，虚列收入，粉饰利润，这往往与被审计企业所处的行业特点及企业的信用政策相关。如果企业应收账款膨胀或居高不下,可能会计存在利润被"注水"的迹象;如果应收账款中大股东欠款占比例大,上市公司可能成为大股东的"提款机"。

(2) 利用应收账项转移资金。企业为了达到某种目的,可以将销货款等收入通过挂"应收账款"科目的方式,将资金转移到关系单位,然后再通过关系单位的配合,达到挪用资金或私存账外资金的目的。特别要重视"其他应收款"账户,一些企业为了隐藏关联交易或关联关系,调节利润,往往将"应收账款"往"其他应收款"账户中转移,先将资金挂在"其他应收款"或"预付账款"中,需求时再转回来,确认收入。

(3) 利用应收账款坏账计提、确认,达到其特殊目的。通过扩大或缩小计提比例,故意多提或少提坏账准备,人为调节利润。对已经确认又收回的坏账不入账,作为账外资金;对不应确认的坏账损失,未经授权,转作坏账损失,加大当期费用。

(4) 利用应收账款隐瞒其他科目的问题。为了隐藏其他账户中的问题,人为调平账款,造成"相符"或"平衡"的假象。利用年终转账,将一个或几个明细账余额分解或合并到几个或一个账户中。利用销货与收款时间不一致的特点,对已收回的应收账款不入账或推迟入账,以便达到占用或挪用的目的。

2. 应收账款审计的实质性程序

(1) 取得或编制应收账款明细表(计价和分摊)。审计人员在向被审计单位取得或自行编制应收账款明细表后,应将应收账款明细表所列的金额合计与报表数、总账数和明细账合计数核对相符。

(2) 检查应收账款账龄分析正确与否(计价和分摊)。应收账款的账龄是指资产负债表中的应收账款从销售实现、产生应收账款之日起,至资产负债表日止所经历的时间。注册会计师可以通过编制或索取应收账款账龄分析表来分析应收账款的账龄,其主要目的是了解应收账款的可收回性和坏账准备计提是否充分。

编制应收账款账龄分析表时,可以选择重要的顾客及其余额列示,不重要的或余额较小的,可以汇总列示。应收账款账龄分析表的合计数减去已计提的相应坏账准备后的净额,应该等于资产负债表中的应收账款数。应收账款账龄分析表见表8-8。

表8-8 应收账款账龄分析表

年 月 日 货币单位:万元

序号	顾客名称	期末余额	账 龄			
			1年以内	1~2年	2~3年	3年以上
	合 计					

(3) 向债务人函证应收账款(存在、权利和义务、计价与分摊)。应收账款函证是指注册会计师为了获取影响财务报表或相关披露认定的项目的信息通过直接来自第三方对有关信息和现存状况的声明,获取和评价审计证据的过程。

函证的目的是证实应收账款账户余额的真实性、正确性,防止或发现被审计单位及其有关人员在销售业务中发生的差错或弄虚作假、营私舞弊行为。通过函证,可以有效地证明债务人的存在和被审计单位记录的可靠性。注册会计师应当对应收账款实施函证,除非有充分证据表明应收账款对财务报表不重要,或函证很可能无效。如果不对应收账款函证,注册会计师应当在工作底稿中说明理由。

注册会计师应考虑被审计单位的经营环境、内部控制的有效性、账户或交易的性质、被询证者处理询证函的习惯做法及回函的可能性等,以确定函证的内容、范围、时间和方式。询证函可以由注册会计师利用被审计单位提供的应收账款明细账户名称及地址编制,也可以委托被审计单位其他人员代替其编制,但询证函的寄发一定要由注册会计师亲自进行。

① 函证的方式。注册会计师可采用积极的或消极的函证方式实施函证,也可将两种方式结合使用。

A. 积极的函证方式。如果采用积极的函证方式,注册会计师应当要求被询证者在所有情况下必须回函,确认询证函所列示信息是否正确,或填列询证函要求的信息。积极式询证函参考格式如下。

积极式应收账款询证函

光大(公司):

本公司聘请正大会计师事务所正在对本公司的会计报表进行审计。按照《中国注册会计师独立审计准则》的要求,应当询证本公司与贵公司的往来账项。下列表中数据出自本公司账簿记录,若与贵公司记录相符,请在下端"数据证明无误"处签章证明;若有不符,请在"数据不符"处列明不符金额。回函请直接寄至正大会计师事务所。

  正大会计师事务所地址:光明路 123 号

     邮政编码:111000

     电 话:××××××××

     传 真:××××××××

  注:本函仅为复核账目之用,并非催款结算。若款项在下述日期之后已付清,仍请及时函复为盼。

截止日期	贵公司欠	欠贵公司	备注
2012.12.31	45 000	15 000	

                   X 公司   2013 年 2 月 15 日

结论:1. 数据证明无误   光大公司   2013 年 2 月 20 日

   2. 数据不符,请列明不符金额: (签章)   (日期)

积极式函证方式能保证复函率,取得的审计证据比较可靠,但工作量大,特别是增加了债务人的工作量。下列情况下,注册会计师应选择使用积极的函证方式:相关的内部控制是无效的;预计差错率较高;个别账户的欠款金额较大;有理由相信欠款有可能会存在争议、差错等问题。

B. 消极的函证方式。消极函证又称反面函证或否定式函证。如果采用消极的函证方式,注册会计师只要求被询证者仅在不同意询证函列示信息的情况下才予以回函。

消极式询证函参考格式如下。

消极式应收账款询证函

_____(公司)

　　本公司聘请××会计师事务所正在对本公司的会计报表进行审计。按照《中国注册会计师独立审计准则》的要求,应当询证本公司与贵公司的往来账项。下列表中数据出自本公司账簿记录,若与贵公司记录不符,请在本函下端空格处填写贵公司相应账款记录,并回函。若相符,则无须回函。回函请直接寄至××会计师事务所。

　　　　××会计师事务所地址：_____

　　　　　　邮政编码：_____

　　　　　　电　话：_____

　　　　　　传　真：_____

　　注：本函仅为复核账目之用,并非催款结算。若款项在下述日期之后已付清,仍请及时函复为盼。

截止日期	贵公司欠	欠贵公司	备注

　　　　　　　　　　　　　　　　　　　（被审计单位签章）　　（日期）

　　结论：数据不符,请列明不符金额：_____　　（签章）　　　（日期）

消极式函证方式存在一定的误差,当被函证人不能认真对待询证函时,不宜采用。符合下列情况,注册会计师应选择使用消极的函证方式：重大错报风险评估为低水平；涉及大量余额较小的账户；预期不存在大量的错误；没有理由相信被询证者不认真对待函证。

有时,两种函证方式结合起来使用,可能更适宜。对大额的账项采用积极的函证；对于小额的账项采用消极的函证。

② 函证范围和对象的确定。

A. 函证范围的确定。对被审计单位的应收账款不必进行全部函证,可根据实际情况采用抽查的方式加以选择。影响注册会计师确定应收账款函证样本量的因素主要有以下几个方面。

第一,应收账款的重要性。如果应收账款在资产总额中所占比重较大,则应选择较多样本。

第二,被审计单位内部控制的强弱。内部控制较强的,则可以相应减少函证的样本量；反之,则应相应扩大函证范围。

第三,应收账款明细账户的数量。明细账户越多,则应选取越多的样本。

第四,以前年度函证的结果。以前年度函证时出现较大差异或未曾回函的账户,应选为本年重点函证的样本。

第五,检查风险对函证样本量的影响。如果可接受的检查风险较小,则应选取较多的样本进行函证。

第六,所采用函证的类型。采用消极式函证所需的样本量,通常比采用积极式函证时要多。

B. 函证对象的确定。一般情况下,注册会计师应选择以下项目作为函证对象(作为函证的重点):金额较大的项目;账龄较长的项目;交易频繁但期末余额较小甚至余额为零的项目;重大关联方项目;主要客户项目;与债务人可能存在争议或纠纷的项目,以及可能产生重大错报或舞弊的非正常的项目。

③ 函证的控制。当实施函证时,注册会计师应当对被询证者设计询证函,以及对发出和收回询证函进行控制。

为了充分发挥函证的作用,注册会计师应在充分考虑对方复函时间的前提下,选择函证发送的时间。最佳时间应是资产负债表日后,接近资产负债表日的时间,以确保在审计工作结束前取得函证的全部资料。

注册会计师应当采取下列措施对函证实施过程进行控制:被询证者的名称、地址与被审计单位有关记录核对;将询证函中列示的账户余额或其他信息与被审计单位有关资料核对;在询证函中指明直接向接受审计业务委托的会计师事务所回函;询证函经被审计单位盖章后,由注册会计师直接发出;将发出询证函的情况形成审计工作记录;将收到的回函形成审计工作记录,并汇总统计函证结果。

如果被询证者以传真、电子邮件等方式回函,注册会计师应当直接接收,并要求被询证者寄回询证函原件。

如果采用积极的函证方式实施函证而未能收到回函,注册会计师应当考虑与被询证者联系,查明是由于被函证者地址迁移、差错而致信函无法投递,还是这笔应收账款本来就是一笔假账。一般来说,应发送第二次乃至第三次询证函。如果仍得不到答复,注册会计师则应考虑采用必要的替代审计程序。替代审计程序应当能够提供实施函证所能够提供的同样效果的审计证据。例如,检查与销售有关的文件,包括销售合同、销售订单、销售发票副本及发运凭证等,以获取具有同等证明效力的审计证据。

注册会计师可以通过函证结果汇总表,对询证函的收回情况进行控制。函证结果汇总表格式如表 8-9 所示。

表 8-9 应收账款函证结果汇总表

被审计单位名称: 编表人: 日期:
结账日: 复核人: 日期:

询证函编号	债务人名称	债务人地址	账面金额	函证方式	函证日期		回函日期	替代程序	确认余额	差异金额及说明	备注
					第一次	第二次					
合　计											

如果实施函证和替代审计程序都不能提供财务报表有关认定的充分、适当的审计证据，注册会计师应当实施追加的审计程序。

在评价实施函证和替代审计程序获取的审计证据是否充分、适当时，注册会计师应当考虑：函证和替代审计程序的可靠性；不符事项的原因、频率、性质和金额；实施其他审计程序获取的审计证据。

如果有迹象表明收回的询证函不可靠，注册会计师应当实施适当的审计程序予以证实或消除疑虑，并应当考虑不符事项是否构成错报及其对财务报表可能产生的影响，并将结果形成审计工作记录。如果不符事项构成错报，注册会计师应当重新考虑所实施审计程序的性质、时间和范围。

④ 对函证结果的分析。一般情况下函证结果有 3 种：注册会计师认为函证结果是可靠的，并且得到了对方的确认；有迹象表明收回的询证函不可靠，此时注册会计师要采取适当的审计程序予以证实或消除疑虑；询证函中的有关内容并没有得到对方的确认。

上述情况中的后两种应引起注册会计师的高度重视，并对所怀疑的不符事项进行进一步的分析，看其是否构成错报及其对财务报表可能产生的影响，并将结果记录于审计工作底稿。如果不符事项构成错报，注册会计师应重新考虑实质性程序的性质、时间和范围。

应当指出的是，由于双方记录业务的时间不同，也可能产生不符事项，主要表现在以下方面。

A. 询证函发出时，债务人已经付款，而被审计单位尚未收到货款。

B. 询证函发出时，被审计单位的货物已经发出并已做销售记录，但货物仍在途中，债务人尚未收到货物。

C. 债务人由于某种原因将货物退回，而被审计单位尚未收到。

D. 债务人对收到货物的数量、质量及价格等有争议而全部或部分拒付等。

⑤ 对函证结果的评价。注册会计师应将函证的过程和情况记录在工作底稿中，并据以总结和评价应收账款情况。在评价函证的可靠性时，注册会计师应当考虑：对询证函的设计、发出及收回的控制情况；被询证者的胜任能力、独立性、授权回函情况、对函证项目的了解及其客观性；被审计单位施加的限制或回函中的限制。注册会计师对函证结果可进行以下评价。

A. 注册会计师应重新考虑过去对内部控制的评价是否适当；控制测试的结果是否适当；分析性复核的结果是否适当；相关的风险评价是否适当等。

B. 如果函证结果表明没有审计差异，则注册会计师可以合理地推论：全部应收账款总体是正确的。

C. 如果函证结果表明存在审计差异，则注册会计师应当估算应收账款总额中可能出现的累计差错是多少，估算未被选中进行函证的应收账款的累计差错是多少。为取得对应收账款累计差错更加准确的估计，也可以扩大函证范围。

需要指出的是，应收账款尽管得到了债务人的确认，但这并不意味着债务人就一定会付款。另外，函证也不可能发现所有存在的问题。虽然如此，应收账款的函证仍不失为一种必要的、有效的审计方法。

⑥ 与函证相关的认定。函证应收账款是证明"存在"认定的主要证据来源。由于被审

计单位的顾客回函承认债务,实质上也证实被审计单位对顾客拥有债权,这项测试也提供"权利和义务"认定的证据。由于函证应收账款并不要求付款,无法作为到期余额可收回性的证据。但是,回函所揭示的以前已还款项目或争议项目,直接影响到期金额的恰当估价。从这一点上看,函证应收账款还与应收账款总额的"计价与分摊"认定有关。

知识链接 8-7

函证应收账款的缺失

函证在实际审计实务中,虽然是一种比较有效的方法,但审计人员必须加以控制。否则,是不能达到其应有的效果。据一项调查,有 29% 的个案显示函证应收账款过程存在一定的缺失。其主要表现在:函证的代表性不足;对未回函或回函表示不符的情况,未采用适当的替代程序;寄出或收回应收账款函证的过程存在不足。例如,以传真方式函证却未查证其真实性,或交由客户寄发函证信。

(4)审查未函证的应收账款。由于注册会计师不可能对所有应收账款进行函证,对未函证的应收账款,注册会计师应抽查有关原始凭证,如销售合同、销售订单、销售发票副本及发运凭证等,以验证这些应收账款的真实性。

(5)审查坏账的确认和处理。

① 检查确认的坏账是否有确凿的证据,表明确实无法收回或收回的可能性不大。例如,债务单位已撤销、破产、资不抵债、现金流量严重不足、发生严重的自然灾害等导致停产而在短时间内无法偿付债务等,以及应收款项逾期三年以上。

② 检查被审计单位坏账的处理是否经授权批准,有关会计处理是否正确。

(6)分析应收账款明细账余额。应收账款明细账余额一般在借方,注册会计师如果发现应收账款出现贷方余额,应查明原因,必要时建议作重分类调整。

(7)审查外币应收账款的折算。对用非记账本位币(通常为外币)结算的应收账款,注册会计师应审查被审计单位外币应收账款的增减变动是否按交易发生日的即期汇率将外币金额折算为记账本位币金额,或者采用按照系统合理的方法确定的、与交易发生日即期汇率近似的汇率折算,选择采用折算汇率的方法是否前后期一致;期末外币应收账款余额是否按期末即期汇率折算为记账本位币金额;折算差额的会计处理是否正确。

(8)抽查有无不属于结算业务的债权。对不属于结算业务的债权,不应在应收账款中进行核算。因此,注册会计师应抽查应收账款明细账,并追查有关原始凭证,查证被审计单位有无不属于结算业务的债权。若有,应作记录或建议被审计单位作适当调整。

(9)确定应收账款在资产负债表上是否已恰当披露。如果被审计单位为上市公司,则其财务报表附注通常应披露期初、期末余额的账龄分析,期末欠款金额较大的单位账款,持有 5%(含 5%)以上股份的股东单位欠款等情况。

【例 8-7】 正大会计师事务所的注册会计师黄华在函证被审计单位 Y 公司的应收账款时,采用了积极方式与消极方式相结合的方式发函询证。下面是函证中所面临的一些具体问题或情况。

(1)寄发给客户甲公司的积极式询证函在投出 20 日后被当地邮局以"地址不详、查无此单位"为由退回 Y 公司。

（2）客户乙公司已就所函证的事项以电子邮件方式向 Y 公司做出答复，Y 公司已将邮件转发给事务所。经查，寄发给乙公司的函件是一封消极式询证函。

（3）丙公司将积极式函证复函直接寄到 Y 公司，要求 Y 公司转交正大会计师事务所。Y 公司收到复函后，在没有拆封的情况下，将复函转交给审计小组的助理人员。

（4）以积极方式寄发给客户丁公司的询证函在合理预期的时间内没有接到回复，此时距原定的外勤审计结束日仅有一个多月的时间。

（5）寄发给客户戊公司的连续两次积极式函证均未得到复函，此时距审计外勤结束日尚有 1 天时间。

（6）除了戊公司外，以消极的方式寄发给包括庚公司在内的 300 余家客户的询证函至审计外勤结束日均未收到复函。戊公司复函称拒绝偿还欠 Y 公司的 30 万元货款，理由是 Y 公司拖欠 Z 公司 30 万元材料款，而戊公司作为 Z 公司的银行借款担保人已替 Z 公司偿还了 30 万元的银行借款。

问题：

（1）分别指出戊公司、庚公司未回函的可能原因。

（2）在什么条件下，注册会计师应当考虑改变向庚公司函证的方式？

（3）请针对每种情况，指出黄华应当采取的后续措施。

分析结果如下。

（1）注册会计师向戊公司的函证采用的是积极方式。在这种方式下，没有收到回函的原因可能是戊公司根本不存在，或是由于戊公司没有收到询证函，也可能是由于戊公司没有理会询证函。

注册会计师向庚公司的函证采用的是消极方式。在采用消极的函证方式时，未收到回函可能是因为庚公司已收到询证函且核对无误，也可能是因为庚公司根本就没有收到询证函，也可能是庚公司不存在。

（2）当发现存在下列情况之一时，注册会计师应当改用积极的函证方式向庚公司函证：重大错报风险较高；应收余额较大或应收余额较小的客户不多；预期存在重大错误；有理由相信被询证者庚公司不认真对待函证。

（3）就情况（1），应与 Y 公司核对甲公司的地址、名称。如果原询证函地址、名称不正确，应按正确的名称和地址重新寄发信件；如果原询证函名称、地址均正确，应要求 Y 公司做出解释并考虑实施函证的替代程序。

就情况（2），应通过 Y 公司明确要求乙公司尽快寄出回函原件，并特别要求乙公司按询证函中写明的地址直接回函到正大会计师事务所。

就情况（3），应要求丙公司按询证函中写明的地址另发回函，并直接将回函寄给正大会计师事务所。

就情况（4），应在核对丁公司的地址、名称后立即寄发第二封询证函，并要求 Y 公司催促丁公司回函。

就情况（5），应实施函证的替代程序，检查与戊公司发生的销售业务的相关合同、订单、Y 公司的发货凭证、货运文件、销售发票副本和销售明细账等资料。

就情况（6），应向 Y 公司相关人员核实，并提醒 Y 公司早日解决纠纷，进行相应的会计处理。

四、坏账准备的审计

(一)坏账准备的审计目标

坏账准备的审计目标一般包括：①确定计提坏账准备的方法和比例是否恰当,坏账准备的计提是否充分;②确定坏账准备增减变动的记录是否完整;③确定坏账准备期末余额是否正确;④确定坏账准备的披露是否恰当。

(二)坏账准备的实质性程序

企业会计准则规定,企业应当在会计期末对应收款项进行检查,并预计可能产生的坏账损失。应收款项包括应收票据、应收账款、预付账款、其他应收款和长期应收款等。我们以应收账款相关的坏账准备为例,阐述常用的坏账准备实质性程序。

1. 取得或编制坏账准备明细表

取得或编制坏账准备明细表,核对坏账准备的报表数与总账余额、明细账余额合计数是否相符。若不相符,应查明原因,做审计记录并提出必要的审计调整建议。

2. 审查坏账准备的计提

应查明的内容有：坏账准备的计提方法和比例是否符合制度规定;计提的数额是否恰当;会计处理是否正确;前后期是否一致。

3. 审查坏账损失的确认

对被审计单位在被审计期间发生的坏账损失,注册会计师应查明原因,明确其有无授权批准、是否符合规定、有无已作坏账处理后又重新收回的应收款项、相应的会计处理是否正确。

4. 分析性程序

分析性程序的内容与可能存在的信息分析见表 8-10。

表 8-10 分析性程序的内容与可能存在的信息

分析性程序	可能的信息
将本年超过一定限额的顾客欠款余额合计与以前年度比较	应收账款方面出现差错
将本年发生的坏账损失占销售收入的百分比同以前年度比较	对难以收回的应收账款未提坏账准备
将本年年末应收账款挂账天数同上年比较	高估或低估坏账准备
将本年各类分龄账款占应收账款的百分比同以前年度比较	高估或低估坏账准备
将本年计提坏账准备占应收账款百分比同以前年度比较	高估或低估坏账准备

5. 检查函证结果

对债务人回函中反映的例外事项及存在争执的余额,注册会计师应查明原因并做记录,必要时,应建议被审计单位作相应的调整。

6. 审查长期挂账的应收款项

注册会计师应审查应收款项(包括应收账款和其他应收款等)明细账及相关原始凭证,查找有无资产负债表日后仍未收回的长期挂账应收款项。若有,应提请被审计单位作适当处理。

7. 确定坏账准备是否已在资产负债表上恰当披露

企业应在年度财务报表附注中说明坏账的确认标准,以及坏账准备的计提方法和计提比例。此外,上市公司还应当在财务报表附注中分项披露以下事项。

(1) 本年度全额计提坏账准备,或计提坏账准备的比例较大的(计提比例一般超过40%及以上的,下同),应单独说明计提的比例及其理由。

(2) 以前年度已全额计提坏账准备,或计提坏账准备的比例较大的,但在本年度又全额或部分收回的,或通过重组等其他方式收回的,应说明原因、原估计计提比例的理由,以及原估计计提比例的合理性。

(3) 对某些金额较大的应收款项不计提坏账准备,或计提坏账准备比例较低(一般为5%或低于5%)的理由。

(4) 本年度实际冲销的应收款项及其理由。其中,实际冲销的关联交易产生的应收款项应单独披露。

【例 8-8】 注册会计师通常依据各类交易、账户余额和列报的相关认定确定审计目标,根据审计目标,设计审计程序。表 8-11 给出了应收账款的相关认定。

表 8-11 应收账款的相关认定

应收账款的相关认定	审计目标	审计程序
存在		(1) (2)
权利		(1) (2)
完整性		(1) (2)
计价		(1) (2)

请根据表 8-11 中给出的应收账款的相关认定,确定审计目标,并针对每一审计目标简要设计两项审计程序。

填制好的表格,如表 8-12 所示。

表 8-12 应收账款的相关认定(填制后)

应收账款的相关认定	审计目标	审计程序
存在	应收账款是否存在	(1) 向客户函证 (2) 检查销售合同、销售发票和发运凭证
权利	应收账款是否归被审计单位所有	(1) 检查销售合同、销售发票和发运凭证 (2) 以应收账款明细账为起点,检查有关合同,确定是否已经贴现、出售或质押
完整性	应收账款增减变动记录是否完整(或所有应当记录的应收账款是否均已记录)	(1) 选取发运凭证,追查至销售发票和银行存款日记账、应收账款明细账 (2) 选取销售发票,追查至发运凭证和银行存款日记账、应收账款明细账
计价	应收账款是否可以收回,计提的坏账准备是否适当	(1) 检查期后已收回应收账款情况 (2) 分析应收账款账龄,确定坏账准备计提是否适当

【例 8-9】 光大公司规定,对应收款项采用账龄分析法计提坏账准备。根据债务单位的财务状况、现金流量等情况,确定坏账准备计提比例分别为:账龄 1 年以内的(含 1 年,以下类推),按其余额的 10%计提;账龄 1~2 年的,按其余额的 30%计提;账龄 2~3 年的,按其余额的 50%计提;账龄 3 年以上的,按其余额的 80%计提。光大公司 2007 年 12 月 31 日未经审计的应收账款账面余额为 51 929 000 元,相应的坏账准备余额 6 364 900 元。应收账款账面余额明细情况如表 8-13 所示。

表 8-13 光大公司应收账款余额明细   单位:元

账龄 \ 客户名称	1 年以内	1~2 年	2~3 年	3 年以上
应收账款——a 公司	35 150 000	500 000	932 000	
应收账款——b 公司	2 000 000	15 100 000	54 000	
应收账款——c 公司	600 000		25 000	
应收账款——d 公司	9 500 000	−12 000 000		
应收账款——e 公司				68 000
小　计	47 250 000	3 600 000	1 011 000	68 000

如果不考虑审计重要性水平,针对资料的有关事项,请回答:注册会计师是否需要提出审计处理建议? 若需提出审计调整建议,请直接列示审计调整分录(审计调整分录均不考虑对光大公司 2007 年度的企业所得税、期末结转损益及利润分配的影响)。

分析结果如下。

(1) 注册会计师应提请光大公司作报表重分类调整分录。

(2) 调整分录。

借:应收账款——d 公司　　　　　　　　12 000 000

　贷:预收账款——d 公司　　　　　　　　　　12 000 000

光大公司应按账龄分析法补提应收账款坏账准备。

补提数 = [47 250 000 × 10% + (3 600 000 + 12 000 000) × 30%

　　　　+ 1 011 000 × 50% + 68 000 × 80%] − 6 364 900

　　　= (4 725 000 + 4 680 000 + 505 500 + 54 400) − 6 364 900

　　　= 3 600 000(元)

借:资产减值损失——计提的坏账准备　　　3 600 000

　贷:应收账款(坏账准备)　　　　　　　　　3 600 000

第四节 其他相关账户审计

在销售与收款循环中,除了前面介绍的财务报表项目或会计科目外,还有应收票据、长期应收款、预收账款、应交税费、营业税金及附加和销售费用等项目。对这些项目的审计,我们一般仅列示其主要审计目标和相应的实质性程序。

需要注意的是,这些审计目标和相应的实质性程序并不是一成不变的。注册会计师在审计时,应根据实际情况运用专业判断进行合理调整。

一、应收票据审计

（一）应收票据的审计目标

应收票据的审计目标一般包括：确定应收票据是否存在；确定应收票据是否归被审计单位所有；确定应收票据增减变动的记录是否完整；确定应收票据是否可收回，是否有效；确定应收票据期末余额是否正确；确定应收票据在财务报表上的披露是否恰当。

（二）应收票据的实质性程序

（1）取得或编制应收票据明细表，复核其加计数是否正确，并核对其期末合计数与总账数和明细账合计数是否相符；结合坏账准备科目与报表数核对相符。

（2）监盘库存票据。检查其要素是否与应收票据登记簿的记录相符；关注是否对背书转让的票据负有连带责任；注意是否存在已质押和银行退回的票据。

（3）函证应收票据（必要时，选择部分票据），证明其存在性和可收回性，并编制函证结果汇总表。

（4）检查应收票据的利息收入是否正确入账，注意逾期应收票据是否已按规定停止计提利息。

（5）对已贴现应收票据，注册会计师应审查其贴现额、贴现息的计算是否正确，会计处理方法是否恰当。复核、统计已贴现和已转让但未到期的应收票据金额。

（6）复核带息票据的利息计算是否正确，会计处理是否符合规定。

（7）对以非记账本位币结算的应收票据，检查其采用的折算汇率和汇兑损益处理是否正确。

（8）确定未实现融资收益的披露是否恰当。

二、长期应收款审计

（一）长期应收款的审计目标

长期应收款的审计目标一般包括：确定长期应收款和未实现融资收益是否存在；确定长期应收款和未实现融资收益是否归被审计单位所有；确定长期应收款的发生、收回和未实现融资收益的入账、摊销的记录是否完整；确定长期应收款是否可收回，坏账准备的计提方法和比例是否恰当，计提是否充分，其坏账准备增减变动的记录是否完整；确定长期应收款及其坏账准备和未实现融资收益期末余额是否正确；确定长期应收款及其坏账准备和未实现融资收益的披露是否恰当。

（二）长期应收款的实质性程序

（1）获取或编制长期应收款明细表，复核其加计数是否正确，并核对其期末合计数与总账数和明细账合计数是否相符；结合未实现融资收益科目与报表数核对相符。

（2）检查长期应收款的内容，确定款项性质是否符合规定。

对融资租赁产生的长期应收款，应取得相关的合同和契约进行检查；对采用递延方式、有融资性质的销售形成的长期应收款项，应取得相关的销售合同或协议进行检查。

（3）函证重大的长期应收款。

（4）审计长期应收款的坏账准备。

（5）对以非记账本位币结算的长期应收款，检查其采用的折算汇率是否正确。

（6）检查未实现融资收益的确认是否符合规定,计算和会计处理是否正确。

（7）如果未实现融资收益对应的应收款项的收回存在问题,检查未实现融资收益的会计处理是否恰当。

（8）确定长期应收款的披露是否恰当,注意一年内到期的长期应收款是否在编制报表时已重分类至"一年内到期的非流动资产"项目;确定未实现融资收益的披露是否恰当。

三、预收账款审计

（一）预收账款的审计目标

预收账款的审计目标一般包括:确定预收账款是否存在;确定预收账款是否为被审计单位应履行的义务;确定预收账款的发生及偿还记录是否完整;确定预收账款期末余额是否正确;确定预收账款在财务报表上的披露是否恰当。

（二）预收账款的实质性程序

（1）取得或编制预收账款明细表,复核其加计数是否正确,并核对其期末合计数与总账数和明细账合计数是否相符;结合应收账款科目与报表数核对相符。

（2）抽查相关销售合同、仓库发运凭证、收款凭证,检查已实现销售的商品是否及时转销预收账款,以确保预收账款期末余额的正确性。

（3）选择预收账款的重大项目函证。

（4）检查预收账款长期挂账的原因,必要时提请被审计单位予以调整。

（5）检查预收账款是否已在资产负债表上作恰当披露。

四、应交税费审计

（一）应交税费的审计目标

应交税费的审计目标一般包括:确定期末应交税费是否存在;确定期末应交税费是否为被审计单位应履行的义务;确定应计和已交税费的记录是否完整;确定应交税费的期末余额是否正确;确定应交税费在财务报表上的披露是否恰当。

（二）应交税费的实质性程序

（1）取得或编制应交税费明细表,复核其加计数是否正确,并核对其期末合计数与报表数、总账数和明细账合计数是否相符。

（2）查阅相关文件,确认其在被审计期间的应纳税内容。

（3）核对期初未交税费与税务机关认定数是否一致,若有差异,应查明原因,必要时建议作适当调整。

（4）检查应交增值税、应交营业税、应交消费税、应交资源税、应交土地资源税等的计算是否正确,是否按规定进行会计处理。

（5）确定应交税费是否已在资产负债表上作恰当披露。

五、营业税金及附加审计

（一）营业税金及附加的审计目标

营业税金及附加的审计目标一般包括:确定营业税金及附加的记录是否完整;确定营业税金及附加的计算和会计处理是否正确;确定营业税金及附加在财务报表上的披露是否恰当。

（二）营业税金及附加的实质性程序

（1）取得或编制营业税金及附加明细表，复核其加计数是否正确，并核对其期末合计数与报表数、总账数和明细账合计数是否相符。

（2）确定被审计单位的纳税范围与税种是否符合国家规定。

（3）检查营业税金及附加的计算及对应关系是否正确。

（4）确定被审计单位减免税的项目是否真实，理由是否充分，手续是否完备。

（5）确定被审计单位营业税金及附加是否已在利润表上作恰当披露。

六、销售费用审计

（一）销售费用的审计目标

销售费用的审计目标一般包括：确定销售费用的内容是否完整；确定销售费用的分类、归属和会计处理是否正确；确定销售费用在财务报表上的披露是否恰当。

（二）销售费用的实质性程序

（1）获取或编制销售费用明细表，复核其加计数是否正确，并核对其期末合计数与报表数、总账数和明细账合计数是否相符。

（2）检查销售费用明细项目的设置是否符合规定的核算内容与范围，是否划清与其他期间费用的界限。

（3）检查销售费用明细项目的开支标准是否符合有关规定，计算是否正确。

（4）将本期销售费用与上期进行比较、将本期各月销售费用进行比较，确认有无重大波动和异常情况，若有，应查明原因并作适当处理。

（5）检查其原始凭证是否合法，会计处理是否正确，必要时进行截止测试。

（6）核对相关的钩稽关系，检查销售费用的结转是否正确、合规。

（7）检查销售费用是否已在利润表上作恰当披露。

【本章小结】

本章阐述了对销售与收款循环的业务及其涉及的财务报表项目如何进行审计测试，包括控制测试和对交易、账户余额实施实质性程序。通过学习，了解企业销售与收款循环所涉及的主要财务报表项目；熟悉销售与收款循环中涉及的主要业务活动及其对应的凭证和账户；熟悉销售业务内部控制要求；熟悉营业收入和应收账款审计的目标。应掌握销售与收款循环内部控制测试方法和对交易、账户余额实施的实质性程序；掌握营业收入审计的实质性程序；掌握应收账款审计的实质性程序。

【课后习题】

一、判断题

1. 注册会计师应当将应收账款询证函回函作为审计证据，纳入审计工作底稿管理，询证函回函的所有权归所在会计师事务所。　　　　　　　　　　　　　　　　（　　）

2. 应收账款询证函的寄发和收回均应由注册会计师直接控制。　　　　（　　）

3. 在审查其他应收款时，通常无须实施函证程序。　　　　（　　）

4. 应收票据的贴现，须经保管票据的有关人员的书面批准。　　　　（　　）

5. 对于应收账款项目来说，函证是其最为主要的、不可替代的审计程序。　　　　（　　）

二、单项选择题

1. 适当的职责分离有助于防止各种有意的或无意的错误。有关销售与收款业务循环中进行了适当的职责分离的是（　　）。

A. 负责应收账款记账的职员负责编制银行存款余额调节表

B. 编制销售发票通知单的人员同时开具销售发票

C. 在销售合同订立前，由专人就销售价格、信用政策、发货及收款方式等具体事项与客户进行谈判

D. 应收票据的取得、贴现和保管由某一会计专门负责

2. 在以下销售与收款授权审批关键点控制，未做到恰当控制的是（　　）。

A. 在销售发生之前，赊销已经正确审批

B. 未经赊销批准的销货一律不准发货

C. 销售价格、销售条件、运费、折扣由销售人员根据客户情况进行谈判

D. 对超过既定销售政策和信用政策规定范围的特殊销售业务，W 公司采用集体决策方式

3. 为了证实某月被审计单位关于主营业务收入的存在或发生认定，（　　）是最有效的。

A. 汇总当月主营业务收入明细账的金额，与当月开出销售发票的金额相比较

B. 汇总当月主营业务收入明细账的笔数，与当月开出销售发票的张数相比较

C. 汇总当月销售发票的金额，与当月所开发运凭证及商品价目表相核对

D. 汇总当月销售发票上的销售商品数量，与当月开出的发运单上的数量相比较

4. 循环审计方法相对分项审计方法的最大优点是（　　）。

A. 按业务循环去了解内部控制、测试内部控制，同时将特定业务循环所涉及的会计报表项目分配给一个或数个审计人员能够提高审计效率和效果

B. 便于进行内部控制测试

C. 便于进行实质性测试

D. 便于结合会计报表项目

5. 检查开具发票日期、记账日期、发货日期（　　）是主营业务收入截止测试的关键所在。

A. 是否外在同一适当的会计期间　　　　B. 是否临近

C. 是否在同一天　　　　D. 相距是否不超过 30 天

6. 为了证实被审计单位销售业务的记录是否及时，将（　　）的日期相核对，看两者是否相近，是最有效的。

A. 发运凭证与销售发票　　　　B. 销售发票与主营业务收入明细账

C. 发运凭证与主营业务收入明细账　　　　D. 顾客订货单与主营业务收入明细账

7. 为了审查应收票据的贴现，无效的审计程序是（　　）。

A. 向被审计单位的开户银行函证　　　　B. 审查被审计单位的相关会议记录

　　C. 向被审计单位的债务单位函证　　　　　　D. 询问被审计单位管理当局

　8. 检查所有销售业务是否均登记入账,最有效的程序是( )。

　　A. 从销售单追查至主营业务收入明细账

　　B. 从发运凭证追查至主营业务收入明细账

　　C. 从销售单追查至发运凭证

　　D. 从发运凭证追查至销售发票

　9. 注册会计师通过编制或索取应收账款账龄分析表,分析应收账款账龄,以便了解( )。

　　A. 坏账准备的计提充分性　　　　　　　　B. 赊销业务的审批情况

　　C. 应收账款的可收回性　　　　　　　　　D. 应收账款的估价

　10. 注册会计师核对销货发票的日期与登记入账的日期是否一致,其主要目的是为了进行( )测试。

　　A. 真实性　　　　　B. 完整性　　　　　C. 机械准确性　　　　　D. 截止

三、多项选择题

　1. 注册会计师对销售与收款业务内部控制制度是否健全、各项规定是否得利有效执行时,其测试的重要环节包括( )。

　　A. 检查是否存在销售与收款业务不相容职务混岗的现象

　　B. 检查授权批准手续是否健全,是否存在越权审批行为

　　C. 检查信用政策、销售政策的执行是否符合规定

　　D. 检查销售退回手续是否齐全、退回货物是否及时入库

　2. 注册会计师应特别关注被审计单位有关收款业务相关的内部控制内容是( )。

　　A. 单位应当按客户设置应收账款台账,及时登记每一客户应收账款余额变动情况和信用额度使用情况,对长期往来客户应当建立起完善的客户资料,并对客户资料实行动态管理,及时更新

　　B. 单位对于可能成为坏账的应收账款应当报告有关决策机构,由其进行审查,确定是否确认为坏账,单位发生的各项坏账,应查明原因,明确责任,并在履行规定的审批程序后作出会计处理

　　C. 单位应当定期与往来客户通过函证等方式核对应收账款,应收票据、预收账款等往来款项。若有不符,应查明原因,及时处理

　　D. 单位应当建立应收账款账龄分析制度和逾期应收账款催收制度,销售部门应当负责应收账款的催收,财会部门应当督促销售部门加紧催收。对催收无效的逾期应收账款可通过法律程序予以解决

　3. 在证实登记入账的销售是否真实这一目标而进行的实质性测试时,注册会计师一般关心( )的错误。

　　A. 未曾发货却已登记入账　　　　　　　　B. 销货业务重复入账

　　C. 向虚构的顾客发货并登记入账　　　　　D. 已经发货但未曾入账

　4. 注册会计师在进行实质性测试中,一般首先编制或索取所审项目的明细表,这是因为明细表是( )。

　　A. 判断总体合理性的基础　　　　　　　　B. 分析性复核的基础

　　C. 实质性测试的起点　　　　　　　　　　D. 控制测试的依据

5. 在主营业务收入进行实质性测试时,运用分析性复核程序进行比较的主要内容包括(　　)。

    A. 主营业务收入
           B. 重要客户的销售额

    C. 重要产品的毛利率
        D. 销售给重要客户的产品的毛利率

6. 关于会计报表项目截止测试的说法中,正确的是(　　)。

    A. 主营业务收入截止测试的关键是检查开具发票日期、记账日期和发货日期三者是否属于同一会计期间

    B. 存货截止测试的关键在于存货纳入盘点范围的时间与存货引起借贷双方会计科目的入账时间是否都处于同一会计期间

    C. 银行存款截止测试的关键在于确定企业在各开户银行的最后一张支票的号码,并查实该号码之前的所有支票均已开出

    D. 注册会计师可以对结账日前后一段时期内现金收支凭证进行审计,以确定是否存在跨期事项

7. (　　)情况下,注册会计师应采用积极式的询证函。

    A. 上年度的积极式函证回复率特别低

    B. 少数几个大额账户占了应收账款总额的较大比重

    C. 欠款余额较大的债务人

    D. 被审计单位的内部控制有效

8. 在审计应收票据是否已在资产负债表内作恰当披露时,应查实(　　)。

    A. 资产负债表内中应收票据的数额与审定数相符

    B. 已贴现的商业汇票,已在资产负债表补充资料中说明

    C. 长期应收票据未列示在流动资产项目内

    D. 资产负债表中应收票据的数额仅包括所有未贴现票据

9. 注册会计师为审查被审计单位销货业务记录的及时性这一内部控制目标,常用的控制测试方法为(　　)。

    A. 检查销货发票顺序编号是否完整

    B. 审查任何时候尚未开出收款账单的发货

    C. 审查任何时候尚未登记入账的销货业务

    D. 审查有关凭证上内部核查标记

10. 注册会计师确定应收账款函证数量的大小、范围时,应考虑的主要因素有(　　)。

    A. 应收账款在全部资产中的重要性

    B. 被审计单位内部控制的强弱

    C. 以前年度的函证结果

    D. 函证方式的选择

四、综合题

北京东方会计师事务所注册会计师王豪、李民对 ABC 股份有限责任公司(上市公司)2012 年度会计报表进行审计的工程中,获取该公司 2012 年 12 月 31 日的相关会计记录资料如下表所示。(计量单位:万元)

项 目 名 称	金 额	项 目 名 称	金 额
银行存款	5 000	应付账款	34 570
短期投资	600	银行借款(抵押借款部分)	56 800
应收票据	12 000	实收资本(内部职工及社会公众股)	18 000
应收账款(净额)	75 000	资本公积	48 750
其他应收款	24 000	主营业务收入净额	675 000
存货	84 000	主营业务利润	67 898
固定资产(净额)	97 800	利息支出	5 464
在建工程	26 300		

问题：

(1) 上述项目中适用函证程序的有哪些？

(2) 接受函证的对象有哪些？

(3) 函证的主要内容是什么？

(4) 可以选用的函证方式是什么？

第九章 购货与付款循环审计

知识目标

- 了解购货与付款循环的主要业务活动；
- 掌握购货与付款循环内部控制和控制测试的内容、程序和方法；
- 了解固定资产、在建工程、应付账款的审计目标。

技能目标

- 掌握购货与付款循环内部控制测试方法对交易、账户余额实施实质性程序；
- 能够运用审计程序和方法对固定资产、应付账款、在建工程，实施实质性程序，获取适当的审计证据。

案例导入

美国巨人零售公司审计案

美国巨人零售公司是一家大型零售折扣商店，创建于 1959 年，总部设在马塞诸塞州的詹姆斯福特市。该公司在 20 年的时间内迅速发展，到 1971 年已经拥有了 112 家零售批发商店。就在那一年，巨人公司的管理部门面临着历史上第一次重大经营损失。为了掩盖这一真相，它们决定篡改公司的会计记录，把 1971 年发生的 250 万美元的经营损失篡改为 150 万美元收益，并且提高与之相关的流动比率和周转率。

罗斯会计师事务所担任巨人零售公司 1972 年年报审计工作，签发了无保留意见的审计报告。

1972 年 4 月 28 日，巨人零售公司把经过审计的财务报表提交给美国证券交易委员会，申请并获准发行了 300 万美元的股票，并贷到了 1 200 万美元的流动资金。但 1973 年年初，罗斯会计师事务所撤回了其签发的无保留意见的审计报告。1973 年 8 月，巨人零售公司向波士顿法院提交破产申请。两年后，法院宣告公司破产。

根据法庭查证事实，巨人零售公司蓄意调整 1972 年 1 月 29 日结束的会计年度的应付账款余额的情况，如表 9-1 所示。

表 9-1 巨人零售公司对应付账款的蓄意调整 单位：美元

相 关 方	应付账款减少金额	应付账款减少的理由
1 100 家广告商	300 000	以前未入账的预付广告费用
米尔布鲁克公司	257 000	商品退回；总购折扣；折扣优惠
罗斯盖尔公司	130 000	商品退回
健身器材公司	170 000	以前购买货物索价过高
健美产品制造商	163 000	商品退回

巨人零售公司的舞弊行为与罗斯会计师事务所的审计行为列示如下。

（1）巨人零售公司的总裁和财务主管，在 1972 年 1 月 29 日结束的会计年度中，命令下属广告部门的经理，准备了 14 页的备忘录，虚构了大约 1 100 家的广告商名单，记载着巨人零售公司以前曾向其预付广告费用但并未入账。

罗斯事务所的审计师为验证这些预付广告费是否属实，抽取了 24 个样本，向其中 4 个广告商发函询证，并要求巨人零售公司为另外 20 笔未入账的费用提供证明文件。虽然 4 个广告商的回函曾指出预付广告费是错误的，但审计师并没有进一步追查，反而根据巨人零售公司提供的证明文件以及发的询证函确认了巨人零售公司预付 30 万美元广告费。

（2）巨人零售公司的财务副总裁伪造了 28 个虚假的贷方通知单（红字发票），以此来抵减外发的应付给米尔布鲁克公司的账款 25.7 万美元。

审计师注意到这些贷项通知单，询问公司的职员，得到先后 3 个不同的解释。为证实这一事项，审计师要求向米尔布鲁克公司的高级行政人员求证此事。为了满足这个要求，巨人零售公司的财务副总裁当着审计师的面，打电话给一个听起来像是米尔布鲁克公司总裁的人，短暂交谈后，巨人零售公司的财务副总裁把电话递给了审计师，电话另一头的那个人，口头上证实了这一事项，并同意递交罗斯会计师事务所一份书面证明。但几天后，巨人零售公司的财务副总裁告诉审计师，米尔布鲁克公司总裁改变了签发书面证明的主意，审计师对此很生气。为此，审计师写了一份备忘录，附在工作底稿中，对贷项通知单的真实性提出质疑。但负责巨人零售公司审计工作的事务所合伙人却认为已经搜集到充分的证据，可以证实贷项通知单的真实性，就不再深入追查此事。

（3）巨人零售公司通过发出 35 份假造的贷项通知单，蓄意减少了 13 万美元的应付给另一个供应商罗斯盖尔公司的账款。

审计师在审阅这些通知单的复印件时，发现有种特殊标志被隐藏在单据中，当把这些通知单高举在光线下观察时，他发现了单据中被隐藏起来的句子："只有在收到货物时才可以记账。"于是，审计师打电话给罗斯盖尔公司的一位会计人员，询问他有关这些商品退回的问题，回答是并无任何商品曾被巨人零售公司退回。因此，审计师将这件事情报告给了事务所的合伙人。当合伙人与巨人零售公司副总裁交流时，巨人零售公司副总裁解释道，审计师误解了有关贷项通知单的电话询问，并断言"的确是由于退回货物，才发出通知单"，但却以巨人零售公司和罗斯盖尔公司即将产生法律诉讼为理由，拒绝合伙人和罗斯盖尔公司联系。最终，合伙人由于收到了信件证实了这些由巨人零售公司收到的、然后又退回罗斯盖尔公司的有争议的货物确实"存在"，从而接受了巨人零售公司对此项贷项通知单的解释。

（4）巨人零售公司虚构几百个曾被供应商索价过高的赊购事项，减少应收账款 17 万美元。

罗斯会计师事务所为调查这些问题，从巨人零售公司提供的名单中，随意抽取几个供应商，然后给他们打电话，求证索价过高是否真实。然而，在 15 个电话求证过程中，会计师居然允许巨人公司先同供应商联系并通知此事，接着又打了一个电话，再一次解释事务所要询问的事项。随后，才把电话递给会计师，直至那时，罗斯会计师事务所的会计师才能与供应商通话。罗斯会计师事务所据此有限测试接受了巨人零售公司因索价过高而抵减应付账款的理由。

(5) 巨人零售公司假造了发给健美产品制造商的贷款通知单,用根本没被确认的 16.3 万美元的商品退回来减少应付账款。

1978 年,巨人零售公司的 4 位管理者被陪审团以舞弊罪名起诉,经联盟法院审判定为有罪。1979 年 1 月,美国证券交易委员会在经过调查后,严厉谴责了罗斯会计师事务所,并在联邦法院处理此事前,暂停负责该公司审计的合伙人执业 5 个月。证券交易委员会同时要求:由独立专家中的一位陪审员,对罗斯事务所的审计程序,进行一次大规模的检查。

问题:罗斯会计师事务所对美国巨人零售公司年报审计中无效的审计程序有哪些? 如何处理才能避免审计失败? 结合本案例讨论对应付账款进行函证时应注意的问题。

通过对历史上典型案例的分析讨论,我们知道企业财务舞弊除了表现在高估收入上,也常体现在低估负债上。因此,提醒审计师要保持应有的职业谨慎,合理查找未入账的负债。

第一节　购货与付款循环审计概述

购货与付款是相互联系的两个方面,也是企业日常发生的重要的经济业务,这一循环所涉及的业务主要影响资产负债表项目。

存货是企业流动资产的重要组成部分,流动性强、周转快,受市场的影响因素大,被审计单位虚计损益,资产不实,在"存货"项目上最常见。作为费用成本核算链上重要项目存货的不真实,必然会影响到企业的资产、负债、收入、费用等会计要素。由于存货要经过采购、验收、付款、保管、领用等多个环节,既要有数量核算,又需要进行价值的核算,在存货种类较多的企业、单位,其核算和控制是比较复杂的。

一、购货与付款循环中涉及的主要业务活动

购货与付款循环反映企业购买存货、其他资产或劳务,涉及制订采购计划、签订采购合同或发出订货单、货物验收入库、货款结算和记账等环节。如图 9-1 所示。

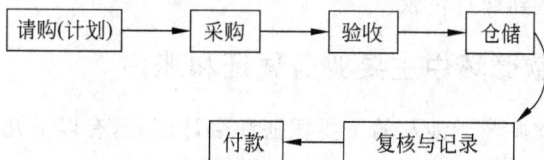

图 9-1　购货与付款循环中主要业务活动

1. 购货业务中的主要活动

企业的购货业务通常包括两部分:一是对原材料和商品的采购;二是对固定资产的采购。就原材料和商品的采购而言,其主要业务活动包括以下方面。

(1) 请购商品和劳务。仓库负责对需要购买的已列入存货清单的项目填写请购单,其他部门也可以对所需要购买的未列入存货清单的项目编制请购单。

请购单是证明有关采购交易的"发生"认定的凭据之一,也是采购交易轨迹的起点。

(2) 编制订购单。采购部门在收到请购单后,只能对经过批准的请购单发出订购单。对每张订购单,采购部门应确定最佳的供应来源。对大额重要的采购项目,应采取竞价方式来确定供应商,以保证供货的质量、及时性和成本的低廉。

审计人员应独立检查订购单的处理,以确定是否确实收到商品并正确入账。这项检查与采购交易的"完整性"认定有关。

(3) 验收商品。有效的订购单代表企业已授权验收部门接受供应商发运来的商品。验收部门首先应比较所收商品与订购单上的要求是否相符,如商品的品名、说明、数量、到货时间等;然后,再盘点商品并检查商品有无损坏。

验收单是支持资产或费用以及与采购有关的负债的"存在或发生"认定的重要凭证。定期独立检查验收单的顺序以确定每笔采购交易都已编制凭单,则与采购交易的"完整性"认定有关。

(4) 储存已验收的商品存货。存货将已验收商品的保管与采购的其他职责相分离,可减少未经授权的采购和盗用商品的风险。存放商品的仓储区应相对独立,限制无关人员接近。

存货将已验收商品的保管这些控制与商品的"存在"认定有关。

(5) 编制付款凭单。记录采购交易之前,应付凭单部门应编制付款凭单。

(6) 确认与记录负债。正确确认已验收货物和已接受劳务的债务,要求准确、迅速地记录负债。该记录对企业会计报表反映和企业实际现金支出有重大影响。因此,必须特别注意,按正确的数额记载企业确实已发生的购货和接受劳务事项。应付账款确认与记录相关部门一般有责任核查购置的财产,并在应付凭单登记簿或应付账款明细账中加以记录。在收到供应商发票时,应付账款部门应将发票上所记载的品名、规格、价格、数量、条件及运费与订货单上的有关资料核对,若有可能,还应与验收单上的资料进行比较。

应付账款确认与记录的一项重要控制是要求记录现金支出的人员不得经手现金、有价证券和其他资产。恰当的凭证、记录与恰当的记账手续,对业绩的独立考核和应付账款职能而言,是必不可少的控制。

2. 付款业务中的主要活动

付款业务中的主要活动包括:实际偿付负债;货币资金的支付。通常是由应付凭单部门负责确定未付凭单在到期日付款。

二、购货与付款循环中主要业务凭证和账户

典型的购货与付款循环所涉及的主要凭证和会计记录,有以下几种。

1. 原始凭证类

(1) 请购单。请购单由使用部门的有关人员填写,送交采购部门。

(2) 订购单。订购单是由采购部门填写,向另一企业购买订购单上所指定商品、劳务或其他资产的书面凭证。

(3) 验收单。验收单是收到商品、资产时所编制的凭证,列示从供应商处收到的商品、劳务或其他资产的种类和数量等内容。

(4) 供应商发票。发票是供应商开具的,交给买方以载明发运的货物或提供的劳务、应

付款金额和付款条件等事项的凭证。

（5）付款凭单。付款凭单是采购部门编制的，载明已收到商品、资产或接受劳务的厂商、应付款金额和付款日期的凭证。付款凭单是企业内部记录和支付负债的授权证明文件。

2. 记账凭证类

记账凭证类包括：①付款凭证；②转账凭证。

3. 明细账类

明细账类主要包括：①应付账款明细账；②相关存货类别明细账；③现金、银行存款日记账。

4. 总账类

总账类账户主要包括：①库存商品；②原材料；③其他存货总账；④现金、银行存款；⑤固定资产；⑥在建工程；⑦无形资产；⑧研发支出；⑨应付账款；⑩长期应付款等。

第二节　购货与付款循环的内部控制及其测试

一、审计目标与认定的对应关系

购货与付款循环中审计目标与认定的对应关系如表 9-2 所示。

表 9-2　审计目标与认定的对应关系

审计目标	财务报表认定				
	存在	完整性	权利和义务	计价和分摊	列报
资产负债表中记录的存货是存在的	√				
所有应当记录的存货均已记录		√			
记录的存货由被审计单位拥有或控制			√		
存货以恰当的金额包括在财务报表中，与之相关的计价调整已恰当记录				√	
存货以按照企业会计准则的规定在财务报表中做出恰当列报					√

二、购货与付款循环的内部控制

（一）采购交易的内部控制

1. 岗位分工内部控制

企业不应由同一部门或个人办理采购与付款业务的全过程。采购与付款业务不相容岗位至少包括：请购与审批；询价与确定供应商；采购合同的订立与审计；采购与验收；采购、验收与相关会计记录；付款审批与付款执行。企业应当根据具体情况对办理采购与付款业务的人员进行岗位轮换。

2. 授权批准内部控制

企业应当建立严格的授权批准制度，明确审批人对采购与付款业务的授权批准方式、权限、程序、责任和相关控制措施，规定经办人办理采购与付款业务的职责范围和工作要求。

审批人应当根据采购与付款业务授权批准制度的规定，在授权范围内进行审批，不得超越审批权限。经办人应当在职责范围内,按照审批人的批准意见办理采购与付款业务。对审批人超越授权范围审批的采购与付款业务,经办人员有权拒绝办理,并及时向审批人的上级授权部门报告。

企业对重要和技术性较强的采购业务,应当组织专家进行论证,实行集体决策和审批,防止出现决策失误而造成严重损失。

3. 监督检查内部控制

企业应当建立对采购与付款内部控制的监督检查制度,明确监督检查机构或人员的职责权限,定期或不定期地进行检查。企业监督检查机构或人员应通过实施控制测试和实质性程序检查采购与付款业务内部控制制度是否健全,各项规定是否得到有效执行。采购与付款内部控制监督检查的内容主要包括:相关岗位及人员的设置情况;重点检查是否存在不相容职务混岗的现象、授权批准制度的执行情况;重点检查大宗采购与付款业务的授权批准手续是否健全,是否存在越权审批的行为;检查应付账款和预付账款的管理;重点审查应付账款和预付账款支付的正确性、时效性和合法性;有关单据、凭证和文件的使用和保管情况;重点检查凭证的登记、领用、传递、保管、注销手续是否健全,使用和保管制度是否存在漏洞。

知识链接 9-1

请购商品和劳务的内部控制要求

仓库负责对需要购买的已列入存货清单的项目填写请购单,其他部门也可以对所需要购买的未列入存货的项目编制请购单。大多数企业对正常经营所需的物资的购买均作一般授权。例如,仓库在现有库存达到再订购点时就可直接提出采购申请,其他部门也可为正常的维修工作和类似工作直接申请采购有关物品。但对资本支出和租赁合同,企业政策则通常要求作特别授权,只允许指定人员提出请购。请购单可由手工或计算机编制,由于企业内不少部门都可以填列请购单,不便事先编号。为加强控制,每张请购单必须经过对这类支出预算负责的主管人员签字批准。

请购单是证明有关采购交易"发生"认定的凭据之一,也是采购交易的起点。

采购部门在收到请购单后,只能对经过批准的请购单发出订购单。对每张订购单,采购部门应确定最佳的供应来源。对一些大额、重要的采购项目,应采取竞价方式来确定供应商,以保证供货的质量、及时性和成本的低廉。

订购单应正确填写所需要的商品品名、数量、价格、厂商名称和地址等,预先予以编号并经过被授权的采购人员签名。其正联应送交供应商,副联则送至企业内部的验收部门、应付凭单部门和编制请购单的部门。随后,应独立检查订购单的处理,以确定是否确实收到商品并正确入账。这项检查与采购交易的"完整性"认定有关。

验收部门首先应比较所收商品与订购单上的要求是否相符,如商品的品名、说明、数量、到货时间等;然后,再盘点商品并检查商品有无损坏。

验收后,验收部门应对已收货的每张订购单编制一式多联、预先编号的验收单,作为验收和检验商品的依据。验收人员将商品送交仓库或其他请购部门时,应取得经过签字的收据,或要求其在验收单的副联上签收,以确立他们对所采购的资产应负的保管责任。验收人员还应将其中的一联验收单送交应付凭单部门。

验收单是支持资产或费用以及与采购有关的负债的"存在"认定的重要凭证。随后,定期独立检查验收单的顺序,以确定每笔采购交易都已编制凭单,这与采购交易的"完整性"认定有关。

(二)付款交易的内部控制

(1)企业应当按照《现金管理暂行条例》、《支付结算办法》和《内部会计控制规范——货币资金(试行)》等规定办理采购付款业务。

(2)企业财会部门在办理付款业务时,应当对采购发票、结算凭证、验收证明等相关凭证的真实性、完整性、合法性及合规性进行严格审核。

(3)企业应当建立预付账款和定金的授权批准制度,加强预付账款和定金的管理。

(4)企业应当加强应付账款和应付票据的管理,由专人按照约定的付款日期、折扣条件等管理应付款项。已到期的应付款项需经有关授权人员审批后方可办理结算与支付。

(5)企业应当建立退货管理制度,对退货条件、退货手续、货物出库、退货货款回收等做出明确规定,及时收回退货款。

(6)企业应当定期与供应商核对应付账款、应付票据、预付款项等往来款项。

知识链接 9-2
编制付款凭单的控制

确定供应商发票的内容与相关的验收单、订购单的一致性,包括:确定供应商发票计算的正确性;编制有预先编号的付款凭单,并附上支持性凭证(如订购单、验收单和供应商发票等),这些支持性凭证的种类,因交易对象的不同而不同;独立检查付款凭单计算的正确性;在付款凭单上填入应借记的资产或费用账户名称;由被授权人员在凭单上签字,以示批准照此凭单要求付款,所有未付凭单的副联应保存在未付凭单档案中,以待日后付款;经适当批准和有预先编号的凭单为记录采购交易提供了依据。

需要指出的是,为采购交易编制付款凭单所要求具有的原始凭证的种类,随交易对象的不同而不同。例如,在为某些种类的劳务或租赁资产编制凭单时,还需要其他种类的原始凭证,如合同副本等。而在其他情况下,如每月支付的水电费,只要有账单和供应商发票就可以编制付款凭单,而不需要每月的订购单和验收单。

所有未付凭单的副联应保存在未付凭单档案中,以待日后付款。经适当批准和有预先编号的凭单为记录采购交易提供了依据。因此,这些控制与"存在"、"完整性"和"计价和分摊"认证有关。

三、购货与付款循环的内部控制测试

如果被审计单位具有健全良好的相关内部控制,注册会计师把审计重点放在控制测试和交易的实质性程序上,从而降低审计风险,减少报表项目实质性程序的工作量。

(一)购货与付款循环的控制测试程序

(1)抽取一定数量的订购单(或购货合同),将订购单(或购货合同)与请购单进行核对。

(2)审核与所抽取的订购单(或购货合同)有关的购货发票、入库单、应付凭单、记账凭证,并追查至相应的明细账与总账记录。

(3)抽取一定数量的应付凭单,作如下检查:①应付凭单所列内容是否与订购单(或购货合同)、发票相一致;②检查应付凭单与银行存款日记账及有关明细账的记录是否一致;③检查应付凭单是否经过主管人员的审核批准。

(二)控制测试和评价

1．了解和描述存货的内部控制制度

通过阅读、观察、询问等方式,了解企业存货的内部控制制度是否存在,根据被审计单位的存货内部控制制度描述和绘制流程图,从而确定其控制点是否合理、有效。

同审计其他交易种类一样,使用问卷调查有助于注册会计师了解和记录处理采购交易的有关控制要点。采购交易内部控制问卷调查表的格式见表 9-3。

表 9-3　采购交易内部控制问卷调查表

年　月　日

业　务	调 查 问 题	是	否	不适用	备注
1．请购商品和劳务	(1)是否已建立请购的一般和特殊授权程序 (2)是否对所有请购的商品和劳务编制请购单				
2．编制订购单	(1)每一张订购单是否都要求有一张请购单 (2)是否使用有预先编号的订购单并加以控制				
3．验收货物	(1)送交验收部门的订购单副联是否已涂改采购数量 (2)验收时是否盘点和检查商品并与有关订购单核对 (3)所编制的验收单是否预先编号 (4)验收部门将商品送交仓库或其他请购部门,是否取得对方签章的收据 (5)凭单是否经过被授权的人员批准				
4．储存已验收商品存货	(1)商品是否存放在加锁的地方,并限制接近 (2)是否设有保安人员守卫仓库存货				
5．编制付款凭单	(1)编制凭单时,是否将凭单同订购单、验收单和供应商发票相配合 (2)是否独立检查供应商发票和凭单计算的正确性 (3)凭单是否经过被授权的人员批准				
6．记录负债	(1)是否编制每日凭单汇总表,并将其与有关记账凭证上记录的金额比较 (2)是否对有关记账凭证的会计分录进行独立检查,以确定账户分类的恰当性和入账的及时性 (3)是否定期独立检查未付凭单档案内凭单总和与应付账款总账的一致性				

注册会计师签字:　　　被审计单位复核人员签字:

另外,如果被审计单位没有系统流程图可供注册会计师审查并复制作为工作底稿,注册会计师也可自行编制系统流程图。

2. 实施相关凭证的抽查

根据存货内部控制的制度规定,抽查相关的凭证,主要测试其相关凭证所记录的业务是否相符;是否事先连续编号;凭证的传递是否符合规定的流程;授权审批和经手人是否签名盖章;相关的记账凭证是否符与其所附原始凭证的内容相符等。

3. 对购货业务进行测试

从购货业务中抽取部分样本,审查其是否附有请购单或授权文件;进一步比较请购单、发货票、验收单三者的数量、价格、型号、规格等是否一致;审查相关的会计处理,看其入账数量、单价、金额与所附原始凭证是否相符。

4. 对成本制度进行测试

存货成本是产品生产成本的重要组成部分,对成本制度进行测试包括对存货盘存制度、存货计价方法、存货费用的归集与分配及其账务处理的审查。

5. 评价存货的内部控制制度

注册会计师经过上述对存货相关内部控制制度的符合性测试,对被审计单位的存货内部控制制度的健全性、合理性、有效性且一贯执行等做出总体评价,并为下一步进行存货的实质性程序的时间和范围奠定基础。

对可能错报的必要控制和可能执行的控制测试的代表项目归纳见表9-4。

表 9-4　可能错报的必要控制和可能执行的控制测试

主要业务	关键控制点	可能的错报	可能的控制测试
1. 请购商品和劳务	(1) 由经授权的专门机构或人员填制请购单 (2) 每张请购单应经过对这类支出预算负责的主管人员签字批准	可能请购过多的商品	检查授权和批准的情况
2. 编制订购单	订购单一式多联,并预先连续编号,由经授权的采购人员签名	可能有未经授权的采购	抽查订购单连续编号
3. 验收商品	收到货物时,应由独立于采购、仓储、运输职能的验收部门或人员点收,根据订购单验收商品,并编制一式多联的验收报告单	(1) 可能收到未订购的商品 (2) 收到商品的品种、数量、质量可能不符合要求	(1) 检查验收报告单后附的请购单、订购单 (2) 检查验收人员实际验收过程
4. 存储已验收的商品	(1) 将保管与采购的其他职责相分离 (2) 只有经过授权的人员才能接近保管的资产	商品可能被盗走	(1) 检查入库单 (2) 观察接近资产的情况
5. 编制付款凭单	每张凭单应与订购单、验收单和供应商发票相配合	可能对未订购的商品或未收到的商品编制凭单	检查与每张凭单相配合的订购单、验收单和供应商发票
6. 记录负债	独立检查每日的凭单汇总表和有关记账凭证上的金额的一致性	凭单可能未入账	审查执行独立检查的证据,重新执行独立检查

续表

主要业务	关键控制点	可能的错报	可能的控制测试
7. 支付负债	(1) 支票签署人应复核支付性凭单的完整性和批准情况 (2) 支票签发后应立即盖章注销已付款凭单和支付性凭证 (3) 独立检查支票金额与凭单的一致性 (4) 支票签署人应控制邮寄支票	(1) 可能对未授权的采购签发支票 (2) 可能对一张凭证重复付款 (3) 支票金额可能开错 (4) 支票可能在签署后被篡改	(1) 观察支票签署人对支付性凭证进行的独立检查 (2) 检查已付款凭单上的"已付讫"印章 (3) 重新执行独立检查 (4) 询问邮寄程序,观察邮寄过程
8. 记录现金支出	(1) 使用和控制预先编号的支票 (2) 定期独立编制银行调节表 (3) 独立检查支票的日期和记账的日期	(1) 支票可能未入账 (2) 记录支票时可能出错 (3) 支票可能未及时入账	(1) 检查使用和控制预先编号支票的证据 (2) 审查银行存款余额调节表 (3) 重新执行独立检查

第三节 购货与付款循环的实质性测试运用

购货与付款循环内部控制是否健全有效和注册会计师对该循环控制风险的评价结果,影响其实质性程序的性质、时间和范围。注册会计师应当根据被审计单位的具体情况,运用专业判断予以确定。

一、购货与付款循环的实质性程序

(一)采购业务的实质性程序

1. 测试登记入账的采购业务是否真实

这一测试所要达到的一般审计目标是——真实性(与"存在"认定有关)。为了实现这一目标,注册会计师可实施的实质性程序包括以下方面。

(1)对采购明细账、总账及应付账款明细账进行复核,注意是否有大额或不正常的金额。

(2)审查请购单、订货单、验收单和购货发票的合理性和真实性。

(3)追查存货的采购至存货永续盘存记录。

(4)检查取得的固定资产。

如果注册会计师对被审计单位内部控制有效性感到满意,为查找不正确、不真实存在的交易而执行的测试程序就可以大为减少。在有些情况下,不正确的交易是显而易见的。例如,职员未经授权批准擅自购置个人用品,或通过在付款凭单登记簿上虚记一笔采购而侵吞公款。但在另外一些情况下,交易的正确与否却很难评判。例如,支付企业管理人员在某俱乐部的会费、支付管理人员及其家属的度假费用、手机话费充值卡等。如果发觉企业对这些不正当的、经不住推敲的交易的控制不充分,注册会计师在审计中就应该对与这些交易有关的单据进行广泛的检查。

2. 测试已发生的购货业务是否均已登记入账

这一测试所要达到的一般审计目标是——完整性(与"完整性"认定有关)。根据这一审计目标,注册会计师通常采用下列程序测试已发生的采购业务是否均已登记入账:从验收单追查至采购明细账;从供应商发票追查至采购明细账。

应付账款是因在正常的商业过程中接受商品和劳务而产生的未予付款的负债。已验收的商品和劳务若未予以入账,将直接影响应付账款余额,从而少计企业的负债。如果注册会计师确信被审计单位所有的购货业务均已准确、及时地登记入账,就可以从了解和测试其内部控制进行审计,从而大大减少固定资产和应付账款等会计报表项目的实质性程序工作量,大大降低审计成本。

3. 测试登记入账的购货业务估价是否正确

这一测试所要达到的一般审计目标是——估价(与"计价和分摊"认定有关)。根据这一审计目标,注册会计师通常将采购明细账记录的业务与相关原始凭证进行比较,复核供应商发票,测算已发生的采购业务估价是否正确。

由于许多资产、负债和费用项目的估价有赖于交易在采购明细账上的正确记录,这些报表项目实质性程序的范围,在很大程度上取决于注册会计师对被审计单位购货交易内部控制执行效果的评价。如果注册会计师认为其购货交易内部控制执行良好,则注册会计师对这些报表项目计价准确性执行的实质性程序数量,显然要比购货交易内部控制制度不健全或形同虚设的企业少得多。

当被审计单位对存货采用永续盘存制核算时,如果注册会计师确信其永续盘存记录是准确、及时的,则存货项目的实质性程序就可予以简化。被审计单位对永续盘存手续中的购入环节的内部控制,一般应作为审计中对购货业务进行控制测试的对象之一,在审计中起关键作用。如果这些控制能有效地运行,并且永续盘存记录中又能反映出存货的数量和单位成本,还可以减少存货监盘和存货单位成本测试的工作量。

4. 测试登记入账的购货业务的分类是否正确

这一测试所要达到的一般审计目标是——分类(与"分类"认定有关)。购货业务分类是否正确的测试,通常情况下可以同估价测试一并进行。注册会计师可以通过审核供应商发票等原始凭证和会计科目表来确定具体业务分类是否正确,并以此与账簿的实际记录作比较。

5. 测试购货业务的记录是否及时

注册会计师通常将验收单和供应商发票上的日期进行比较,以确定采购业务的记录是否及时。

6. 测试购货业务是否已正确地记入明细账并准确汇总

注册会计师通过加计明细账,追查过入采购总账和应付账款、存货明细账的数额,并与采购明细账进行核对,以确定购货业务是否已正确地记入明细账并准确汇总。

(二)付款的实质性程序

付款的实质性程序同销售的实质性程序一样,控制测试的性质取决于内部控制的性质,实质性程序的范围在一定程度上取决于关键控制是否存在以及控制测试的结果。由于购货与付款业务同属于一个循环,在经济活动中密切相关,付款业务的一部分测试可与购货业务的测试一并进行,但付款业务的特殊性又决定了其另一部分测试仍须单独进行。

二、应付账款的实质性程序

应付账款是企业在正常经营过程中,因购买材料、商品和接受劳务供应等而应付给供应单位的款项。可见,应付账款业务是随着企业赊购交易的发生而发生的,注册会计师应结合赊购业务进行应付账款的审计。

(一)审计目标与财务报表认定的对应关系

应付账款的审计目标与财务报表认定的对应关系如表 9-5 所示。

表 9-5　应付账款的审计目标与财务报表认定的对应关系

审计目标	财务报表认定				
	存在	完整性	权利和义务	计价和分摊	列报
资产负债表中记录的应付账款是存在的	√				
所有应当记录的应付账款均已记录		√			
资产负债表中记录的应付账款是被审计单位应当履行的现实义务			√		
应付账款以恰当的金额包括在财务报表中,与之相关的计价调整已恰当记录				√	
应付账款已按照企业会计准则的规定在财务报表中做出恰当的列报					√

(二)应付账款的实质性试程序

(1)获取或编制应付账款明细表,复核加计正确,并与报表数、总账数和明细账合计数核对是否相符。

首先,注册会计师应向被审计单位索取或自行编制结算日全部应付账款明细账户余额试算表,应列明债权人姓名、交易日期、购货数量、价格和应付账款金额。这主要是为了确定被审计单位资产负债表上应付账款的数额与其明细记录是否相符。其次,作为应付账款实质性程序的起点,注册会计师应从凭单或应付账款清单中选择一定数量的样本,并做详细审核。对被审计单位提供的应付账款明细试算表,注册会计师都应验证试算表中加总和个别金额的正确性。

(2)实施实质性分析程序。注册会计师可以根据被审计单位具体情况,选择以下方法执行实质性分析程序。

① 对本期期末应付账款余额与上期期末余额进行比较分析,分析其波动原因。

② 分析长期挂账的应付账款,要求被审计单位做出解释,判断被审计单位是否缺乏偿债能力或利用应付账款隐瞒利润,并注意其是否可能无须支付。

③ 计算应付账款对存货的比率、应付账款对流动负债的比率,并与以前期间对比分析,评价应付账款整体的合理性。

④ 根据存货、主营业务收入和主营业务成本的增减变动幅度,判断应付账款增减变动的合理性。

(3)函证应付账款。一般情况下,应付账款不需要函证,这是因为函证不能保证查出未记录的应付账款,况且注册会计师能够取得购货发票等外部凭证来证实应付账款的余额。

如果控制风险较高,某应付账款明细账户金额较大或被审计单位处于财务困难阶段,则应进行应付账款的函证。

知识链接 9-3

函证注意事项

进行函证时,注册会计师应注意以下事项。

① 函证对象的选取。注册会计师应选取较大金额的债权人;在资产负债表日金额很小、甚至为零,但是企业重要供应商的债权人。

② 函证方式的选择。采用积极函证方式,应具体说明应付金额。

③ 函证的控制与评价。同应收账款的函证一样,注册会计师必须对函证的过程进行控制,要求债权人直接回函,并根据回函情况编制与分析函证结果汇总表,对未回函的,应考虑是否再次函证。

如果存在未回函的重大项目,注册会计师应采用替代审计程序。例如,可以检查决算日后应付账款明细账及现金和银行存款日记账,核实其是否已支付,同时检查该笔债务的相关凭证资料,核实交易事项的真实性。

(4) 查找未入账的应付账款。为了防止企业低估负债,注册会计师应检查被审计单位有无故意漏记应付账款行为。

小思考

如何查找未入账的应付账款

① 结合存货监盘,检查被审计单位在资产负债表日是否存在有材料入库凭证但未收到购货发票的经济业务。

② 检查资产负债表日后收到的购货发票,关注购货发票的日期,确认其入账时间是否正确。

③ 检查资产负债表日后应付账款明细账贷方发生额的相应凭证,确认其入账时间是否正确。

④ 注册会计师还可以通过询问被审计单位的会计和采购人员,查阅资本预算、工作通知单和基建合同来进行。

应付账款的截止期与年终存货购买截止期密切相关。因此,审计存货验收单的号码,据以确定结账日最后一张供应商发票及其应付账款分录,从而核实它们是否已正确地包括在应付账款之内或正确地排除在外。例如,假定在进行实物盘点时,最后一张验收单号码为1234,注册会计师应记下这个号码,然后追查该号码以及它前面的几个号码的卖方发票至应付账款清单和应付账款明细账,确定它们是否包括在内。同样,验收单上所记录的采购应付账款,如果其号码为 1234 号之后,就应排除于应付账款之外。

如果被审计单位的存货清点发生在年终最后一天之前,则仍需按上述方法执行应付账款的截止测试。但除此之外,注册会计师还必须检查是否将所有发生在实物清点日和年度资产负债表日之间的购入都已经加入到实物存货和应付账款之中去了。例如,被审计单位在 12 月 26 日进行实物盘点,截止期限资料在 12 月 26 日取得。在年末现场工作中,注册会计师必须首先进行测试,确定截止期限是否为 12 月 26 日;然后,注册会计师还必须测试,是否所有实物清点日(12 月 26 日)之后、年末(12 月 31 日)之前收到的存货均已由被审计单位加到应付账款和存货账中去了。

如果注册会计师通过这些审计程序发现某些未入账的应付账款,应将有关情况详细记入审计工作底稿,然后根据其重要性确定是否需建议被审计单位进行相应的调整。

(5) 检查应付账款是否存在借方余额。如有,应查明原因,必要时建议被审计单位作重分类调整。

(6) 结合预付账款的明细余额,查明有否在应付账款和预付账款同时挂账的项目;结合其他应付款的明细余额,查明有无不属于应付账款的其他应付款。若有,应做出记录,必要时建议被审计单位作重分类调整或会计误差调整。

(7) 检查应付账款长期挂账的原因,做出记录,注意其是否可能无须支付。对确实无法支付的应付账款是否按规定进行了处理,相关依据及审批手续是否完备。

在良好的控制情况下,被审计单位应每月从债权人处取得对账单,并按时对应付账款各明细账户进行调节。如果注册会计师对这项控制的控制测试已获得满意的结果,可以直接依赖和利用。在应付账款内部控制不甚健全时,注册会计师应控制寄来的函件,以便可以立即掌握卖方寄交被审计单位的对账单。调节卖方对账单时,常发现的差异为:卖方业已入账的交运货品而被审计单位既未收到,也未记账。而正常的会计程序则是等收到商品、发票才记作负债。因此,在途商品应分行列表,并研究其重要性以确定是否应予记入账簿。

(8) 检查带有现金折扣的应付账款是否按发票上记载的全部应付金额入账,待实际获得现金折扣时再冲减财务费用项目。

(9) 被审计单位与债权人进行债务重组的,结合债务重组事项的专项审计,检查有关的会计处理是否正确。

(10) 关注是否存在应付关联方账款。若有,应通过了解关联交易事项目的、价恪和条件,检查采购合同等方法确认该应付账款的合法性和合理性;通过向关联方及其他注册会计师查询及函证等方法,以确认交易的真实性。

(11) 验明应付账款在资产负债表上的披露是否恰当。一般来说,注册会计师应将被审计单位资产负债表对应付账款的反映同会计准则相比较,以发现不当之处。"应付账款"项目应根据"应付账款"和"预付账款"科目所属明细科目的期末贷方余额的合计数填列。

如果被审计单位为上市公司,则在其会计报表附注中通常还应说明有无欠持有 5%(含5%)以上表决权股份的股东单位账款;说明账龄超过 3 年的大额应付账款未偿还的原因,并在期后事项中反映资产负债表日后是否偿还。

【例 9-1】 注册会计师张兵在对光大公司的应付账款审计时得到以下资料,如表 9-6 所示。

表 9-6 光大公司资料   单位:元

债权单位	应付账款年末余额	本年度进货总额	债权单位	应付账款年末余额	本年度进货总额
A公司	36 000	76 000	C公司	76 000	96 000
B公司	—	288 000	D公司	266 600	389 900

根据需要,注册会计师张兵决定对其中两个债权单位进行函证。请问应当选择哪两家公司进行函证,为什么?假定上述 4 家公司均为光大公司的购货人,表 9-6 后两栏分别表示"应收账款年末余额"和"本年度销售总额"。在对光大公司进行应收账款审计时,应当选择哪两家公司进行函证?为什么?

分析结果如下。

(1) 应当选择 B 公司和 D 公司进行函证。函证应付账款的目的在于查找未入账的负债,不是验证余额较大的债务。本年度光大公司从 B 公司和 D 公司采购了大量商品,存在漏记负债的可能性较大。

(2) 应当选择 C 公司和 D 公司进行函证。函证应收账款的目的在于验证应收账款年末余额的准确性,防止高估资产。C 公司和 D 公司在资产负债表日的余额较大,高估的可能性很大。

【例 9-2】 在验证应付账款余额是否不存在漏报时,注册会计师获取的以下审计证据中,哪种证据的证明力最强?

(1) 供应商开具的销售发票。

(2) 供应商提供的月末对账单。

(3) 公司编制的连续编号的验收报告。

(4) 公司编制的连续编号的订货单。

经分析,证据(1)和证据(2)都是外部证据,证据(3)和证据(4)都是内部证据,外部证据比内部证据的证明力强。证据(2)供应商提供的"月末对账单"是一种定期寄送给购货付款单位的用于购销双方定期核对账目的凭证,该月末对账单对月初余额、本月发生额、本月已收到的货款、可能存在的退货金额以及月末余额均有详细内容,能有效证明是否存在漏记应付账款的行为。证据(1)销售发票只是证明采购业务的发生,不及月末对账单证明力强。

【例 9-3】 审计人员审查某公司应付账款明细账,发现 2012 年南华工厂明细账有贷方余额 90 000 元。经查有关凭证,是 2009 年向该工厂购买原料的货款。请分析可能存在的问题。如何进行处理。

经分析,应付账款南华工厂明细账可能存在的问题是:该公司与南华工厂在业务上有纠纷,故拒付货款;该公司故意拖欠货款,占有南华工厂资金;可能是计账差错。

要查明事实真相,应该进一步审查,采用面询和函询的方法进行调查。针对不同情况,做出不同的处理:若是纠纷,双方协商解决;若是故意拖欠,应尽快归还;若是计账错误,要及时更正。

【例 9-4】 注册会计师张兵和李杰在审计光大公司年度会计报表时,注意到购货和付款循环相关的内部控制存在缺陷。他们认为光大公司管理当局在资产负债表日故意推迟记录发生的应付账款,于是决定实施审计程序进一步查找未入账的应付账款。请问注册会计师张兵和李杰应如何查找未入账的应付账款?

注册会计师查找未入账应付账款的审计程序如下。

(1) 检查光大公司债务形成的相关原始凭证,如供应商发票、验收报告或入库单等,查找有无未及时入账的应付账款,确定应付账款期末余额的完整性。

(2) 检查光大公司资产负债表日后应付账款明细账贷方发生额的相应凭证,关注其购货发票的日期,确认其入账时间是否合理。

（3）获取光大公司与其供应商之间的对账单（应从非财务部门，如采购部门获取），并将对账单和被审计单位财务记录之间的差异进行调节（如在途款项、在途货物、付款折扣、未记录的负债等），查找有无未入账的应付账款，确定应付账款金额的准确性。

（4）针对光大公司资产负债表日后付款项目，检查银行对账单及有关付款凭证（如银行划款通知、供应商收据等），询问光大公司内部或外部的知情人员，查找有无未及时入账的应付账款。

（5）结合存货监盘程序，检查光大公司在资产负债日前后的存货入库资料（验收报告或入库单），检查是否有大额料到单未到的情况，确认相关负债是否计入了正确的会计期间。

三、固定资产的实质性程序

固定资产是企业资产的重要组成部分，固定资产价值的真实性、完整性，决定企业资产总额的安全、完整。固定资产审计的范围涉及相关的固定资产、累计折旧、固定资产减值、固定资产清理、在建工程等项目。由于固定资产具有使期限长的特点，固定资产的折旧、维修、报废清理等费用的发生也会直接影响到企业的损益。因此，在审计中应给予高度的重视。

（一）审计目标与财务报表认定的对应关系

固定资产审计目标与财务报表认定的对应关系如表 9-7 所示。

表 9-7　固定资产审计目标与财务报表认定的对应关系

审计目标	财务报表认定				
	存在	完整性	权利和义务	计价和分摊	列报
资产负债表中记录的固定资产是存在的	√				
所有应当记录的固定资产均已记录		√			
记录的固定资产由被审计单位拥有或控制			√		
固定资产以恰当的金额包括在财务报表中，与之相关的计价或分摊已恰当记录				√	
固定资产已按照企业会计准则的规定在财务报表中做出恰当列报					√

（二）固定资产审计的实质性程序

1. 固定资产审计中常见的错弊

（1）固定资产分类不正确。将未使用的固定资产划入生产用固定资产；或将采用经营租赁方式租入的固定资产与采用融资租入的固定资产混为一谈，以达到提高或降低折旧费用，从而人为调节财务成果的目的。

（2）固定资产出租收入，虚挂往来账。固定资产出租收入属于租赁性的劳务收入，应通过"其他业务收入"科目核算，发生相应的成本费用应在"其他业务成本"科目中核算。有的企业为了挪用固定资产的租金收入，将收入直接记入"其他应付款"科目，而长期挂账。

（3）随意调整固定资产价值。例如，任意变动固定资产价值所包括的范围；减值准备计提不充足；是否随意改变固定资产折旧方法或折旧率；在建工程完工不及时结转固定资产或提前报决算；对新增加的固定资产，不及时计提折旧；对已变卖或未使用的固定资产，仍计提折旧等。

（4）关注表外资产。资产负债表表外资产是指那些因会计处理或计量手段等原因限制而未能在资产负债表中体现净值，但可以为企业未来作出贡献的资产，包括已提足折旧，但企业仍继续使用的固定资产；企业正使用，但已经作为周转材料一次摊销到费用中去的资产等。这部分资产在使用中极容易发生因管理不善或有意舞弊而造成的损坏、丢失，应引起审计人员的重视。

2. 固定资产审计的实质性程序

（1）获取或编制固定资产及累计折旧余额明细表（计价和分摊）。它是固定资产审计的重要工作底稿，检查固定资产的分类是否正确，复核加计正确，并与报表数、总账数和明细账合计数核对是否相符。同时，审计人员应注意余额明细表中的分类、折旧政策与企业固定资产管理手册是否一致。固定资产分析表的一般格式见表 9-8。

表 9-8　固定资产及累计折旧汇总表

被审计单位名称：　　　　　　　编表人：　　　　　编制日期：
审计项目时点或期间：　　　　　复核人：　　　　　复核日期：

固定资产类别	固定资产				累计折旧					
	期初余额	本期增加	本期减少	期末余额	折旧方法	折旧率	期初余额	本期增加	本期减少	期末余额
合　计										

知识链接 9-4

固定资产期初余额的审计

对固定资产的期初余额的审计，一般可分 3 种情况：在初次审计的情况下，注册会计师应对期初余额进行全面的审计；被审计单位变更委托的会计师事务所时，后任注册会计师可借阅前任注册会计师有关工作底稿，并进行一般性的复核；在连续审计情况下，可与上年审计工作底稿核对相符。

如果审计人员对被审计单位是初次审计，固定资产审计可能是此次是审计的第一重点。如果第二年连续审计时，情况就完全变了，企业固定资产的增加和减少可能都不大，这时固定资产审计的重点是"增量"而不是"存量"，这时的审计工作量比较小，难度也不大。这说明，一个科目的余额大并不是重点，交易量大和风险高才是重要的。

（2）分析性复核程序（存在、完整性、计价和分摊）。根据被审计单位业务的性质，选择以下方法对固定资产实施分析性复核测试程序。

① 计算固定资产原值与本期产品产量的比率，并与以前期间比较，可能发现闲置固定资产或已减少固定资产未在账户上注销的问题。

② 计算本期计提折旧额与固定资产总成本的比率，将此比率同上期比较，旨在发现本期折旧额计算上的错误。

③ 计算累计折旧与固定资产总成本的比率，将此比率同上期比较，旨在发现累计折旧核算上的错误。

④ 比较本期各月之间、本期与以前各期之间的修理及维护费用，旨在发现资本性支出

和收益性支出区分上可能存在的错误。

⑤ 比较本期与以前各期的固定资产增加和减少。由于被审计单位的生产经营情况在不断地变化,注册会计师应当深入分析其差异,并根据被审计单位以往和今后的生产经营趋势,判断差异产生的原因是否合理。

⑥ 分析固定资产的构成及其增减变动情况与在建工程、现金流量表、生产能力等相关信息交叉复核,检查固定资产相关金额的合理性和准确性。

(3) 验证固定资产所有权(权利和义务)。对各类固定资产,注册会计师应查阅相关原始凭证,以确定所审查的固定资产是否确实为被审计单位的合法财产。具体验证时应注意以下事宜。

① 对外购的机器设备等固定资产,通常经审核采购发票、购货合同等即可确定。

② 对房地产类固定资产,可查阅有关的合同、产权证明、财产税单、抵押贷款的还款凭据、保险单等书面文件。

③ 对融资租入的固定资产,应验证有关融资租赁合同,证实其并非经营租赁。

④ 对汽车等运输设备,应验证有关运营执照等证件。

(4) 检查固定资产的增加(存在、完整性、权利和义务、计价和分摊)。被审计单位如果不正确核算固定资产的增加,将对资产负债表和利润表产生长期的影响。因此,审计固定资产的增加,是固定资产实质性测试中的重要内容。固定资产的增加有多种途径,审计中应注意以下事项。

① 对外购固定资产,通过核对购货合同、发票、保险单、发运凭证等文件,抽查测试其计价是否正确,授权批准手续是否齐备,会计处理是否正确。

② 对在建工程转入的固定资产,应检查竣工决算、验收和移交报告是否正确,与在建工程相关的记录是否核对相符,借款费用资本化金额是否恰当;对已经在用或已经达到预定可使用状态但尚未办理竣工决算的固定资产,检查其是否已经暂估入账,并按规定计提折旧;竣工决算完成后,是否及时调整。

③ 对投资者投入的固定资产,应检查其入账价值与投资合同中关于固定资产作价的规定是否一致,需经评估确认的是否有评估报告并经国有资产管理部门等确认,固定资产交接手续是否齐全。

④ 对更新改造增加的固定资产,应查明增加的固定资产原值是否真实,是否符合资本化条件,增加金额是否超过了该项固定资产的可收回金额,重新确定的剩余折旧年限是否恰当。

⑤ 对因债务人抵债而获得的固定资产,应检查产权过户手续是否齐备,固定资产计价及确认的损益是否符合相关会计制度的规定。

⑥ 对以非货币性交易换入的固定资产,应检查是否按换出资产的账面价值加上应支付的相关税费作为入账价值;若涉及补价的,换入固定资产的入账价值是否符合相关会计制度的规定。

⑦ 对盘盈的固定资产,如果同类或类似固定资产存在活跃市场的,应检查是否按同类或类似固定资产的市场价格,减去按该项固定资产新旧程度估计的价值损耗后的余额,作为入账价值;如果同类或类似固定资产不存在活跃市场的,应检查是否以该项固定资产的预计未来现金流量现值作为入账价值。

⑧ 对因其他原因增加的,应检查相关的原始凭证,核对其计价及会计处理是否正确,法律手续是否齐全。

(5) 检查固定资产的减少(存在、完整性、权利和义务、计价和分摊)。固定资产的减少主要包括出售、向其他单位投资转出、向债权人抵债转出、报废、毁损、盘亏等。有的被审计单位在全面清查固定资产时,常常会出现固定资产账存实亡现象。审计固定资产减少的主要目的就在于查明已经减少的固定资产是否已做适当的会计处理。

检查固定资产减少的审计要点有:检查减少固定资产的授权批准文件;检查因不同原因减少固定资产的会计处理是否符合有关规定,验证其计算是否准确;抽查固定资产账面转销额是否正确;检查是否存在未作会计记录的固定资产减少业务。

(6) 检查固定资产后续支出的核算是否符合规定(计价和分摊)。

知识链接 9-5

固定资产的后续支出

对固定资产发生的各项后续支出,通常的处理方法如下。

① 固定资产修理费用,应当直接计入当期费用。

② 固定资产改良支出,应当计入固定资产账面价值,其增加后的金额不应超过该固定资产的可收回金额。

③ 如果不能区分是固定资产修理,还是固定资产改良,或固定资产修理和固定资产改良结合在一起,则企业应按上述原则进行判断,其发生的后续支出,分别计入固定资产价值或计入当期费用。

(7) 对购入的固定资产进行实地观察(存在、权利和义务)。实施实地观察审计程序时,注册会计师可以以固定资产明细分类账为起点,进行实地追查,以证明会计记录中所列固定资产确实存在,并了解其目前的使用状况;也有以实地为起点追查至固定资产明细分类账,以获取实际存在的固定资产均已入账的证据。

(8) 分析被审计单位固定资产的保养和维修。注册会计师应取得或编制按前后两年以逐月比较为基础的保养和维修费用分析表。固定资产的日常保养和维修支出通常属于收益性支出,由于它们的金额一般较小,适当选择若干个明细项目予以审查就可以,当被审计单位的内部控制很有效时更是如此。审查的目的在于确认有无应予资本化的支出项目。

注册会计师在全面初步审查保养与维修费用的基础上,选择那些金额较大或异常的项目进行严格审查,并且注意年与年之间或月与月之间的重大变化,查明差异原因。通过审查被审计单位的收益性支出与资本性支出的划分标准是否符合公认会计原则或有关法规制度,然后对照这一标准将应资本化的项目剔除出来。同时,应注意有些企业在盈利较少的年度或为了成功融资而需要高盈利数据来帮助的年度,往往会将一些应计入收益性支出的项目资本化以提高盈利额。相反,在一些出于纳税考虑等因素而需要降低盈利额的年度,企业则可能将一些应予资本化的支出项目计入了当期损益。此外,注册会计师还应审查费用明细账或现金支出日记账上的大额保养与维修支出是否均有适当的核准,并核对购货发票、领料单、工作指令单或直接人工记录等原始凭证以确定金额是否相符。

（9）检查固定资产的租赁。租赁一般分为经营性租赁和融资性租赁两种。在经营性租赁中，企业对临时租入的固定资产，不在固定资产账户内核算，只是另设备查账簿进行登记。租出固定资产的企业仍继续提取折旧，同时取得租金收入。审查经营性租赁时，应查明以下情况。

① 固定资产的租赁是否签订了合同、租约，手续是否完备，合同内容是否符合国家规定，是否经相关管理部门的审批。

② 租入的固定资产是否确属企业必需，或出租的固定资产是否确属企业多余、闲置不用，双方是否认真履行合同，是否存在不正当交易。

③ 租金收取是否签有合同，有无多收、少收现象。

④ 租入固定资产有无久占不用、浪费损坏的现象；租出的固定资产有无长期不收租金、无人过问或变相馈送、转让等情况。

⑤ 租入固定资产是否已登记备查簿；对租赁固定资产的改良工作，在租赁合同中双方是否有约定等。

在融资性租赁中，支付的租金包括了固定资产的价值和利息，且这种租赁的结果是固定资产所有权归租入单位，故租入企业在租赁期间，对融资租入的固定资产应按企业的固定资产一样管理，并计提折旧，进行维修。在审查融资性租赁时，除可以参照经营性租赁固定资产审查的要点以外，还要注意融资偿付的利息，检查其利率的计算是否与市场利率相当。同时，还要确定融资租入固定资产的计价是否正确，是否进行了正确的会计处理。

（10）检查固定资产的保险。

（11）调查未使用和不需用的固定资产。注册会计师应调查被审计单位有无未完工或已购建但尚未交付使用的新增固定资产，因改扩建等原因暂停使用的固定资产，以及多余或不适用的需要进行处理的固定资产。若有，应予以调查，以确定其是否真实。同时，还应调查未使用、不需用固定资产的购建启用及停用，并做出记录。对于暂时闲置的固定资产，应获取相关证明文件，观察其实际状况，检查其是否按规定计提折旧，相关的会计处理是否正确。

（12）检查因清产核资、资产评估调整的固定资产。对于因清产核资、资产评估调整固定资产的，应取得有关清产核资报告、资产评估报告及政府有权部门的批复或备案报告，检查其会计处理是否正确。

（13）检查固定资产的抵押、担保情况。结合对银行借款等的检查，了解固定资产是否存在重大的抵押、担保情况。

（14）检查固定资产是否已在资产负债表上恰当披露。

【例 9-5】 审计人员在审查某工厂固定资产时，发现该厂将报废出售的某项固定资产的变价收入 8 000 元冲减"固定资产"（借记银行存款，贷记固定资产），并将发生的固定资产清理费用 5 000 元直接列入营业外收支（借记营业外支出，贷记银行存款）。同时了解到，该项固定资产原始价值为 50 000 元，预计使用 5 年，预计净残值 2 000 元，采用双倍余额递减法计提折旧，已使用 3 年并将其报废出售给一家乡镇企业。请指出该业务的账务处理是否正确？根据复算的结果编制会计分录，并指出该项业务的错误所在及影响。

分析结果如下。

采用双倍余额递减法计提折旧，如表 9-9 所示。

$$年折旧率＝2\div5\times100\%＝40\%$$

表 9-9　（双倍余额递减法）折旧计算表　　　　　　单位：元

年次	折旧计算	借：××费用	贷：累计折旧	累计折旧额	账面净值
					50 000
1	50 000×40%	20 000	20 000	20 000	30 000
2	30 000×40%	12 000	12 000	32 000	18 000
3	18 000×40%	7 200	7 200	39 200	10 800
4	(10 800－2 000)÷2	4 400	4 400	43 600	6 400
5	(10 800－2 000)÷2	4 400	4 400	48 000	2 000

该项目账务处理不正确。按双倍余额递减法第一年至第五年的折旧额分别为 20 000 元、12 000 元、7 200 元、4 400 元和 4 400 元，五年累计应提折旧 48 000 元，第三年年末应累计计提折旧 39 200 元，固定资产净值为 10 800 元。正确的会计分录为：

（1）转入报废清理时

借：固定资产清理　　　　　　　　　　　　　　　10 800

　　累计折旧　　　　　　　　　　　　　　　　　39 200

　贷：固定资产　　　　　　　　　　　　　　　　　　　50 000

（2）收到变价收入时

借：银行存款　　　　　　　　　　　　　　　　　8 000

　贷：固定资产清理　　　　　　　　　　　　　　　　　8 000

（3）发生清理费用时

借：固定资产清理　　　　　　　　　　　　　　　5 000

　贷：银行存款　　　　　　　　　　　　　　　　　　　5 000

（4）结转报废出售的净损失时

借：营业外支出　　　　　　　　　　　　　　　　9 800

　贷：固定资产清理　　　　　　　　　　　　　　　　　9 800

该企业对该项业务的账务处理错误表现在：未按制度规定转入固定资产清理，未冲销"固定资产"和"累计折旧"账户，使企业资产状况不真实，影响财务状况也不真实；未按制度规定正确反映变价收入和清理费用，且造成营业外支出计算不正确，导致当期损益不真实、不正确。

四、累计折旧的实质性程序

1. 确定被审计单位折旧政策的恰当性

注册会计师应查阅被审计单位的经营手册或其他管理文件，确定其折旧方法的选择是否恰当，前后各期是否一致，预计使用寿命和预计残值是否合理。

《企业会计准则第 4 号——固定资产》中明确规定以下内容。

（1）已达到预定可使用状态的固定资产，无论是否交付使用，尚未办理竣工决算的，应当按照估计价值确认为固定资产，并计提折旧；待办理了竣工决算手续后，再按实际成本调整原来的暂估价值，但不需要调整原已计提的折旧额。

（2）符合确认条件的固定资产装修费用,应当在两次装修期间与固定资产剩余使用寿命两者中较短的期间内计提折旧。

（3）融资租赁方式租入的固定资产发生的装修费用,符合《企业会计准则第 4 号——固定资产》第四条规定的确认条件的,应当在两次装修期间、剩余租赁期与固定资产剩余使用寿命三者中较短的期间内计提折旧。

（4）处于修理、更新改造过程而停止使用的固定资产,符合《企业会计准则第 4 号——固定资产》第四条规定的确认条件的,应当转入在建工程,停止计提折旧;不符合本准则第四条规定的确认条件的,不应转入在建工程,照提折旧。

（5）固定资产提足折旧后,不管能否继续使用,均不再计提折旧;提前报废的固定资产,也不再补提折旧。

2. 获取或编制累计折旧分类汇总表

根据固定资产总分类账户,编制会计年度内各类固定资产累计折旧分类汇总表,注册会计师应做好以下工作。

（1）核对上年度审计工作底稿,确定期初余额。如果是初次审计,则要追查至开账日进行详细分析。

（2）比较固定资产明细账或分类账的累计折旧合计是否等于总分类账户累计折旧的期末余额。

3. 实施分析性程序

注册会计师应根据情况,选择以下方法对累计折旧进行分析性复核可提出合理疑问。

（1）对折旧计提的总体合理性进行复核,是测试折旧正确与否的一个有效办法。计算、复核的方法是用应计提折旧的固定资产乘本期的折旧率。

（2）计算本期计提折旧额占固定资产原值的比率,并与上期比较,分析本期折旧计提额的合理性和准确性。

（3）计算累计折旧占固定资产原值的比率,评估固定资产的老化率,并估计因闲置、报废等原因可能发生的固定资产损失,结合固定资产减值准备,分析其是否合理。

4. 查验本期折旧费用的计提和分配是否正确

（1）复核本期与上期所使用的折旧率是否一致。若有差异,应查明原因。

（2）检查固定资产预计使用寿命和预计净残值是否符合有关规定,在当时情况下是否合理。

（3）注意固定资产增减变动时,有关折旧的会计处理是否符合规定。

（4）检查折旧费用的分配是否合理,分配方法与上期是否一致。

（5）检查有无已提足折旧的固定资产继续超提折旧的情况和应计提折旧的固定资产不提或少提折旧的情况。

（6）将“累计折旧”账户贷方的本期计提折旧额与相应的成本费用中的折旧费用明细账户的借方相比较,以查明所计提折旧金额是否已全部摊入本期产品成本或费用。一旦发现差异,应及时追查原因,并考虑是否应建议作适当调整。

按照《企业会计准则第 4 号——固定资产》的规定,注册会计师还应注意审查以下特殊内容:已计提减值准备的固定资产,企业是否按照该固定资产的账面价值以及尚可使用寿命重新计算确定折旧率和折旧额;如果已计提减值准备的固定资产价值又得以恢复,企业是否存在转回固定资产减值准备的情况。

5. 验明累计折旧的披露是否恰当

如果被审计单位是上市公司,则应在其会计报表附注中按固定资产类别分项列示累计折旧期初余额、本期计提额、本期减少额及期末余额。

五、固定资产减值准备的实质性程序

1. 固定资产减值准备的审计目标

固定资产减值准备的审计目标一般包括:确定计提固定资产减值准备的方法是否恰当,固定资产减值准备的计提是否充分,确定固定资产减值准备增减变动的记录是否完整,确定固定资产减值准备期末余额是否正确,确定固定资产减值准备的披露是否恰当。

2. 固定资产减值准备的实质性程序

(1)获取或编制固定资产减值准备明细表,复核加计正确,并与报表数、总账数和明细账合计数核对是否相符。

(2)检查固定资产减值准备的计提和核销的批准程序,取得并核对书面报告等证明文件。

(3)检查实际发生固定资产损失时,相应固定资产减值准备的转销是否符合有关规定,会计处理是否正确。

(4)已计提减值准备的固定资产价值又得以恢复时,是否在原已计提减值准备的范围内转回,并记录本期相关的转回金额;转回后固定资产的账面价值是否未超过不考虑计提减值准备因素情况下计算确定的固定资产账面价值,转回依据是否充分,会计处理是否正确。

(5)确定固定资产减值准备的披露是否恰当。

六、在建工程的实质性程序

1. 在建工程的审计目标

在建工程的审计目标一般包括:确定在建工程是否存在;确定在建工程是否归被审计单位所有;确定在建工程增减变动的记录是否完整;确定计提在建工程减值准备的方法和比例是否恰当;在建工程减值准备的计提是否充分;确定在建工程的期末余额是否正确;确定在建工程在会计报表上的披露是否恰当。

2. 在建工程审计的实质性程序

🔍 **小思考**

在建工程审计在购货与付款循环中同样重要。你知道其实质性程序包括哪些内容吗?

(1)获取或编制在建工程明细表,复核加计正确,并与报表数、总账数和明细账合计数核对相符。

(2)检查本期在建工程的增加数。

(3)检查本期在建工程的减少数。

(4)检查在建工程项目期末余额的构成内容,并实地观察工程现场,确定在建工程是否存在;了解工程项目的实际完工进度;检查是否存在实际已使用但未办理竣工决算手续、未及时进行会计处理的项目。

(5)查询在建工程项目保险情况,复核保险范围和金额是否足够。

（6）检查在建工程减值准备的计提。其主要应查明在建工程减值准备的计提方法是否符合相关规定，计提的依据是否充分，计提的数额是否恰当，相关会计处理是否正确，前后期是否一致。

（7）检查有无与关联方相关的工程建造或代开发业务。若有，是否经适当授权，是否按正常交易价格进行结算。

（8）结合银行借款等的检查，了解在建工程是否存在抵押、担保情况。若有应取证记录，并提请被审计单位作必要披露。

（9）检查在建工程合同，以确定是否存在与资本性支出有关的财务承诺。

（10）确定在建工程在资产负债表上的披露是否恰当。

【本章小结】

本章阐述了对购货与付款循环的业务及其涉及的财务报表项目如何进行审计测试，包括控制测试和对交易、账户余额实施实质性程序。通过学习，要求了解企业购货与付款循环所涉及的主要财务报表项目；熟悉购货与付款循环中涉及的主要业务活动及其对应的凭证和账户；熟悉购货业务内部控制要求；掌握购货与付款循环内部控制测试方法和对交易、账户余额实施的实质性程序；掌握固定资产项目审计的实质性程序。

【课后习题】

一、判断题

1. 审计固定资产减少的主要目的就在于查明业已减少的固定资产是否已做适当的会计处理。　　　　　　　　　　　　　　　　　　　　　（　）

2. 为了证实被审计单位的固定资产是否受留置权限制，注册会计师通常应审核有关的权益类项目。　　　　　　　　　　　　　　　　　　　　（　）

3. 注册会计师在检查因清产核资、资产评估调整的固定资产时，应取得有关清产核资报告、资产评估报告，检查其会计处理是否正确。　　　　　　　　　（　）

4. 对因资产评估调整累计折旧的，应取得有关资产评估报告，检查其会计处理是否正确。　　　　　　　　　　　　　　　　　　　　　　　（　）

5. 对应付票据的函证未回函的，可再次函证或采取其他替代审计程序。　（　）

6. 注册会计师实地观察固定资产的重点是价值比较大的重要固定资产。　（　）

7. 应付账款通常不需函证，若要函证，最好采用消极式函证。　　　　（　）

8. 请购单可由手工或计算机编制，不但需事先编号，而且每张请购单必须经这类支出负预算责任的主管人员签字批准。　　　　　　　　　　　　　　　（　）

9. 企业验收商品时，首先应将所收商品与卖方发票的数量相核对。　　（　）

10. 购货与付款循环中常用的内部控制测试"观察有无未记录的卖方发票"不仅可证实及时性的内部控制目标，而且可证实完整性的内部控制目标。　　　（　）

二、单项选择题

1. A 注册会计师负责对 X 公司 2012 年度财务报表进行审计。在查找已提前报废但尚未做出会计处理的固定资产时,A注册会计师最有可能实施的审计程序是(　　)。

    A. 以检查固定资产实物为起点,检查固定资产的明细账和投保情况

    B. 以检查固定资产明细账为起点,检查固定资产实物和投保情况

    C. 以分析折旧费用为起点,检查固定资产的实物

    D. 以检查固定资产实物为起点,分析固定资产维修和保养费用

2. A注册会计师负责对X公司2012年度财务报表进行审计。以下审计程序中,A注册会计师最有可能获取固定资产存在的审计证据的是(　　)。

    A. 观察经营活动,并将固定资产本期余额与上期余额比较。

    B. 询问被审计单位的管理层和生产部门

    C. 以检查固定资产实物为起点,检查固定资产明细账和相关凭证

    D. 以检查固定资产明细账为起点,检查固定资产实物和相关凭证

3. A注册会计师负责对X公司2012年度财务报表进行审计。在对应付账款进行审计时,以下审计程序中最有可能证实已记录应付账款存在的是(　　)。

    A. 从应付账款明细账追查至购货合同购货发票和入库单等凭证

    B. 检查采购文件以确定是否使用预先编号的采购单

    C. 抽取购货合同,购货发票和入库单等凭证,追查至应付账款明细账

    D. 向供应商函证零余额的应付账款

4. 注册会计师在审计X公司2012年度财务报表时,拟从X公司截至2012年12月31日的验收单追查至相应的采购明细账,是为了证实X公司采购交易的以下(　　)认定不存在错报。

    A. 存在   B. 完整性   C. 计价与分摊   D. 分类与可理解性

5. 注册会计师在审计A公司2012年度财务报表时发现,该公司于2010年12月31日购入一项固定资产,其原值为200万元,预计净残值0.8万元,使用年限为5年,采用双倍余额递减法计提折旧。2012年该项固定资产应计提折旧为(　　)万元。

    A. 39.84   B. 66.4   C. 48   D. 80

三、多项选择题

1. 注册会计师在审计X公司2012年度财务报表时发现固定资产的以下项目中,应通过"固定资产清理"科目核算的有(　　)。

    A. 盘亏的固定资产   B. 出售的固定资产

    C. 报废的固定资产   D. 毁损的固定资产

2. 注册会计师在审计X公司2012年度财务报表时发现固定资产的以下项目,其中可能会引起固定资产账面价值变化的有(　　)。

    A. 计提固定资产减值准备   B. 计提固定资产折旧

    C. 固定资产的改扩建   D. 固定资产日常修理

3. 注册会计师在对被审计单位的采购业务进行年底的截止测试的方法可采用的程序有(　　)。

    A. 实地观察

    B. 将验收单上的日期与采购明细账中的日期相比较

    C. 将购货发票上的日期与采购明细账中的日期相比较

D. 了解年底存货盘亏调整和损失的处理

4. 注册会计师实施的下列审计程序中，能证实采购交易记录的完整性认定的有（　　）。

A. 从有效的订购单追查至验收单　　　　B. 从验收单追查至采购明细账

C. 从付款凭单追查至购货发票　　　　　D. 从购货发票追查至采购明细账

5. 注册会计师在审计 Y 公司 2012 年度财务报表的固定资产时发现以下情形，应当计提折旧的有（　　）。

A. 闲置的固定资产　　　　　　　　　　B. 当月减少的机器设备

C. 经营租出的固定资产　　　　　　　　D. 已提足折旧仍继续使用的固定资产

四、综合题

1. 某注册会计师正在对 Y 公司的应付账款项目进行审计。根据需要，该注册会计师决定对 A 公司下列四个明细账账户中的两个进行函证。

单位：元

项 目	应付账款年末余额	本年度供货总额	项 目	应付账款年末余额	本年度供货总额
A公司	42 650	66 100	C公司	85 000	95 000
B公司	—	2 880 000	D公司	289 000	3 032 000

问题：

（1）针对应付账款，注册会计师拟实施分析程序识别和评估其重大错报风险，分析程序的内容有哪些？

（2）该注册会计师应选择哪两位供货人进行函证？为什么？

2. 光大股份有限公司产品销售以光大公司仓库为交货地点。张斌和李杰两位注册会计师于 2012 年 10 月 25 日至 11 月 10 日对该公司的内部控制进行了解、测试与评价。经了解光大公司的内部控制程序的设计如下。

（1）对需要购买的已经列入存货清单的项目，由仓库负责填写请购单，对未列入存货清单的项目，由相关需求部门填写请购单。每张请购单须由对该类采购支出负责预算的主管人员签字批准。

（2）采购部收到经批准的请购单后，由其职员 Y 进行询价并确定供应商，再由其职员 F 负责编制和发出预先连续编号的订购单。订购单一式四联，经被授权的采购人员签字后，分别送交供应商、负责验收的部门、提交请购单的部门和负责采购业务结算的应付凭单部门。

（3）验收部门根据订购单上的要求对所采购的材料进行验收，完成验收后，将原材料交由仓库人员存入库房，并编制预先连续编号的验收单交仓库人员签字确认。验收单一式三联，其中两联分送应付凭单部门和仓库，一联留存验收部门。

（4）应付凭单部门核对供应商发票、验收单和订购单，并编制预先连续编号的付款凭单。在付款凭单经被授权人员批准后，应付凭单部门将付款凭单连同供应商发票及时送交会计部门，并将未付款凭单副联保存在未付款凭单档案中。会计部门收到附有供应商发票的付款凭单后即应及时编制有关的记账凭证，并登记原材料和应付账款账簿。

问题：针对资料中第（1）至（4）项，判断光大公司的内部控制程序在设计上是否存在缺陷。如果存在缺陷,请分别予以指出,并简要说明理由,提出改进建议。

3. 注册会计师郭静在审计 A 公司 2012 年度会计报表将近结束时,A 公司财务主管提出不必抽查 2013 年付款记账凭证来证实 2012 年的会计记录,其理由如下。

(1) 2012 年度的有些发票因收到太迟,不能记入 12 月的付款记账凭证,公司已经全部用转账分录入账。

(2) 年后由公司内部审计人员进行了抽查。

(3) 公司愿意提供无漏记负债业务的说明书。

问题:

(1) 注册会计师郭静在执行抽查未入账债务程序时,是否可以因客户已利用转账分录将 2012 年迟收发票入账的事实而改变原定程序?

(2) 注册会计师抽查未入账债务是否因客户愿意提供无漏记债务说明书而受影响?

(3) 注册会计师在抽查未入账债务的程序时可否因内部审计人员的工作而取消或减少?

(4) 除 2013 年付款记账凭证外,注册会计师还可以从何种途径审查是否存在未入账的债务?

第十章　生产与存货循环审计

知识目标

- 了解生产与存货循环的主要业务活动；
- 掌握生产与存货循环内部控制和控制测试的内容、程序和方法；
- 了解存货的审计目标；
- 掌握存货实质性程序的步骤和方法；
- 掌握存货监盘程序。

技能目标

- 能在了解生产与存货基本流程的基础上，理解生产与存货循环的基本内部控制；
- 掌握存货监盘，并能熟练运用于案例分析中。

案例导入

法莫尔公司存货舞弊案

存货通常是被企业用来调节利润的手段之一，一些企业往往通过虚构存货等手段达到提高利润的目的。美国法莫尔公司就是其中的一例。该公司拥有 299 家药店，采用仿造购货发票、制造增加存货并减少销售成本的虚假记账凭证、确认购货却不同时确认负债、多计或加倍计算存货数量等手段高估存货。在审计人员审计时，将虚假的存货分配于注册会计师不打算进行观察盘点的连锁店内，而对于注册会计师可能会监盘的连锁店，法莫尔公司没有进行欺诈性调整。同时，审计人员允许公司官员跟随他们并记录下何处已经抽点过存货。之后，经理们对审计师未抽点过的存货项目的数量进行篡改，致使审计人员没有将 5 000 万美元的高估存货查出来。事实上，法莫尔公司已经濒临破产。为其提供审计服务的会计师事务所也因未发现这一重大舞弊行为而损失了数百万美元。

问题：注册会计师在存货审计中应注意什么问题？

第一节　生产与存货循环概述

生产循环是指从请购原材料开始直到加工成完工产品为止的过程，同其他业务循环的联系非常密切。原材料经过采购与付款循环进入生产循环，生产循环又随着销售与收款循环中商品产品的销售而结束。该循环涉及的内容主要是存货的管理及生产成本的计算等。存货代表了不同企业的类型和交易或生产流程，存货的计价和相关销售成本会对利润表和财务状况产生重大的影响注册会计师应当确认财务报表中的存货数量、金额是否正确，如果期末存货价值高估，会虚增利润；如果低估，则相反。同样，期末存货单位成本核算不准确，很有可能导致销售价格低于实际成本。长此以往,企业很难持续经营。在对存货及生产成本实施实质性程序之前,我们需要先了解其在生产与存货环节涉及的主要业务活动以及相应的内部控制问题。

知识链接 10-1

期末存货成本与利润之间的关系

期初存货＋本期增加＝本期减少＋期末存货

本期减少↓＝期初存货＋本期增加－期末存货↑

收入－成本↓＝利润↑

一、涉及的主要业务活动

生产与存货循环是将原材料加工制造成为产成品的过程。该循环包括制订生产计划、控制存货水平以及与制造过程有关的交易和事项,涉及的主要业务活动包括:计划和安排生产;发出原材料;生产产品;核算产品成本;储存产成品;发出产成品等。上述业务活动涉及生产计划部门、仓库部门、生产部门、人事部门、销售部门和会计部门等。

知识链接 10-2

出　库　单

出库单一般一式四联,一联交仓库部门;一联发运部门留存;一联送交顾客;一联作为给顾客开发票的依据。

二、涉及的主要凭证和记录

(1) 生产指令。生产指令又称"生产任务通知单"或"生产通知单",是企业下达制造产品等生产任务的书面文件,用于通知供应部门组织材料发放,生产车间组织产品制造,会计部门组织成本计算。

(2) 领发料凭证。领发料凭证是企业为控制材料发出所采用的各种凭证,如材料发出汇总表、领料单、限额领料单、领料登记簿、退料单等。

(3) 产量和工时记录。产量和工时记录是登记工人或生产班组在出勤内完成的产品数量和生产这些产品所耗费工时数量的原始记录。产量和工时记录的格式有多种,生产类型不同可能会使用不同的产量和工时记录。常见的产量和工时记录主要有工作通知单、工序进程单、工作班产量报告、产量通知单、产量明细表和废品通知单等。

(4) 工薪汇总表及工薪费用分配表。工薪费用汇总表反映企业全部职工薪酬的结算情况,并据以进行职工薪酬结算总分类核算和汇总整个企业职工薪酬费用而编制的。它是企业进行工薪费用分配的依据。

工薪费用分配表反映了各生产车间各产品应负担的生产工人工薪及福利费。

(5) 材料费用分配表。材料费用分配表汇总反映各生产车间各产品所耗费的材料费用的原始记录。

（6）制造费用分配汇总表。制造费用分配汇总表汇总反映各生产车间各产品所应负担的制造费用的原始记录。

（7）成本计算单。成本计算单是归集、计算某一成本计算对象所应承担的生产费用、总成本和单位成本。

（8）存货明细账。存货明细账反映了从原材料、在产品到产成品，几乎所有存货增减变动情况、期末库存存货数量等重要的信息。

生产与存货循环主要业务活动汇总，如表 10-1 所示。

表 10-1 生产与存货循环主要业务活动汇总

业务环节	执行部门	凭证或账簿	控制措施	
1. 计划安排生产	生产计划	生产通知单	预先顺序编号	
2. 发出原材料	生产、仓库	领料单	仓库发料； 一式三联：生产、仓库、财务	
3. 生产产品	生产	生产通知单	生产依据	
		领料单	直接材料	
		计工单	直接人工、制造费用	
		入库单	完工产品产量 （转入下一工序或入库储存）	
验收产品*	验收	验收单	验收数量、质量，交接产品	
4. 核算产品成本	人事会计	工薪费用分配表 材料费用分配表 制造费用分配表	根据： 生产通知单 领发料凭证 产量和工时记录	编制： 工薪费用分配表 材料费用分配表 制造费用分配表
5. 储存产成品	仓库	验收单	点验，在验收单上签收，填制存货标签	
6. 发出产成品	销售	销售单	一式四联：留底、入库、提货、开票	
	发运	发运凭证		

注：* 表示若有此环节，应进入并顺延以后环节。

第二节　生产与存货循环的内部控制及其控制测试

一、生产与存货循环的内部控制

生产与存货循环主要包括的内容就是存货的管理和生产成本的计算。因此，这部分循环的内部控制主要包括两方面：存货的内部控制与成本会计制度的内部控制。下面分别展开说明。

（一）存货的内部控制

与存货相关的内部控制涉及被审计单位供、产、销各个环节，包括采购、验收、仓储、领用、加工、装运出库等方面，这些环节都跟企业存货相关。在这些环节中与存货相关的内部控制也很多，如下所述。

（1）与存货采购相关的内部控制的总体目标是所有交易都已经获得适当的授权与批

准。使用购货订购单是一项基本的内部控制措施。购货订购单应预先连续编号,是先确定采购价格并获得批准。此外,还应该定期清点购货订购单。

(2) 与存货验收相关的内部控制的总体目标是所有收到的商品均已记录。使用验收报告单是一项基本的内部控制措施。被审计单位应该设置独立的部门负责验收工作,该部门具有验收存货实物、确定存货数量、编制验收报告、将验收报告传送至会计核算部门以及运送商品至仓库等一系列职能。

(3) 与存货仓储相关的内部控制的总体目标是确保与存货实物的接触必须得到管理层的指示和批准。被审计单位应该采取实物控制措施,使用适当的存储设施,以使存货免受意外毁损、盗窃或破坏。

(4) 与存货领用相关的内部控制的总体目标是所有存货均得到批准和记录。使用存货领用单是一项基本的内部控制措施。同时,被审计单位应该对存货领用单进行定期清点。

(5) 与存货生产相关的内部控制的总体目标是对所有的生产过程做出适当的记录。使用生产报告是一项基本的内部控制措施。在生产报告中,应当对产品质量缺陷和零部件适用及报废情况及时做出说明。

(6) 与存货装运相关的内部控制的总体目标是所有的装运都得到记录。发运部门必须根据经批准的销售单才能供货和使用发运凭证是一项基本的内部控制措施。发运凭证应当事先连续编号,并定期进行清点。

综上所述,生产与存货循环之外的业务循环可能涉及存货,以及对与存货相关的关键内部控制。除此之外,就存货本身应该制订具体的控制目标,合理保证控制目标的实现。以下从存货要达到的控制目标分析存货的内部控制。

(1) 所列示在资产负债表中的存货是实际存在的。这项控制目标涉及的是存货的存在认定。被审计单位应该制定一系列控制措施:实行适当的职责分离,例如,存货的采购、保管与记录等职务要相互分离;存货定期要进行盘点,防止账实不符,出现账上有记录而实物不存在的情况;对存货实物保管实施相应的限制接近措施,未经允许不能随意接近,同时加强实物保管措施,防止出现被盗、丢失等情况。

(2) 资产负债表日存货项目包括所有应该包括的存货。这项控制目标涉及的是关于存货完整性的认定,被审计单位通常采用的控制措施有对验收单、应付凭单和领发料凭证等实现连续编号,并定期进行清点,发现缺号、漏号情况及时进行处理。

(3) 账面存货与实存存货核对相符。这项内部控制目标可能涉及存在、完整性和计价与分摊等多项认定。被审计单位采取的控制措施有:原材料根据经过审核的供应方发票入账;半成品、产成品根据经审批的成本计算单入账;对存货进行定期盘点,可以保证存货数量上的准确性;对存货进行妥善保管,防止出现霉烂变质,即使出现这种情况,通过定期清点也能及时发现,并做相应处理。同时被审计单位应该对价值发生贬值的存货计提相应的存货跌价准备。

(4) 存货的增减变动业务均应及时地过入明细账和总账。这项控制目标可以通过由独立人员定期核对永续盘存记录与存货明细账以及定期核对存货明细合计数与总账实现。

（二）成本会计制度的内部控制

在生产与存货循环环节,一方面,要对存货这项实物本身实施相应的内部控制;另一方面,要对形成存货价值的成本会计制度实施相应内部控制。这部分内部控制涉及对整个生产过程与成本计算相关的内部控制,以具体控制目标为思路展开,具体如下所述。

1. 生产任务是根据管理层一般或特别授权进行的

这项控制目标主要与生产成本的发生认定相关。在复杂的生产过程中,授权尤为重要。被审计单位对以下几个关键的控制点,应当履行恰当的手续,经过一般审批或特别审批:①生产指令的授权批准;②领料单的授权批准;③工薪的授权批准。

2. 记录的成本为实际发生而非虚构的

这项控制目标主要与生产成本的发生认定相关。被审计单位主要通过以下控制措施实现控制目标:成本的核算以经过审核的生产任务通知单、领料凭证、产量或工时记录、人工费用分配表、材料费用分配表和制造费用分配表为依据。如果生产成本的金额是经过审核的生产任务通知单、领料凭证、产量或工时记录、人工费用分配表、材料费用分配表和制造费用分配表为依据核算出来的,可以印证生产成本为实际发生而非虚构的。

3. 所有耗费和物化劳动均已反映在成本中

这项控制目标主要与生产成本的完整性认定相关。被审计单位可以通过对生产任务通知单、领发料凭证、产量或工时记录、人工费用分配表、材料费用分配表和制造费用分配表进行事先连续编号进行控制,并能定期清点确保全部登记入账,出现缺号、漏号及时进行处理。

4. 成本以正确的金额,在适当的会计期间及时记录于适当的会计账户

这项控制目标与生产成本的计价与分摊认定相关。被审计单位可以通过以下控制措施保证控制目标的实现:采用适当的成本费用分配方法并且前后期一贯执行;采用适当的成本核算方法并一贯执行;采用适当的成本核算流程和账务处理流程;进行内部稽核等。

二、生产与存货循环的内部控制测试

对生产与存货循环的内部控制测试,同样要从存货和生产成本两个方面进行。

（一）存货的内部控制测试

对存货内部控制进行测试主要根据被审计单位的内部控制措施进行,主要使用的审计程序有询问、观察、检查和重新执行。例如,询问、观察并确认相关职责是否适当分离;检查有关记账凭证是否附有合规的领料凭证;检查企业编制的存货盘点表;观察存货的保护措施;观察存货和记录的接触及相应的审批程序;检查有关凭证编号的连续性;观察易损存货的保管措施;检查存货跌价准备的计提方法;检查内部核查标志等。

对存货管理进行控制测试时,应进行一定的抽查,抽查时需要关注的事项包括以下内容:①存货的发出手续是否按规定办理,是否及时登记仓库账并与会计记录核对;②是否建立定期盘点制度,发生的盘盈、盘亏、毁损、报废是否及时按规定审批处理。

（二）生产成本制度的内部控制测试

注册会计师对被审计单位的生产成本制度内部控制进行测试,可以用被审计单位的内部控制目标的思路来进行。例如,检查凭证中是否包括这3个关键控制点的适当审批;检查有关成本的记账凭证是否附有生产通知单、领发料凭证、产量和工时记录、工薪费用分配表、

材料费用分配表、制造费用分配表等;检查原始凭证的顺序编号是否完整;审查生产任务通知单、领发料凭证、产量或工时记录、人工费用分配表、材料费用分配表和制造费用分配表的顺序编号是否完整等。

另外,生产成本制度的内部控制测试可以以产品生产成本构成内容来进行,主要包括:直接材料成本测试、直接人工成本测试、制造费用测试和生产成本在当期产品和完工产品之间分配的测试等内容。

第三节　存货审计的实质性程序

一、存货审计概述

通常情况下,存货对企业经营特点的反映能力强于其他资产项目,其错报直接影响流动资产、营运资本、总资产、营业成本、利润等项目,审计中很多重大和复杂的问题都与存货有关。注册会计师对存货项目的审计应当予以特别关注,并分配较多的审计工时,运用多种有针对性的审计程序。

导致存货审计复杂的原因主要包括:①存货通常是资产负债表中一个重要项目,而且通常是构成运营成本的最大项目;②存货存放于不同的地点,这使对其实物控制和盘点都很困难。企业必须将存货置放于产品生产和销售的地方,这种分散也给审计工作带来了困难;③存货项目的多样性也给审计带来了困难,如化妆品、宝石;④存货本身的陈旧以及存货成本的分配也使得存货的估价存在困难;⑤不同企业采用的存货计价方法存在多样性。

二、存货的审计目标

存货的审计目标包括:评审存货内部控制制度的健全性和有效性。确定存货在报表日是否存在;确定存货是否为被审计单位所有;确定特定期间存货收发业务均已全部记录;确定存货计价是否合理,存货成本计算是否合理;确定存货的截止日期是否正确;确定存货在会计报表上的披露是否恰当。

三、存货审计中的分析程序

分析程序是指注册会计师分析被审计单位重要的比率或趋势,包括调查这些比率或趋势的异常变动及其与预期数据和相关信息的差异。在计划审计阶段,分析程序可以有效地帮助审计人员确认存货及主营业务成本账户中是否存在重大错报。在审计实施阶段,分析程序对审计人员了解存货的总体合理性和存货计价的审计非常重要。例如,通过存货周转率的纵向比较或行业平均值的比较,审计人员可以对被审单位的存货管理有一个整体的了解。较高的存货周转率通常表明被审计单位的存货管理是有效的,而较低的存货周转率则说明可能存在残损呆滞的存货。如下所述。

(1)计算各类存货的毛利率,并进行横向或纵向比较,已确定是否错报当期存货、是否存在未入账或虚假存货;比较各项存货的实际单位成本与成本标准,以发现存货成本的高估或低估现象;毛利率是反映盈利能力的主要指标之一,用以衡量成本控制及销售价格的变化。其计算公式为:

$$毛利率 = \frac{销售收入 - 销售成本}{销售成本} \times 100\%$$

毛利率的波动可能意味着被审计单位存在以下情况:①销售价格发生变动;②销售产品总体结构发生变动;③单位产品成本发生变动;④固定制造费用比重较大时生产和销售数量发生变动。

(2)比较前后各期及本期各个月份存货余额及其构成,以评价期末存货余额及其构成的总体合理性。

(3)计算原材料周转率、产成品周转率和总的存货周转率,并与以前各期货行业平均水平相比较,以确定是否存在严重的残损呆滞现象。

存货周转率是用于衡量销售能力和存货是否积压的指标。其计算公式为:

$$存货周转率 = \frac{主营业务成本}{平均存货} \times 100\%$$

利用存货周转率进行纵向比较或与其他同行企业进行横向比较时,要求存货计价持续保持一致。存货周转率的波动可能意味着被审计单位存在以下情况:①有意或无意地减少存货准备;②存货管理或控制程序发生变动;③存货成本项目发生变动;④存货核算方法发生变动;⑤存货跌价准备计提基础或冲销政策发生变动;⑥销售额发生大幅度变动。

(4)对每月存货成本差异进行比较,以确定是否存在调节成本的现象。

通过上面分析,计算实际数和预计数之间的差异,并同管理层使用的关键业绩指标进行比较。通过询问管理层和员工,调查实质性分析程序得出的重大差异额是否表明存在重大错报风险,是否需要设计恰当的细节测试程序以识别和应对重大错报风险。最后形成结论,即实质性分析程序是否能够提供充分、适当的审计证据,或需要对交易和余额实施细节测试以获取进一步的审计证据。

四、存货监盘

(一)存货监盘概述

《中国注册会计师审计准则1311号——存货监盘》规定,存货监盘是指注册会计师现场观察被审计单位存货的盘点,并对已盘点的存货进行适当检查。可见,存货监盘有两层含义:一是注册会计师应亲临现场观察被审计单位存货的盘点;二是在此基础上,注册会计师应根据需要抽查已盘点的存货。存货监盘的目的主要是获取有关存货数量和状况的审计证据,以确定被审计单位记录的所有存货确实存在,已经反映了被审计单位拥有的全部存货,并属于被审计单位的合法财产。同时,存货监盘能够证明多项认定,包括存在、完整性、权利和义务。

存货监盘的三环节主要包括:检查存货以确定其是否存在,评价存货状况,并对存货盘点结果进行测试;观察管理层指令的遵守情况,用于记录和控制存货盘点结果的程序的实施情况;获取有关管理层存货盘点程序可靠性的审计证据。

需要说明的是,尽管实施存货监盘,获取有关期末存货数量和状况的充分适当的审计证据是注册会计师的责任,但这并不能取代被审计单位管理层定期盘点存货、合理确定存货数量和状况的责任。也就是说,对存货设计健全的内部控制并保证其有效执行,定期盘点存货,合理确定存货的数量和状况并保证存货的安全完整,是管理当局的会计责任;实施存货监盘,获取有关期末存货数量和状况的充分、适当的审计证据,是注册会计师的责任。除非出现无法实施存货监盘的特殊情况,注册会计师应当实施必要的替代程序,在绝大多数情况下都必须亲自现场观察被审计单位存货盘点过程,实施存货监盘程序。

(二) 存货监盘计划

审计人员首先应该充分了解被审计单位存货的特点、存货的盘存制度以及存货内部控制的有效性等情况,并考虑获取、审阅和评价被审计单位的预定盘点程序。

1. 制订存货监盘计划应考虑的事项

(1) 与存货相关的重大错报风险。由于存货的数量和种类、成本归集难易程度、陈旧过时速度、易遭受失窃等特点,存货通常具有较高的重大错报水平。生产制造企业的存货与其他企业(如批发企业)的存货相比,往往具有更高的错报风险,对审计人员的审计工作而言,则更具有复杂性。以下是可能增加审计复杂性和重大错报风险的若干情况。

① 对制造过程漫长的企业(如飞机制造业和酒类产品酿造企业)进行审计时,应当重点关注递延成本、预期发生成本以及未来市场被动可能对当期损益的影响等事项。

② 固定价格合约。审计时应重点关注预期发生成本的不确定性。

③ 与时装相关的服装行业。由于服装产品的消费者对服装风格或颜色的偏好容易发生变化,存货是否过时是重要的审计事项。

④ 鲜活、易腐商品存货。因为物质特性和保质期短暂,此类存货变质的风险较高。

⑤ 具有高科技含量的存货。由于科技进步,此类存货易于过时。

⑥ 单位价值高昂、容易被盗窃的存货。例如,珠宝存货的错报风险通常要高于铁质纽扣之类存货的错报风险。

(2) 与存货相关的内部控制的性质。在制订存货监盘计划时,注册会计师要了解被审计单位与存货相关的内部控制,并根据内部控制的完善程度确定进一步审计程序的性质、时间安排和范围。存货的内部控制几乎涉及企业产品的所有生产与销售环节——采购、验收入库、仓储、领用、加工(生产)、运输等方面,还包括存货数量的盘存制度。

(3) 对存货盘点是否制订了适当的程序,并下达了正确的指令。审计人员应当考虑复核或与被审计单位管理当局讨论其存货盘点计划、以前年度存货审计中存在的问题,当期存货审计中存在的问题,以及当期存货审计事项。在与被审计单位管理层讨论其存货盘点计划时,审计人员应当考虑下列主要因素,以评价其能否合理的确定存货的数量和状况:盘点的时间安排;存货盘点范围和场所的确定;盘点人员的分工及其胜任能力;盘点前的会议及任务布置;存货的整理和排列,毁损、陈旧、过时、残次及所有权不属于被审计单位的存货的区分;存货的计量工作和计量方法;在产品完工程度的确定方法;存放在外单位的存货盘点安排;存货收发截止的控制;盘点期间存货移动的控制;盘点表单的设计、使用与控制;盘点结果的汇总及盘盈盘亏的分析、调查与处理。

通常审计人员可以利用存货盘点计划调查问卷的形式,与被审计单位管理层讨论存货的盘点计划,并评价被审计单位能否合理的确定存货的数量和状况。如果认为被审计单位的盘点计划存在缺陷,审计人员应当提请被审计单位采取必要的措施,修改和完善盘点计划。

（4）存货盘点的时间安排。企业实施存货盘点的时间可能是资产负债表日以前,可能是资产负债表日,也可能是资产负债表日之后。如果存货盘点在财务报表日以外的其他日期进行,注册会计师应考虑被审单位的存货盘点时间与资产负债表日的间隔情况,评价在信赖内控的前提下能否将盘点日的结论延伸到资产负债表日。判断被审单位的盘点时间是否合理。

（5）被审计单位采用的盘存制。存货盘存制度不同,注册会计师需要做出的存货监盘安排也不同。如果被审计单位通过实地盘存制确定存货数量,注册会计师参加此种盘点。如果被审计单位采用永续盘存制,注册会计师在年度中一次或多次参加盘点。

（6）存货的存放地点,以确定适当的监盘地点。审计人员应当关注所有的存货存放地点,以防止被审计单位转移或发生任何遗漏。应特别关注存放大额存货的地点,这些存货的重大错报风险相对较高,应纳入监盘地点。对多处存放存货的情况,审计人员应当考虑被审计单位与存货相关内部控制措施和盘点惯例,评价审计风险以及除存货监盘外的其他替代程序的可行性,从而确定实施监盘的范围。例如,审计人员通常不会对零售连锁商店每一家分店实施监盘,因为连锁商店的分店的数目可能成百上千。审计人员通常会选择一定数目的分店进行监盘,并使用分析程序等替代程序,或利用内部审计人员的工作,以便对其他分店的存货余额的准确性做出评价。

（7）是否需要专家协助。审计人员可能不具备某些专业领域专长或技能,审计人员应当考虑是否存在对审计人员专业知识提出较高要求或需要利用专家工作的存货项目。在确定资产数量或资产实务状况时(如矿石堆),或在收集特殊类别存货(如艺术品、稀有玉石、房地产、电子元件、工程设计)的审计证据时,审计人员可以考虑利用专家的工作。

当在产品存货金额较大时,可能面临如何评估在产品完工程度的问题。审计人员可了解被审计单位的盘点程序,如果有关在产品的完工程度未明确列出,审计人员应当考虑采用其他有助于确定完工程度的措施。例如,获取零部件明晰清单、标准成本表以及作业成本表,与工厂的有关人员进行讨论等,并运用职业判断。审计人员也可以根据存货生产过程的复杂程度,考虑利用专家的工作。

2. 存货监盘计划的主要内容

（1）存货监盘的目标、范围和时间安排。存货监盘的主要目标包括获取被审计单位资产负债表日有关存货数量和状况、有关管理层存货盘点程序可靠性的审计证据,检查存货的数量是否真实完整,是否归属被审计单位,存货有无毁损、陈旧、过时、残次和短缺等状况。

存货监盘范围的大小取决于存货的内容、性质以及与存货相关的内部控制的完善程度和重大错报风险的评估结果。在被审计单位盘点存货前,注册会计师应当观察盘点现场,确定应纳入盘点范围的存货是否已经适当整理和排列,并附有盘点标识,防止遗漏、重复盘点。对未纳入盘点范围的存货,注册会计师应当查明未纳入的原因。对所有权不属于被审计单位的存货,注册会计师应当确认该存货没有被纳入盘点范围。

存货监盘的时间,包括实地察看盘点现场的时间、观察存货盘点的时间和对已盘点存货实施检查的时间等,应当与被审计单位实施存货盘点的时间相协调。

（2）存货监盘的要点以及注意事项。存货监盘的要点主要包括审计人员实施存货监盘程序的方法步骤，各环节应注意的问题以及要解决的问题，审计人员需要重点关注的事项包括盘点期间的存货移动、存货的状况、存货的截止确认、存货的各个存放地点及金额等。

对一些特殊类型存货，被审计单位通常使用的盘点方法和控制程序并不完全适用。注册会计师应当根据职业判断，根据存货的实际情况，设计适当的审计程序，以获取相关存货数量和状况的充分、适当的审计证据。表 10-2 列示了一些特殊类型存货通常的特点及注册会计师通常使用的审计程序。

表 10-2　特殊类型存货的监盘程序

存货类型	盘点方法与潜在问题	可供实施的审计程序
木材、钢筋盘条、管子	通常无标签，但在盘点时会做上标记或用粉笔标识 难以确定存货数量或等级	检查标记或标识 利用专家或被审计单位内部有经验人员的工作
堆积型存货（如糖、煤、钢废料）	通常既无标签也不作标记 估计存货数量时存在困难	运用工程估测、几何计算、高空勘测，并依赖详细的存货记录 如果堆场中的存货堆不高，可进行实地监盘，或通过旋转存货堆加以估计
使用磅秤测量的存货	估计存货数量时存在困难	在监盘前和监盘过程中均应检验磅秤的精准度，并留意磅秤的位置移动与重新调校程序 将检查和重新称量程序相结合。检查称量尺度的换算问题
散装物品（如贮窖存货、使用桶、箱、罐、槽等容器储存的液、气体、谷类粮食、流体存货）	盘点时难以识别和确定 估计存货数量时存在困难 确定存货质量时存在困难	使用容器进行监盘或通过预先编号的清单列表加以确定 使用浸蘸、测量棒、工程报告以及依赖永续存货记录 选择样品化验分析或利用专家工作
贵金属、石器、艺术品与收藏品	存货辨认与质量确定方面存在困难	选择样品进行化验与分析，或利用专家的工作
生产纸浆用木材、牲畜	存货辨认与数量确定方面存在困难 无法对存货移动实施控制	通过高空摄影以确定其存在性，对不同时点的数量进行比较，并依赖永续存货记录

（3）参加存货监盘人员的分工。审计人员应当根据被审计单位参加存货监盘人员分工、分组情况、存货监盘工作量的大小和人员素质情况，确定参加存货监盘的人员组成，各组成人员的职责和具体的分工情况，并加强督导。

（4）检查存货的范围。审计人员应该根据对被审计单位存货盘点和对被审计单位内部控制的评价结果确定检查存货的范围。审计人员在实施观察程序后，如果认为被审计单位内部控制设计良好且得到有效实施、存货盘点组织良好，可以相应缩小实施检查程序的范围。

存货监盘计划内容总结如表 10-3 所示。

表 10-3　存货监盘计划内容总结

项　　目	内　　容
存货监盘的目标、范围及时间安排	目标：是获取被审单位资产负债表日有关存货数量和状况的审计证据； 范围：取决于存货的内容、性质以及与存货相关的内控的完善程度和重大错报风险的评估结果 时间：实地察看盘点现场的时间、观察存货盘点的时间和对已盘点存货实施检查的时间等，应与被审单位实施存货盘点的时间相协调
存货监盘的要点及关注事项	要点：注册会计师实施存货监盘程序的方法、步骤，各个环节应注意的问题以及所要解决的问题 重点关注：盘点期间的存货移动、存货的状况、存货的截止确认、存货的各个存放地点及金额等
参加存货监盘人员的分工	根据被审单位参加存货盘点人员分工、分组情况、存货监盘工作量的大小和人员素质情况，确定参加存货监盘的人员组成，各组成人员的职责和具体的分工情况，并加强督导
检查存货的范围	根据对被审单位存货盘点和对被审单位内控的评价结果确定

（三）存货监盘程序

在存货盘点现场实施监盘时，注册会计师应当实施下列审计程序。

1. 实施观察程序

对被审计单位盘点存货前，审计人员应当观察盘点现场，确定应纳入盘点的存货是否已经恰当整理和排列，并附有盘点标识，防止遗漏或重复盘点。对未纳入盘点范围的存货，审计人员应当查明未纳入的原因。对被审计单位持有的受委托代存货，审计人员应视情况确定并执行有关的补充程序。尤其在无法立即识别存货归属的情况下。

审计人员在实施存货监盘过程中，应当跟随被审计单位安排的存货盘点人员，注意观察被审计单位事先制订的存货盘点计划是否得到了贯彻执行；盘点人员是否准确无误地记录了被盘点存货的数量和状况；是否以恰当地区分所有毁损、陈旧、过时及残次的存货。当盘点人员没有按照存货盘点计划和程序进行盘点时，审计人员应与被审计单位的复核或监督人员联系以纠正盘点中的问题，或调整盘点程序。

2. 实施检查程序

在存货监盘过程中检查存货，虽然不一定能确定存货的所有权，但有助于确定存货的存在，以及识别过时、毁损或陈旧的存货。注册会计师应当把所有过时、毁损或陈旧的存货的详细情况记录下来，这既便于进一步追查这些存货的处置情况，也能为测试被审计单位存货跌价准备计提的充分性提供依据。

3. 执行抽盘

审计人员应当进行适当抽查，将抽查结果与被审计单位盘点记录相核对，并形成相应记录。抽查的目的既可以是为了证实被审计单位的盘点计划得到适当的执行，也可以是为了证实被审计单位的存货实物总额。如果观察程序能够表明被审计单位的组织管理得当，并存在充分有效的盘点、监督以及复核程序，那么审计人员可决定减少所需抽查的存货项目。当采用实质性程序时，审计人员实施抽查的范围取决于存货的性质或样本选择方法。如果对价值较高的存货项目实施抽查程序，即使审计人员主要采用的是控制测试，也能通过该实质性程序获得进一步的确证。审计人员应考虑根据被审计单位的盘点记录选取抽查项目。在抽查时，应执行双向抽查，审计人员应当从存货盘点记录中选取项目追查至存货实物，以测试盘点记录的准确性；审计人员还应当从存货实物中选取项目追查至存货盘点记录，以测试存货盘点记录的完整性。

抽查的范围通常包括所有盘点工作小组的盘点内容以及难以盘点或隐蔽性较强的存货。如果审计人员对被审计单位的有关程序不满意，或者审计人员未观察到相当比重的盘点项目，审计人员应当实施实质性的盘点程序。如果审计人员在实施抽查程序时发现了差异，很可能表明被审计单位的存货盘点记录在准确性或完整性方面存在错误。由于抽查内容通常仅仅是存货盘点中的一小部分，所以在抽查中发现错误很可能意味着在被审计单位的存货盘点中还存在着其他错误。一方面，审计人员应当查明原因，并及时提请被审计单位更正；另一方面，被审计单位仅仅改正已发现的错误是不够的，审计人员应当考虑错误的潜在范围和重大程度，在可能的情况下，增加抽查范围以减少错误的发生。审计人员还可要求被审计单位重新进行盘点，重新盘点的范围可限制在某一特殊领域或特定盘点小组。需要特别说明的是，审计人员应尽可能地避免被审计单位了解自己将抽取测试的存货项目。

4. 存货监盘结束时的工作

在被审计单位存货盘点结束前，审计人员应当：①再次观察盘点现场，以确定所有应纳入盘点范围的存货是否均已盘点；②取得并检查已填用、作废及未使用盘点表单的号码记录，确定其是否连续编号。查明已发放的表单是否均已收回，并与存货盘点的汇总记录进行核对。

审计人员应当根据自己在存货监盘过程中获取的信息对被审计单位最终的存货盘点结果汇总记录进行复核，并评估其是否正确地反映了实际盘点结果。

如果存货盘点日不是资产负债日，审计人员应当实施适当的审计程序，确定盘点日与资产负债日之间存货的变动是否已做正确的记录。盘点存货时尽量要求保持存货不发生移动，但在某些情况下存货的移动还是不可避免的，所以审计人员应该特别关注存货的移动情况，防止出现遗漏或重复盘点。如果在盘点过程中被审计单位的生产经营仍将进行，审计人员应通过实施必要的检查程序，确定被审计单位是否已经对此设置了相应的控制程序，确保在适当的期间内对存货做出准确的记录。

（四）特殊情况的处理

1. 由于存货的性质和位置而无法实施监盘程序

某些情况由于存货的性质和存放地点等因素的影响，导致注册会计师无法实施存货监盘。

（1）存货的特殊性质。由于被审计单位存货的性质而可能导致审计人员无法实施存货监盘，这种情况包括但不限于：存货涉及保密问题，如商品再生产过程中需要利用特殊配方或制造工艺、或者涉及机密的政府合同；存货系危害性物质，如辐射性化学物品或气体。

对具有特殊性质的存货实施审计，通常需要依赖内部控制。审计人员应当复核采购、生产和销售记录，以获取充分、适当的审计证据。通常情况下，还可以向能够接触到相关存货项目的第三方人员询证。此外，审计人员还可以实施其他替代程序。例如，对危害性物质，如果被审计单位对其生产、使用和处置存有正式的报告，审计人员可以通过追查至有关报道的方式确定此类危害性物质是否存在。

（2）存货的特殊位置。被审计单位存货的位置也可能导致审计人员无法实施存货监盘，典型的情况是在途存货。由于此类存货通常仅占一小部分，可以通过审查相关凭证加以验证。对存放在公共仓库中的存货，可以通过函证的方式进行查验。

需要注意的是，给注册会计师带来不便的一般因素不足以支持注册会计师做出实施存货监盘不可行的决定。审计中的困难、时间或成本等事项本身，不能作为注册会计师省略不可替代的审计程序或满足于说服力不足的审计证据的正当理由。

在某些情况下，如果不能实施替代程序或者实施替代程序可能无法获取有关存货存在和状况的充分适当的审计证据，注册会计师需要根据《中国注册会计师审计准则第1502号——在审计报告中发表非无保留意见》的规定发表非无保留意见。

2. 因不可预见因素导致无法在预定日期实施存货监盘

有时由于某些不可预见因素而可能导致无法在预定日期实施存货监盘，两种比较典型的情况是：①审计人员无法亲临现场，即由于不可抗力导致其无法到达存货存放地实施存货监盘；②气候因素，即由于恶劣的天气导致审计人员无法实施存货监盘程序，或由于恶劣的天气无法观察存货（如木材被积雪覆盖）。

对上述情况，由于不可预见因素导致无法在存货盘点现场实施监盘，注册会计师应当另择日期实施监盘，并对间隔期内发生的交易实施审计程序。

3. 委托其他单位保管或者审计时已经作质押的存货

如果被审计单位的存货存放于其他单位，审计人员通常需要向该单位获取委托代管存货的书面确认函。如果存货已被质押，审计人员应当向债权人询证与被质押存货有关的内容。对于此类存货，通常还应当检查被审计单位的相关会计记录和可能设置的备查记录。如果此类存货比较重要，审计人员应当考虑与被审计单位讨论其对委托代管存货或已作质押存货的控制程序，并考虑对此类存货实施监盘程序，或利用其他注册会计师的工作。

4. 首次接受委托的情况

当审计人员首次接受委托未能对上期期末存货实施监盘，且该存货对本期财务报表存在重大影响时，如果已获取有关本期期末存货余额的充分、适当的审计证据，审计人员应当实施追加的审计程序，实施下列一项或多项审计程序，以获取有关本期期初存货余额的充分、适当的审计证据：监盘当前的存货数量并调节至期初存货数量；对期初存货项目的计价实施审计程序；对毛利和存货截止实施审计程序。

【例10-1】 B注册会计师负责对博然公司2012年度财务报表进行审计。博然公司为玻璃制造企业，2012年年末存货余额占资产总额比重较大。存货包括玻璃、煤炭、烧碱、石英砂。其中，60%的玻璃存放在外地公用仓库。博然公司对存货核算采用永续盘存制，与存货相关的内部控制比较薄弱。博然公司拟于2012年11月25～27日盘点存货，盘点工作和盘点监督工作分别由熟悉相关业务且具有独立性的人员执行。存货盘点计划的部分内容摘录如下。

（1）存货盘点范围、地点和时间安排如表10-4所示。

表 10-4　存货盘点范围、地点和时间安排

地　　点	存 货 类 型	估计占存货总额的比例	盘点时间
A 仓库	烧碱、煤炭	烧碱 10%、煤炭 5%	2012 年 11 月 25 日
B 仓库	烧碱、石英砂	烧碱 10%、石英砂 10%	2012 年 11 月 26 日
C 仓库	玻璃	玻璃 26%	2012 年 11 月 27 日
外地公用仓库	玻璃	玻璃 39%	

（2）存放在外地公用仓库存货的检查。对存放在外地公用仓库的玻璃,检查公用仓库签收单,请公用仓库自行盘点,并提供 2012 年 11 月 27 日的盘点清单。

（3）存货数量的确定方法。对烧碱、煤炭和石英砂等堆积型存货,采用观察以及检查相关的收、发、存凭证和记录的方法,确定存货数量;对存放在 C 仓库的玻璃,按照包装箱标明的规格和数量进行盘点,并辅以适当的开箱检查。

（4）盘点标签的设计、使用和控制。对存放在 C 仓库玻璃的盘点,设计预先编号的一式两联的盘点标签。使用时,由负责盘点存货的人员将一联粘贴在已盘点的存货上,另一联由其留存;盘点结束后,连同存货盘点表交存财务部门。

（5）盘点结束后,对出现盘盈或盘亏的存货,由仓库保管员将存货实物数量和仓库存货记录调节相符。

问题:

针对上述存货盘点计划第(1)至第(5)项,逐项判断上述存货盘点计划是否存在缺陷。如果存在缺陷,简要提出改进建议。

分析结果如下。

情况(1)存在 3 个缺陷。A、B 仓库的存货中均存在烧碱,对同一类型的存货,建议采用同时盘点的方法,不应该安排在不同的时间;对存放在公用仓库的存货——玻璃,占存货总额的 39%,是非常高比例的存货,建议安排时间进行盘点,纳入盘点范围;乙公司内部控制比较薄弱,应该选择在资产负债表日前后进行盘点。

情况(2)存在缺陷。对存放在公允仓库的存货,采取的盘点方式恰当的是发函确认,由于乙公司与存货相关的内部控制薄弱,不能够仅仅依靠签收单作为盘点的方式。

情况(3)存在缺陷。盘点方式不恰当,对烧碱,煤炭和石英砂等堆积型存货,应该选择的盘点方式,通常为运用工程估测、几何计算、高空勘测,并依赖详细的存货记录;如果堆场中存货堆不高,可进行实地监盘,或通过旋转存货堆加以估计。

情况(4)不存在缺陷。

情况(5)存在缺陷。盘点结束后,对于盘盈或盘亏的存货,不应由仓库保管人员对于存货实物数量和仓库存货记录进行调节。应该安排与仓库保管有关的主管人员负责调节。

【例 10-2】　A 注册会计师负责对甲公司 2012 年度财务报表进行审计。在对甲公司 2012 年 12 月 31 日的存货进行监盘时,发现部分存货的财务明细账、仓库明细账、实物监盘三者的数量不一致,相关资料见表 10-5。

表 10-5　数量不一致的相关资料

库号	存货名称	财务明细账数量	仓库明细账数量	实物监盘数量
1	a 产品	35 套	30 套	30 套
2	b 产品	27 套	25 套	27 套
3	c 材料	1 600 千克	1 600 千克	1 700 千克
4	d 材料	1 200 千克	1 200 千克	1 000 千克

问题：

(1) 根据监盘结果，假定不考虑舞弊以及财务明细账串户登记、仓库明细账串户登记的情况，逐项分析存货数量差异可能存在的主要原因。

(2) 针对存货的财务明细账数量与实物监盘数量不一致情况，简要说明应当实施哪些必要的审计程序。

分析结果如下。

(1) 根据监盘结果，分析存货数量差异可能存在的主要原因。

① a 产品，仓库明细账数量和实物监盘数量相同，但财务明细账数量大于实物监盘数量，可能存在货物已经发出，没有及时将相关凭证送交财务部门登记入账，即：没有及时确认收入，结转成本的情况，或产品已出库但仓库没有及时将出库单据传递至财务部门等原因所致。

② b 产品，财务明细账和实物监盘数量相同，但仓库明细账数量小于财务明细账数量，可能是 b 产品入库后仓库部门没有及时登记仓库明细账等原因所致。

③ c 材料，财务明细账和仓库明细账数量相同，但实物监盘数量大于财务明细账数量，可能是 c 材料入库后未及时记入财务明细账与仓库明细账，或 c 材料退库后没有及时记入财务明细账和仓库明细账等原因所致。

④ d 材料，财务明细账和仓库明细账数量相同，但实物监盘数量小于财务明细账数量，可能是由于 d 材料报废后未及时进行财务处理、未及时登记仓库明细账，或 d 材料自然损耗、丢失、被盗等原因所致。

(2) 针对存货的财务明细账数量与实物监盘数量不一致的情况，注册会计师应当实施的审计程序有：应当查明差异原因，如果确是甲公司账务处理有误，应及时提请甲公司更正；应当考虑错误的潜在范围和重大程度，在可能的情况下，扩大检查范围或提请甲公司重新盘点。

五、存货的成本审计

存货成本审计主要涉及直接材料成本审计、直接人工成本审计、制造费用审计和主营业务成本审计等内容。

(一) 直接材料成本的审计

直接材料成本审计一般从审阅材料和生产成本明细账入手，抽查有关的费用凭证，验证企业产品直接耗用材料的数量、计价和材料费用分配是否真实、合理。其主要内容如下。

(1) 抽查产品成本计算单，检查直接材料成本的计算是否正确，材料费用的分配标准与计算方法是否合理适当，是否与材料费用分配表中该产品分担的直接材料费用相符。

（2）检查直接材料耗用数量的真实性，是否有非生产用料挤入直接材料费用的现象。

（3）对同一产品年度直接材料成本进行趋势分析，对重大波动进行确认并查明原因。

（4）对材料的发出及领用的原始凭证进行审核，确定领料单的签发是否经过授权，材料发出汇总表时候经过适当的人员复核，领料单上成本计价方法是否适当，有无擅自改变成本计价方法现象。

（5）对采用定额成本或标准成本的企业，应检查材料成本差异的计算、分配及其会计处理是否正确，并查明直接材料的定额成本或标准成本在年度内有无重大变动。

（二）直接人工成本的审计

直接人工成本审计的内容主要包括以下内容。

（1）抽查成本计算单，检查直接人工成本的计算是否正确，人工费用的分配标准与分配方法是否合理和适当，是否与人工费用分配汇总表中该产品分摊的直接人工费用相符。

（2）将本年度直接人工成本与前期进行比较，确定有无异常波动并查明原因。

（3）分析比较本年度各月份的人工费用发生额，如有异常波动，应查明原因。

（4）结合应付职工薪酬的审查，抽查人工费用会计记录及会计处理是否正确。

（5）对采用标准成本法的企业，应查明直接人工成本差异的计算、分配及其会计处理是否正确，并确定直接人工的标准成本在本年度内无重大变更。

（三）制造费用的审计

制造费用是企业为生产产品或提供劳务而发生的间接费用，以及生产单位为组织和管理生产而发生的费用。制造费用包括企业各生产单位（分厂和车间）为组织和管理生产所发生的生产单位管理人员的职工薪酬等职工薪酬、折旧费、修理费、办公费、水电费、差旅费、租赁费（融资租赁除外）、机物料消耗、低值易耗品摊销、劳动保护费、保险费、设计制图费、实验检验费、季节性和修理期间的停工损失以及其他制造费用。制造费用的审计要点主要包括以下内容。

（1）获取或编制制造费用汇总表，并与明细账、总账核对相符，抽查制造费用中的重大数额项目及例外项目是否合理。

（2）审阅制造费用明细账，检查其核算内容和范围是否正确，并应注意是否存在重大异常会计事项，对于重大异常项目应追查至记账凭证及原始凭证，重点检查企业有无将不属于成本费用的开支挤入制造费用。

（3）若有必要，可以对制造费用实施截止测试，审查资产负债表日前后几日的制造费用明细账及其凭证，确定有无跨期入账现象。

（4）检查制造费用的分配是否合理，查明制造费用的分配方法是否符合企业自身的生产技术条件，是否体现收益原则，分配方法一经确定，是否在相当长的时间内保持稳定，有无随意变更的情况；分配率和分配额的计算是否正确，有无以认为的估计数代替分配数的情况。对于按照预定分配率分配制造费用的企业，要查明计划与实际差异是否及时调整。

（5）对采用标准成本法的企业，还应抽查制造费用的确定是否合理，记入成本计算单的数额是否正确，制造费用的计算、分配与会计处理是否正确，并查明标准制造费用在本年度内有无重大变动。

（四）营业成本的审计

营业成本是企业对外销售商品、产品以及对外提供劳务等业务活动和销售材料、出租固定资产、出租无形资产、出租包装物等其他经营活动所发生的实际成本。以制造业的产成品销售为例，是由期初库存产品成本加上本期入库产品成本，再减去期末库存产品成本求得的。

营业成本的审计目标主要包括：确定利润表中记录的营业成本是否已经发生，且与被审计单位有关；确定所有应当记录的营业成本是否均已记录；确定与营业成本有关的金额及其他数据是否已经恰当记录；确定营业成本是否已记录于正确的会计期间；确定营业成本是否已记录于恰当的账户；确定营业成本是否按照企业会计准则的规定在财务报表中恰当列报。

1. 主营业务成本审计

（1）获取或编制主营业务成本明细表，复核加计是否正确，与总账和明细账核对相符，结合其他业务成本科目营业成本报表数核对是否相符。

（2）编制生产成本与销售成本倒轧表（见表 10-6），与库存商品等相关科目总账核对相符。

表 10-6　生产成本与销售成本倒轧表

项　目	未 审 数	调整或重分类金额借（贷）	审 定 数
原材料期初余额			
加：本期购进			
减：原材料期末余额			
其他发出额			
直接材料成本			
加：直接人工成本			
制造费用			
生产成本			
加：在产品期初余额			
减：在产品期末余额			
产品生产成本			
加：产成品期初余额			
减：产成品期末余额			
销售成本			

（3）检查主营业务成本的内容和计算方法是否符合会计准则的相关规定，前后期是否一致。

（4）必要时，可实施分析性程序进行审计。

（5）抽取若干月份主营业务成本结转明细清单，结合生产成本的审计，检查销售成本结转数额的正确性，比较计入主营业务成本的商品品种、规格、数量与计入主营业务收入的口径是否一致，是否符合配比原则。

（6）针对主营业务成本明晰表中重大调整事项（如销售退回）、非常规项目，检查相应的原始凭证，评价其真实性和合理性，检查其会计处理是否正确。

（7）在采用计划成本、定额成本、标准成本或售价核算存货的情况下，需检查产品成本差异以及商品进销差价的计算、分配和会计处理的正确性。

（8）结合期间费用的审计，判断被审计单位是否存在将应计入生产成本的项目计入期间费用,或将应计入期间费用的项目计入生产成本,以达到认为调节主营业务成本,进而调节企业利润的目的。

（9）检查主营业务成本在财务报表中的列报是否符合企业会计准则的相关规定。

2. 其他业务成本的审计

（1）获取或编制其他业务成本明细表,复核加计数是否正确,与总账数和明细账合计数进行核对确定是否相符;结合主营业务成本科目与营业成本报表数核对是否相符。

（2）复核其他业务成本明细表的正确性,并与其他相关科目进行交叉核对。

（3）检查其他业务成本是否有相应的收入,并与上期其他业务收入、其他业务成本比较,检查是否有重大波动。若有,应查明原因。

（4）检查其他业务成本内容是否真实,计算是否正确,会计处理是否正确,配比是否适当,并可适当抽查相关原始凭证予以核实。

（5）对异常项目,应追查入账依据及有关法律文件是否充分。

（6）检查与其他经营活动有关的税费是否计入本科目。

（7）检查其他业务成本是否已经按照企业会计准则的规定在财务报表中进行恰当列报。

六、存货的计价审计

存货监盘程序只能对存货的结存数量予以确认,为验证会计报表上存货余额的真实性,还需要对存货的计价进行审计测试,即确定存货实物数量和永续盘存记录中的数量是否经过正确的计价和汇总。存货计价测试主要是针对被审计单位所使用的存货单位成本是否正确所做的测试。广义地看,存货成本的审计也可以看成是存货计价测试的一个内容。

单位成本的充分内部控制与生产和会计记录结合起来,对确保用于期末存货计价的成本合理性十分重要。一项重要的内部控制是使用标准成本记录反映原材料、直接人工和制造费用的差异,还可以用来评价生产。使用标准成本时,应设置相应的程序及时反映生产过程与成本的变化。由独立于成本核算部门的人员来复核单位成本的合理性,也是一项有用的计价控制。

存货计价审计表,如表 10-7 所示。

表 10-7　存货计价审计表

日期	品名及规格	购　入			发　出			余　额		
		数量	单价	金额	数量	单价	金额	数量	单价	金额

1. 存货计价方法说明:
2. 情况说明及审计结论:

（一）选取一定的样本

进行存货计价审计时,应当从已经盘点确认数量、单价和总金额已经记入存货汇总表的结存存货中选择。选择样本时应注重选择结存余额较大且价格变化比较频繁的项目,同时还要考虑选取样本的代表性。

（二）确认计价方法

存货计价方法有多种，企业可以结合国家法规的要求和自身实际情况选择适合的计价方法，审计人员应了解企业对存货的计价方法，并对该计价方法的合理性以及其一贯性进行关注。

（三）计价测试

进行计价审计时，审计人员应对存货价格的组成内容予以审核，对所选择的存货样本进行计价审计。审计时应排除企业已有的计算程序和结果的影响，进行独立审计。审计结果出来后同企业账面记录进行比较，并编制对比分析表，对其中的差异应进行分析。如果差异过大，应扩大样本范围进行继续审计，并根据审计结果考虑是否提出审计调整建议。

在进行计价审计时，由于企业对期末存货采用成本与可变现净值孰低进行计量，所以审计人员应当特别关注企业对存货可变现净值的确定以及存货跌价准备的计提。可变现净值是指在日常活动中，存货的估计售价减去至完工时估计将要发生的成本、估计的销售费用以及相关税费后的余额。企业确定存货的可变现净值，应当取得确凿的证据作为基础，并且考虑持有存货的目的、资产负债表计提后事项的影响等因素。

存货跌价准备应当按照单个存货项目的成本与可变现净值计量。如果某些存货与在同一地区生产和销售的产品系列相关、具有相同或类似最终用途或目的，且难以与其他项目分开计量，可以合并计量存货成本与可变现净值；对数量繁多、单价较低的存货，可以按照存货类别计量存货成本与可变现净值。当存在下列情况之一时，应当计提存货跌价准备：该存货的市场价格持续下跌，并且在可预见的未来无回升的希望；企业使用该项原材料生产的产品的成本大于产品的销售价格；企业因产品更新换代，原有库存原材料已不适应新产品的需要，而该原材料的市场价格又低于其账面成本；因企业所提供的商品或劳务过时或消费者偏好改变而使市场的需求发生变化，导致市场价格逐渐下跌；其他足以证明该项存货实质上已经发生减值的情形。

当存在以下一项或若干项情况时，应当将存货账面余额全部转入当期损益：已霉烂变质的存货；已过期且无转让价值的存货；生产中已不再需要，并且已无使用价值和转让价值的存货；其他足以证明已无使用价值和转让价值的存货。

七、存货的截止测试

存货的截止测试是检查已经记录为企业所有，并包括在 12 月 31 日存货盘点范围内的存货中，是否含有截止到该日尚未购入或者已经出售的部分。存货的截止测试关键在于确定存货实物纳入盘点范围的时间与存货引起的借贷双方会计科目的入账时间是否处于同一会计期间。如果当年 12 月 31 日购入货物，并已包括在当年 12 月 31 日的实物盘点范围内，购货发票是在次年 1 月才收到，并已记入次年 1 月的账簿中，当前 12 月的账上并无进货和对应的负债记录，这样就少记了存货和应付账款；相反，如果在当年 12 月 31 日收到一张购货发票，并记入当年 12 月的账内，而这张发票所对应的存货实物却是在次年 1 月才收到，未包括在当年 12 月的盘点范围内，这样就可能虚减了本年的利润。

另外，存货截止审计也可以抽取存货盘点日前后若干日，且金额较大的购货业务验收单或入库单，查明其购货发票是否在同期入账。若仅有验收单而发票未到，审计人员应检查每一验收单上是否该有暂估入账的印章，并按暂估价值纳入期末存货内。

【本章小结】

本章主要涉及企业生产与存货循环业务中的相关审计实务,包括存货与仓储循环的主要业务活动、该循环涉及的主要凭证和记录以及存货监盘。针对该循环不同的业务环节,设计了不同的控制措施和实质性测试程序。本章重点内容是存货的审计,包括存货的监盘程序和存货的计价测试。存货监盘是一种复核程序,是观察程序和检查程序的结合运用,在审计人员实际执行过程中主要有制订存货监盘计划、监盘程序的具体运用。存货成本的计价措施包括直接材料成本测试、直接人工成本测试以及制造费用的测试。营业成本的审计主要包括通过成本倒轧表结合库存商品科目进行,在审计中注意分析程序的使用。

【课后习题】

一、判断题

1. 存货周转率是用以衡量销售能力和存货是否积压的指标,毛利率是衡量成本控制及销售价格变化的指标。（　　）

2. 存货正确截止的要求是,12月31日前购入的存货,即使未验收入库,也必须纳入存货盘点的范围。（　　）

3. 在执行存货监盘程序时,未将受托代管的存货纳入存货的盘点范围。（　　）

4. 对在途存货,注册会计师将其排除在盘点范围之外。（　　）

5. 对由于性质特殊而无法实施监盘的存货,注册会计师应当实施替代的审计程序。
（　　）

6. 如果存货盘点日不是资产负债表日,注册会计师应当实施适当的审计程序,确定盘点日与资产负债表日之间存货的变动是否已得到恰当的记录。（　　）

7. 在实施观察程序后,如果认为被审计单位内部控制设计良好且得到有效实施、存货盘点组织良好,可以相应缩小实施检查程序的范围。（　　）

8. 除非出现无法实施存货监盘的特殊情况,注册会计师应当实施必要的替代程序,在绝大多数情况下都必须亲自观察存货盘点过程,实施存货监盘程序。（　　）

9. 在检查已盘点的存货时,注册会计师应当从存货盘点记录中选取项目追查至存货实物,以测试盘点记录的完整性。（　　）

10. 在对存货进行监盘过程中,注册会计师应当特别关注存货的状况,观察被审计单位是否已经恰当区分所有毁损、陈旧、过时及残次的存货。（　　）

二、单项选择题

1. 注册会计师在了解甲公司的风险评估过程这一内部控制要素时,获悉甲公司在产品的计划和设计阶段未能招聘到在专门的制造领域富有才能的设计师和专家,则很可能将甲公司生产与存货循环的（　　）认定的重大错报风险评估为高水平。

　　A. 权利与义务　　　　B. 完整性　　　　C. 计价和分摊　　　　D. 存在

2. 对ABC公司拥有的大量艺术品与其他收藏品,注册会计师深感在辨认真伪与确认品质方面存在困难。此时,他应实施的最适当的审计程序是（　　）。

　　A. 使用浸泡、敲击、烘烤等方法辨别真伪、鉴定质量

    B. 采用精确的磅秤进行测量,留意测量过程中磅秤的移动情况

    C. 选择样品进行化验与分析,或利用专家的工作结果

    D. 通过高空摄影进行测量,运用几何计算进行估计

3. 甲公司是一家煤炭加工企业,注册会计师在对其存货煤进行盘点时,实施最适当的审计程序是(　　)。

    A. 使用精确的磅秤进行测量,并留意磅秤的位置移动与重新调校程序

    B. 选择样品进行化验与分析,或利用专家的工作

    C. 使用浸蘸、测量棒、工程报告以及依赖永续存货记录

    D. 运用工程估测、几何计算、高空勘测,并依赖详细的存货记录

4. 下列各项中,审计单位不应计入存货实际成本中的是(　　)。

    A. 发出委托加工的物资的运输费用

    B. 外购材料发生的运输费

    C. 用于直接对外销售的委托加工应税消费品所支付的消费税

    D. 用于继续生产应税消费品的委托加工应税消费品所支付的消费税

5. 存货成本审计的内容不包括(　　)。

    A. 直接材料成本　　　　B. 制造费用　　　　C. 主营业务成本　　　　D. 管理费用

6. 注册会计师在审计时发现被审计单位销售了一批存货,账面余额为 100 万元,已计提的存货跌价准备为 20 万元,取得的销售价款为 130 万元,则注册会计师认为被审计单位该销售应该结转的成本为(　　)万元。

    A. 100　　　　　　　　B. 130　　　　　　　　C. 110　　　　　　　　D. 80

7. 监盘过程中,注册会计师特别关注 ABC 公司截止日期前后销售或购买的货物。不应纳入盘点范围内,也不应反映在账簿记录中的情况是(　　)。

    A. 2012 年 1 月 5 日已确认为销售,但由于客户的原因所销售的货物仍在 ABC 公司仓库的甲产品

    B. 2011 年 12 月 25 日已向客户发出货物,但根据销售合同至 2011 年 1 月 8 日仍不能确认为销售的乙产品

    C. 2011 年 12 月 30 日已确认为购货并验收完毕,但 2012 年 1 月 10 日仍未办理入库手续的丙材料

    D. 按到货点交货方式购货,2011 年 12 月 31 日已在运输途中但 2012 年 1 月 16 日仍未收到的丁材料

8. 注册会计师监盘存货前应当确定存货盘点的范围。有关存货盘点的范围的确定,不正确的是(　　)。

    A. 在被审计单位盘点存货前,注册会计师应当观察盘点现场,确定应纳入盘点范围的存货是否已经适当整理和排列,并附有盘点标识,防止遗漏或重复盘点。对未纳入盘点范围的存货,注册会计师应当查明未纳入的原因

    B. 对被审计单位持有的受托代存存货,应纳入盘点范围

    C. 对所有权不属于被审计单位的存货,注册会计师应当取得其规格、数量等有关资料,确定是否已分别存放、标明,且未被纳入盘点范围

    D. 对于被审计单位委托代销的存货,注册会计师应纳入盘点范围,并向委托代销单位获取委托代管的书面确认函

9. A 注册会计师在审计东湖电脑公司 2008 年财务报表时发现：东湖电脑公司期末存货采用成本与可变现净值孰低法计价。2008 年 9 月 26 日东湖电脑公司与 M 公司签订销售合同：由东湖电脑公司于 2009 年 3 月 6 日向 M 公司销售笔记本电脑 10 000 台，每台 1.5 万元。2008 年 12 月 31 日东湖电脑公司库存笔记本电脑 13 000 台，单位成本 1.4 万元。2008 年 12 月 31 日市场销售价格为每台 1.3 万元，预计销售税费均为每台 0.05 万元。东湖电脑公司 2008 年 12 月 31 日该笔记本的账面价值为 18 200 万元，则 A 注册会计师应建议东湖电脑公司（　　　）。

    A. 调增账面价值 50 万元
    B. 调减账面价值 450 万元
    C. 调增账面价值 500 万元
    D. 调减账面价值 1 950 万元

10. 一般来说，（　　　）仅和存货与仓储循环有关，而与其他循环无关。

    A. 采购材料和储存材料
    B. 购置加工设备和维护加工设备
    C. 预付保险费和理赔
    D. 加工产品和储存完工产品

三、多项选择题

1. 下列项目中，属于存货成本审计的有（　　　）。

    A. 直接材料成本的审计
    B. 直接人工成本的审计
    C. 制造费用的审计
    D. 管理费用

2. 导致存货审计复杂的主要原因有（　　　）。

    A. 存货存放于不同的地点
    B. 存货的多样性
    C. 存货本身的陈旧
    D. 存货计价方法的多样性

3. 属于存货实质性程序的有（　　　）。

    A. 计算被审计单位期末对存货计提的存货跌价准备金额是否正确
    B. 检查企业是否建立存货定期盘点制度
    C. 进行购货业务年底截止测试
    D. 核对各存货项目明细账与总账的余额是否相符

4. 在编制存货监盘计划时，注册会计师需要考虑的事项有（　　　）。

    A. 与存货相关的重大错报风险
    B. 与存货相关的内部控制的性质
    C. 存货盘点的时间安排
    D. 是否需要专家协助

5. 注册会计师在对期末存货进行截止测试时，通常应当关注（　　　）。

    A. 所有在截止日以前入库的存货项目是否均已包括在盘点范围内，并已反映在截止日以前的会计记录中；任何在截止日期以后入库的存货项目是否均未包括在盘点范围内，也未反映在截止日以前的会计记录中
    B. 所有在截止日以前装运出库的存货项目是否均未包括在盘点范围内，且未包括在截止日的存货账面余额中；任何在截止日期以后装运出库的存货项目是否均已包括在盘点范围内，并已包括在截止日的存货账面余额中
    C. 所有已确认为销售但尚未装运出库的商品是否均未包括在盘点范围内，且未包括在截止日的存货账面余额中
    D. 所有已记录为购货但尚未入库的存货是否均已包括在盘点范围内，并已反映在会计记录中

四、综合题

1. 宏达股份有限公司是一家专营商品零售的股份公司，ABC 会计师事务所在接受其

审计委托后,委派 L 注册会计师负责审计。L 注册会计师确定存货项目为重点审计领域。

问题:假定下列表格中的审计具体目标已经被 L 注册会计师选定,L 注册会计师应当确定的与各审计具体目标最相关的财务报表认定和最恰当的审计程序分别是什么?(根据表后列示的财务报表认定及审计程序,选择一项;对每项财务报表认定和审计程序,可以选择一次、多次或不选。)

财务报表认定	审计具体目标	审计程序
	公司对存货均拥有所有权	
	记录的存货数量包括了公司所有的在库存货	
	已按成本与可变现净值孰低法调整期末存货的价值	
	存货成本计算准确	
	存货的主要类别和计价基础已在财务报表恰当披露	

财务报告认定:①完整性;②存在;③分类和可理解性;④权利与义务;⑤计价和分摊。

审计程序:①检查现行销售价目表;②审阅财务报表;③在监盘存货时,选择一定样本,确定其是否包括在盘点表内;④选择一定样本量的存货会计记录,检查支持记录的购货合同和发票;⑤在监盘存货时,选择盘点表内一定样本质量的存货记录,确定存货是否在库;⑥测试直接人工费用的合理性。

2. B 注册会计师接受委托,对常年审计客户丙公司 20×× 年度财务报表进行审计。丙公司为玻璃制造企业,存货主要有玻璃、煤炭、烧碱和水泥,少量玻璃存放于外地公用仓库。另有丁公司部分水泥存放于丙公司的仓库。丙公司拟于 20×× 年 12 月 29～31 日盘点存货,以下是 B 注册会计师撰写的存货监盘计划的部分内容。

存货监盘计划

一、存货监盘的目标

检查丙公司 20×× 年 12 月 31 日存货数量是否真实完整。

二、存货监盘范围

20×× 年 12 月 31 日库存的所有存货,包括玻璃、煤炭、烧碱和水泥。

三、监盘时间

存货的观察与检查时间均为 20×× 年 12 月 31 日。

四、存货监盘的主要程序

1. 与管理层讨论存货监盘计划。

2. 观察丙公司盘点人员是否按照盘点计划盘点。

3. 检查相关凭证以证实盘点截止到日前所有已确认为销售但尚未装运出库的存货均已纳入盘点范围。

4. 对存放在外地公用仓库的玻璃,主要实施检查货运文件、出库记录等替代程序。

问题:

(1) 请指出存货监盘计划中的目标、范围和时间存在的错误,并简要说明理由。

(2) 请判断存货计划中列示的主要程序是否适当,若不恰当,请予以修正。

第十一章 筹资与投资循环审计

知识目标

- 了解筹资与投资循环的主要业务活动；
- 掌握筹资与投资循环内部控制和控制测试的内容、程序和方法；
- 了解短期借款、长期借款、长期股权投资的审计目标；
- 掌握长期股权投资、短期借款、长期借款实质性程序的步骤和方法。

技能目标

- 能够在理解筹资与投资涉及主要业务的基础上，掌握筹资与投资循环的内部控制及其控制测试；
- 能够熟练运用筹资与投资相关项目的实质性程序。

案例导入

投资项目审计

A审计人员于2013年年初对B公司2012年度财务报表进行审计，发现以下情况。

（1）B公司于2012年9月1日和C公司签订并实施了金额为5 000万元、期限为3个月的委托理财协议，该协议规定C公司负责股票投资运作，B公司可以随时核查。2012年12月1日，B公司对上述委托理财协议办理了展期手续，并于同日收到C公司汇来的标明用途为投资收益的3 000万元款项，B公司据此确认投资收益3 000万元。

（2）B公司对D公司长期股权投资（无市价）为5 000万元，D公司在2012年8月已经进入清算程序。在编制2012年度财务报表时，B公司对该项长期股权投资计提1 000万元的减值准备。

（3）2012年1月31日，B公司开发建成一栋商住两用楼盘，该商住楼所在地不存在活跃的房地产交易市场，2012年年末未发生减值迹象。该商住楼的建造成本为3 000万元。其中，一层商铺1 200万元计划用于出租，其余楼层1 800万元计划用于B公司办公。2012年3月31日，B公司就一层商铺与某超市签订经营租赁合同，租赁期为2012年3月31日至2014年3月30日，租赁费用总额为144万元，自2012年4月起按月结算。该商住楼预计使用年限为30年，预计净残值率为原值的10%，按平均年限法计提折旧。B公司于2012年1月31日做了增加固定资产——商住楼3 000万元的账务处理；于2012年2~12月计提了该商住楼的折旧，借记"管理费用——折旧费"82.5万元、贷记"累计折旧"82.5万元的账务处理；于2012年4~12月对该商住楼的租赁业务借记"银行存款"54万元、贷记"营业收入——其他业务收入"54万元的账务处理。

问题：以上业务涉及了投资与筹资的不同业务种类。如果你是 A 审计人员，对上述事项是否需要提出审计处理建议？若需提出，应如何处理？

第一节　筹资与投资循环概述

一、筹资与投资循环涉及的主要业务活动

（一）筹资的主要业务活动

筹集资金是企业生存与发展的重要环节，企业拥有的大部分资产源于债权人和股东提供的资金。筹集资金的活动主要包括借款交易和股东权益交易。筹资所涉及的主要业务活动如下。

（1）审批授权。企业借款筹集资金需经管理当局的审批，债券的发行每次均要由董事会授权；企业发行股票也须按国家有关法规和企业章程的规定，由企业董事会批准和中国证券监督管理委员会核准。

（2）签订合同或协议。

（3）获得资金。

（4）计算应付利息或股利。企业应根据董事会批准、股东大会通过的股利分配方案，计算应付股东的股利。

（5）偿还本息或发放股利。

（二）投资的主要业务活动

企业在经营过程中为了保持资产的流动性和盈利性，将资产投放于证券或其他企业，即形成投资业务。投资活动所涉及的业务如下。

（1）审批授权。与筹资业务一样，为了控制投资活动的风险，避免不必要的损失，投资业务也应由企业的高层管理机构进行审批。交易的数量越多，授权程序必须越正式。

（2）取得证券或其他投资证明。企业在投资时应着重注意分析投资的风险与收益，尽量采取组合投资方式分散投资风险。对外投资，企业应取得有关证明。

（3）获取投资收益。企业可以取得股权投资的股利收入或分回的利润、债券投资的利息收入、证券买卖差价等。

（4）转让证券或收回其他投资。对于购买证券形成的投资，企业可以通过转让证券实现投资的收回。对于与其他单位联合经营形成的投资，则在合资或联营合同期满，或由于严重亏损、一方不履行协议等特殊原因企业提前解散时，才能收回投资，一般不得抽回投资。

二、筹资与投资循环涉及的主要凭证和会计记录

（一）企业筹资活动涉及的主要凭证和会计记录

（1）公司债券。公司债券是公司依据法定程序发行、允诺在一定期限内还本付息的书面凭证。

（2）股本凭证。股本凭证是公司签发的证明股东所持股份的凭证。

（3）债券契约。债券契约是明确债券持有人与发行企业双方所拥有的权利与义务的书面文件，其内容一般包括债券发行的标准，债券的面值和总额，利率和利息计算，受托管理人及证书，发行抵押债券所担保的财产，有关建立偿付基金的承诺、利息支付和本金偿还的方式及安排等。

（4）股东名册。发行记名股票的公司记载股东的凭证，内容主要包括股东的姓名或者名称及住所；股东所持股份数；股东所持股票的编号；股东取得其股份的日期。发行无记名股票的，公司应当记载其股票数量、编号及发行日期。

（5）公司债券存根簿。企业发行记名债券时一般应在存根簿上记载：债券持有人的姓名或者名称及住所，债券持有人取得债券的日期及债券的编号，债券总额、债券的票面金额、债券的利率、债券还本付息的方式和期限，债券的发行日期。发行无记名债券时应当记载的内容有：债券总额、利率、偿还期限和方式、发行日期和债券编号。

（6）承销或包销协议。公司向社会公开发行股票或债券时，应当由依法设立的证券经营机构承销或包销，公司应与其签订承销或包销协议。

（7）借款合同或协议。借款合同或协议是指公司向银行和其他金融机构借入款项时与其签订的合同或协议。

（二）企业投资活动涉及的主要凭证和会计记录

（1）债券投资凭证。债券投资凭证是载明债券持有人与发行企业双方所拥有的权利与义务的法律性文件，其内容一般包括：债券发行的标准；债券的明确表述；利息或利息率；受托管理人证书；登记和背书。

（2）股票投资凭证。

① 买入凭证。买入凭证记载股票投资购买业务，包括购买股票数量、被投资公司、股票买价、交易成本、购买日期、结算日期、结算日应付金额合计。

② 卖出凭证。卖出凭证记载股票投资卖出业务，包括卖出股票数量、被投资公司、股票卖价、交易成本、卖出日期、结算日期、结算日金额合计。

（3）股票证书。股票证书是载明股东所有权的证据，记录所有者持有被投资公司所有股票数量。如果被投资公司发行了多种类型的股票，也反映股票的类型，如普通股、优先股。

（4）股利收取凭证。股利收取凭证是向所有股东分发股利的文件，标明股东、股利数额、每股股利、被审计单位在交易最终日期持有的总股利金额。

（5）长期股权投资协议。

（6）投资总分类账。投资总分类账是对被投资单位所持有的投资，记录所有的详细信息，包括所获得或收取的投资收益。总分类账中的投资账户记录初始购买成本和之后的账面价值。

（7）投资明细分类账。投资明细账分类账是由投资单位保存，以用来记录所有的非现金性投资交易，如期末的市场对市场调整、公允价值的反映，以及记录与处置投资相关的损益。

第二节　筹资与投资循环的内部控制与控制测试

一、内部控制目标、内部控制与审计测试的关系

表 11-1 和表 11-2 分别是筹资活动与投资活动的内部控制和测试一览表。这两张表展

示了在循环审计中,内部控制程序和实质性程序的一致关系,目的是帮助审计人员根据具体情况设计能够实现审计目标的审计方案,但并未包含与筹资交易和投资交易有关的所有内部控制、控制测试和交易实质性程序,也不意味着审计实务必须按此顺序与方法一成不变。

表 11-1　筹资活动控制目标、内部控制和测试一览表

内部控制目标	关键内部控制	常用控制测试	常用交易实质性程序
记录的筹资交易均系真实发生的交易	借款经过授权审批;签订借款合同或协议等相关法律性文件	索取借款的授权批准文件,检查权限是否恰当,手续是否齐全;检查借款合同或协议	检查支持借款记录的原始凭证
筹资交易均已记录	负责借款业务的信贷管理员根据综合授信协议或借款合同,逐笔登记借款备查簿,并定期与信贷记账员的借款明细账核对;定期与债权人核对账目	询问借款业务的职责分工情况及内部对账情况;检查被审计单位是否定期与债权人核对账目	检查董事会会议记录、借款合同、银行询证函等,确定有无未入账的交易
筹资交易均以恰当的金额记入恰当的期间	负责借款业务的信贷管理员根据综合授信协议或借款合同,逐笔登记借款备查簿,并定期与信贷记账员的借款明细账核对;定期与债权人核对账目;会计主管复核	询问借款业务的职责分工情况及内部对账情况;检查被审计单位是否定期与债权人核对账目;检查会计主管复核印记	将借款记录与所附的原始凭证进行细节比对
筹资交易均已记入恰当的账户	使用会计科目核算说明;会计主管复核	询问会计科目表的使用情况;检查会计主管复核印记	将借款记录与所附的原始凭证进行细节比对

注:本表以获得初始借款交易为例,不包括偿还利息和本息交易。

表 11-2　投资活动控制目标、内部控制和实质性程序一览表

内部控制目标	关键内部控制	常用控制测试	常用交易实质性程序
记录的投资交易均系真实发生的交易	投资业务经过授权审批	索取投资的授权批准文件,检查审批手续是否齐全	检查与投资有关的原始凭证,包括投资授权文件、被投资单位出具的股权或债权证明、投资付款记录等
投资交易均已记录	投资管理员根据交易流水单,对每笔投资交易记录进行核对、存档,并在交易结束后一个工作日内将交易凭证交投资记账员。投资记账员编制转账凭证,并附相关单证,提交会计主管复核。复核无误后进行账务处理。每周末,投资管理员与投资记账员就投资类别、资金统计进行核对,并编制核对表,分别由投资管理经理、财务经理复核并签字。如有差异,将立即调查;对所投资的有价证券或金融资产定期盘点,并与账面记录相核对;定期与被投资单位或交易对方核对账目	询问投资业务的职责分工情况;检查被审计单位是否定期与交易对方或被投资方核对账目	检查与投资有关的原始凭证,包括投资授权文件、被投资单位出具的股权或债权证明、投资付款记录等

续表

内部控制目标	关键内部控制	常用控制测试	常用交易实质性程序
投资交易均以恰当的金额记入恰当的期间	定期与被投资单位或交易对方核对账目;会计主管复核	检查被审计单位是否定期与债权人核对账目;检查会计主管复核印记	将借款记录与所附的原始凭证进行细节比对
投资交易均已记入恰当的账户	使用会计科目核算说明;会计主管复核	询问会计科目表的使用情况;检查会计主管复核印记	将投资记录与所附的原始凭证进行细节比对

注:本表以初始投资交易为例,不包括收到投资收益、收回或变现投资、期末对投资计价进行调整等交易。

二、筹资活动的内部控制和控制测试

(一)筹资活动的内部控制

筹资活动主要由借款交易和股东权益交易组成。股东权益增减变动的业务较少而金额较大,注册会计师在审计中一般直接执行实质性程序。企业的借款交易涉及短期借款、长期借款和应付债券,这些内部控制基本类似。因此,我们以应付债券为例,说明筹资活动的内部控制和控制测试。

无论是否依赖内部控制,注册会计师均应对筹资活动的内部控制获得足够的了解,以识别错报的类型、方式及发生的可能性。

一般来说,应付债券内部控制主要包括以下内容。

(1)应付债券的发行要有正式的授权程序,每次均要由董事会授权。

(2)申请发行债券时,应履行审批手续,向有关机关递交相关文件。

(3)应付债券的发行,要有受托管理人来行使保护发行人和持有人合法权益的权利。

(4)每种债券发行都必须签订债券契约。

(5)债券的承销或包销必须签订有关协议。

(6)记录应付债券业务的会计人员不得参与债券发行。

(7)如果企业保存债券持有人明细分类账,应同总分类账核对相符,若这些记录由外部机构保存,则须定期同外部机构核对。

(8)未发行的债券必须有专人负责。

(9)债券的回购要有正式的授权程序。

如果企业应付债券业务不多,注册会计师可根据成本效益原则采取实质性方案;如果企业应付债券业务繁多,注册会计师就可考虑采取综合性方案。如果决定采取综合性方案,则应进行控制测试。

(二)筹资活动的控制测试

如果注册会计师拟依赖内部控制,则应实施控制测试。一般来说,股东权益、长期借款账户和余额的重大错报风险通常评估为低水平,除非筹资活动形成一种重要的交易类型。因此,检查风险的可接受水平较高,注册会计师应主要采用实质性分析程序和有限的细节测试。

注册会计师尝试对有限数量的筹资交易测试实施控制测试程序,是明显无效率的,对投资和筹资环境也通常如此。如果注册会计师主要实施了实质性程序,则需要对控制活动进行记录以识别可能发生的重大错报风险,以确保实施的实质性程序能够恰当应对所识别的重大错报风险。

三、投资活动的内部控制和控制测试

(一)投资活动的内部控制

(1)严格的投资计划授权审批制度。投资必须编制投资计划,详细说明准备投资的对象、投资目的、影响投资收益的风险。投资计划在执行前必须严格审核。明确审批人的授权批准方式、权限、程序、责任及相关控制措施,规定经办人的职责范围和工作要求。审批人应当根据对外投资授权批准制度的规定,在授权范围内进行审批,不得超越审批权限。审查的内容主要有:证券市场的估计是否合理,投资收益的估算是否正确,投资的理由是否恰当,计划购入的证券能否达到投资目的等。所有投资计划及其审批应当用书面文件记录。

(2)合理的职责分工。合法的投资业务,应在业务的授权、执行、记录与资产的保管等方面都有明确、合理的分工,不得由一人同时负责上述任何两项工作。例如,投资业务在企业高层管理机构核准后,可由高层负责人员授权签批,由财务经理办理具体的股票或债券的买卖业务,由会计部门负责进行会计记录和财务处理,并由专人保管股票或债券。这种合理明确的分工能形成相互牵制机制,有利于避免或减少投资业务中发生错误或舞弊的可能性。

(3)健全的资产保管制度。企业对投资资产(指股票和债券资产)一般有两种保管方式:一种是由独立的专门机构保管,如在企业拥有较大的投资资产的情况下,委托银行、证券公司、信托投资公司等机构进行保管;另一种方式是由企业自行保管。在这种方式下,必须建立严格的联合控制制度,即至少要由两名以上人员共同控制,不得一人单独接触证券。对于任何证券的存入或取出,都要将债券名称、数量、价值及存取的日期、数量等详细记录于证券登记簿内,并由所有在场的经手人员签名。

(4)详细的会计核算制度。企业的投资资产无论是自行保管的,还是由他人保管的,都要进行完整的会计记录,并对其增减变动及投资收益进行相关会计核算。具体而言,应对每一种股票或债券分别设立明细分类账,并详细记录其名称、面值、证书编号、数量、取得日期、经纪人(证券商)名称、购入成本、收取的股息或利息等;对于联营投资类的其他投资,也应设置明细分类账,核算其他投资的投出及投资收益和投资收回等业务,并对投资的形式(如流动资产、固定资产、无形资产等)、投向(即接受投资单位)、投资的计价以及投资收益等做出详细的记录。

(5)严格的记名登记制度。企业应建立严格的记名登记制度。除无记名证券外,企业在购入股票或债券时应在购入的当日登记于企业名下,切忌登记于经办人员名下,防止冒名转移并借其他名义牟取私利的舞弊行为发生。

(6)完善的定期盘点制度。企业应建立完善的定期盘点制度。对于企业所拥有的投资资产,应建立完善的定期盘点制度。由内部审计师或不参与投资业务的其他人员进行定期盘点,检查是否确为企业所拥有,并将盘点记录与账面记录相互核对以确认账实的一致性。

(二)投资业务内部控制测试

(1)检查控制执行留下的轨迹。注册会计师应抽取投资业务的会计记录和原始凭证,确定各项控制程序运行情况。

（2）审阅内部盘点报告。注册会计师应审阅内部审计人员或其他授权人员对投资资产进行定期盘点的报告,应审阅其盘点方法是否恰当、盘点结果与会计记录相核对情况以及出现差异的处理是否合规。如果各期盘核报告的结果未发现账实之间存在差异(或差异不大),说明投资资产的内部控制得到了有效执行。

（3）分析企业投资业务管理报告。对企业的长期投资,注册会计师应对照有关投资方面的文件和凭据,分析企业的投资业务管理报告。在做出长期投资决策之前,企业最高管理层(如董事会)需要对投资进行可行性研究和论证,并形成一定的纪要。投资业务一经执行,又会形成一系列的投资凭据或文件。负责投资业务的财务经理须定期向企业最高管理层报告有关投资业务的开展情况,即提交投资业务管理报告书,供最高管理层投资决策和控制。

第三节　筹资与投资循环的实质性程序

筹资与投资循环由筹资活动和投资活动的交易事项构成。下面分两部分阐述筹资与投资循环的实质性程序。

一、筹资交易的实质性程序

（一）实质性分析程序

实质性分析程序包括与上年度或预算的比较、比率分析、财务与非财务信息的比较等,是在注册会计师对企业业务进行了解的基础上进行的。当对权益和借款交易与余额进行实质性分析程序时,主要包括以下步骤。

（1）建立预测或预期。建立预测或预期,主要采用资本绩效和财务管理有关的比率。①资本绩效:股东权益回报率、每股收益、市盈率、资本税前收益、税后收益留存率等。②财务管理:平均利率(包括税前和税后)、总资本利息率和股利率、财务杠杆等。资本绩效和财务管理有关比率可能在行业基础上不具可比性,但在同一企业内部,对不同时间经营业绩的比较可能是更好的办法。

（2）计算真实数据与预期之间的差异。计算管理层用来监控企业的关键业绩指标,将计算结果与上期结果、预算数以及与客户或注册会计师的历史记录相比较。询问发现问题时相关纠正措施,可以提供管理层监控程序运行是否有效的证据。

（3）调查重大差异并运用判断。注册会计师应当根据前述预期值来进行比率分析。任何未预期的波动都应当与管理层讨论,并在必要时进一步调查。

（4）确定重大差异或临界值。

（5）记录得出结论的基础。

（二）交易的细节测试

注册会计师在对筹资交易实施的细节测试,主要包括就借款和权益的发生、完整性、准确性、截止和分类认定获取审计证据。借款是企业承担的一项经济义务,是企业的负债项目,主要包括短期借款、长期借款和应付债券。为了正确反映企业的财务状况和经营成果,企业必须将负债完整地列示在资产负债表中,并正确地予以计价。一般情况下,被审计单位不会高估负债。因此,注册会计师对负债的审计的目的主要是防止企业低估负债。所有者权益是企业投资者对企业净资产的所有权,包括投资者对企业的投资资本以及企业存续过程中形成的资本公积、盈余公积和未分配利润。由于所有者权益增减变动的业务较少、金额较大,注册会计师在审计了资产和负债之后,往往只需花费较少的时间对所有者权益进行审计。

二、投资交易的实质性程序

在很多情况下,投资交易业务量很少,注册会计师通常在了解相关内部控制后,即对期末投资的存在性和账面价值实施细节测试。

(一)实质性分析程序

如果被审计单位投资业务较少,可以直接用细节测试获取充分适当的审计证据;如果被审计单位业务频繁和重要,注册会计师应将本期投资和投资收益同前期数和预算数进行比较来实施实质性分析程序。

如果被审计单位持有不同类型的投资业务,如各种类型的上市性投资、债券和贷款,企业应当对持有的投资组合制定政策,管理层可能使用关键业绩指标进行管理。注册会计师应当重新计算相关比率以测试管理层所使用的关键业绩指标的有效性。如果该指标不能符合预期,注册会计师应当询问管理层所采取的行动。任何偏差或未预期的趋势都应当同管理层讨论,因为它们可能表明存在潜在的错误或舞弊。

由于影响衍生金融工具的各种因素之间复杂的相互作用,往往掩盖了可能出现的异常趋势,实质性分析程序通常不能提供衍生金融工具相关认定的充分证据。注册会计师通常使用细节测试程序证实期末衍生金融工具的完整性和估价认定。

(二)交易的细节测试

在制造企业或贸易行业中,投资交易往往很少发生,审计方法通常是细节测试。如果投资交易业务量非常大,注册会计师应当评估对内部控制的依赖程度,复核管理层证实该程序是否频繁执行。注册会计师应当检查购买业务的授权情况。如果投资是通过证券交易买入的,则买入的证据是经纪人的交易清单。对投资的出售,注册会计师应检查出售的授权情况。

第四节　筹资与投资相关项目的审计

一、筹资交易相关项目的审计

(一)短期借款的审计

1. 短期借款的审计目标

短期借款的审计目标一般包括:确定资产负债表中列示的短期借款是否存在;确定所有应当列示的短期借款是否均已列示;确定列示的短期借款是否为被审计单位应当履行的现时义务;确定短期借款是否以恰当的金额列示在财务报表中,与之相关的计价调整是否已恰当记录;确定短期借款是否已按照企业会计准则的规定在财务报表中做出恰当列报。

2. 短期借款的实质性程序

(1)获取或编制短期借款明细表。注册会计师应先获取或编制短期借款明细表,复核其加计数是否正确,并与明细账与总账核对。

（2）函证短期借款的实有数。注册会计师应对银行借款及与金融机构往来的其他重要信息实施函证程序,除非有充分证据表明某一借款及其与金融机构往来的其他重要信息对财务报表不重要且与之相关的重大错报风险很低。

（3）检查短期借款的增加。对年度内增加的短期借款,注册会计师应检查借款合同和授权批准,了解借款数额、借款条件、借款日期、还款期限、借款利率,并与相关会计记录相核对。

（4）检查短期借款的减少。对年度内减少的短期借款,注册会计师应检查相关记录和原始凭证,核实还款数额。

（5）检查有无到期未偿还的短期借款。注册会计师应检查相关记录和原始凭证,检查被审计单位有无到期未偿还的短期借款。若有,则应查明是否已向银行提出申请并经同意后办理延期手续。

（6）复核短期借款利息。注册会计师应根据短期借款的利率和期限,复核被审计单位短期借款的利息计算是否正确,有无多算或少算利息的情况。

（7）检查外币借款的折算。如果被审计单位有外币短期借款,注册会计师应检查外币短期借款的增减变动是否按业务发生时的市场汇率或期初市场汇率折合为记账本位币金额;折算差额是否按规定进行会计处理;折算方法是否前后期一致。

（8）检查短期借款在资产负债表上的列报是否恰当。对因抵押而取得的短期借款,应在资产负债表附注中列示。

（二）长期借款的审计

1. 长期借款的审计目标

长期借款的审计目标一般包括：确定资产负债表中列示的长期借款是否存在;确定所有应当列示的长期借款是否均已列示;确定列示的长期借款是否为被审计单位应当履行的现时义务;确定长期借款是否以恰当的金额列示在财务报表中,与之相关的计价调整是否已恰当记录;确定长期借款是否已按照企业会计准则的规定在财务报表中做出恰当列报。

2. 长期借款的实质性程序

（1）获取或编制长期借款明细表,复核其加计数是否正确,并与明细账和总账核对相符。

（2）了解金融机构对被审计单位的授信情况以及被审单位的信用等级评估情况,并进行验证,了解被审计单位获得短期借款和长期借款的抵押和担保情况,评估被审计单位的信誉和融资能力。

（3）对年度内增加的长期借款,应检查借款合同和授权批准,了解借款数额、借款条件、借款日期、还款期限、借款利率,并与相关会计记录相核对。

（4）检查长期借款的使用是否符合借款合同的规定,重点检查长期借款使用的合理性。

（5）向银行或其他债权人函证重大的长期借款,结合银行存款函证。

（6）对年度内减少的长期借款,注册会计师应检查相关记录和原始凭证和还款数额,防止其低估负债。

（7）检查年末有无到期未偿还的借款,判断被审计单位的资信程度和偿债能力。

（8）计算短期借款、长期借款在各个月份的平均余额,选取适用的利率匡算利息支出总额,并与财务费用的相关记录核对,判断被审计单位是否高估或低估利息支出,必要时进行适当调整,总体合理性分析性复核。

(9) 检查非记账本位币折合记账本位币采用的折算汇率,折算差额是否按规定进行会计处理。

(10) 检查借款费用的会计处理是否正确,对专门借款的借款费用是否予以资本化,直接影响利润,从而影响资产、权益。

(11) 检查企业抵押长期借款的抵押资产的所有权是否属于企业,其价值和实际状况是否与抵押契约中的规定相一致。

(12) 检查企业重大的资产租赁合同,判断被审计单位是否存在资产负债表外融资的现象。

(13) 检查长期借款是否已在资产负债表上充分披露。

(三) 应付债券的审计

1. 应付债券的审计目标

应付债券是企业依照法定程序,为筹集长期资金而发行的一种书面凭证。应付债券的审计目标一般包括:确定期末应付债券是否存在;确定期末应付债券是否为被审计单位应履行的偿还义务;确定发行、计息以及偿还的应付债券业务是否均已记录完毕,有无遗漏;确定应付债券账户余额是否正确;确定应付债券在资产负债表上是否恰当地披露。

2. 应付债券的实质性程序

(1) 获取或编制应付债券明细表。审计人员应首先取得或编制应付债券明细表,并同有关的明细账和总账核对相符。应付债券明细账通常包括债券名称、承销机构、发行日、到期日、债券总额(面值)、实收金额、折价和溢价及其摊销、应付利息、担保等内容。

(2) 检查债券交易的有关原始凭证。检查债券交易的各项原始凭证,是确定应付债券金额及其合法性的重要程序,审计人员应做好以下工作:①检查企业现有债券副本,审阅有关审批文件,确定其发行是否合法,各项内容是否同相关的会计记录相一致;②检查企业发行债券所收入现金的收据、汇款通知单、送款登记簿及相关的银行对账单;③检查用以偿还债券的支票存根,并复核利息费用的计算;④检查已偿还债券数额同应付债券借方发生额是否相符;⑤如果企业发行债券时已做抵押或担保,审计人员还应检查相关契约的履行情况。

(3) 检查应计利息、债券溢(折)价摊销及其会计处理的正确性。一般可通过查阅债券利息、溢价、折价等账户分析表进行。该表可由企业代为编制,审计人员加以检查,也可由审计人员自己编制。

(4) 必要时函证"应付债券"账户期末余额入账是否正确。为了确定应付债券账户期末余额的真实性,审计人员如果认为有必要,可以直接向债权人及债券的承销人或包销人进行函证。

(5) 检查到期债券的偿还及其会计处理是否正确。对到期债券的偿还,审计人员应检查相关会计记录,检查其会计处理是否正确。对可转换公司债券持有人行使转换权利,将其持有的债券转换为股票,则应检查其转股的会计处理是否正确。

(6) 检查应付债券是否已在资产负债表上恰当列报。应付债券在资产负债表中列示于"长期负债"项目下,该项目应根据"应付债券"科目的期末余额扣除将于一年内到期的应付债券后的数额填列。该扣除额应在流动负债类下以"一年内到期的长期负债"项目单独反映。审计人员应根据审计结果,确定被审计单位应付债券在财务报表上的反映是否恰当,应注意有关应付债券的分类是否已在财务报表附注中做了充分说明。

（四）实收资本（股本）的审计

1. 实收资本（股本）的审计目标

实收资本（股本）的审计目标主要包括：确定实收资本（股本）是否存在；确定实收资本（股本）是否为被审计单位所有者的权利；确定实收资本（股本）的增减变动是否符合法律、法规和合同、章程的规定，记录有无遗漏；确定实收资本（股本）期末余额是否正确；确定实收资本（股本）在资产负债表上是否恰当地披露。

2. 实收资本（股本）的实质性程序

（1）取得或编制实收资本（股本）明细表。审计人员应获取或编制实收资本（股本）明细表，复核加计是否正确，与报表数、总账数和明细账合计数核对相符。

（2）审阅有关文件和会议记录。审计人员应查阅公司章程、股东大会、董事会会议记录中有关实收资本（股本）的规定。收集与实收资本（股本）变动有关的董事会会议纪要、合同、协议、公司章程及营业执照，公司设立批文、验资报告等法律性文件，并更新永久性档案。

（3）检查实收资本（股本）增减。检查实收资本（股本）增减变动的原因，查阅其是否与董事会纪要、补充合同、协议及其他有关法律文件的规定一致，逐笔追查至原始凭证，检查其会计处理是否正确。注意有无抽资或变相抽资的情况，若有，应取证核实，做恰当处理。对首次接受委托的客户，除取得验资报告外，还应检查并复印记账凭证和进账单。

（4）检查转增资本是否符合规定。对于以资本公积、盈余公积和未分配利润转增资本的，应取得股东（大）会等资料，并审核是否符合国家有关规定。

（5）检查权益结算的股份支付。以权益结算的股份支付，应取得相关资料，检查是否符合相关规定。

（6）检查与关联方的持股情况。根据证券登记公司提供的股东名录，检查被审计单位及其子公司、合营企业与联营企业是否有违反规定的持股情况。

（7）以非记账本位币出资的，检查其折算汇率是否符合规定。

（8）检查认股权证及其有关交易，确定委托人及认股人是否遵守认股合约或认股权证中的有关规定。

（9）检查实收资本（股本）的列报是否恰当。

（五）资本公积的审计

1. 资本公积的审计目标

资本公积是非经营因素形成的、不能计入实收资本或股本的所有者权益，主要包括投资者实际交付的出资额超过其资本份额的差额（如股本溢价、资本溢价）和其他资本公积等。资本公积的审计目标主要包括：确定资本公积是否存在；确定资本公积的增减变动是否符合法律、法规和合同、章程的规定，记录有无遗漏；确定资本公积期末余额是否正确；确定资本公积在资产负债表上是否恰当地披露。

2. 资本公积的实质性程序

（1）取得或编制资本公积明细表。审计人员应获取或编制资本公积明细表，复核加计是否正确，与报表数、总账数和明细账合计数核对相符。

（2）审阅有关文件和会议记录。收集与资本公积变动有关的股东（大）会决议、董事会会议纪要、资产评估报告等文件资料，更新永久性档案。首次接受委托的，应检查期初资本公积的原始发生依据。

（3）根据资本公积明细账，对股本溢价、其他资本公积各明细的发生额逐项审查。

（4）检查资本公积各项目，考虑对所得税的影响。

（5）审查资本公积运用的合法性，记录资本公积中不能转增资本的项目。

（6）确定资本公积是否在资产负债表上恰当列报。

（六）盈余公积的审计

1. 盈余公积的审计目标

盈余公积是指企业按规定从税后利润中提取的积累资金，是具有特定用途的留存收益，注意用于弥补亏损和转增资本。盈余公积的审计目标主要包括：确定盈余公积是否存在；确定盈余公积的增减变动是否符合法律、法规和合同、章程的规定，记录有无遗漏；确定盈余公积期末余额是否正确；确定盈余公积在资产负债表上是否恰当地披露。

2. 盈余公积的实质性程序

（1）获取或编制盈余公积明细表，复核其加计数是否正确，并核对其期末合计数与报表数、总账数和明细账合计数是否相符。

（2）审阅有关文件和会议记录。索取公司股东（大）会决议、董事会会议纪要等文件资料，并认真审阅其中有关盈余公积变动的规定，更新永久性档案。

（3）审查盈余公积的提取。检查盈余公积和任意盈余公积的计提顺序、计提基数、计提比例是否符合有关规定，会计处理是否正确。

（4）审查盈余公积的使用。检查盈余公积的使用是否符合规定，按规定，盈余公积和任意盈余公积可用于弥补亏损、转增资本和在特准后支付股利，但必须符合国家规定的限制条件（如用任意盈余公积转增资本的，法律没有限制；但用法定盈余公积转增资本后所留存的该项公积金不得少于"转增前"公司注册资本的 25%）。

（5）对外商投资企业和中外合作企业的审查。对外商投资企业，应审查储备基金、企业发展基金的发生额逐项审查至原始凭证；对中外合作经营企业，应审查利润归还投资的发生额至原始凭证，并于"实收资本——已归还投资"科目核对。

（6）确定盈余公积在资产负债表上恰当披露。

（七）未分配利润的审计

1. 未分配利润的审计目标

未分配利润是指未作分配的利润。它有两层含义：一是该部分净利润没有分配给投资者；二是该部分净利润未指定用途。未分配利润是企业当年税后利润在弥补以前年度亏损、提取盈余公积以后加上上年末未分配利润，在扣除向所有者分配的利润后的结余额。未分配利润的审计目标主要包括：确定未分配利润是否存在；确定未分配利润的增减变动是否符合法律、法规和合同、章程的规定，记录有无遗漏；确定未分配利润期末余额是否正确；确定未分配利润在资产负债表上是否恰当地披露。

2. 未分配利润的实质性程序

（1）获取或编制未分配利润明细表，复核其加计数是否正确，并核对其期末合计数与报表数、总账数和明细账合计数是否相符。

（2）索取公司股东（大）会决议、董事会会议纪要等文件资料，并认真审阅其中有关未分配利润的规定,更新永久性档案。

(3)检查期初未分配利润账户余额是否与上期审定数相符,涉及损益的上期审计调整是否正确入账。

(4)检查本期未分配利润除净利润转入以外的全部相关凭证,结合所获取的相关文件资料,确定其会计处理是否正确。

(5)检查本年利润弥补以前年度亏损的情况。

(6)对以前年度损益调整科目,检查其调整内容是否真实合理,对以前年度所得税的影响。重大调整事项应核实其发生原因、处理依据,并复核其数据的准确性。

(7)审查未分配利润年终余额在资产负债表上的表达是否适当。

二、投资交易相关项目审计

(一)长期股权投资的审计

1. 长期股权投资的审计目标

长期股权投资的审计目标一般包括:确定长期股权投资是否存在;确定长期股权投资是否归被审计单位所拥有;确定长期股权投资的增减变动及投资收益(或损失)的记录是否完整;确定长期股权投资的核算方法是否正确;确定长期股权投资减值准备的计提方法是否恰当,计提是否充分;确定长期股权投资减值准备的增减变动记录是否完整;确定长期股权投资及其减值准备的期末余额是否正确;确定长期股权投资及其减值准备在财务报表上的披露是否恰当。

2. 长期股权投资的实质性程序

企业长期股权投资的实质性程序主要包括以下方面。

(1)获取或编制投资明细表。

(2)根据有关合同和文件,确认股权投资的股权比例和持有时间,检查股权投资核算方法是否正确。

(3)对重大的投资,向被投资单位函证被审计单位的投资额、持股比例及被投资单位发放股利等情况。

(4)对应采用权益法核算的长期股权投资,获取被投资单位已经注册会计师审计的年度财务报表。如果未经注册会计师审计,则应考虑对被投资单位的财务报表实施适当的审计或审阅程序。

(5)对采用成本法核算的长期股权投资,检查股利分配的原始凭证及分配决议等资料,确定会计处理是否正确;对被审计单位实施控制而采用成本法核算的长期股权投资,比照权益法编制变动明细表,以备合并报表使用。

(6)对成本法和权益法相互转换的,检查其投资成本的确定是否正确。

(7)确定长期股权投资的增减变动的记录是否完整。

(8)期末对长期股权投资进行逐项检查,以确定长期股权投资是否已经发生减值。

(9)结合银行借款等的检查,了解长期股权投资是否存在质押、担保情况。若有,则应详细记录,并提请被审计单位进行充分披露。

(10)确定长期股权投资在资产负债表中已恰当列报。

【例 11-1】 A 和 B 注册会计师负责对天地公司 2012 年度财务报表进行审计其他相关

资料如下。

(1) 2012 年 12 月 25 日,天地公司总经理办公会议决定将持有的丙公司 40% 股权以 28 000 万元的价格转让给控股股东,该项长期股权投资的账面价值为 19 000 万元、评估价值为 28 000 万元。

(2) 2012 年 12 月 27 日,天地公司收到全部股权转让款,并做以下会计处理:借记"银行存款"28 000 万元,贷记"长期股权投资"19 000 万元,贷记"投资收益"9 000 万元。

上述股权转让事项已于 2013 年 1 月 10 日召开的董事会会议审议通过,并拟在 2012 年度财务报表附注中披露。

问题:如果不考虑审计重要性水平,针对上述事项,回答 A、B 注册会计师是否需要提出审计处理建议? 若需提出审计调整建议,直接列示审计调整分录。

分析结果如下:因该项股权交易 2012 年度尚未经董事会、股东会批准,该项股权转让交易在 2012 年度不能予以确认,A、B 注册会计师应提请甲公司做以下审计调整分录。

借:长期股权投资　　　　　　　　　　　　　　190 000 000

　　投资收益　　　　　　　　　　　　　　　　 90 000 000

　　贷:其他应付款　　　　　　　　　　　　　　　　280 000 000

(二) 投资收益的审计

1. 投资收益的审计目标

投资收益的审计目标一般包括:确定记录的投资收益是否已发生,且与被审计单位有关;确定投资收益记录是否完整;确定投资收益的增减变动金额的记录是否恰当;确定投资收益是否已计入正确的会计期间;确定投资收益反映的内容是否正确;确定投资收益在财务报表上的披露是否恰当。

2. 投资收益的实质性程序

(1) 获取或编制投资收益分类明细表,复核加计正确,并与总账数和明细账合计数核对相符,与报表数核对相符。

(2) 与以前年度投资收益比较,结合投资本期的变动情况,分析本期投资收益是否存在异常现象。若有,应查明原因,并做出适当的调整。

(3) 与长期股权投资、交易性金融资产、交易性金融负债、可供出售金融资产、持有至到期投资等相关项目的审计结合,确定投资收益的记录是否正确,并被计入正确的期间。

(4) 确定投资收益已恰当列报。检查投资协议等文件,确定国外的投资收益汇回是否存在重大限制。若存在重大限制,应说明原因,并做出恰当披露。

【本章小结】

本章主要包括筹资与投资两个循环的审计,分别介绍了筹资与投资涉及的主要凭证及主要业务活动、内部控制、控制测试和实质性程序。由于所有者权益增减变动的业务较少、金额较大,注册会计师在审计了资产和负债之后,往往只需花费较少的时间对所有者权益进行审计。对投资业务审计,如果被审计单位投资业务较少,可以直接用细节测试获取充分适当的审计证据;如果被审计单位业务频繁和重要,注册会计师应将本期投资和投资收益同前期数和预算数进行比较来实施实质性分析程序。

【课后习题】

一、判断题

1. 从独立第三方获取的有关短期借款的证据比直接从被审计单位获得的相关证据更可靠。　　　　　　　　　　　　　　　　　　　　　　　　　　　　　（　　）

2. 短期借款的重大风险为高水平时产生的会计数据比重大错报风险为低水平时产生的会计数据更为可靠。　　　　　　　　　　　　　　　　　　　　　　　　（　　）

3. 对企业应付债券不多的情况,注册会计师应当采用实质性方案。　　（　　）

4. 单位应当加强对外投资处置的控制,对投资收回、转让、核销等的授权批准程序做出明确的规定。　　　　　　　　　　　　　　　　　　　　　　　　　　（　　）

5. 应付债券的发行要有正式的授权程序,每次均要由董事会授权。　　（　　）

二、单项选择题

1. 授权批准是投资与筹资循环内部控制目标中(　　)的关键内部控制程序。

　　A. 存在　　　　　　　B. 完整性　　　　　C. 计价和分摊　　　　　D. 权利和义务

2. 注册会计师在对应付债券执行以下程序时,属于控制测试的是(　　)。

　　A. 检查企业发行债券所收入现金的收据、汇款通知单、送款登记簿及相关的银行对账单

　　B. 检查用以偿还债券的支票存根,并检查利息费用的计算

　　C. 如果企业发行债券时已做抵押或担保,注册会计师还应检查相关契约的履行情况

　　D. 取得债券偿还和回购时的董事会决议,检查债券的偿还和回购是否按董事会的授权进行

3. 注册会计师关注的现象中,应在投资与筹资循环中审计的是(　　)。

　　A. 分配给关联方的利润多于其应得利润

　　B. 以不正常的低价向顾客开账单

　　C. 支付不当的货款

　　D. 为虚列的购货业务付款

4. 被审计单位甲企业于 2012 年 1 月 1 日用一批原材料对乙企业进行长期股权投资,占乙企业 60％的股权。投出的原材料账面余额为 500 万元,公允价值为 550 万元;投资时乙企业可辨认净资产公允价值为 1 100 万元。假设甲、乙公司不存在关联关系,属于非同一控制下的企业合并。双方增值税税率均为 17％。则被审计单位投资时长期股权投资的初始入账价值为(　　)万元。

　　A. 643.5　　　　　　B. 550　　　　　　　C. 500　　　　　　　D. 660

5. 甲公司关于借款费用的会计处理中,注册会计师认为需要调整的是(　　)。

　　A. 甲公司将发行的公司股票佣金计入借款费用

　　B. 甲公司将发行公司债券佣金计入借款费用

　　C. 甲公司将借款手续费计入借款费用

　　D. 甲公司将借款利息计入借款费用

6. 在长期股权投资采用权益法核算时,应当确认为投资收益的是(　　)。

A. 被投资企业实现净利润

B. 被投资企业提取盈余公积金

C. 收到被投资企业分配的现金股利

D. 收到被投资企业分配的股票股利

三、多项选择题

1. 下列各项投资中,注册会计师认为不应作为长期股权投资核算的有( )。

A. 购买的子公司的债券

B. 对联营企业和合营企业的投资

C. 在活跃市场中没有报价、公允价值无法可靠计量的没有达到重大影响的权益性投资

D. 在活跃市场中有报价、公允价值能可靠计量的没有达到重大影响的权益性投资

2. 甲注册会计师在对乙公司发生的借款费用进行审计时,注意到以下事项。其中,会计处理正确的有( )。

A. 甲公司将为购建固定资产而发生的外币专门借款的汇兑差额,在固定资产达到预定可使用状态前计入固定资产购建成本

B. 甲公司的某项在建工程根据建造工艺的要求需暂停施工 4 个月,在此期间,甲公司停止了借款费用资本化

C. 甲公司将为购建固定资产而产生的金额较小的专门借款手续费,在固定资产达到预定可使用状态前发生的计入期间费用

D. 甲公司对为购建固定资产而溢价发行的公司债券采用实际利率法分期摊销债券溢价,并以实际利率作为资本化率

3. 在对被审计单位长期借款进行实质性测试时,注册会计师一般应获取的审计证据包括( )。

A. 长期借款明细表

B. 长期借款合同和授权批准文件

C. 相关抵押资产的所有权证明文件

D. 重大长期借款的函证回函、逾期长期借款的展期协议

4. 甲注册会计师拟对乙公司与借款活动相关的内部控制进行测试,属于控制测试程序的有( )。

A. 索取借款的授权批准文件,检查批准的权限是否恰当、手续是否齐全

B. 观察借款业务的职责分工,并将职责分工的有关情况记录于审计工作底稿中

C. 计算短期借款、长期借款在各个月份的平均余额,选取适用的利率匡算利息支出总额,并与财务费用等项目的相关记录核对

D. 抽取借款明细账的部分会计记录,按原始凭证到明细账再到总账的顺序核对有关会计处理过程,以判断其是否合规

5. 投资所涉及的主要业务活动包括( )。

A. 投资交易的发生　　　　　　　　B. 有价证券的收取和保存

C. 投资收益的取得　　　　　　　　D. 监控程序

四、案例分析

1. 甲公司关于长期借款和长期股权投资的部分内部控制设计与运行摘录如下。

（1）每月末，信贷管理员与信贷记账员核对借款备查账与借款明细账，编制核对表报会计主管复核。如有任何差异，应立即调查。若出现需要进行调整的情况，会计主管将编写调整建议，连同有关支持文件一并提交予财务经理复核和审批后进行账务处理。

（2）出纳员根据经复核无误的付款凭证登记银行存款日记账和银行存款总账。

（3）根据经批准的可行性研究报告，投资管理经理编写投资计划书并草拟投资合同，与被投资单位进行讨论。投资合同的重要条款应经律师、财务经理和总经理审核，由董事会授权总经理签署。

（4）投资管理员根据经批准的年度投资预算，就拟投资项目进行可行性研究，组织专家论证，编写可行性研究报告。经投资管理经理、财务经理复核后，交董事会批准后执行。其中：金额在人民币 20 万元以下的投资项目由总经理审批，金额超过人民币 20 万元的投资项目由董事长审批。

（5）年度终了后，投资管理员取得联营公司经审计的财务报表等资料。投资记账员复核被投资公司的财务信息，按成本法计算投资收益，经会计主管复核后进行账务处理。

问题：假定被审计单位的其他内部控制不存在缺陷，请指出甲公司上述内部控制在设计与运行方面是否存在缺陷。如果存在，请简要说明理由。

2. ABC 公司 2012 年度财务报表净利润为 1 800 万元，注册会计师 X 审计 ABC 公司 2012 年度财务报表时，发现以下事项。

（1）由于验资后 ABC 公司长期占用被投资单位 N 公司的资金，公司根据占用资金数额冲减了"长期股权投资——N 公司"的账面价值。

（2）E 公司系 ABC 公司于 2012 年 1 月 1 日在国外投资设立的联营公司，其 2012 年度财务报表反映的净利润为 3 600 万元。ABC 公司持有 E 公司 45% 的股权比例，对其财务和经营政策具有重大影响，故在 2012 年度财务报表中采用权益法确认了该项投资收益 1 620 万元。E 公司 2012 年度财务报表未经任何注册会计师审计。

（3）ABC 公司拥有 K 公司一项长期股权投资，账面价值 500 万元，持股比例 30%。2012 年 12 月 31 日，ABC 公司与 Y 公司签署投资转让协议，拟以 450 万元的价格转让该项长期股权投资，已收到价款 300 万元，但尚未办理产权过户手续。ABC 公司以该项长期股权投资正在转让之中为由，不再计提减值准备。

（4）ABC 公司对 I 公司长期股权投资（无市价）为 5 000 万元，I 公司在 2012 年 8 月已经进入清算程序。在编制 2012 年度财务报表时，Y 公司对该项长期股权投资计提了 1 000 万元的减值准备。

问题：

（1）针对事项（1），注册会计师应当提出什么建议？

（2）针对事项（2），注册会计师应当考虑发表什么意见类型？为什么？

（3）针对事项（3），注册会计师下一步应当采取什么措施？

（4）针对事项（4），请回答对 ABC 公司所计提的该项长期投资减值准备应实施哪些审计程序。

（5）假定 X 注册会计师在确认 ABC 公司所计提的长期投资减值准备，并出具无保留意见的审计报告后，发现审计报告日前 I 公司已经清算完毕，其债务偿还率为 60%。请说明 X 注册会计师应采取哪些措施。

第十二章　货币资金审计

知识目标

- 了解货币资金的主要业务活动；
- 掌握货币资金的内部控制和控制测试的内容、程序和方法；
- 了解货币资金的审计目标；
- 掌握库存现金、银行存款的实质性程序的步骤和方法。

技能目标

- 在理解现金内部控制的基础上，熟练掌握在现金监盘过程中应该注意的问题；
- 熟练编制库存现金盘点表；
- 根据不同情况，熟练编制银行存款余额调节表，分析银行存款控制存在的问题。

案例导入

货币资金审计

某技术公司是一家软件制造商，创建于 1989 年，主营半导体软件的个性化开发、销售以及售后咨询等业务。2011 年 7 月 31 日，该公司在纳斯达克上市交易。在此后的连续 3 次季报中，均报告了优异的业绩，股价也一度攀升。然而，好景不长，其上市 1 年后于 2012 年 7 月 29 日被纳斯达克摘牌。

根据调查，在其首发股票的前后 5 个季度内，其创始人、董事会主席兼首席执行官虚构了逾 2 800 万美元的销售收入。与安然、世通等财务舞弊案相比，其造假规模似乎微不足道，但在公司上市第一年就采用各种手段虚构 80% 的销售收入，其胆大妄为令人震惊。

其造假手法主要有：伪造顾客订货单、伪造发运凭证、修改销售合同、篡改银行对账单和伪造询证回函等。这些手法既无新意也不高明，但却轻易欺骗了大名鼎鼎的某会计师事务所。其实，该事务所在对其销售收入进行审计的过程中，对应收账款和银行存款实施了询证程序，但却因其提供了精心伪造的客户地址和银行地址而未被察觉。结果客户及开户行均未收到事务所的询证函。事务所收到的回函实际上是技术公司蓄意伪造并通过修改了程序的传真机发回的函件。

问题：这个小案例对货币资金审计有哪些方面的启示？

第一节　货币资金概述

货币资金是以货币形态存在的资产，包括现金、银行存款和其他货币资金。货币资金与销售与收款循环、采购与付款循环、生产与存货循环、筹资与投资循环都有联系。就会计核算而言,货币资金的核算并不复杂,但是由于货币资金具有高度的流动性,收付业务活动频繁,容易出现差错和发生舞弊情况,许多不法分子就是通过贪污、挪用和盗窃等手段,侵占货币资金。而且,货币资金一旦发生错报,其影响往往比较重大。因此,注册会计师应重视对货币资金的审计。

货币资金审计是企业资产负债表审计的一个重要组成部分,主要包括库存现金审计、银行存款审计及其他货币资金审计。

一、涉及的主要凭证和记录

货币资金与交易循环涉及的主要凭证和会计记录主要有:①现金盘点表;②银行对账单;③银行存款余额调节表;④有关科目的记账凭证,如销售发票、卖方发票、支票存根;⑤有关会计账簿,如应收账款、应付账款、营业收入、固定资产等账簿记录。

二、货币资金内部控制

(一)岗位分工及授权批准

(1)单位应当建立货币资金业务的岗位责任制,明确相关部门和岗位的职责权限,确保办理货币资金业务的不相容岗位相互分离、制约和监督。例如,出纳人员不得兼任稽核、会计档案保管、收入、支出、费用、债权债务账目的登记工作;企业不得由一人办理货币资金业务的全过程等。

(2)单位应当对货币资金业务建立严格的授权批准制度,明确审批人对货币资金业务的授权批准方式、权限、程序、责任和相关控制措施,规定经办人办理货币资金业务的职责范围和工作要求。

(3)单位应当按照规定的程序办理货币资金支付业务。货币资金支付业务的程序主要包括四个方面内容。①支付申请。单位有关部门或个人用款时,应当提前向审批人提交货币资金支付申请,注明款项的用途、金额、预算、支付方式等内容,并附有效经济合同或相关证明。②支付审批。审批人根据其职责、权限和相应程序对支付申请进行审批。对不符合规定的货币资金支付申请,审批人应当拒绝批准。③支付复核。复核人应当对批准后的货币资金支付申请进行复核,复核货币资金支付申请的批准范围、权限、程序是否正确,手续及相关单证是否齐备,金额计算是否准确,支付方式、支付单位是否妥当等。复核无误后,交由出纳人员办理支付手续。④办理支付。出纳人员应当根据复核无误的支付申请,按规定办理货币资金支付手续,及时登记库存现金和银行存款日记账。

办理货币资金支付业务的规定程序,如图 12-1 所示。

(4)单位对重要货币资金支付业务,应当实行集体决策和审批,并建立责任追究制度,防范贪污、侵占、挪用货币资金等行为。

(5)另外,单位应严禁未经授权的机构或人员办理货币资金业务或直接接触货币资金。

图 12-1　办理货币资金支付业务的规定程序

（二）现金和银行款的管理

（1）单位应当加强现金库存限额的管理,超过库存限额的现金应及时存入银行。

（2）单位必须根据《现金管理暂行条例》的规定,结合本单位的实际情况,确定本单位现金的开支范围。

（3）单位现金收入应当及时存入银行,不得用于直接支付单位自身的支出。因特殊情况需坐支现金的,应事先报经开户银行审查批准。单位借出款项必须执行严格的授权批准程序,严禁擅自挪用、借出货币资金。

（4）单位取得货币资金收入必须及时入账,不得私设"小金库"。

（5）单位应当严格按照《支付结算办法》等国家有关规定办理货币资金业务。

（6）单位应当严格遵守银行结算纪律。

（7）单位应当指定专人定期核对银行账户,每月至少核对一次,编制银行存款余额调节表,使银行存款账面余额与银行对账单调节相符。如果调节不符,应查明原因,及时进行处理。

（8）单位应当定期和不定期地进行现金盘点,确保现金账面余额与实际库存相符。如果发现不符,应及时查明原因,做出相应处理。

（三）票据及有关印章的管理控制

（1）单位应当加强与货币资金相关的票据的管理,明确各种票据的购买、保管、领用、背书转让、注销等环节的职责权限和程序,并专设登记簿进行记录,防止空白票据的遗失和被盗用。

（2）单位应当加强银行预留印鉴的管理。财务专用章应由专人保管,个人名章必须由本人或其授权人员保管。严禁一人保管支付款项所需的全部印章。

（四）监督检查控制

单位应当建立对货币资金业务的监督检查制度,明确监督检查机构或人员的职责权限,定期和不定期地进行检查。其主要对货币资金相关岗位设置、授权批准、支付款项印章的保管情况和票据的保管情况进行监督检查。若发现问题,应及时采取措施,加以纠正,不断完善和提高单位货币资金内部控制制度。

【例 12-1】 甲注册会计师对东南公司 2012 年的财务报表进行审计,在审计该企业货币资金业务时,了解到该企业的货币资金内部控制情况如下。

（1）由出纳人员兼任会计档案保管工作。

（2）由出纳人员兼任收入总账和明细账的登记工作。

（3）由出纳人员兼任固定资产明细账的登记工作。

（4）财务专用章由专人保管,个人名章由本人或其授权人员保管。

（5）每天下班后,签发支票使用的全部印鉴都集中存放在财务处的保险箱中。

（6）对重要货币资金支付业务,实行集体决策。

（7）现金收入及时存入银行,特殊情况下,经主管领导审查批准方可坐支现金。

（8）指定专人定期核对银行账户,每月核对一次,编制银行存款余额调节表,使银行存款账面余额与银行对账单调节相符。

问题：通过注册会计师对被审计单位货币资金内部控制情况的了解，请指出该公司在货币资金内部控制方面存在的缺陷。

分析结果如下：出纳员不得兼任稽核、会计档案保管和收入、支出、费用、债权债务账目的登记工作，故情况(1)、情况(2)都属于违反出纳员的不相容岗位职责。情况(3)的"固定资产明细账"不是"收入、支出、费用、债权债务账目"，符合出纳员职责要求。情况(7)"现金收入及时存入银行，特殊情况下，经主管领导审查批准方可坐支现金"，不符合货币资金内部控制制度的要求。单位现金收入应当及时存入银行，不得用于直接支付单位自身的支出。因特殊情况需坐支现金的，应事先报经开户银行审查批准。

第二节 库存现金审计

库存现金包括企业的人民币现金与外币现金。现金是企业流动性最强的资产，具有存量小、流动量大、易于被人侵占的特点。现金尽管在资产总额的比重不大，但企业发生的舞弊事件大都与其有关。

一、库存现金的审计目标

库存现金的审计目标一般应包括以下内容。

(1) 确定被审计单位资产负债表的货币资金项目中的库存现金在资产负债表日是否确实存在；

(2) 确定被审计单位所有应当记录的现金收支业务是否均已记录完毕，有无遗漏；

(3) 确定记录的库存现金是否为被审计单位所拥有或控制；

(4) 确定库存现金以恰当的金额包括在财务报表的货币资金项目中，与之相关的计价调整已恰当记录；

(5) 确定库存现金是否已按照企业会计准则的规定在财务报表中做出恰当列报。

二、库存现金的内部控制

(一) 有关现金使用范围的控制内容

根据国家现金管理制度和结算制度的规定，企业收支的各种款项必须按照国务院颁发的《现金管理暂行条例》的规定办理，在规定的范围内使用现金。允许企业使用现金的范围是：

(1) 职工工资、津贴，个人劳务报酬；

(2) 根据国家规定颁发给个人的科学技术、文化艺术、体育等各种奖金；

(3) 各种劳保、福利费用以及国家规定的对个人的其他支出；

(4) 向个人收购农副产品和其他物资的价款；

(5) 出差人员必须随手携带的差旅费；

(6) 零星支出；

(7) 中国人民银行规定需要支付现金的其他支出。

属于上述现金结算范围的支出，企业可以根据需要向银行提取现金支付。不属于上述现金结算范围的款项支付，一律通过银行进行转账结算。

（二）有关库存现金限额的控制内容

库存现金限额是指为了保证各单位日常零星支出,按照规定允许留存的现金的最高数额。库存现金的限额,由开户银行根据开户单位的实际需要和距离银行远近等情况核定。其限额一般按照单位 3～5 天日常零星开支所需现金确定。远离银行或者交通不便的企业,银行最多可以根据企业 15 天的正常开支需要量来核定库存现金的限额。正常开支需要量不包括企业每月发放工资和不定期差旅费等大额现金支出。库存限额一经核定,要求企业必须严格遵守,不能任意超过,超过限额的现金应当及时送存银行;库存现金低于限额时,可以签发现金支票,从银行提取现金,补足限额。

（三）有关库存现金其他方面的控制

有关库存现金其他方面的控制主要有:

(1) 现金收支与记账的岗位分离;

(2) 现金收支要有合理、合法的凭据;

(3) 全部收入及时准确入账,全部支出要有核准手续;

(4) 控制现金坐支,当日收入现金应及时送存银行;

(5) 按月盘点现金,以做到账实相符;

(6) 加强对现金收支业务的内部审计。

三、库存现金的内部控制测试

注册会计师通过对被审计单位货币资金内部控制进行了解后,可以通过以下几个方面对其进行内部控制测试。

（一）抽取并检查收款凭证

企业在收款方面的主要风险是收款不入账,即完整性认定存在较高的风险,而相对存在认定的风险就比较低。因此,控制测试时应从收款凭证往账簿记录方向追查。

(1) 核对现金收款凭证与现金日记账的收入金额是否正确;

(2) 核对现金收款凭证与应收账款明细账的有关记录是否相符;

(3) 核对实收金额与销货发票是否一致等。

（二）抽取并检查付款凭证

对企业付款,主要的风险在于存在未经审批的付款。因此,应将审批手续的履行作为优先测试的内容。注册会计师应选取适当样本量,主要做以下检查。

(1) 检查付款的授权批准手续是否符合规定;

(2) 核对现金付款凭证与现金日记账的付出金额是否正确;

(3) 核对现金付款凭证与应付账款明细账的记录是否一致;

(4) 核对现金付款凭证的实付金额与购货发票是否相符等。

（三）抽取一定期间的库存现金日记账与总账核对

注册会计师应抽取一定期间的库存现金日记账,检查其加总是否正确无误,库存现金日记账是否与总分类账核对相符。

（四）检查外币现金的折算方法是否符合有关规定，是否与上年度一致

如果被审计单位有外币现金的核算业务，审计人员应当审查外币现金日记账，并同时审查"财务费用"、"在建工程"等相关账户的记录。审计人员应当核实有关外币现金的增减变动，是否按照发生时的市场汇率或者业务发生当期期初的市场汇率折合为记账本位币；外币折算所选用的方法，是否前后期一致；外币现金余额，是否按照期末市场汇率折合为记账本位币金额；与外币现金有关的汇兑损益，其计算、记录是否正确等。

（五）评价库存现金的内部控制

审计人员在完成对现金的以上步骤测试后，就能够对其内部控制进行适当的评价。在评价时，审计人员应当首先确定现金内部控制的可信赖程度；然后，确定在现金实质性程序中，对哪些环节可以相应减少审计程序；对现金内部控制存在薄弱的环节及缺点，审计人员应当考虑是否增加审计程序或扩大现金的实质性程序范围，作为审计重点，以减少审计失败的风险。

四、库存现金的实质性程序

（一）核对库存现金日记账与总账的金额是否相符

审计人员测试现金余额，是将现金日记账与总账的余额进行核对，看其是否相符、一致。如果不一致，则应查明原因，并做相应调整。

（二）监盘库存现金

监盘库存现金是证实资产负债表下所列库存现金是否存在的一项重要程序。盘点和监盘库存现金的步骤和方法主要有以下内容。

1. 制订监盘计划，确定监盘时间

对库存现金的监盘最好实施突击性的检查，以防走漏消息，给有关人员造成事先做手脚的机会，拆东墙补西墙。监督时间最好选择在上午上班前或下午下班时进行。盘点的范围一般包括企业各部门经管的现金。在进行现金盘点前，应由出纳员将现金集中起来存入保险柜。必要时可加以封存，然后由出纳员把已办妥现金收付手续的收付款凭证登入库存现金日记账。如果企业库存现金存放部门有两处或两处以上的，应同时进行盘点。清点时，必须有被审计单位出纳员和会计主管人员参加，并由审计人员进行监督盘点。

【例 12-2】 在对东南公司 2012 年度财务报表进行审计时，M 注册会计师负责审计货币资金项目。该公司在总部和营业部均设有出纳部门。为顺利监盘库存现金，M 注册会计师在监盘前一天通知该公司会计主管人员做好监盘准备。考虑到出纳日常工作安排，对总部和营业部库存现金的监盘时间分别定在 10 点和 15 点。监盘时，出纳员把现金放入保险柜，并将已办妥现金收付手续的交易登入现金日记账，结出现金日记账余额；然后，M 注册会计师当场盘点现金，在与现金日记账核对后填写"库存现金监盘表"，并在签字后形成审计工作底稿。

请指出上述库存现金盘点工作中有哪些不当之处，并提出改进建议。

分析结果如下：（1）提前通知东南公司会计主管人员做好监盘准备的做法不当。M 注

册会计师应当实施突击性的检查。

（2）没有同时监盘总部和营业部库存现金的做法不当。M注册会计师应组织同时监盘总部和营业部的库存现金。若不能同时监盘，则应对后监盘的库存现金实施封存。

（3）东南公司会计主管人员没有参与盘点的做法不当。盘点人员应包括出纳、会计主管人员和注册会计师。

（4）现金盘点操作程序不当。库存现金应由出纳盘点，由注册会计师复盘。

（5）"库存现金盘点表"签字人员不当。"库存现金盘点表"应由公司相关人员和注册会计师共同签字。

2. 审阅库存现金日记账并同时与现金收付凭证相核对

一方面，检查库存现金日记账的记录与凭证的内容和金额是否相符；另一方面，了解凭证日期与库存现金日记账日期是否相符或接近。

3. 结出现金结余额

由出纳员根据库存现金日记账加计累计数额，结出现金余额。

4. 盘点现金实存数

盘点保险柜的现金实存数，同时编制"库存现金盘点表"。

5. 将盘点金额与库存现金日记账余额进行核对

将盘点金额与库存现金日记账余额进行核对，若有差异，应要求被审计单位查明原因并做出适当调整；若无法查明原因，应要求被审计单位按照管理权限批准后做出调整。

6. 其他凭证

若有冲抵库存现金的借条、未提现支票、未报销的原始凭证，应在"库存现金盘点表"中注明或做出必要的调整。

7. 调整金额

资产负债表日后进行盘点时，应调整至资产负债表日的金额。

【例12-3】 ABC事务所承接辰宇公司2012年度财务报表审计，2013年1月5日对辰宇公司全部现金进行监盘后，确认实有现金数额为1 000元。辰宇公司1月4日账面库存现金余额为2 000元，1月5日发生的现金收支全部未登记入账。其中，收入金额为3 000元、支出金额为4 000元，2013年1月1～4日现金收入总额为165 200元、现金支出总额为165 500元。

请推断2012年12月31日库存现金余额应为多少。

注册会计师应对2012年12月31日库存现金实存额进行以下追溯调整。

期初实存（2012年12月31日）

＝期末实存（2013年1月5日）＋现金支出数（2013年1月1～5日）

－现金收入数（2013年1月1～5日）

＝1 000＋（165 500＋4 000）－（165 200＋3 000）

＝2 300（元）

（三）分析库存现金余额

注册会计师应根据数据，分析被审计单位日常库存现金余额是否合理，关注是否存在大额未缴存的现金。

（四）抽查大额库存现金

注册会计师应抽查大额现金收支的原始凭证内容是否完整,有无授权批准,并核对相关账户的进账情况。如有与被审计单位生产经营业务无关的收支事项,应查明原因,并做相应的记录。

（五）实施截止测试

被审计单位资产负债表的货币项目中的库存现金数额,应以结账日实有数额为准。因此,注册会计师必须验证现金收支的截止日期。通常,注册会计师可考虑对结账日前后一段时期内现金收支凭证进行审计,以确定是否存在跨期事项,是否应考虑提出调整建议。

（六）列报要求

注册会计师应检查库存现金是否在财务报表中做出恰当列报。

表 12-1 为库存现金监盘表。

表 12-1　库存现金监盘表

被审计单位： 项目： 编制： 日期：						索引号： 财务报表截止日/期间： 复核： 日期：						
检查盘点记录						**实有库存现金盘点记录**						
项　　目	项　次	人民币	美元	某外币		面额/元	人民币		美元		某外币	
							张	金额	张	金额	张	金额
上一日账面库存余额	①					1 000						
盘点日未记账传票收入金额	②					500						
盘点日未记账传票支出金额	③											
盘点日账面应有金额	④＝①＋②－③					100						
盘点实有库存现金数额	⑤					50						
盘点日应有与实有差异	⑥＝④－⑤					10						
差异原因分析	白条抵库（张）					5						
						2						
						1						
						0.5						
						0.2						
						0.1						
	合　计											

	检查盘点记录				实有库存现金盘点记录			
	项　　目	项　次	人民币	美元	某外币	面额/元	人民币	美元	某外币
追溯调整	报表日至审计日库存现金付出总额								
	报表日至审计日库存现金收入总额								
	报表日库存现金应有余额								
	报表日账面汇率								
	报表日余额折合本位币金额								
本位币合计									

出纳员：　　　　会计主管人员：　　　　　　监盘人：　　　　　检查日期：

审计说明：

第三节　银行存款审计

银行存款是指企业存放在银行或者其他金融机构的货币资金。按照国家有关规定,凡是独立核算的企业都必须在当地银行开设账户。企业在银行开设账户后,除了按照核定的限额保留库存现金外,超过限额的现金必须存入银行;除了在规定的范围内可以用现金直接支付的款项外,在经营过程中所发生的一切货币资金收支业务,都必须通过银行存款账户进行结算。

一、银行存款的审计目标

银行存款的审计目标一般应包括:

(1) 确定被审计单位资产负债表的货币资金项目中的银行存款在资产负债表日是否确实存在;

(2) 确定被审计单位所有应当记录的银行存款收支业务是否均已记录完毕,有无遗漏;

(3) 确定记录的银行存款是否为被审计单位所拥有或控制;

(4) 确定银行存款以恰当的金额包括在财务报表的货币资金项目中,与之相关的计价调整已恰当记录;

(5) 确定银行存款是否已按照企业会计准则的规定在财务报表中做出恰当列报。

二、银行存款的内部控制

(一)有关银行存款开户的控制内容

银行存款账户分为基本存款账户、一般存款账户、临时存款账户与专用存款账户。①基本存款账户是企业办理日常结算和现金收付的账户,企业的工资、奖金等现金的支取,只能通过基本存款账户办理。②一般存款账户是企业在基本存款账户以外的银行借款转存、与基本存款账户的企业不在同一地点的附属非独立核算单位的账户,企业可以通过本账户办理转账结算和现金缴存,但不能办理现金支取。③临时存款账户是企业因临时经营活动需要开立的账户,企业可以通过本账户办理转账结算和根据国家现金管理的规定办理现金收付。④专用存款账户是企业因特定用途需要开立的账户。

一个企业只能选择一家银行的一个营业机构开立一个基本存款账户,不得在多家银行机构开立基本存款账户;不得在同一家银行的几个分支机构开立一般存款账户。

企业在银行开立账户后,可到开户银行购买各种银行往来使用的凭证,如送款簿、进账单、现金支票、转账支票等,用于办理银行存款的收付款项。企业除了按规定留存的库存现金外,所有货币资金都必须存入银行,企业与其他单位之间的一切收付款项,除制度规定可以用现金支付的部分以外,都必须通过银行办理转账结算,即由银行按照事先规定的结算方式,将款项从付款单位的账户划出,划入收款单位的账户。因此,企业不仅要在银行开立账户,而且账户内必须有可供支付的存款。

(二)有关银行结算方面的控制内容

企业通过银行办理支付结算时,应当严格执行国家各项管理办法和结算制度。中国人民银行 1997 年 9 月 19 日颁布的《支付结算办法》规定,单位和个人办理支付结算,不准签发没有资金保证的票据或远期支票,套取银行信用;不准签发、取得、转让没有真实交易和债权债务的票据,套取银行和他人资金;不准无理拒绝付款,任意占用他人资金,不准违反规定开立和使用账户。

(三)其他方面控制内容

一个良好的银行存款的内部控制,同库存现金的内部控制一样,还应达到以下要求:①银行存款收支与记账的岗位分离;②银行存款收支要有合理、合法的凭据;③全部收支及时准确入账,并且支出要有核准手续;④按月编制银行存款余额调节表,以做到账实相符;⑤加强对银行存款收支业务的内部审计。

按照我国现金管理的有关规定,超过规定限额以上的现金支出一律使用支票。因此,企业应建立相应的支票申领制度,明确申领范围、申领批准及支票签发、支票报销等。

对支票报销和现金报销,企业应建立报销制度。报销人员报销时应当有正常的报批手续、适当的付款凭据,有关采购支出还应具有验收手续。会计部门应对报销根据加以审核,出纳员见到加盖核准戳记的支出凭据后方可付款。

付款记录应及时登记入账,相关凭证应按顺序或内容编制会计记录的附件。

三、银行存款的控制测试

通过对被审计单位银行存款进行了解后,注册会计师应对银行存款进行以下控制测试。

(一)抽取并检查银行存款收款凭证

(1)核对银行存款收款凭证与存入银行账户的日期和金额是否相符;

(2)核对银行存款日记账的收入金额是否正确;

(3)核对银行存款收款凭证与银行对账单是否相符;

(4)核对银行存款收款凭证与应收账款明细账的有关记录是否相符;

(5)核对实收金额与销货发票是否一致。

(二)抽取并检查银行存款付款凭证

(1)检查付款的授权批准手续是否符合规定;

（2）核对银行存款日记账的付出金额是否正确；

（3）核对银行存款付款凭证与银行对账单是否相符；

（4）核对银行存款付款凭证与应付账款明细账的记录是否一致；

（5）核对实付金额与购货发票是否相符。

（三）抽取一定期间的银行存款日记账与总账核对

注册会计师应抽取一定期间的银行存款日记账，检查有无计算错误，并与银行存款总分类账核对。

（四）抽取一定期间银行存款余额调节表

为证实银行存款记录的正确性，注册会计师必须抽取一定期间的银行存款余额调节表，将其同银行对账单、银行存款日记账及总账进行核对，确定被审计单位是否按月正确编制并复核银行存款余额调节表。

（五）检查外币银行存款的折算方法

注册会计师应检查外币银行存款是否符合有关规定，是否与上年度一致、与现金记录相同。

（六）评价银行存款的内部控制

注册会计师在完成上述程序之后，即可对银行存款的内部控制进行评价。评价时，注册会计师应首先确定银行存款内部控制可依赖的程度以及存在的薄弱环节和缺点；然后据以确定在银行存款实质性程序中对哪些环节可以适当减少审计程序，对哪些环节应增加审计程序并做重点检查，以减少审计风险。

四、银行存款的实质性程序

（一）获取或编制银行存款余额明细表

得到或编制银行存款余额明细表，要检查复核加计是否正确，与总账数和日记账合计数核对是否相符；检查非记账本位币银行存款的折算汇率及折算金额是否正确。

（二）实施实质性分析程序

计算银行存款累计余额应收利息收入，分析比较银行存款应收利息收入与实际利息收入的差异是否恰当，评估利息收入的合理性，检查是否存在高息资金拆借，确认银行存款余额是否存在，利息收入是否已经完整记录。

（三）检查银行存单

编制银行存单检查表，检查是否与账面记录金额一致，是否被质押或限制使用，存单是否为被审计单位所拥有。

（1）对已质押的定期存款，应检查定期存单，并与相应的质押合同核对，同时关注定期存单对应的质押借款有无入账；

（2）对未质押的定期存款，应检查开户证实书原件；

（3）对审计外勤工作结束日前已提取的定期存款，应核对相应的兑付凭证、银行对账单和定期存款复印件。

（四）取得并检查银行存款余额对账单和银行存款余额调节表

审查银行存款余额调节表是证实资产负债表上的银行存款是否存在的重要程序。取得银行存款余额调节表（见表 12-2）后，审计人员应审查调节表中未达账项的真实性，以及资产负债表日后的进账情况。如果存在应于资产负债表日之前进账的,应做相应的调整。

表 12-2　银行存款余额调节表

年　月　日

编制人:　　　　　　　　　日期:　　　　　　　　　索引号:

复核人:　　　　　　　　　日期:　　　　　　　　　页次:

户别:　　　　　　　　　　　　　　　　　　　　　　币别:

项　　　目
银行对账单金额(　　年 月 日)
加:企业已收、银行尚未入账金额
其中:1._____元
2._____元
减:企业已付、银行尚未入账金额
其中:1._____元
2._____元
调整后银行对账单金额
企业银行存款日记账金额(　　年 月 日)
加:银行已收、企业尚未入账金额
其中:1._____元
2._____元
减:银行已付、企业尚未入账金额
其中:1._____元
2._____元
调整后企业银行存款日记账金额

经办会计人员:(签字)　　　　　　　　会计主管:(签字)

　　企业的银行存款余额应当与银行对账单核对相符,但是往往由于双方存在未达账项或者记账错误,需要由会计人员编制调节表进行调整后才能核对相符。审计时,审计人员应向会计人员索取最近月份的调节表,分币种、分户头逐户逐笔核对,查明银行对账单的每笔收付金额是否与银行存款日记账相等,是否有收付同时增加或同时遗漏等情况,调整后余额是否相符,计算是否错误。要对银行已收或已付而企业尚未入账、企业已收或已付而银行尚未入账的金额逐笔查明原因,并检查是否于下月初自动调整。如果发现差错或有意挪用款项或出借银行账户等违法行为,应认真做好记录。

(五)函证银行存款余额

　　函证银行存款余额是证实资产负债表所列银行存款是否存在的重要程序。向往来银行函证,使注册会计师不仅可了解企业资产的存在,还可了解欠银行的债务,可用于发现企业未登记的银行借款。注册会计师应向被审计单位在本年存过款(含外埠存款、银行汇票存款、银行本票存款、信用证存款)的所有银行发函,包括银行存款零账户和账户已结清的银行。因为银行存款账户虽已结清,但仍可能有银行借款或其他负债存在。同时,即使审计人员已直接从某一银行取得了银行的账单和所有已付支票,但仍应向这一银行进行函证。

　　注册会计师应当对银行存款(包括零余额账户和在本期内注销的账户)及与金融机构往来的其他重要信息实施函证程序,除非有充分证据表明某一银行存款与金融机构往来的其他重要信息对财务报表不重要且与之相关的重大错报风险很低。如果注册会计师不对这些项目实施函证程序,注册会计师应当在审计工作底稿中说明理由。

　　银行询证函格式如表 12-3 所示。

表 12-3　银行询证函示例

银行询证函

××(银行)：　　　　　　　　　　　　　　　　　　　　　　　　　　　　　　　　编号：

　　本公司聘请的××会计师事务所正在对本公司××年度财务报表进行审计,按照中国注册会计师审计准则的要求,应当询证本公司与贵行相关的信息。下列信息出自本公司记录,如与贵行记录相符,请在本函下端"信息证明无误"处签章证明;如有不符,请在"信息不符"处列明不符项目及具体内容;如存在与本公司有关的未列入本函的其他重要信息,也请在"信息不符"处列出其详细资料。回函请直接寄至××会计师事务所。

回函地址：　　　　　　　　　　　　　　　　　　　　　　邮编：

电话：　　　　　　　　　传真：　　　　　　　　　　　联系人：

截至××××年××月××日,本公司与贵行相关的信息列示如下。

1. 银行存款

账户名称	银行账号	币种	利率	余额	起止日期	是否被质押、用于担保或存在其他使用限制	备注

除上述列示的银行存款外,本公司并无在贵行的其他存款。

注："起止日期"一栏仅适用于定期存款,如为活期或保证金存款,可只填写"活期"或"保证金"字样。

2. 银行借款

借款人名称	币种	本息余额	借款日期	到期日期	利率	借款条件	抵(质)押品/担保人	备注

除上述列示的银行借款外,本公司并无在贵行的其他借款。

注：此项仅函证截至资产负债表日本公司尚未归还的借款。

3. 截至函证日之前 12 个月内注销的账户

账户名称	银行账号	币种	注销账户日

除上述列示的账户外,本公司并无截至函证日之前 12 个月内在贵行注销的其他账户。

4. 委托存款(4～12 项格式参照前面 3 项的不再列示。)

5. 委托贷款

6. 担保

7. 本公司为出票人且由贵行承兑而尚未支付的银行承兑汇票

8. 本公司向贵行已贴现而尚未到期的商业汇票

9. 本公司为持票人且由贵行托收的商业汇票

10. 本公司为申请人、由贵行开具的、未履行完毕的不可撤销信用证

11. 本公司与贵行之间未履行完毕的外汇买卖合约

12. 本公司存放于贵行的有价证券或其他产权文件

13. 其他重大事项

注：此项应填列注册会计师认为重大且应予函证的其他事项,如信托存款等;如无则应填写"不适用"。

(公司盖章)

年　月　日

以下仅供被询证银行使用

结论：

1. 信息证明无误。

　　　　　　　　　　　　　　　　　　　　　　　(银行盖章)

　　　　　　　　　　　　　　　　　　　　　　　年　月　日

　　　　　　　　　　　　　　　　　　　　　　　经办人：

2. 信息不符,请列明不符项目及具体内容(对于在本函前述 1～13 项中漏列的其他重要信息,请列出详细资料)。

　　　　　　　　　　　　　　　　　　　　　　　(银行盖章)

　　　　　　　　　　　　　　　　　　　　　　　年　月　日

　　　　　　　　　　　　　　　　　　　　　　　经办人：

🏃 小思考

银行存款函证

注册会计师张宇对某股份有限公司 2010 年度财务报表进行审计,拟对银行存款余额实施函证程序。张宇采用了以下方法:①以 A 公司的名义寄发银行询证函;②除余额为零的银行存款账户以外,对 A 公司所有银行存款账户实施函证程序;③由 A 公司代为填写银行询证函后,交由注册会计师直接发出并回收;④如果银行询证函回函结果表明没有差异,则可以认定银行存款余额是正确的。

问题:以上做法中哪些是正确的? 哪些是错误的?

提示:对于银行存款余额为零的账户,也是要执行函证程序。如果函证结果表明不存在差异,则可能存在银行已经支付的款项而企业并没有入账的情况,所以是不能直接确认的。

【本章小结】

货币资金审计主要是对企业现金、银行存款和其他货币资金业务及其结存情况的真实性、公允性和合法性进行审查。有关库存现金方面的控制主要有:现金收支与记账的岗位分离、现金收支要有合理、合法的凭据、全部收入及时准确入账,全部支出要有核准手续、控制现金坐支,当日收入现金应及时送存银行、按月盘点现金,以做到账实相符、加强对现金收支业务的内部审计。库存现金的实质性程序包括:核查库存现金日记账与总账的余额是否一致、清点库存现金、审查库存现金收支业务的真实、合法性、审查外币现金的折算、审查库存现金在资产负债表上的披露。银行存款实质性程序包括:取得并审查银行存款余额调节表、函证银行存款余额、审查银行存款收支业务的合法、合规性、审查银行存款收支的正确截止、审查外币银行存款的折算是否正确、审查银行存款在资产负债表上的披露。

【课后习题】

一、判断题

1. 如果被审计单位库存现金存放部门有两处或两处以上的,应分不同的时间进行盘点。
( )

2. 现金收入必须及时存入银行,特殊情况下,经主管领导审查批准方可坐支现金。
( )

3. 库存现金监盘表只能由出纳人员签字,以明确责任。( )

4. 盘点前就盘点时间与被审计单位会计主管沟通,要求其配合好相关的盘点工作。
( )

5. 注册会计师应当以事务所的名义向有关单位发函询证。( )

6. 注册会计师对银行存款的函证,可以采用积极式和消极式。( )

7. 注册会计师审计银行存款时不需要对余额为零的账户进行函证。( )

8. 盘点库存现金必须有出纳员和被审计单位会计主管人员参加,并由注册会计师进行盘点。
( )

9. 担任登记现金日记账人员应与担任现金出纳职责的人员分开。( )

10. 通过向往来银行进行函证,注册会计师不仅可以了解企业银行存款的存在,还可了解企业欠银行的债务。 ( )

二、单项选择题

1. 如果在资产负债表日后对库存现金进行盘点,应当根据盘点数、资产负债表日至( )的库存现金数,倒推计算资产负债表上所包含的库存现金数是否正确。

    A. 审计报告日   B. 资产负债表日

    C. 盘点日   D. 审计工作完成日

2. 不违背"不相容岗位相互分离"原则的是( )。

    A. 出纳人员兼任会计档案保管工作

    B. 出纳人员保管签发支票所需全部印章

    C. 出纳人员兼任收入总账和明细账的登记工作

    D. 出纳人员兼任固定资产明细账及总账的登记工作

3. 与现金业务有关的职责,可以不分离的是( )。

    A. 现金支付的审批与执行   B. 现金保管与现金日记账的记录

    C. 现金的会计记录与审计监督   D. 现金保管与现金总分类账的记录

4. 监盘库存现金是注册会计师证实被审计单位资产负债表所列现金是否存在的一项重要程序,被审计单位必须参加盘点的人员是( )。

    A. 会计主管人员和内部审计人员   B. 出纳员和会计主管人员

    C. 现金出纳员和银行出纳员   D. 出纳员和财务经理

5. 属于银行存款的控制测试的是( )。

    A. 函证银行存款

    B. 抽查大额银行存款的收支

    C. 银行存款的收支是否按规定的程序和权限办理

    D. 检查银行存款收支的正确截止

6. 如果注册会计师已从被审计单位的某开户银行获取了银行对账单和所有已付支票清单,该注册会计师( )。

    A. 不需再向该银行函证

    B. 仍需再向该银行函证

    C. 复核银行对账单

    D. 可根据实际需要,确定是否向银行函证

7. 货币资金内部控制的以下关键环节中,存在重大缺陷的是( )。

    A. 财务专用章由专人保管,个人名章由本人或其授权人员保管

    B. 对重要货币资金支付业务,实行集体决策

    C. 现金收入及时存入银行,特殊情况下,经主管领导审查批准方可坐支现金

    D. 指定专人定期核对银行账户,每月核对一次,编制银行存款余额调节表

8. 企业一般不得从本单位的现金收入中直接支付现金,因特殊情况需要支付现金的,应事先报经( )审查批准。

    A. 董事长   B. 总经理   C. 开户银行   D. 财务总监

9. 注册会计师为证实资产负债表所列现金是否真实存在,下列程序中必须执行的是( )。

A. 盘点库存现金   B. 编制现金预算表

C. 函证银行存款余额   D. 取得并审查银行存款余额调节表

10. X 公司某银行账户的银行对账单余额为 585 000 元。在审查 X 公司编制的该账户银行存款余额调节表时,A 注册会计师注意到以下事项:X 公司已收、银行尚未入账的某公司销货款 100 000 元;X 公司已付、银行尚未入账的预付某公司材料款 50 000 元;银行已收、X 公司尚未入账的某公司退回的押金 35 000 元;银行代扣、X 公司尚未入账的水电费 25 000 元。假定不考虑审计重要性水平,A 注册会计师审计后确认该账户的银行存款日记账余额应是( )元。

A. 625 000   B. 635 000   C. 575 000   D. 595 000

三、多项选择题

1. 注册会计师正在对 A 公司的货币资金项目实施审计,经过了解准备实施控制测试程序。下列审计程序中,属于控制测试的有( )。

A. 取得并检查银行存款余额调节表,并验算余额调节表中的数字是否正确

B. 函证银行存款余额

C. 抽取一定期间的银行存款余额表,查验企业是否按月编制

D. 检查外币银行存款的折算方法是否符合有关规定

2. 下列各项审计程序中,属于控制测试程序的有( )。

A. 函证所有银行存款账户余额

B. 盘点库存现金,并倒挤出期末截止日库存现金的真正余额

C. 抽取大额现金支票存根,检查是否都经签字批准

D. 任意抽取数月的银行存款余额调节表,查验其是否按月编制并经复核

3. 注册会计师寄发的银行询证函( )。

A. 是以被审计单位的名义发往开户银行

B. 属于积极式函证

C. 要求银行直接回函至会计师事务所

D. 包括银行存款和借款余额

4. 良好的货币资金内部控制要求是( )。

A. 控制现金坐支,当日收入现金应及时送存银行

B. 货币资金收支与记账的岗位分离

C. 全部收支及时准确入账,并且支出要有核准手续

D. 按月编制银行存款余额调节表,以做到账实相符

5. 在对库存现金进行盘点时,参与盘点的人员必须包括( )。

A. 注册会计师   B. 被审计单位出纳员

C. 被审计单位会计主管人员   D. 被审计单位管理当局

四、综合题

2012 年 2 月 18 日下午 18 点,审计人员对甲企业库存现金、现金日记账及现金收付款凭证进行了审阅和盘点,审计结果如下。

(1) 当日库存现金日记账结存额为 17 520 元;

(2) 盘点库存现金的实际结存额为 13 500 元;

(3) 2012 年 1 月 16 日现金已收但尚未入账的收款凭证 2 张,金额合计为 580 元;

(4) 2012 年 1 月 12 日现金已付但尚未入账的付款凭证 3 张,金额合计为 1 500 元;

(5) 单位某职工与出纳员是好朋友,因临时急需写了一张白条,借款金额为 1 000 元;

(6) 该单位经银行核定的库存现金限额为 5 000 元。

根据上述审计结果编制库存现金盘点表,指出被审计单位库存现金管理中存在的问题,并提出审计意见。

库存现金监盘表

被审计单位:　　　　　　　　　索引号:
项目:　　　　　　　　　　　　财务报表截止日/期间:
编制:　　　　　　　　　　　　复核:
日期:　　　　　　　　　　　　日期:

检查盘点记录					实有库存现金盘点记录						
项　目	项　次	人民币	美元	某外币	面额/元	人民币		美元		某外币	
						张	金额	张	金额	张	金额
上一日账面库存余额	①				1 000						
盘点日未记账传票收入金额	②				500						
盘点日未记账传票支出金额	③										
盘点日账面应有金额	④=①+②-③				100						
盘点实有库存现金数额	⑤				50						
盘点日应有与实有差异	⑥=④-⑤				10						
差异原因分析	白条抵库(张)				5						
					2						
					1						
					0.5						
					0.2						
					0.1						
					合　计						
追溯调整	报表日至审计日库存现金付出总额										
	报表日至审计日库存现金收入总额										
	报表日库存现金应有余额										
	报表日账面汇率										
	报表日余额折合本位币金额										
	本位币合计										

出纳员:　　　　　会计主管人员:　　　　监盘人:　　　　检查日期:
审计说明:

第十三章　特殊项目审计

知识目标

- 掌握期初余额的审计程序；
- 掌握期后事项和或有事项的审计程序；
- 理解关联方交易及其审计程序。

技能目标

- 能熟练分析期初余额审计的结果；
- 合理评价持续经营能力审计对审计报告的意见类型选择的影响。

案例导入

龙华股份有限公司期初余额审计案

康华会计师事务所自 2013 年 2 月 6 日首次接受龙华股份有限公司董事会委托，于 2013 年 2 月 7 日至 3 月 6 日对该公司 2012 年度的会计报表进行审计。龙华股份有限公司的审计已基本接近尾声，相关业务的交易测试和余额测试已基本完成。由于龙华股份有限公司是首次接受委托，需要对期初余额进行确认。在审计人员对原会计师事务所信诚会计师事务所的独立性和专业胜任能力进行分析之后，未发现任何异常，根据信诚会计师事务所提供的发表保留意见的相关资料，运用审阅法、核对法、抽查法对往来款项、存货、投资额、固定资产和在建工程等方面进行了核对和抽查。发现存在以下问题。

(1) 2011 年已经逾期 3 年的应收账款 320 万元仍未收回，对该项债权龙华股份有限公司仅按 5% 提取了 16 万元的坏账准备。在 2012 年审核后发现对该项逾期债权也未再增提坏账准备。

(2) 2011 年年末其他应收款中应收集团母公司的数额为 3 450 万元，未提坏账准备。从信诚会计师事务所提供的底稿来看，2012 年该所负责审核的注册会计师对此就提出了调整意见，但被审计单位未接受调整意见。

(3) 2011 年年末应收票据（商业承兑汇票）已经逾期的金额为 120 万元，但未将其转入应收账款，也未计提坏账准备。2012 年的审计底稿中未对其进行调整。

(4) 从上年审计报告可知，龙华股份有限公司对上海 SG 公司 2005 年所发生的投资损益 3 000 万元未入账。故影响 2012 年的期初余额不正确。

(5) 龙华股份有限公司在 2011 年 11 月有一商用机器设备价值 200 万元安装完毕后投入使用，但在 12 月份未提折旧，上年的审计底稿中也提到了此问题，但被审计单位未进行调整。

结论：当期初余额对本期会计报表有重大影响时，但无法对其获取充分、适当的审计证据；或期初余额中存在严重影响本期会计报表的错报或漏报，被审计单位拒绝进行调整，注册会计师应当对本期会计报表出具非无保留意见的审计报告。

问题：对期初余额进行审计通常可以运用哪些审计程序、依赖哪些资料？期初余额审计有何意义？期初余额对报表有重大影响时，注册会计师应如何发表审计意见？

第一节　期初余额审计

一、期初余额审计的含义

在会计师事务所首次接受委托时，必须对被审单位会计报表的期初余额进行审计。

首次接受委托是指注册会计师在被审计单位财务报表首次接受审计，或上期财务报表由前任注册会计师审计的情况下接受的审计委托。这包括两种情况：一是被审计单位首次接受审计，即被审计单位在此之前从未接受过独立审计；二是被审计单位更换注册会计师，即被审计单位的上期财务报表已由注册会计师进行审计，而本期委托其他注册会计师审计。以下是期初余额审计工作底稿参考格式。

首次接受委托时对期初余额的审计

被审计单位：×××股份有限公司　　　　　索引号：DF
项目：首次接受委托时对期初余额的审计　　财务报表期间：2012年度
编制：×××　　　　　　　　　　　　　　复核：×××
日期：2013.4.1　　　　　　　　　　　　　日期：2013.4.1

一、审计目标

获取充分、适当的审计证据以确定：①期初余额不存在对本期财务报表产生重大影响的错报；②上期期末余额已正确结转至本期，或在适当的情况下已作出重新表述；③被审计单位一贯运用恰当的会计政策，或对会计政策的变更作出正确的会计处理和恰当的列报。

二、审计程序

可供选择的审计程序	索引号	执行人
1. 审查被审计单位财务报表期初余额是否反映上期运用恰当会计政策的结果		
2. 审查上期会计政策是否在本期财务报表中得到一贯运用，如果会计政策发生变更，考虑这些变更是否恰当、会计处理是否正会计政策发生变更，考虑这些变更是否恰当、会计处理是否正确、列报是否恰当		
3. 考虑前任注册会计师是否具备独立性和专业胜任能力		
4. 如果上期财务报表由前任注册会计师审计，征得被审计单位书面同意，经前任注册会计师许可后，查阅前任注册会计师的工作底稿 (1) 前任注册会计师工作底稿中的所有重要审计领域 (2) 考虑前任注册会计师是否已实施下列审计程序，评价资产负债表重要账户期初余额的合理性		

续表

可供选择的审计程序	索引号	执行人
① 函证货币资金余额,测试调节表,执行截止测试 ② 函证并测试投资,确认账面价值的合理性 ③ 函证应收账款(且函证覆盖面适当),测试坏账准备计提的适当性,执行销售截止测试 ④ 实施存货监盘;执行存货计价测试;确定是否存在存货积压、流动过慢或陈旧的情况;检查运输记录和收入记录,执行截止测试;考虑存货计价是否低于或高于市场价格 ⑤ 测试固定资产,考虑是否存在重大增加、减少,考虑折旧方法、使用年限和减值准备计提的适当性 ⑥ 测试递延资产、无形资产和其他资产,考虑资产余额的合理性 ⑦ 检查是否存在未记录负债,测试预计负债的有效性和充分性 ⑧ 分析所得税相关账户,确定是否符合企业会计准则的规定 ⑨ 函证负债余额及期限,测试利息费用的合理性 ⑩ 检查权益变动的授权和支持文件,包括发行股票、撤资和发放股利等 (3) 复核前任注册会计师建议调整分录和未更正错报汇总,并评价其对当期审计的影响 　　基于执行上述审计程序的结果,评价是否可信赖前任注册会计师的工作 (注:后任注册会计师通常可在某一审计领域确定是否信赖前任注册会计师的工作。例如,后任注册会计师可以在应收账款审计领域信赖前任注册会计师的工作,而在债务审计领域不信赖其工作)		
5. 如果上期财务报表未经审计,或在实施上述第4项所述的审计程序后对期初余额不能得出满意结论,实施下列程序 (1) 对流动资产和流动负债,通过本期实施的审计程序获取部分审计证据 (2) 对于存货,通过复核上期存货盘点记录及文件,检查上期存货交易记录或运用毛利百分比法等进行分析,获取有关本期期初存货余额的充分、适当的审计证据 (3) 对非流动资产和非流动负债,检查形成期初余额的会计记录和其他信息,还可考虑向第三方函证期初余额,或实施追加的审计程序		

由于期初余额是本期财务报表的基础,对本期财务报表产生重要影响,注册会计师需要对期初余额进行审计。在进行期初余额审计时,需要注意以下三点:①应实施适当程序;②无须专门对期初余额发表审计意见;③应充分考虑期初余额审计形成的相关结论对本期财务报表及审计结论的影响。

二、期初余额的审计目标

注册会计师对期初余额进行审计,主要是为了达到以下三个目标。

(1) 确定期初余额不存在对本期财务报表产生重大影响的错报。如果期初余额存在对本期财务报表产生重大影响的错报,则注册会计师在审计中必须对此提出恰当的审计调整或披露建议;反之,注册会计师无须对此予以特别关注和处理。

(2) 确定上期期末余额已正确结转至本期,或在适当的情况下已做出重新表述。上期期末余额已正确结转至本期,主要是指:①上期账户余额计算正确;②上期总账余额与各明细账余额合计数或日记账余额合计数相等;③上期各总账余额和相应的明细账余额或日记账余额已经分别恰当地过入本期的总账和相应的明细账或日记账。

上期期末余额通常应直接结转至本期。但在出现某些情形时,上期期末余额不应直接结转至本期,而应当做出重新表述。例如,企业会计准则和相关会计制度的要求发生变化;或者上期期末余额存在重大的前期差错,如果前期差错累积影响数能够确定,按规定应当采用追溯重述法进行更正。

（3）确定被审计单位一贯运用恰当的会计政策或对会计政策的变更做出正确的会计处理和恰当的披露。企业采用的会计政策,在每一会计期间和前后各期应当保持一致,不得随意变更。但是,在满足下列条件之一的情形下,可以变更会计政策:法律、行政法规或者国家统一的会计制度等要求变更会计政策;会计政策变更能够提供更可靠、更相关的会计信息。

三、期初余额的审计程序

为达成上述期初余额的审计目标,注册会计师对期初余额的审计程序,通常包括以下内容。

（一）考虑被审计单位运用会计政策的恰当性和一贯性

首先,注册会计师应了解、分析被审计单位所选用的会计政策是否恰当,是否符合企业会计准则的要求,按照所选用会计政策对被审计单位发生的交易或事项进行处理,是否能够提供可靠、相关的会计信息;其次,如果认定被审计单位所选用的会计政策恰当,应确认该会计政策是否在每一会计期间和前后各期得到一贯执行,有无变更;最后,如果发现会计政策发生变更,应审核其变更理由是否充分,是否按国家有关规定予以变更。

（二）上期财务报表由前任注册会计师审计情况下的审计程序

如果上期财务报表由前任注册会计师审计,注册会计师应当考虑通过查阅前任注册会计师的工作底稿获取有关期初余额的充分、适当的审计证据,并考虑前任注册会计师的独立性和专业胜任能力。在与前任注册会计师沟通时,注册会计师应当遵守职业道德守则和《中国注册会计师审计准则第1152号——前后任注册会计师的沟通》的规定。

（三）上期财务报表未经审计或审计结论不满意时的审计程序

如果上期财务报表未经审计,或者上期财务报表虽经前任注册会计师审计,但在查阅前任注册会计师的工作底稿后未能获取有关期初余额的充分、适当的审计证据,未能对期初余额得出满意结论,注册会计师应当根据期初余额有关账户的不同性质,实施相应的审计程序。账户的性质主要按照账户属于资产类还是负债类、属于流动性还是非流动性等标准加以区分。

1. 对流动资产和流动负债的审计程序

对流动资产和流动负债,注册会计师通常可以通过本期实施的审计程序获取部分审计证据。对于存货,注册会计师还应当按照《中国注册会计师审计准则第1311号——存货监盘》的规定,实施追加的审计程序。

2. 对非流动资产和非流动负债的审计程序

对非流动资产和非流动负债,注册会计师通常检查形成期初余额的会计记录和其他信息。在某些情况下,注册会计师可向第三方函证期初余额,或实施追加的审计程序。

【例13-1】 光大公司系房地产开发公司,注册资本3 000万元人民币,经济性质为有限责任公司,经营范围为房地产开发、出租房屋、销售商品房、物业管理等。光大公司2012年的审计报告由正大会计师事务所出具,审计报告意见类型为标准无保留意见。上年审计由另一家会计师事务所执行,审计报告意见类型也为标准无保留意见。2012 年度光大公司未经审计的简要资产负债表情况如表 13-1 所示。

表 13-1 2012 年度光大公司未经审计的简要资产负债表 单位:万元

日 期 项 目	2012 年 12 月 31 日	2012 年 1 月 1 日	日 期 项 目	2012 年 12 月 31 日	2012 年 1 月 1 日
资产总额	9 837.73	9 550.59	所有者权益	3 939.95	3 513.21
其中:存货	7 747.16	7 159.00	其中:实收资本	3 000.00	3 000.00
负债总额	5 897.78	6 037.38	资本公积	600.00	600.00

正大会计师事务所的审计人员编制了期初余额核对表,将上年审定数与本年年初余额进行了核对。但在总体审计策略中,未考虑对期初余额实施审计程序。注册会计师认为编制了期初余额核对表,期初余额即可以确认。

请分析期初余额审计中存在的问题。

分析结果如下:(1)未与前任注册会计师沟通;

(2)未针对首次接受委托情况制订总体审计策略和具体审计计划;

(3)未对期初余额实施有效的审计程序,获取审计证据。光大公司属于房地产行业,存货期初余额为 7 159 万元,占期初资产总额的 75%,鉴于存货期初余额对本期报表会产生重大影响,注册会计师应当对存货期初余额实施实质性审计程序,以获取充分、适当的审计证据。

第二节 期后事项与或有事项审计

一、期后事项审计

(一)期后事项的含义和种类

期后事项是指资产负债表日至审计报告日发生的以及审计报告日后发现的事实。如图 13-1 所示,期后事项可以按时段划分为三段(图中为假定日期)。

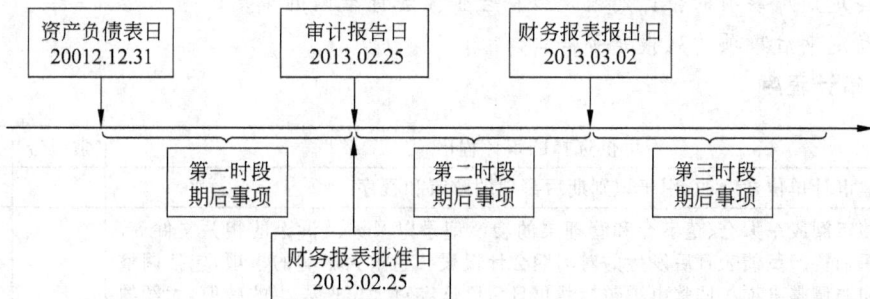

图 13-1 期后事项分段示意图

期后事项可按资产负债表日后事项是否调整进行分类,划分为资产负债表日后调整事项和资产负债表日后非调整事项。

1. 资产负债表日后调整事项

资产负债表日后调整事项是指对资产负债表日已经存在的情况提供了新的或进一步的证据事项。调整事项通常包括下列事项。

(1) 资产负债表日后诉讼案件结案,法院判决证实了企业在资产负债表日已经存在现时义务,需要调整原先确认的与该诉讼案件相关的预计负债,或确认一项新负债。

(2) 资产负债表日后取得确凿证据,表明某项资产在资产负债表日发生了减值或者需要调整该项资产原先确认的减值金额。

(3) 资产负债表日后进一步确定了资产负债表日前购入资产的成本或售出资产的收入。

(4) 资产负债表日后发现了财务报表舞弊或差错。

2. 资产负债表日后非调整事项

资产负债表日后非调整事项是指表明资产负债表日后发生的情况的事项。非调整事项通常包括下列项目:资产负债表日后发生重大诉讼、仲裁、承诺;资产负债表日后资产价格、税收政策、外汇汇率发生重大变化;资产负债表日后因自然灾害导致资产发生重大损失;资产负债表日后发行股票和债券以及其他巨额举债;资产负债表日后资本公积转增资本;资产负债表日后发生巨额亏损;资产负债表日后发生企业合并或处置子公司;资产负债表日后企业利润分配方案中拟分配的以及经审议批准宣告发放的股利或利润。

(二) 期后事项的审计程序

注册会计师应当考虑期后事项对财务报表和审计报告的影响。对于不同时段的期后事项,注册会计师了解或识别的责任不同。以下是期后事项审计工作底稿参考格式。

期 后 事 项

被审计单位:×××股份有限公司　　　　索引号:DH

项目:期后事项　　　　财务报表期间:2012 年度

编制:×××　　　　复核:×××

日期:2013.4.1　　　　日期:2013.4.1

一、审计目标

1. 确定期后事项是否存在和完整;

2. 确定期后事项的会计处理是否符合企业会计准则的规定;

3. 确定期后事项的列报是否恰当。

二、审计程序

可供选择的审计程序	索引号	执行人
1. 检查被审计单位建立的、用于识别期后事项的政策和程序		
2. 取得并审阅股东大会、董事会和管理层的会议记录以及涉及诉讼的相关文件等,查明识别资产负债表日后发生的对本期会计报表产生重大影响的事项,包括调整事项和非调整事项。调整事项包括截止日后已证实重大资产发生的减值,大额的销售退回,已确定获取或支付的大额赔偿,期后进一步确定了期前购入资产的成本或售出资产的收入,期后发现了财务报表舞弊或差错等;非调整事项包括期后发生的重大诉讼、仲裁、承诺,董事会批准了利润分配方案,股票和债券的发行,巨额举债,资本公积转增资本,巨额亏损,企业合并或处置子公司,自然灾害导致资产重大损失,资产价格、税收政策、外汇汇率发生较大变动等		

续表

可供选择的审计程序	索引号	执行人
3. 在尽量接近审计报告日时,查阅股东会、董事会及其专门委员会在资产负债表日后举行的会议的纪要,并在不能获取会议纪要时询问会议讨论的事项		
4. 在尽量接近审计报告日时,查阅最近的中期财务报表、主要会计科目、重要合同和会计凭证;如认为必要和适当,还应当查阅预算、现金流量预测及其他相关管理报告		
5. 在尽量接近审计报告日时,查阅被审计单位与客户、供应商、监管部门等的往来信函		
6. 在尽量接近审计报告日时,向被审计单位律师或法律顾问询问有关诉讼和索赔事项		
7. 在尽量接近审计报告日时,就以下内容(但不限于)向管理层询问可能影响财务报表的期后事项		
(1) 根据初步或尚无定论的数据作出会计处理的项目的现状		
(2) 是否发生新的担保、借款或承诺		
(3) 是否出售或购进资产,或者计划出售或购进资产		
(4) 是否已发行或计划发行新的股票或债券,是否已签订或计划签订合并或清算协议		
(5) 资产是否被政府征用或因不可抗力而遭受损失		
(6) 在风险领域和或有事项方面是否有新进展		
(7) 是否已作出或考虑作出异常的会计调整		
(8) 是否已发生或可能发生影响会计政策适当性的事项		
8. 结合期末账户余额的审计,对应予调整的资产负债表日后事项进行审计,着重查明资产负债表日后的重大购销业务和重大的收付款业务,有无不寻常的转账交易或调整分录		
9. 查询被审计单位在资产负债表日或审计期间已存在的重大财务承诺,并向被审计单位管理层询问,确定是否存在导致需调整或披露的期后事项		
10. 在财务报表报出后,如果知悉在审计报告日已存在的、可能导致修改审计报告的事实,也应当考虑是否需要修改财务报表,并与管理层讨论,同时根据具体情况采取适当措施		
11. 针对评估的舞弊风险等因素增加的审计程序		
12. 确定期后事项是否已按照企业会计准则的规定在财务报表中做出恰当列报:		
(1) 每项重要的资产负债表日后非调整事项的性质、内容,及其对财务状况和经营成果的影响,无法做出估计的,应当说明原因		
(2) 资产负债表日后,企业利润分配方案中拟分配的以及经审议批准宣告放的股利或利润		

注:(1) 期后事项的审计程序取决于项目组的专业判断,可根据被审计单位的具体情况予以增减。

(2) 期后事项应与销售确认、应付款项等的期后测试程序结合考虑,尤其是要对舞弊迹象保持警觉。例如,记录虚假销售的分录很可能在资产负债表日后转回,注册会计师在审计期后销售退回、应收账款贷方记录等时就应保持警觉。又如缺乏商业实质的交易也往往是舞弊的迹象。

(3) 查阅会计记录应重点关注的项目:①与借款、固定资产销售相关的收款记录;②与异常开支有关的付款记录;③销售和应收账款中的大额退货、折让或贷项记录;④异常的会计分录。

1. 截至审计报告日发生的期后事项

对第一时段期后事项,注册会计师需要实施必要的审计程序去主动识别。这些程序包括：

(1) 复核被审计单位管理层建立的用于确保识别期后事项的程序；

(2) 查阅股东会、董事会及其专门委员会在资产负债表日后举行的会议纪要；

(3) 查阅最近的中期财务报表及其他相关管理报告；

(4) 向被审计单位律师或法律顾问询问有关诉讼和索赔事件；

(5) 向管理层询问是否发生可能影响财务报表的期后事项。

实施上述程序后，如果知悉对财务报表有重大影响的期后事项，注册会计师应当考虑这些事项在财务报表中是否得到恰当的会计处理并予以充分披露。

2. 截至财务报表报出日前发现的事实

对第二时段期后事项，注册会计师无须实施审计程序或进行专门查询。如果知悉第二时段的、可能对财务报表产生重大影响的事实，注册会计师应当考虑是否需要修改财务报表，并与管理层讨论，同时根据具体情况采取适当措施。

3. 财务报表报出日后发现的事实

对第三时段期后事项，注册会计师没有义务进行查询，但有可能通过其他途径知悉。如果在财务报表报出后，知悉审计报告日已经存在的、可能导致审计报告修改的事实，注册会计师应该考虑是否需要修改财务报表、是否采取必要措施确保所有收到原财务报表和审计报告的人士了解这一情况等，采取相应措施。

【例 13-2】 北京 ABC 会计师事务所的 A 和 B 注册会计师对 XYZ 股份有限公司 2012 年度的会计报表进行审计。A 和 B 注册会计师经审计发现该公司存在以下两个期后事项。

(1) 2012 年 10 月 31 日，公司清查盘点成品仓库，发现 Y 产品短缺 40 万元，借记"待处理财产损溢"科目 40 万元、贷记"产成品"科目 40 万元的会计处理。2013 年 1 月，查清短缺原因。其中，属于一般经营损失部分为 35 万元，属于非常损失部分为 5 万元。由于结账时间在前，公司未在 2012 年度会计报表中包含这一经济业务相应的会计处理。

(2) 2013 年 1 月 10 日，公司原材料仓库因火灾造成 Z 原材料损失 250 万元，公司于当月按规定进行了会计处理。

针对审计发现的上述两个期后事项，注册会计师应提出何种处理建议。

审计发现的上述事项(1)，根据《企业会计准则——资产负债表日后事项》的规定，这类"已证实资产发生了减损"的事项属于"调整事项"。该事项影响利润总额 40 万元（35 万元＋5 万元），应建议公司调整。

审计发现的上述事项(2)，根据《企业会计准则——资产负债表日后事项》的规定，这类"自然灾害导致的资产损失"事项属于"非调整事项"，应建议公司在会计报表附注中披露。

二、或有事项审计

(一) 或有事项的含义

或有事项已越来越多地存在于企业的经营活动中，由于其本质上属于不确定事项，其重大错报风险较高，需要注册会计师采用适当的审计程序予以充分关注。

或有事项是指过去的交易或事项形成的，其结果须由某些未来事项的发生或不发生才能决定的不确定事项，包括或有负债和或有资产。与或有事项相关的、满足特定条件的业务,则应当确认为预计负债。

(二)或有事项的审计程序

以下是或有事项审计工作底稿参考格式。

或 有 事 项

被审计单位:×××股份有限公司   索引号:DG

项目:或有事项   财务报表期间:2012 年度

编制:×××   复核:×××

日期:2013.4.1   日 期:2013.4.1

一、审计目标

1. 确定或有事项是否存在和完整;

2. 确定或有事项的会计处理是否符合企业会计准则的规定;

3. 确定或有事项的列报是否恰当。

二、审计程序

可供选择的审计程序	索引号	执行人
1. 向被审计单位管理层询问其确定、评价与控制或有事项方面的有关方针政策和工作程序		
2. 向被审计单位管理层索取下列资料,作必要的审核和评价		
(1) 被审计单位有关或有事项的全部文件和凭证		
(2) 被审计单位与银行之间的往来函件,以查找有关票据贴现、应收账款保理、票据背书和对其他债务的担保		
(3) 被审计单位的债务说明书,其中,除其他债务说明外,还应包括对或有事项的说明,即说明已知的或有事项均已在财务报表中作了适当反映		
3. 与治理层就遵循法律法规的情况进行讨论,更新与遵循法律法规有关的永久性档案,复核与监管部门的往来信函以发现违反法律、法规的迹象,确定需要包括在管理层声明书中的声明事项		
4. 向被审计单位的法律顾问和律师进行函证,以获取法律顾问和律师对被审计单位资产负债表日业已存在的,以及资产负债日至复函日期间存在的或有事项的确认证据。分析被审计单位在审计期间所发生的法律费用,从法律顾问和律师处复核发票,视其是否足以说明存在或有事项,特别是未决诉讼或未决税款估价等方面的问题	F03 F04	
5. 复核上期和税务机构的税收结算报告,了解被审计期间有关纳税方面可能发生的争执之处。如果税款拖延时间较久,发生税务纠纷的可能性就较大		
6. 向与被审计单位有业务往来的银行寄发含有要求银行提供被审计单位或有事项的询证函。银行函证可以反映商业票据贴现、应收账款保理、票据背书情况和为其他单位的银行借款进行担保的情况(包括担保事项的性质、金额、担保期间等)		
7. 询问有关销售人员并获取被审计单位对产品质量保证方面的记录,确定存在损失的可能性		
8. 审阅截至审计工作完成日止被审计单位历次董事会纪要和股东大会会议记录,确定是否存在未决诉讼或仲裁、未决索赔、税务纠纷、债务担保、产品质量保证等方面的记录		

续表

可供选择的审计程序	索引号	执行人
9. 查询被审计单位对未来事项和协议的财务承诺,并向被审计单位管理层询问。获取并审阅截至审计外勤工作完成 E1 止历次股东大会、董事会和管理层会议记录及其他重要文件(包括被审计单位的重要合同和往来通信档案等),确定是否存在不可撤销的财务承诺事项		
10. 向被审计单位管理层获取书面声明,保证其已按照企业会计准则的规定,对其全部或有事项做了恰当反映		
11. 针对评估的舞弊风险等因素增加的审计程序		
12. 确定或有事项是否已按照企业会计准则的规定在财务报表中做出恰当列报		
(1) 预计负债		
① 预计负债的种类、形成原因以及经济利益流出不确定性的说明		
② 各类预计负债的期初、期末余额和本期变动情况		
③ 与预计负债有关的预期补偿金额和本期已确认的预期补偿金额		
(2) 或有负债		
① 或有负债的种类及其形成原因,包括已贴现商业承兑汇票、未决诉讼、未决仲裁、对外提供担保等形成的或有负债		
② 经济利益流出不确定性的说明		
③ 或有负债预计产生的财务影响,以及获得补偿的可能性;无法预计的,应当说明原因		
(3) 或有资产很可能会给企业带来经济利益的,应当披露其形成的原因、预计产生的财务影响等		
(4) 在涉及未决诉讼、未决仲裁的情况下,按照以上披露要求披露全部或部分信息预期对企业造成重大不利影响的,企业无须披露这些信息,但应当披露该未决诉讼、未决仲裁的性质,以及没有披露这些信息的事实和原因		

注:(1) 涉及预计负债和或有事项的经济业务通常包括:未决诉讼或仲裁、债务担保、产品质量保证、承诺、亏损合同、重组义务、环境污染整治、应收票据贴现、应收账款保理、票据背书等。

(2) 涉及预计负债的部分应结合预计负债的审计程序进行。

由于或有事项的种类不同,注册会计师在审计被审计单位的或有事项时,所采取的程序也各不相同。总结起来,针对或有事项的审计程序通常包括以下方面。

(1) 了解被审计单位与识别或有事项有关的内部控制。

(2) 审阅截至审计工作完成日被审计单位董事会纪要和股东大会会议纪要。

审阅截至审计工作完成日被审计单位董事会纪要和股东大会会议纪要,确定是否存在未决诉讼或仲裁、未决赔偿、税务纠纷、债务担保等方面的记录。

(3) 向与被审计单位有业务往来的银行函证,或检查被审计单位与银行之间的贷款协议和往来函件,以检查有关票据贴现、背书和担保。

(4) 检查与税务征管机构之间的往来函件和税收结算报告,以确定是否存在税务争议。

(5) 向被审计单位的法律顾问和律师进行函证。分析被审计单位在审计期间所发生的法律费用,以确定是否存在未决诉讼、索赔等事项。

(6) 向被审计单位管理层获取书面声明,声明其已按照企业会计准则的规定,对全部或有事项做了恰当反映。

【例 13-3】 A 和 B 两位注册会计师在对 XYZ 公司 2012 年审计中发现,XYZ 公司与丁公司在 2012 年度发生了一项知识产权纠纷。2012 年 2 月,因调解无效,丁公司提起诉讼,向 XYZ 公司索赔 1 000 万元,XYZ 公司已在 2012 年度财务报表的附注中进行了披露。A 和 B 注册会计师也曾就此事向 XYZ 公司法律顾问发函询证。回函表明,XYZ 公司极有可能向丁公司赔偿 500 万元。

问题:A 和 B 两位注册会计师需要就此事项向 XYZ 公司提出哪些建议? 如果认为需要调整,请列出调整分录。

注册会计师已有证据表明 XYZ 公司败诉的可能性大于胜诉的可能性,且赔偿金额可以合理预计,应建议 XYZ 公司确认为"预计负债",计入营业外支出项目。调整分录为:

借:营业外支出　　　　　　　　　　　　　　5 000 000
　贷:预计负债　　　　　　　　　　　　　　　　5 000 000

第三节　持续经营审计

持续经营是编制财务报表的重要假设,在持续经营审计方面管理层和注册会计师的责任是不同的。在计划审计工作和实施风险评估程序时,注册会计师应当考虑是否存在可能导致对持续经营能力产生重大疑虑的事项,并评价管理层对持续经营能力做出的评估。

一、持续经营假设的含义

持续经营假设是指被审计单位在编制财务报表时,假定其经营活动在可预见的将来会继续下去,不拟也不必终止经营或破产清算,可以在正常的经营过程中变现资产、清偿债务。

知识链接 13-1

金融危机下与持续经营

金融危机影响蔓延到全球经济的每一个角落,作为审计对象的企业,无论是本地企业,还是外资企业,都同样不能逃脱这场金融危机的影响。产品需求的减少和融资难度的加大,会使企业的经营面临前所未有的困难。

同时,由于金融危机的发展速度与影响程度均大大超出人们的预期,危机究竟会持续多久以及以何种方式结束尚不得而知,这就给企业未来的经营增添了很大的不确定性。在这样的经济环境下,对持续经营假设的评估显得格外重要,期间存在的风险也较金融危机没有爆发时明显加大。

二、在持续经营审计方面管理层和注册会计师的责任

管理层的责任是根据适用的会计准则和相关会计制度的规定评估被审计单位的持续经营能力。被审计单位在财务、经营以及其他方面存在的某些事项或情况可能导致经营风险,这些事项或情况可能导致对持续经营假设产生重大疑虑。管理层在特定时点要对这些事项或情况的不确定未来结果做出判断。

注册会计师的责任是考虑管理层在编制财务报表时运用持续经营假设的适当性,并考

虑是否存在需要在财务报表中披露有关持续经营能力的重大不确定性。

三、持续经营的审计程序

以下是持续经营审计工作底稿参考格式。

持 续 经 营

被审计单位：×××股份有限公司　　　　　索引号：DE
项目：持续经营　　　　　　　　　　　　　财务报表期间：2012年度
编制：×××　　　　　　　　　　　　　　复核：×××
日期：2013.4.1　　　　　　　　　　　　　日期：2013.4.1

一、审计目标

考虑管理层在编制财务报表时运用持续经营假设的适当性，并考虑是否存在需要在财务报表中披露的有关持续经营能力的重大不确定性。

二、审计程序

（一）考虑是否存在可能导致对持续经营能力产生重大疑虑的事项或情况以及相关经营风险

财 务 方 面	是否存在
1. 无法偿还到期债务	
2. 无法偿还即将到期且难以展期的借款	
3. 无法继续履行重大借款合同中的有关条款	
4. 存在大额的逾期未缴税金	
5. 累计经营性亏损数额巨大	
6. 过度依赖短期借款筹资	
7. 无法获得供应商的正常商业信用	
8. 难以获得开发必要新产品或进行必要投资所需资金	
9. 资不抵债	
10. 营运资金出现负数	
11. 经营活动产生的现金流量净额为负数	
12. 大股东长期占用巨额资金	
13. 重要子公司无法持续经营且未进行处理	
14. 存在大量长期未作处理的不良资产	
15. 存在因对外巨额担保等或有事项引发的或有负债	

经 营 方 面	是否存在
1. 关键管理人员离职且无人替代	
2. 人力资源短缺	
3. 重要原材料短缺	
4. 失去主要市场	
5. 失去主要供应商	

续表

经　营　方　面	是否存在
6. 失去关键特许权、专利权或许可权	
7. 主导产品不符合国家产业政策	

其　他　方　面	是否存在
1. 严重违反有关法律、法规或政策	
2. 异常原因导致停工、停产	
3. 有关法律、法规或政策的变化可能造成重大不利影响	
4. 经营期限即将到期且无意继续经营	
5. 投资者未履行协议、合同、章程规定的义务,并有可能造成重大不利影响	
6. 因自然灾害、战争等不可抗力因素遭受严重损失	

（二）评价管理层对持续经营能力做出的评估

程　序	索引号	执行人
1. 如果管理层没有对持续经营做出初步评估,应与管理层讨论运用持续经营假设的理由,是否存在上述事项或情况,并提请管理层对持续经营能力做出评估。如果管理层已做出评估,确定管理层评估持续经营能力涵盖的期间是否符合企业会计准则的规定		
2. 评价管理层做出的评估,包括考虑管理层做出评估的过程、依据的假设以及应对计划		
3. 询问管理层,是否存在超出评估期间对持续经营存在重大影响的事项		

（三）进一步审计程序

如果有情况或事项导致对被审计单位在一定合理期限内的持续经营假设产生重大疑虑,应当取得有关管理层依据持续经营能力评估结果提出的应对计划的资料和证据,执行以下程序。

程　序	索引号	执行人
了解应对计划的性质与内容		
1. 如果管理层计划变卖资产,考虑		
（1）变卖资产是否受到限制,例如贷款合同、其他类似协议或资产的留置权对此类交易的限制		
（2）管理层决定变卖的资产的变现能力		
（3）资产的处置可能带来的直接或间接影响		
（4）其他		
2. 如果管理层计划借款,考虑		
（1）借款融资的可能性,包括被审计单位在财务困境时期的融资记录,现有的和已经承诺的借款协议		
（2）借款融资的可行性,包括新增借款条件对其融资可能产生的影响,如被审计单位是否还有可被用于银行借款担保的资产		
（3）其他		

程　　序	索引号	执行人
3. 如果管理层计划重组债务,考虑		
（1）现有的或已承诺的债务重组协议		
（2）履行债务重组协议的可行性		
（3）其他		
4. 如果管理层计划削减或延缓开支,考虑		
（1）削减管理费用、延缓维修项目或研发项目,或以租赁资产代替外购资产的可行性		
（2）削减或延缓开支可能带来直接或间接影响		
（3）其他		
5. 如果管理层计划增加所有者权益,考虑		
（1）现有的或已承诺的新增投资协议		
（2）现有的或已承诺的减少股利支付协议或加速投资方现金交款协议		
（3）其他		
判断管理层提出的应对计划是否可行,以及应对计划的结果是否能够改善持续经营能力,执行以下程序		
6. 如果存在相关的预测性财务信息,复核并评价这些信息,包括编制预测信息的基本假设		
（1）考虑被审计单位生成相关信息的信息系统的可靠性		
（2）考虑管理层做出现金流量预测所依赖的假设是否存在充分的依据		
（3）将最近若干期间的预测性财务信息与实际结果进行比较		
（4）将本期的预测性财务信息与截至目前的实际结果进行比较		
7. 与管理层分析和讨论最近的中期财务报表		
8. 复核借款协议条款并确定是否存在违约情况		
9. 阅读股东会会议、董事会会议以及相关委员会会议有关财务困境的记录		
10. 向被审计单位的律师询问是否存在针对被审计单位的诉讼或索赔,并向其询问管理层对诉讼或索赔结果及其财务影响的估计是否合理		
11. 确认财务支持协议的存在性、合法性和可行性,并对提供财务支持的关联方或第三方的财务能力作出评价		
（1）检查与财务支持协议相关的文件和资料,如关联方或第三方与被审计单位签订的协议、与财务支持有关的信函往来等		
（2）获取关联方或第三方向被审计单位提供财务支持的批准文件		
（3）取得被审计单位律师的书面声明,证明关联方或第三方提供的财务支持协议具有法律效力		
（4）检查关联方或第三方的财务报表、关联方或第三方做出的除向被审计单位提供财务支持以外的其他财务承诺等,分析关联方或第三方是否有足够的能力以履行财务支持义务		
（5）询问关联方或第三方管理层,了解其是否同意被审计单位在年度报表中详细披露财务支持计划		
12. 考虑被审计单位准备如何处理尚未履行的被审计单位订单		
13. 复核期后事项并考虑其是否可能改善或影响持续经营能力		

续表

程 序	索引号	执行人
14. 如果现金流量分析对考虑事项或情况的未来结果是重要的,注册会计师应当实施下列审计程序		
(1) 考虑被审计单位生成相关信息的信息系统的可靠性		
(2) 将最近若干期间的预测性财务信息与实际结果进行比较		
(3) 将本期的预测性财务信息与截至目前的实际结果进行比较		
(4) 向管理层获取有关应对计划的书面声明		

（四）出具审计报告的考虑

注册会计师应当根据获取的审计证据,确定可能导致对持续经营能力产生重大疑虑的事项或情况是否存在重大不确定性,并根据取得的审计证据考虑其对审计报告的影响,确定审计报告的意见的类型

1. 计划审计工作与实施风险评估程序

在了解被审计单位和整个审计过程中,注册会计师应当考虑是否存在可能导致对持续经营能力产生重大疑虑的事项或情况以及相关经营风险。这些事项或情况主要包括以下几个方面。

（1）财务方面。债务违约;无法继续履行重大借款合同中的有关条款;累计经营性亏损数额巨大;过度依赖短期借款筹资;无法获得供应商的正常商业信用;难以获得开发必要新产品或进行必要投资所需资金;资不抵债;营运资金出现负数;大股东长期占用巨额资金;存在大量长期未做处理的不良资产;存在因对外巨额担保等或有事项引发的或有负债。

（2）经营方面。关键管理人员离职且无人替代;主导产品不符合国家产业政策;失去主要市场、特许权或主要供应商;人力资源或重要原材料短缺。

（3）其他方面。严重违反有关法律、法规或政策;异常原因导致停工、停产;有关法律、法规或政策的变化可能造成重大不利影响;经营期限即将到期且无意继续经营;投资者未履行协议、合同、章程规定的义务,并有可能造成重大不利影响;因自然灾害、战争等不可抗力因素遭受严重损失。

注册会计师就可能导致对持续经营能力产生重大疑虑的事项或情况以及相关经营风险的关注,应当贯穿于审计工作的始终。

2. 评价管理层对持续经营能力做出的评估

管理层对持续经营能力的评估是注册会计师考虑持续经营假设的一个重要组成部分。注册会计师应当评价管理层对持续经营能力做出的评估。

（1）确定管理层评估持续经营能力涵盖的期间是否符合适用的会计准则和相关会计制度的规定。

（2）考虑管理层做出评估的过程、依据的假设以及应对计划。

如果被审计单位具有良好的盈利记录并很容易获得外部资金支持,管理层可能无须详细分析就能对持续经营能力做出评估。在此情况下,注册会计师通常无须实施详细的审计程序,就可对管理层做出评估的适当性得出结论。

3. 进一步审计程序

当识别出可能导致对持续经营能力产生重大疑虑的事项或情况时,注册会计师应当实施下列进一步审计程序。

(1)复核管理层依据持续经营能力评估结果提出的应对计划。注册会计师应当询问管理层的应对计划,包括是否准备变卖资产、借款或债务重组、削减或延缓开支以及获得新的投资等。注册会计师还应当对管理层做出持续经营能力评估后发生的事实或可获得的信息,予以考虑。

(2)实施相关审计程序。注册会计师应当实施必要的审计程序,获取充分、适当的审计证据,以判断管理层提出的应对计划是否可行,以及应对计划的结果是否能够改善持续经营能力。注册会计师应当考虑实施的相关审计程序主要包括:

与管理层分析和讨论现金流量预测、盈利预测以及其他相关预测;

与管理层分析和讨论最近的中期财务报表;

复核债券和借款协议条款并确定是否存在违约情况;

阅读股东会会议、董事会会议以及相关委员会会议有关财务困境的记录;

向被审计单位的律师询问是否存在针对被审计单位的诉讼或索赔,并向其询问管理层对诉讼或索赔结果及其财务影响的估计是否合理;

确认财务支持协议的存在性、合法性和可行性,并对提供财务支持的关联方或第三方的财务能力做出评价;

考虑被审计单位准备如何处理尚未履行的客户订单;

复核期后事项并考虑其是否可能改善或影响持续经营能力。

(3)取得管理层声明。如果合理预期不存在其他充分、适当的审计证据,注册会计师应当就对财务报表有重大影响的事项向管理层获取书面声明。

4. 审计结论

注册会计师应当根据获取的审计证据,确定可能导致对被审计单位持续经营能力产生重大疑虑的事项或情况是否存在重大不确定性,并考虑对审计报告的影响。对此,审计结论和报告可分以下四种情况。

(1)被审计单位在编制财务报表时运用持续经营假设是适当的。如果认为被审计单位在编制财务报表时运用持续经营假设是适当的,但可能导致对持续经营能力产生重大疑虑的事项或情况存在重大不确定性,注册会计师应当考虑:财务报表是否已充分描述导致对持续经营能力产生重大疑虑的主要事项或情况,以及管理层针对这些事项或情况提出的应对计划;财务报表是否已清楚指出可能导致对持续经营能力产生重大疑虑的事项或情况存在重大不确定性,被审计单位可能无法在正常的经营过程中变现资产、清偿债务。如果财务报表已做出充分披露,注册会计师应当出具带强调事项段的无保留意见审计报告。

(2)被审计单位将不能持续经营,但财务报表仍然按持续经营假设编制。如果判断被审计单位将不能持续经营,但财务报表仍然按照持续经营假设编制,注册会计师应当出具否定意见的审计报告。

(3)被审计单位将不能持续经营,以其他基础编制财务报表。如果管理层认为编制财务报表时运用持续经营假设不再适当,选用了其他基础编制财务报表,在这种情况下,注册会计师应当实施补充的审计程序。如果认为管理层选用的其他编制基础是适当的,且财务报表已做出充分披露,注册会计师可以出具带强调事项段的无保留意见审计报告。

(4) 管理层拒绝对持续经营能力做出评估或评估期间未能涵盖自资产负债表日起的12个月,注册会计师应提请管理层对持续经营能力做出评估,或将评估期间延伸至自资产负债表日起的12个月。如果管理层拒绝注册会计师的要求,注册会计师应将其视为审计范围受到限制,考虑出具保留意见或无法表示意见的审计报告。

【例 13-4】 2013 年 2 月 1 日正大会计师事务所接受 ABC 公司委托,对其 2012 年度财务报表进行审计,在审计过程中注册会计师了解到以下情况。被审计单位在财务、经营以及其他方面存在的某些事项或情况可能导致经营风险,这些事项或情况单独或连同其他事项或情况可能导致对持续经营假设产生重大疑虑。

(1) 无法偿还到期债务;

(2) 存在大额的逾期未缴税金;

(3) 累计经营性亏损数额巨大;

(4) 过度依赖短期借款筹资。

要求:被审单位针对上述问题已积极采取包括准备变卖资产、借款或债务重组、削减或延缓开支以及获得新的投资等应对措施,并提交给注册会计师相关应对计划的书面声明,并保证能够持续经营 1 年以上。请代注册会计师判断下列问题。

(1) 当注册会计师识别出上述可能导致对持续经营能力产生重大疑虑的事项或情况时,应当实施怎样的进一步审计程序?

(2) 如果被审单位对上述事项在财务报表已做出充分披露,注册会计师可能针对不同情况出具何种意见审计报告?如果被审单位对上述事项在财务报表中未能做出充分披露,注册会计师应当出具何种意见的审计报告?

分析结果如下:(1) 当识别出可能导致对持续经营能力产生重大疑虑的事项或情况时,注册会计师应当实施下列进一步审计程序。

复核管理层依据持续经营能力评估结果提出的应对计划。

通过实施必要的审计程序,包括考虑管理层提出的应对计划和其他缓解措施的效果,获取充分、适当的审计证据,以确认是否存在与此类事项或情况相关的重大不确定性;

向管理层获取有关应对计划的书面声明。

(2) 如果财务报表已做出充分披露,注册会计师应当出具无保留意见的审计报告,并在审计意见段之后增加强调事项段,强调可能导致对持续经营能力产生重大疑虑的事项或情况存在重大不确定性的事实。同时,提醒财务报表使用者注意财务报表附注中对有关事项的披露。在极端情况下,如同时存在多项重大不确定性,注册会计师应当考虑出具无法表示意见的审计报告,而不是在审计意见段之后增加强调事项段。如果财务报表未能做出充分披露,注册会计师应当出具保留意见或否定意见的审计报告。

第四节 关联方交易审计

近年来,一些企业特别是上市公司,往往利用非公平交易基础上的关联方交易来粉饰财务报表。关联方交易也是财务报表审计业务中重大错报风险比较高的领域。因此,注册会计师有必要对关联方及其交易进行审计,以确定被审计单位是否按照企业会计准则的要求披露所有关联方及关联方交易的相关信息。

一、关联方及其交易的含义

一方控制、共同控制另一方或对另一方施加重大影响,以及两方或两方以上同受一方控制、共同控制或受重大影响的,构成关联方。《企业会计准则第 36 号——关联方披露》中对关联方关系做出了明确规定。

关联方交易是指关联方之间转移资源、劳务或义务的行为,而无论是否收取价款。按照会计准则的规定,关联方交易的类型通常包括下列各项:购买或销售商品;购买或销售商品以外的其他资产;提供或接受劳务;担保;提供资金(贷款或股权投资);租赁;代理;研究与开发项目的转移;许可协议;代表企业或由企业代表另一方进行债务结算;关键管理人员报酬。

二、关联方及其交易的审计目标

按照企业会计准则的要求识别、披露关联方和关联方交易,是被审计单位管理层的责任;遵循适当的审计程序,获取充分、适当的审计证据,以确定被审计单位管理层是否按照企业会计准则和相关会计制度的要求识别、披露关联方和关联方交易,是注册会计师的责任。

关联方及关联方交易的审计目标一般包括:确定关联方及关联方交易是否存在;关联方交易的记录是否适当;关联方及关联方交易的披露是否充分。

以下是被审计单位财务报表附注中应予披露的关联方关系及交易工作底稿参考格式。

索引号:DD-2

被审计单位财务报表附注中应予披露的关联方关系及交易

1. 本企业的母公司有关信息披露格式如下

母公司名称	注册地	业务性质	注册资本

母公司不是本企业最终控制方的,说明最终控制方名称。

母公司和最终控制方均不对外提供财务报表的,说明母公司之上与其最相近的对外提供财务报表的母公司名称。

2. 母公司对本企业的持股比例和表决权比例

3. 本企业的子公司有关信息披露格式如下

子公司名称	注册地	业务性质	注册资本	本企业合计的持股比例	本企业合计享有的表决权比例

续表

4. 本企业的合营企业有关信息披露格式如下

被投资单位名称	注册地	业务性质	注册资本	本企业持股比例	企业在被投资单位表决权比例	期末资产总额	期末负债总额	本期营业收入总额	本期净利润

5. 本企业与关联方发生交易的,分别说明各关联方关系的性质、交易类型及交易要素。交易要素至少包括

(1) 交易的金额

(2) 未结算项目的金额、条款和条件,以及有关提供或取得担保的信息

(3) 未结算应收项目的坏账准备金额

(4) 定价政策

三、关联方及其交易的实质性程序

为完成审计目标,注册会计师应当实施专门审计程序以识别关联方及关联方交易,并在此基础上检查关联方交易,确定关联方交易是否已做适当记录和充分披露。关联方及其交易的实质性程序主要包括以下内容。

(1) 向被审计单位管理层获取书面声明,要求管理层书面确认其所提供的关于识别关联方的信息真实、完整,财务报表中对关联方和关联方交易的披露充分。

(2) 复核由治理层和管理层提供的所有已知关联方名称的信息,并针对信息的完整性实施下列审计程序,以识别关联方:①复核以前年度工作底稿,确认已识别的关联方名称;②复核被审计单位识别关联方的程序;③询问治理层和关键管理人员是否与其他单位存在隶属关系;④复核投资者记录以确定主要投资者的名称,在适当情况下,从股权登记机构获取主要投资者的名单;⑤查阅股东会和董事会的会议纪要,以及其他相关的法定记录;⑥询问其他注册会计师或前任注册会计师所知悉的其他关联方;⑦复核被审计单位向监管机构报送的所得税申报表和其他信息。

注册会计师应当按照适用的会计准则和相关会计制度的规定,确定被审计单位对关联方关系的披露是否充分。

(3) 复核由治理层和管理层提供的关联方交易的信息,并实施以下审计程序,以识别其他重要的关联方交易:①在了解被审计单位内部控制时,考虑关联方交易与授权和记录相关的控制活动的适当性;②执行交易和余额的细节测试;③查阅股东会和董事会的会议纪要;④复核大额或异常的交易、账户余额的会计记录,特别关注接近报告期末或在报告期末确认的交易;⑤复核对债权债务关系的询证函回函以及来自银行的询证函回函,以发现担保关系和其他关联方交易;⑥复核投资交易。

在审计过程中,注册会计师应当对异常的交易保持警惕,考虑是否存在以前尚未识别出的关联方。这些交易主要包括:①价格、利率、担保和付款等条件异常的交易;②商业理由

明显不合乎逻辑的交易；③实质与形式不符的交易；④处理方式异常的交易；⑤与某些顾客或供货商进行的大量或重大交易；⑥未予记录的交易。

（4）检查已识别的关联方交易，确定这些交易是否已得到恰当记录和充分披露。

（5）审核关联方交易价格的合理性。应重点关注对财务状况和经营成果有重大影响的关联方交易价格。

就关联方问题向其他注册会计师询证的询证函参考格式。

索引号：DD-1

就关联方问题向其他注册会计师询证的询证函

【其他注册会计师的姓名】：

本所接受委托，对 S 公司截至 2012 年×月×日的合并会计报表进行审计。其中，贵方作为 S 公司下属子公司 ABC 公司的注册会计师参与了审计工作。该函件用于及时交换和更新关于关联方和关联方交易的相关信息。附件是我们目前已识别的关联方和关联方交易清单。如果此后在审计过程中我们发现了其他关联方或关联方交易，将及时更新该清单。

关于关联方和关联方交易，我们确定的审计目标为：确定管理层是否按照企业会计准则的规定识别、披露关联方和关联方交易。

作为以上审计工作的参与方，在执行审计过程中，贵方应该参照附送的清单，并关注与关联方的任何交易（包括清单上的关联方及引起贵方注意的其他方）。同时，基于贵方的了解，也请告知我们清单以外的关联方和关联方交易。

附件：已知的关联方和关联方交易（略）

（×××有限责任会计师事务所盖章）

注册会计师（签名并盖章）

2013 年×月×日

说明：如果此信是在中期发送，应额外说明年末可能发出的更新资料。此外，完成审计工作以前，要与其他注册会计师确定以下事项。

（1）对交易的描述，包括每个审计年度中金额为零或为名义金额的交易。

（2）每个审计期间关联方交易的金额，以及在已确定条款中，与以前期间相比任何变更的影响。

（3）根据合同条款，截至资产负债表日向关联方应收或应付款项的余额。

【例 13-5】 注册会计师李杰负责审计 Y 公司（为外商投资企业）应收账款项目。发现有 S 公司欠款 3 500 万元，其经济内容注明为货款，账龄已超过 2 年。由于 S 公司是 Y 公司的投资方，S 公司投资资本为 500 万美元，折合记账本位币人民币 4 000 万元，李杰认为需要加倍关注。

问题：注册会计师李杰应实施哪些审计程序？为什么？

注册会计师李杰应实施以下审计程序。

（1）向 S 公司发出询证函。

（2）查阅 Y 公司和 S 公司签章确认的购货合同、经 Y 公司管理当局批准的发货凭证和 S 公司的收货验收证明等。

（3）评价 Y 公司偿付货款的能力。

注册会计师李杰之所以实施以上审计程序，是因为应收账款项目核算反映企业因销售产品、材料、提供劳务等业务，应向购货单位或接受劳务单位收取的款项。在确认这项 3 500 万元的应收账款时，由于 S 公司是投资方，首先要确认 S 公司所欠 Y 公司的款项是否为正常商业信用；如果 S 公司确实与 Y 公司具有货款往来关系，下一步需要对应收账款项目的存在性和所有权归属性予以确认，设计函证程序或替代性审计程序（查验有无对方出具的具有法律效力的书面文书或对方的收货验收证明、运输部门出具的合法运输凭证或近期的双方对账记录等），确认其存在性；最后，还要通过观察近期还款情况和了解对方现金流量及财务状况，确认其可收回性。即使注册会计师确认了 S 公司和 Y 公司之间的往来款项属于正常的结算债权债务关系，也要注意 Y 公司是否在财务报表附注中适当披露此关联交易。

注册会计师李杰如果不能取得被审计单位提供的 S 公司正常偿付货款的有效文书，根据职业判断，应考虑 Y 公司与 S 公司之间是否已有抽逃资金的默契。审计人员应根据其具体情况和数额的大小，选择应发表的适当审计意见。

四、关联方及其交易对审计报告的影响

注册会计师应当根据获取的审计证据，形成对关联方及其交易的审计结论，并确定其对审计意见的影响。

注册会计师如果因审计范围受到限制，未能就对财务报表产生重大影响的关联方及关联方交易获取充分、适当的审计证据，应当考虑发表保留意见或无法表示意见。如果注册会计师有充分、适当的审计证据证明被审计单位对关联方和关联方交易的披露不充分，应当根据其重要程度，发表保留意见或否定意见。

【本章小结】

本章讲述的特殊项目审计是指属于企业常规业务之外的、不经常发生的事项。由于企业特殊项目的存在可能影响财务报告相关信息的列报和披露，注册会计师需要对其进行审计。通过学习，要求了解期初余额的审计程序、期后事项的审计程序、或有事项审计的实质性程序、持续经营假设的审计程序以及对关联方及其交易进行审计的程序等；要求掌握各种特殊项目的审计结果对审计报告的影响。

【课后习题】

一、判断题

1. 如果前期会计报表已经其他会计师事务所审计，注册会计师则只需在考虑前任专业胜任能力的基础上，获取有关的审计证据。（　　）

2. 利用期后事项以确认被审计单位会计报表所列余额时，如果确认发生变化的事项直到资产负债表日后才发生，就将资产负债日后的信息并入会计报表。（　　）

3. 注册会计师有责任执行审计程序,以发现并审查期后事项。 （   ）

4. 在发生重大不确定事项时,如果被审计单位已在财务报表附注中做了充分披露,注册会计师应当出具保留意见的审计报告。 （   ）

5. 当被审计单位存在可能导致对持续经营能力产生重大疑虑的事项或情况但不影响已发表的审计意见时,注册会计师此时可以出具标准审计报告。 （   ）

二、单项选择题

1. 关于期初余额审计的表述中,不正确的有(   )。

    A. 注册会计师应当保持应有的职业谨慎,充分考虑期初余额对所审会计报表的影响

    B. 期初余额就是指所审期间会计报表的期初数

    C. 注册会计师应当根据已获取的审计证据,形成对期初余额的审计结论,并在此基础上,确定其对审计意见的影响

    D. 注册会计师一般无须专门对期初余额发表审计意见

2. 注册会计师如果认为期初余额对本期会计报表存在重大影响,但无法对其获取充分、适当的审计证据,则应当对本期会计报表发表的审计意见为(   )。

    A. 带强调事项段的无保留意见　　　　　B. 保留意见或否定意见

    C. 保留或无法表示意见　　　　　　　　D. 否定意见

3. 如果上期财务报表由前任注册会计师审计情况下的注册会计师对期初余额不应实施的审计程序是(   )。

    A. 查阅前任注册会计师的工作底稿

    B. 考虑前任注册会计师的独立性和专业胜任能力

    C. 与前任注册会计师沟通时的考虑

    D. 对流动资产和流动负债追加审计程序

三、多项选择题

1. A 会计师事务所指派 M 注册会计师负责 Q 公司 2012 年度会计报表审计。根据审计计划确定 Q 公司的关联方关系及其交易为重点审计领域。为发现 Q 公司存在但尚未披露的关联方,M 注册会计师可能实施的审计程序有(   )。

    A. 查阅以前年度审计工作底稿

    B. 查阅股东大会和董事会会议记录

    C. 函证所有应收账款

    D. 审核代扣代缴个人所得税的相关资料

2. 当识别出可能导致持续经营能力产生重大疑虑的事项或情况时,注册会计师应当进一步实施的审计程序有(   )。

    A. 取得律师声明书　　　　　　　　　　B. 复核管理层提出的应对计划

    C. 实施相关审计程序　　　　　　　　　D. 取得管理层声明

3. 如果期初余额存在严重影响本期财务报表的重大错报,且被审计单位拒绝调整,注册会计师应当出具(   )审计报告。

    A. 保留意见　　　　　　　　　　　　　B. 否定意见

    C. 无法表示意见　　　　　　　　　　　D. 无保留意见带强调事项段

4. 对在财务报表公布日后获知审计报告日已经存在但尚未发现的期后事项,注册会计师应当(   )。

A. 与被审计单位管理当局讨论如何处理　　　B. 查明事实

C. 修改财务报表　　　　　　　　　　　　D. 修改审计报告

5. (   )属于需要在财务报表上披露而非调整的事项。

A. 资产负债表日后资产价格、税收政策、外汇汇率发生重大变化

B. 资产负债表日后因自然灾害导致资产发生重大损失

C. 资产负债表日后发现财务报表存在舞弊

D. 资产负债表日后发生企业合并或处置子公司

第十四章　完成审计工作与审计报告

知识目标

- 了解审计结果的评价和审计工作底稿的复核;
- 掌握审计差异调整表和试算平衡表的编制;
- 了解审计报告的作用和种类;
- 掌握审计报告的内容和格式;
- 掌握审计意见的基本类型;
- 掌握出具各种审计意见的条件。

技能目标

- 能够分析各种审计意见的适用情形,判断出具意见的类型;
- 在综合分析基础上,正确编写各种意见类型的审计报告。

案例导入

美国历史上被判赔偿金额最多的一次审计案例
——安达信对保留意见审计报告的不当使用的审计

由国际投资界著名人士贝克·科恩福德创办的共同基金管理公司是一家公司型基金,通过募集闲散资金,然后进行证券和实业投资。金氏资源公司采取欺诈手段向共同基金管理公司高价出售了大量劣质石油和天然气等自然资源产业。有意思的是,安达信会计师事务所同时审计了共同基金管理公司以及金氏资源公司。由于共同基金管理公司需要每天都对所有的投资项目进行估价,以确定每股净资产值(类似契约型基金的基金单位净值),而安达信会计师事务所对自身没有把握的自然资源产业升值在1969年度的审计报告中以保留意见的方式予以了回避。

股价的下跌以及所购买的劣质自然资源产业,使共同基金管理公司陷入了破产境地,进而引发了大规模的民事诉讼。其中的主要被告之一,就是安达信会计师事务所。

法庭判决由于安达信会计师事务所粗心大意、漠视有关事实,可以推定为具有故意犯罪的动机(即推定欺诈)。而针对安达信会计师事务所就共同基金管理公司1969年度会计报表出具的保留意见审计报告,法庭判决:审计报告中的保留意见"既不能足够迅速,也不能足够完全地避免对共同基金管理公司经济利益的实质性损害"。安达信会计师事务所被判向共同基金管理公司破产托管人支付赔偿金7 079万美元。

这是当时美国历史上会计师事务所被判赔偿金额最多的一次,法庭的判决依据也并非简单地按审计收费的多少倍来计算,而是按审计报告使用者的实际损失加以计算的,大部分股东的损失最终得到了弥补。

保留意见审计报告是一种有特定用途的审计报告。例如,注册会计师在审计过程中在一些非重要方面由于受到某些条件的限制,或者因客观原因无法对其做出判断时采用的一种有条件的审计报告。与知情不报,或想通过不表态来逃避责任,是完全两码事。

特别是一些重大的会计事项,如果条件受到限制而无法调查时,则不能使用这一有条件的审计报告,以免给审计报告使用者造成误导。

在这起案例中,安达信会计师事务所试图通过保留意见审计报告来回避矛盾,不将一些比较敏感的重大会计事项公布于众,以为通过这一方式,既可不得罪客户,又不必对此负责任,企图一举两得。但这种违背审计报告用途的做法,最终还是使其付出了更为沉痛的代价。

无论国内外,几乎每一个重大审计案例的发生,都会对注册会计师行业,乃至整个证券市场产生举足轻重的影响。因此,不纵不枉,准确界定注册会计师的法律责任,对当前维护注册会计师行业的公信力和规范证券市场的秩序显得尤为必要。

问题:什么情况下出具非标准意见的审计报告?

第一节 审计报告编制前的准备工作

注册会计师完成财务报表项目审计后,要进行终结审计工作,要对审计工作中发现的差异进行调整,编制试算平衡表,执行分析程序,评价审计结果,获取管理层声明,律师申明书,为编制审计报告做好准备。

一、审计差异调整和试算平衡

在审计过程中,注册会计师在审计中发现的被审计单位会计处理方法与适用的会计准则和相关会计制度的不一致,即审计差异内容,项目负责人应当根据审计重要性原则进行初步确认并汇总,编制审计差异调整表,并建议被审计单位进行调整,使调整后的财务报表能够公允反映被审计单位的财务状况、经营成果和现金流量。

(一)编制审计差异调整表

1. 审计差异的种类

审计差异是指审计项目组成员在审计中发现的被审计单位的会计处理方法与有关会计准则的不一致。

在完成了各项实质性测试以后,审计小组应当总结和评价审计差异,即分析和确定财务报表中的错报金额,并提出调整财务报表的建议。审计差异的发生有多种原因,有的是由于交易过程中的错误引起的,有些是会计核算上的错误,有些则可能是故意的错报。由于审计差异会直接影响财务报表的公允性,因此,注册会计师必须予以关注。

审计差异内容按是否需要调整账户记录可分为核算错误和重分类错误。核算错误是因被审计单位对经济业务进行了不恰当的会计处理而引起的错误,用审计重要性原则来衡量每一项核算错误,又可分为建议调整的不符事项和不建议调整的不符事项。重分类错误是因被审计单位未按适用的会计准则和相关会计制度规定编制财务报表而引起的错误。例如,企业在应付账款项目中反映的预付账款、在应收账款项目中反映的预收账款等。

对审计中发现的核算错误,如何运用审计重要性原则来划分建议调整的不符事项与未调整不符事项,是正确编制审计差异调整表的关键。根据重要性理论,注册会计师在划分建议调整的不符事项与未调整不符事项时,应当考虑核算错误的金额和性质两个因素。

(1) 对于单笔核算错误超过所涉及会计报表项目(或账项)层次重要性水平的,应视为建议调整的不符事项。

(2) 对于单笔核算错误低于所涉及会计报表项目(或账项)层次重要性水平,但性质重要的,如涉及舞弊与违法行业的核算错误、影响到收益趋势的核算错误、股本项目等不期望出现的核算错误,应视为建议调整的不符事项。

(3) 对于单笔核算错误低于所涉及会计报表项目(或账项)层次重要性水平,并且性质不重要的,一般应视为未调整不符事项;但当若干笔同类型未调整不符事项汇总数超过会计报表项目(或账项)层次重要性水平时,应从中选取几笔转为建议调整的不符事项,过入调整分录汇总表,使未调整不符事项汇总金额降至重要性水平之下。

注册会计师确定了建议调整的不符事项和重分类错误后,应以书面方式及时征求被审计单位对需要调整会计报表事项的意见。若被审计单位予以采纳,应取得被审计单位同意调整的书面确认;若被审计单位不予采纳,应分析原因,并根据未调整不符事项的性质和重要程度,确定是否在审计报告中予以反映,以及如何反映。

为便于审计项目的各级负责人综合判断、分析和决定,也为了便于编制试算平衡表和代编经审计的财务报表,通常需要将这些事项汇总,编制调整分录汇总表、重分类分录汇总表和未调整不符事项汇总表。三种汇总表的参考格式分别见表 14-1、表 14-2 和表 14-3。

表 14-1 调整分录汇总表

被审计单位:

审计项目:　　　　　　　　　编制人:　　　　　　　日期:　　　　　　索引号:

项目时点或期间:　　　　　　复核人:　　　　　　　日期:　　　　　　页　次:

序　号	调整内容及项目	索引号	调整金额		影响利润 +(一)
			借　方	贷　方	

表 14-2　重分类分录汇总表

被审计单位：

审计项目：　　　　　编制人：　　　　日期：　　　　　　索引号：

项目时点或期间：　　复核人：　　　　日期：　　　　　　页　次：

序　号	重分类内容及项目	索引号	重分类金额（调整金额）	
			借　方	贷　方

表 14-3　未调整不符事项汇总表

被审计单位：

审计项目：　　　　　编制人：　　　　日期：　　　　　　索引号：

项目时点或期间：　　复核人：　　　　日期：　　　　　　页　次：

序　号	未调整内容及项目	索引号	未调整金额		备　注
			借　方	贷　方	

未予调整的影响：

　　　　项　目　　　　金额　　　　百分比　　　　计划百分比

1. 净利润
2. 净资产
3. 资产总额
4. 营业收入

结论：

2. 审计差异的汇总

审计差异按性质可以分为已知错报、估计错报和差错准备三类。已知错报，即通过对账户或交易实施详细的实质性程序所确认的未调整的错报或漏报，如计算错误、分类不当或记录错误。估计错报，即通过审计抽样或执行分析性程序所估计的未调整的错报或漏报。差错准备，是指那些可能存在，但在审计过程中不一定必须查出的错报或漏报，或者说是可容忍的差错。

注册会计师应当对已知错报和估计错报进行汇总，汇总的审计差异应是被审计单位未调整的错报或漏报。注册会计师在对各项错报或漏报进行汇总时，应该注意三方面的因素：一是这些错误或漏报在性质上是否重要，即是否涉及舞弊或违法行为；二是这些错误或漏报在金额上是否重要，即是否已经超过重要性水平；三是审计差异产生的原因，即应查明审计差异是由于工作疏忽造成的，还是内部控制本身固有限制所造成的。另外，如果前期未调整的错报或漏报尚未消除,且导致本期财务报表严重失实,注册会计师在汇总时也应把其包括进来。

3. 审计差异的评价与处理

注册会计师在汇总审计差异并形成审计结果后,应当对其重要性和审计风险做最后的总体评价。对财务报表层次的重要性水平进行评价时,注册会计师应当注意重要性水平在审计过程中是否已做了修正,如果已做了修正,应以修正后的重要性水平作为评价的基础。注册会计师应当区别下列两种情况分别处理。

(1) 汇总数超过重要性水平。如果尚未调整的错报或漏报的汇总数超过重要性水平,注册会计师可以有两种选择:①提请被审计单位调整财务报表,使调整后的汇总数低于重要性水平;②如果被审计单位管理层不愿对已验证的错报或漏报予以调整,或调整后的汇总数仍高于重要性水平,说明存在较大的审计风险,注册会计师应当扩大实质性测试范围,对错报或漏报进行重新评估。如果重新评估后的汇总数低于重要性水平,那么注册会计师可以发表无保留审计意见;否则,注册会计师应当发表保留或否定的审计意见。

(2) 汇总数接近重要性水平。由于审计测试的局限性,注册会计师不可能发现财务报表中存在的全部错报或漏报。因此,即使尚未调整的错报或漏报的汇总数接近重要性水平,但由于该汇总数连同尚未发现的错报或漏报的汇总数可能超过重要性水平,注册会计师也应当实施追加实质性程序或提请被审计单位调整,以降低审计风险并有助于形成恰当的审计意见。

(二) 编制试算平衡表

试算平衡表是注册会计师在被审计单位提供未调整财务报表的基础上,考虑调整分录、重分类分录等内容后,所确定的已审计数和报表反映数的表式。试算平衡表的参考格式如表 14-4 所示。

表 14-4　利润表试算平衡表

被审计单位:　　　　　　签名:　　　　　　日期:
项目:　　　　　　　　　编制人:　　　　　　索引号:
会计期间:　　　　　　　复核人:　　　　　　页次:

项　　目	审计前金额	调　整　金　额		审　定　金　额
营业收入				
减:营业成本				
营业税金及附加				
销售费用				
一　管理费用				
财务费用				
资产减值损失				
加:公允价值变动损益				
投资收益				
营业利润				
二　加:营业外收入				
减:营业外支出				
三　利润总额				
减:所得税费用				
四　净利润				

二、对财务报表总体合理性实施分析程序

小思考

审计终结阶段分析程序

在审计计划阶段,为了解被审计单位及其环境并评估重大错报风险,必须运用分析程序。在审计终结阶段,运用分析程序是强制要求吗?

注册会计师在审计结束或临近结束时运用分析程序,只在确定审计调整后的财务报表整体是否与其被审计单位的了解一致,注册会计师应当围绕这一目的运用分析程序。

在运用分析程序进行总体复核时,如果识别出以前未识别的重大错报风险,注册会计师应当重新考虑对全部或部分各类交易、账户余额、列报评估的风险是否恰当,并在此基础上重新评价之前计划的审计程序是否充分,是否有必要追加审计程序。

三、评价审计结果

注册会计师评价审计结果,主要为了确定将要发表的审计意见的类型以及在整个审计工作中是否遵循了审计准则。为此,注册会计师必须完成两项工作:一是对重要性和审计风险进行最终的评价;二是对被审计单位已审计财务报表形成审计意见并草拟审计报告。

对重要性和审计风险进行最终评价的基本步骤如下:

首先,按财务报表项目确定可能的审计差异即可能的错报金额,包括已经识别的具体错报和推断错误。

其次,确定各会计报表项目可能的错报金额的汇总数(即可能错报总额)对会计报表层次重要性水平和其他与这些错报有关的会计报表总额(如流动资产或流动负债)的影响程度。在这里,会计报表层次的重要性水平是指审计计划阶段确定的重要性水平或经修正后的重要性水平,可能的错报金额的汇总数可能包括上一期间的任何未更正可能错报。

最后,注册会计师应当根据实施实质性程序的结果和其他审计证据,对审计风险进行最终评估,检查审计风险是否处于一个可接受的水平。如果审计风险是处于一个可接受的水平,则可以直接提出审计结果所支持的意见;如果审计风险处于一个不可接受的水平,则应当追加实施额外的审计程序,或提请被审计单位作必要调整,以便使重大错报的风险降低到可接受的水平。否则,注册会计师应慎重考虑该审计风险对审计报告的影响。

四、复核审计工作底稿和财务报表

《中国注册会计师审计准则第 1121 号——对财务报表审计实施的质量控制》规定,注册会计师在出具审计报告前,会计师事务所应当指定专门的机构或人员对审计项目组执行的审计实施项目质量控制复核。在完成审计工作阶段,为了对会计报表整体发表适当的意见,必须将这些分散的审计结果加以汇总和评价,综合考虑在审计过程中所收集到的全部证据。负责该审计项目的主任会计师对这些工作负有最终的责任。可以先由审计项目经理进行初步确定,然后再逐级交给部门经理和主任会计师认真复核。

会计师事务所应当建立完善的审计工作底稿分级复核制度,以保证对审计的质量控制。对审计工作底稿的复核分为两个层次:项目组内部复核和独立的项目质量控制复核。

（一）项目组内部复核

项目组内部复核包括审计项目经理的现场复核和项目合伙人的复核两个层次。

1. 审计项目经理的现场复核

审计项目经理的现场复核属于第一层复核，也是全面复核，主要是评价已完成的审计工作、所获得的审计证据和审计工作底稿编制人员形成的审计结论，目的是及时发现和解决问题，争取审计工作的主动。复核内容如表 14-5 所示。

表 14-5　项目负责经理复核

复核事项	是/否/不适用	备注
1. 是否已复核已完成的审计计划，以及导致对审计计划做出重大修改的事项		
2. 是否已复核重要的财务报表项目		
3. 是否已复核特殊交易或事项，包括债务重组、关联方交易、非货币性交易、或有事项、期后事项、持续经营能力等		
4. 是否已复核重要会计政策、会计估计的变更		
5. 是否已复核重大事项概要		
6. 是否已复核建议调整事项		
7. 是否已复核管理层声明书，股东大会、董事会相关会议纪要，与客户的沟通记录及重要会谈记录，律师询证函复函		
8. 是否已复核审计小结		
9. 是否已复核已审计财务报表和拟出具的审计报告		
10. 实施上述复核后，是否可以确定下列事项		
（1）审计工作底稿提供了充分、适当的记录，作为审计报告的基础		
（2）已按照中国注册会计师审计准则的规定执行了审计工作		
（3）对重大错报风险的评估及采取的应对措施是恰当的，针对存在特别风险的审计领域，设计并实施了针对性的审计程序，且得出了恰当的审计结论		
（4）做出的重大判断恰当合理		
（5）提出的建议调整事项恰当，相关调整分录正确		
（6）未更正错报无论是单独还是汇总起来对财务报表整体均不具有重大影响		
（7）已审计财务报表的编制符合企业会计准则的规定，在所有重大方面公允反映了被审计单位的财务状况、经营成果和现金流量		
（8）拟出具的审计报告措辞恰当，已按照中国注册会计师审计准则的规定发表了恰当的审计意见		

签字：_____　日期：_____

2. 项目合伙人的复核

项目合伙人的复核是对审计项目经理的复核的再监督，也是对重要审计事项的重点把关，通常在完成审计外勤工作时进行。项目合伙人的复核的主要内容如表 14-6 所示。

（二）项目质量控制复核（独立复核）

项目质量控制复核，是指在出具报告前，对项目组做出的重大判断和在准备报告时形成的结论做出客观评价的过程。通过项目质量控制复核,可以对审计结果实施最后的质量控制,确认审计工作已达到会计师事务所的工作标准,消除妨碍注册会计师判断的偏见如表 14-7 所示。

表 14-6　项目负责合伙人复核

复 核 事 项	是/否/不适用	备注
1. 是否已复核已完成的审计计划,以及导致对审计计划做出重大修改的事项		
2. 是否已复核重大事项概要		
3. 是否已复核存在特别风险的审计领域,以及项目组采取的应对措施		
4. 是否已复核项目组做出的重大判断		
5. 是否已复核建议调整事项		
6. 是否已复核书面声明、股东大会、董事会相关会议纪要,与客户的沟通记录及重要会谈记录,律师询证函复函		
7. 是否已复核审计小结		
8. 是否已复核已审计财务报表和拟出具的审计报告		
9. 实施上述复核后,是否可以确定		
（1）对项目负责经理实施的复核结果满意		
（2）对重大错报风险的评估及采取的应对措施是恰当的,针对存在特别风险的审计领域,设计并实施了针对性的审计程序,且得出了恰当的审计结论		
（3）项目组做出的重大判断恰当合理		
（4）提出的建议调整事项恰当合理,未更正错报无论是单独还是汇总起来对财务报表整体均不具有重大影响		
（5）已审计财务报表的编制符合企业会计准则的规定,在所有重大方面公允反映了被审计单位的财务状况、经营成果和现金流量		
（6）拟出具的审计报告措辞恰当,已按照中国注册会计师审计准则的规定发表了恰当的审计意见		

签字: _____　日期: _____

表 14-7　项目质量控制复核

复 核 事 项 （由独立的项目质量控制复核人员进行复核,适用于上市公司财务报表审计或会计师事务所规定的其他类型审计业务）	是/否/不适用	备注
1. 项目质量控制复核之前进行的复核是否均已得到满意的执行		
2. 是否已复核项目组针对本业务对本所独立性做出的评价,并认为该评价是恰当的		
3. 是否已复核项目组在审计过程中识别的特别风险以及采取的应对措施,包括项目组对舞弊风险的评估及采取的应对措施,认为项目组做出的判断和应对措施是恰当的		
4. 是否已复核项目组做出的判断,包括关于重要性和特别风险的判断,认为这些判断恰当合理		
5. 是否确定项目组已就存在的意见分歧、其他疑难问题或争议事项进行适当咨询,且咨询得出的结论是恰当的		
6. 是否已复核项目组与管理层和治理层沟通的记录以及拟与其沟通的事项,对沟通情况表示满意		

续表

复核事项 （由独立的项目质量控制复核人员进行复核，适用于上市公司财务报表审计或会计师事务所规定的其他类型审计业务）	是/否/不适用	备注
7. 是否认为所复核的审计工作底稿反映了项目组针对重大判断执行的工作，能够支持得出的结论		
8. 是否已复核已审计财务报表和拟出具的审计报告，认为已审计财务报表符合企业会计准则的规定，拟出具的审计报告已按照中国注册会计师审计准则的规定发表了恰当的审计意见		

签字：_____ 日期：_____

五、获取书面申明书

在对审计意见形成最后决定之前，会计师事务所通常要与被审计单位召开沟通会。在会议上，注册会计师可口头报告本次审计所发现的问题，并说明建议被审计单位做出要调整或表外披露的理由。当然，管理当局也可以在会上申辩其立场，通常会对需要被审计单位做出的改变达成协议。如果达成了协议，注册会计师即可签发标准审计报告；否则，注册会计师则可能不得不发表其他类型的审计意见。

（一）取得被审计单位管理层声明

管理层声明是指被审计单位管理层向注册会计师提供的关于财务报表的各项陈述。这些陈述是审计过程中，注册会计师与管理层就财务报表审计的相关重大事项不断沟通而形成的。管理层声明具有两方面的作用：一是明确管理层对财务报表的责任；二是提供具有补充作用的审计证据。

1. 将管理层声明作为审计证据

（1）可将管理层声明作为审计证据的特殊情形。某些对财务报表具有重大影响的事项，如涉及管理层的判断、意图以及仅限管理层知悉的事实的事项等，除存在实施询问程序获得的审计证据之外，不存在其他充分、适当的审计证据。在这种情况下，注册会计师应当就对财务报表具有重大影响的事项询问管理层，并获取其签字确认的书面声明。管理层对其口头声明的书面确认，可以减少注册会计师与管理层之间产生误解的可能性。

应当向管理层获取书面声明的事项主要有：管理层认可其设计和实施内部控制以防止或发现并纠正错报的责任；管理层认为注册会计师在审计过程中发现的未更正错报，无论是单独，还是汇总起来考虑，对财务报表整体均不具有重大影响。未更正错报项目的概要应当包含在书面声明中或附于书面声明后。

（2）收集审计证据，以支持管理层声明。管理层声明是一种内部证据，其证明力较弱，本身不构成充分、适当的审计证据，不能作为发表审计意见的基础。因此，当管理层声明的事项对财务报表具有重大影响时，注册会计师应当实施下列审计程序，以搜集充分、适当的审计证据，验证管理层声明：从被审计单位内部或外部获取佐证证据；评价管理层声明是否合理并与获取的其他审计证据（包括其他声明）一致；考虑做出声明的人员是否熟知所声明的事项。

（3）管理层声明不能替代其他审计证据。注册会计师不应以管理层声明替代能够合理预期获取的其他审计证据。如果不能获取对财务报表具有或可能具有重大影响的事项的充分、适当的审计证据,而这些证据预期是可以获取的,即使已收到管理层就这些事项做出的声明,注册会计师仍应将其视为审计范围受到限制。

如果管理层的某项声明与其他审计证据相矛盾,注册会计师应当调查这种情况,获取充分、恰当的审计证据,验证管理层声明或者其他审计证据的恰当性。当实施的进一步审计程序证明管理层声明是不恰当的时候,注册会计师应当重新考虑管理层做出的其他声明的可靠性。

2. 对管理层声明的记录

(1) 管理层声明的形式。注册会计师应当将获取的管理层声明作为审计证据,并形成审计工作底稿。管理层声明包括书面声明和口头声明。书面声明作为审计证据通常比口头声明可靠,并可避免双方的误解。

书面声明可采取下列形式:①管理层声明书;②注册会计师提供的列示其对管理层声明的理解并经管理层确认的函;③董事会及类似机构的相关会议纪要或已签署的财务报表副本。

管理层声明书的日期通常与审计报告日一致。但某些交易或事项的声明书日期,可以是注册会计师获取该声明书的日期。注册会计师应当要求将声明书直接送注册会计师本人。

(2) 管理层声明书的主要内容。

① 关于财务报表,主要包括:管理层认可其对财务报表编制的责任;管理层认可其设计、实施和维护内部控制以防止或发现并纠正错报的责任;管理层认为注册会计师在审计过程中发现的未更正错报,无论是单独还是汇总起来考虑,对财务报表整体均不具有重大影响。

② 关于信息的完整性,主要包括:所有财务信息和其他数据的可获得性;所有股东会和董事会会议记录的完整性和可获得性;就违反法规行为事项,被审计单位与监管机构沟通的书面文件的可获得性;与未记录交易相关的资料的可获得性;涉及下列人员舞弊行为或舞弊嫌疑的信息的可获得性:管理层、对内部控制具有重大影响的雇员、对财务报表的编制具有重大影响的其他人员。

③ 关于确认、计量和列报,主要包括:对资产或负债的确认或列报具有重大影响的计划或意图;关联方交易,以及涉及关联方的应收或应付款项;需要在财务报表中披露的违反法规的行为;需要确认或披露的或有事项,对财务报表具有重大影响的承诺事项和需要偿付的担保等;对财务报表具有重大影响的合同的遵循情况;对财务报表具有重大影响的重大不确定性事项;被审计单位对资产的拥有或控制情况,以及抵押、质押或留置资产;持续经营假设的合理性;需要调整或披露的期后事项。

根据上述事项的复杂程度和重要性,注册会计师可以将其全部列入管理层声明书中,也可以就某个事项向管理层获取专项声明。管理层声明书参考格式如下所示。

管理层声明书

××会计师事务所并××注册会计师:

本公司已委托贵事务所对本公司 20×2 年 12 月 31 日的资产负债表,20×2 年度的利润表、股东权益变动表和现金流量表以及财务报表附注进行审计,并出具审计报告。

为配合贵事务所的审计工作,本公司就已知的全部事项做出如下声明:

1. 本公司承诺,按照《企业会计准则》和《××会计制度》的规定编制财务报表是我们的责任。

2. 本公司已按照《企业会计准则》和《××会计制度》的规定编制20×2年度财务报表,财务报表的编制基础与上年度保持一致,本公司管理层对上述财务报表的真实性、合法性和完整性承担责任。

3. 设计、实施和维护内部控制,保证本公司资产安全和完整,防止或发现并纠正错报,是本公司管理层的责任。

4. 本公司承诺财务报表符合适用的会计准则和相关会计制度的规定,公允反映本公司的财务状况、经营成果和现金流量情况,不存在重大错报或漏报。贵事务所在审计过程中发现的未更正错报,无论是单独还是汇总起来考虑,对财务报表整体均不具有重大影响。未更正错报汇总见后附的附件。

5. 本公司已向贵事务所提供了:①所有财务信息和其他数据;②所有股东会和董事会的会议记录;③全部重要的决议、合同、章程、纳税申报表等相关资料。

6. 本公司所有经济业务均已按规定入账,不存在账外资产或未计负债。

7. 本公司认为所有与公允价值计量相关的重大假设是合理的,恰当地反映了本公司的意图和采取特定政策的能力;用于确定公允价值的计量方法符合《企业会计准则》的规定,并在使用上保持了一贯性;本公司已在财务报表中对上述事项做出了恰当披露。

8. 本公司不存在导致重述比较数据的任何事项。

9. 本公司所有与关联方和关联交易相关的资料,已根据《企业会计准则》和《××会计制度》的规定识别和披露了所有重大关联交易。

10. 本公司已提供全部或有事项的相关资料。除财务报表附注中披露的或有事项外,本公司不存在其他应披露而未披露的诉讼、赔偿、承兑、担保等或有事项。

11. 除财务报表附注披露的承诺事项外,本公司不存在其他应披露而未披露的承诺事项。

12. 本公司不存在未披露的影响财务报表公允性的重大不确定性事项。

13. 本公司已采取必要措施防止或发现舞弊及其他违反法规行为,未发现下列人员的舞弊行为或舞弊嫌疑的信息:①管理层;②对内部控制具有重大影响的雇员;③对财务报表的编制具有重大影响的其他人员。

14. 本公司严格遵守了合同规定的条款,不存在因未履行合同而对财务报表产生重大影响的事项。

15. 本公司对资产负债表上列示的所有资产均拥有合法权利,除已披露事项外,无其他被抵押、质押或留置资产。

16. 本公司编制财务报表所依据的持续经营假设是合理的,没有计划终止经营或破产清算。

17. 本公司已提供全部资产负债表日后事项的相关资料,除财务报表附注中披露的资产负债表日后事项外,本公司不存在其他应披露而未披露的重大资产负债表日后事项。

18. 本公司管理层确信:①未收到监管机构有关调整或修改财务报表的通知;②无税务纠纷。

19. 其他事项。如本公司在银行存款或现金运用方面未受到任何限制、不存在未披露的大股东及关联方占用资金和担保事项。

附件：（略）

××股份有限公司

法定代表人：（签名并盖章）

财务负责人：（签名并盖章）

二〇×三年××月××日

3. 管理层拒绝提供声明时的措施

如果管理层拒绝提供注册会计师认为必要的声明，注册会计师应当将其视为审计范围受到限制，出具保留意见或无法表示意见的审计报告。在这种情况下，注册会计师应当评价审计过程中获取的管理层其他声明的可靠性，并考虑管理层拒绝提供声明是否可能对审计报告产生其他影响。

　　知识链接 14-1

管理层拒绝提供声明

如果管理层修改书面声明的内容或不提供注册会计师要求的书面声明，可能使注册会计师警觉存在重大问题的可能性。

由于注册会计师关注截至审计报告日发生的、可能需要在财务报表中做出相应调整或披露的事项，所以书面声明的日期应尽量接近对财务报表出具审计报告的日期，但不得在审计报告日后。书面声明应当涵盖审计报告针对的所有财务报表和期间。如果注册会计师需要获取有关财务报表特定认定的书面声明，则可能有必要要求管理层更新书面声明。

（二）取得律师声明书

由于注册会计师没有能力做法律上的判断，注册会计师从管理层获取有关被审计单位期后事项和或有事项等相关信息后，通常会通过向被审计单位的法律顾问或律师进行函证，并取得律师声明书证实这些信息是否完整可靠。被审计单位法律顾问或律师对询证函的答复，就是律师声明书。一般而言，律师声明书可以提供有力的证据，帮助注册会计师合理确认有关的期后事项和或有事项，从而在一定程度上减少注册会计师对上述事项出错或误解的可能性。但是，注册会计师并不能直接根据律师的声明形成审计意见。

通常，注册会计师会要求被审计单位向其法律顾问或律师寄发审计询证函。询证函的内容应包括被审计单位对与该律师业务相关的期后事项、或有事项等情况的叙述和评价。律师回函时，应当声明被审计单位有关期后事项和或有事项等的陈述是否真实完整，并对管理层对有关期后事项、或有事项等情况的说明做出相应的评价。在审计实务中，询证函一般都有通用的格式，但由于被审计单位性质、业务范围及管理情况存在很大差别，其律师出具的声明书会各具特点。

有时，被审计单位律师可能出于保密或其他目的，对审计询证函所列示内容会拒绝或部分拒绝提供有关的信息。因此，注册会计师在审计过程中应当考虑这种影响。通常，注册会计师会根据律师的职业条件和声誉情况来判断律师声明书的合理性。

律师的复函可能只限于其作为聘任律师或法律顾问所关注的事项,或者就重要性而言与注册会计师达成共识的事项,而且律师经常很难对未决诉讼结果做出判断。因此,注册会计师应意识到这种不确定性的存在。对律师声明书应从整体上分析,以便确定它对审计询证函的总体反应,确定它是否符合注册会计师在审计过程中所知的情况。如果律师声明书表明或暗示律师拒绝所要求提供的信息,或是隐瞒信息,或是对被审计单位叙述的情况不加修正,就表明注册会计师的审计范围受到了限制,注册会计师应当考虑这种影响,并重新考虑审计意见的类型和措辞。

第二节　形成审计意见与撰写审计报告

审计报告是整个审计过程的最后步骤,注册会计师应当在实施必要的审计程序后,根据已获取的审计证据,依据审计准则出具标准审计报告或非标准审计报告。这是评价被审计单位财务报表合法性和公允性的重要工具,是向审计服务需求者传达所需信息的重要手段,也是表明注册会计师完成了审计任务并愿意承担审计责任的证明文件。

一、审计报告的作用

注册会计师签发的审计报告主要具有鉴证、保护和证明三方面作用。

(1) 鉴证作用。鉴证作用是指注册会计师以超然独立的第三者身份,对被审计单位财务报表的合法性和公允性发表意见,这种意见能够得到审计报告使用人的普遍认可。政府有关部门,如财政部门、税务部门,了解、掌握企业的财务状况和经营成果的主要依据是企业提供的会计报表。会计报表是否合法、公允,主要依据注册会计师的审计报告做出判断。股份制企业的股东,主要依据注册会计师的审计报告判断被投资企业的会计报表是否公允地反映了财务状况和经营成果,以进行投资决策等。

(2) 保护作用。保护作用是指审计报告可以提高或降低财务报表信息使用者对财务报表的依赖程度,在一定程度上对被审计单位的财产、债权人和股东的权益及企业利害关系人的利益起到保护作用。例如,投资者为了减少投资风险,在投资前,必须要查阅被投资企业会计报表和注册会计师的审计报告,了解被投资企业的经营情况和财务情况做出投资决策,可以减小其投资风险。

(3) 证明作用。证明作用是指审计报告可以表明审计工作的质量并明确注册会计师的审计责任。通过审计报告,可以证明注册会计师在审计过程中是否实施了必要的审计程序,是否以审计工作底稿为依据发表审计意见,发表的审计意见是否与被审计单位的实际情况相一致,审计工作的质量是否符合要求。通过审计报告,可以证明注册会计师审计责任的履行情况。

二、审计报告的种类

(一) 按审计报告格式和措辞的规范性,可分为标准审计报告和非标准审计报告

(1) 标准审计报告是指格式和措辞基本统一的审计报告。审计职业界认为,为了避免混乱,有必要统一审计报告的格式和措辞,便于使用者准确理解其含义。标准审计报告一般适用于对外公布。

(2) 非标准审计报告是指格式和措辞不统一,可以根据具体审计项目的情况决定的审

计报告。非标准审计报告一般适用于不对外公布。

知识链接 14-2

标准审计报告的含义

注册会计师出具的年度财务报表审计报告有规范的格式和措辞,均属于标准审计报告。但是,人们习惯于将注册会计师出具的标准无保留意见审计报告称为标准审计报告;将注册会计师出具的非标准无保留意见审计报告,具体将包括带强调事项段的无保留意见审计报告、保留意见审计报告、否定意见审计报告和无法表示意见审计报告,称为非标准审计报告。我们应当注意其差别,正确使用审计报告。

(二)按审计报告使用的目的,可分为公布目的审计报告和非公布目的审计报告

(1)公布目的审计报告,一般是用于对企业股东、投资者、债权人等非特定利益关系者公布财务报表时所附送的审计报告。

(2)非公布目的审计报告,一般是用于经营管理、合并或业务转让、融通资金等特定目的而实施审计的审计报告。这类审计报告是分发给特定使用者的,如经营者、合并或业务转让的关系人、提供信用的金融机构等。

(三)按审计报告的详略程度,可分为简式审计报告和详式审计报告

(1)简式审计报告,又称短式审计报告,一般是用于注册会计师对应公布的财务报表经审计后所出具的简明扼要的审计报告。其反映的内容是非特定多数的利害关系人共同认为的必要审计事项,且为法令或审计准则所规定的,具有标准格式。它一般适用于公布目的,具有标准审计报告的特点。

(2)详式审计报告,又称长式审计报告,一般是指对审计对象所有重要经济业务和情况都要做详细说明和分析的审计报告。它主要用于指出企业经营管理存在的问题和帮助企业改善经营管理,内容丰富、详细,一般适用于非公布目的,具有非标准审计报告的特点。

审计报告的种类可按不同标准进行分类,如图 14-1 所示。

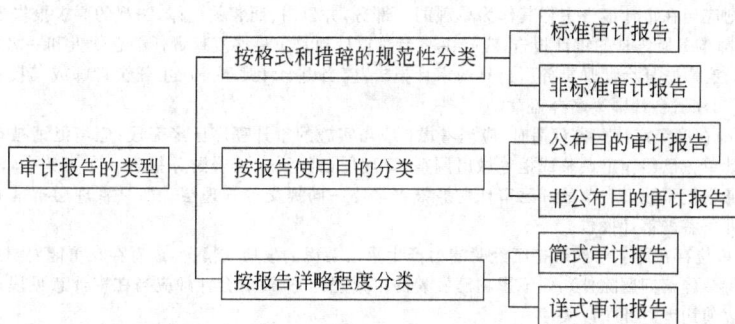

图 14-1 审计报告的种类

三、审计报告的格式与编制

(一)审计报告的基本内容

《中国注册会计师审计准则第 1501 号——审计报告》对审计报告的基本内容做出了详细规定,审计报告应当包括的要素如表 14-8 所示。

表 14-8　审计报告的基本内容

要素	内容	具体要求
标题	审计报告	在我国,审计报告的标题统一规范为"审计报告"
收件人	一般是指审计业务的委托人	对整套通用目的财务报表出具的审计报告,审计报告的致送对象通常为被审计单位的全体股东或董事会
引言段	审计报告中用于描述已审计会计报表的段落	包括下列内容:指出构成整套财务报表的每张财务报表的名称;提及财务报表附注;指明财务报表的日期和涵盖的期间
管理层对财务报表的责任段	审计报告中用于描述管理层对财务报表的责任的段落	应当说明,按照适用的会计准则和相关会计制度的规定,编制财务报表是管理层的责任
注册会计师的责任段	审计报告中用于描述注册会计师责任的段落	应当说明:注册会计师的责任是在实施审计工作的基础上对财务报表发表审计意见;审计工作涉及实施审计程序,以获取有关财务报表金额和披露的审计证据;注册会计师相信已获取的审计证据是充分、适当的,为其发表审计意见提供基础
审计意见段	审计报告中用于描述注册会计师对会计报表发表意见的段落	应当说明,财务报表是否按照适用的会计准则和相关制度的规定编制,是否在所有重大方面公允反映了被审计单位的财务状况、经营成果和现金流量
注册会计师的签名和盖章	审计报告应当由注册会计师签名并盖章	审计报告应当由两名具备相关业务资格的注册会计师签名、盖章并经会计师事务所盖章方为有效
会计师事务所的名称、地址及盖章	审计报告应当载明事务所的名称和地址,并加盖事务所公章	注册会计师在审计报告中载明事务所地址时,标明事务所所在的城市即可
报告日期	注册会计师在审计报告上签署的日期,准则将审计报告日规定为完成审计工作的日期	审计报告应当注明报告日期。审计报告的日期不应早于注册会计师获取充分、适当的审计证据,并在此基础上对财务报表形成审计意见的日期

注意:

(1) 如果接受委托,结合财务报表审计对内部控制有效性发表意见,注册会计师应当删掉"但目的并非对内部控制的有效性发表意见"的术语。

(2) 如果除审计准则规定的注册会计师对财务报表出具审计报告的责任外,相关法律、法规可能对注册会计师设定了其他报告责任,则应当在审计报告中将其作为单独的一部分,并以"按照相关法律、法规的要求报告事项"为标题。

(3) 合伙会计师事务所出具的审计报告,应当由一名对审计项目负最终复核责任的合伙人和一名负责该项目的注册会计师签名并盖章;有限责任会计师事务所出具的审计报告,应当由会计师事务所主任会计师或其授权的副主任会计师和一名负责该项目的注册会计师签名并盖章。

(4) 注册会计师在确定审计报告日期时,应当考虑:应当实施的审计程序已经完成;应当提请被审计单位调整的事项已经提出,被审计单位已经作出调整或拒绝做出调整;管理层已经正式签署财务报表。在实务中,注册会计师在正式签署审计报告前,通常把审计报告草稿和已审计财务报表草稿一同提交给管理层。如果管理层批准并签署已审计财务报表,注册会计师即可签署审计报告。

(5) 当被审计单位存在可能导致对持续经营能力产生重大疑虑的事项或情况,或者存在可能对财务报表产生重大影响的不确定事项(持续经营问题除外),但不影响已发表的审计意见时,注册会计师应当在审计意见段之后增加强调事项段,以提请财务报表使用者对此予以关注。

(二)编制审计报告的要求与步骤

1. 编制要求

(1) 用语清晰精练。

(2) 证据充分可靠。

(3) 态度客观公正。

(4) 内容全面、合法。

审计报告应做到重点突出、证据确凿、定性准确、文字精练、建议可行。

2. 编制步骤

审计报告的编制步骤,如图 14-2 所示。

审计终结后,如果被审计单位已根据调整意见做了调整,除专门要求说明者外,审计报告不必将被审计单位已调整的事项再进行说明。如果被审计单位不接受调整建议,注册会计师应当根据需要调整事项的性质和重要程度,确定审计意见的类型和措辞,拟定审计报告提纲,概括和汇总审计工作底稿所提供的资料。标准审计报告可以只拟定简单的提纲,进行文字加工之后编制出审计报告。审计报告完稿后,应经会计师事务所的业务负责人进行复核,并提出修改意见。如果审计证据不足以发表审计意见,则应要求注册会计师追加审计程序,以确保审计证据的充分性和适当性。审计报告经复核、修改定稿,应当由注册会计师和会计师事务所签章,再致送委托人。

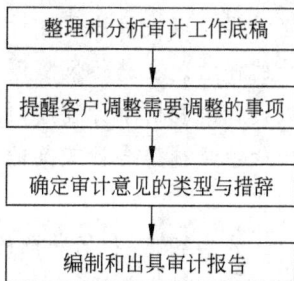

图 14-2 审计报告的编制步骤

四、审计报告的基本类型

(一)标准审计报告

标准审计报告包含的审计报告要素齐全,属于无保留意见,且不附加说明段、强调事项段或任何修饰性用语。否则,不能称为标准审计报告。

当同时满足下列条件时,注册会计师应当出具标准审计报告:①注册会计师已经按照独立审计准则的要求执行了审计业务,且未受任何限制和阻碍;②被审计单位财务报表按照企业会计准则和企业会计制度的规定,在所有重大方面公允地反映了被审计单位的财务状况、经营成果和现金流量;③没有必要对审计报告增加说明段。

当出具无保留意见的审计报告时,注册会计师应当以"我们认为"作为意见段的开头,并使用"在所有重大方面"、"公允反映"等术语。

标准审计报告参考格式如下所示。

审 计 报 告

ABC 股份有限公司全体股东:

我们审计了后附的 ABC 股份有限公司(以下简称 ABC 公司)财务报表,包括 20×2 年 12 月 31 日的资产负债表,20×2 年度的利润表、股东权益变动表和现金流量表以及财务报表附注。

一、管理层对财务报表的责任

编制和公允列报财务报表是 ABC 公司管理层的责任,这种责任包括:①按照企业会计准则的规定编制财务报表,并使其实现公允反映;②设计、执行和维护必要的内部控制,以使财务报表不存在由于舞弊或错误导致的重大错报。

二、注册会计师的责任

我们的责任是在执行审计工作的基础上对财务报表发表审计意见。我们按照中国注册会计师审计准则的规定执行了审计工作。中国注册会计师审计准则要求我们遵守职业道德规范,计划和实施审计工作以对财务报表是否不存在重大错报获取合理保证。

审计工作涉及实施审计程序,以获取有关财务报表金额和披露的审计证据。选择的审计程序取决于注册会计师的判断,包括对由于舞弊或错误导致的财务报表重大错报风险的评估。在进行风险评估时,我们考虑与财务报表编制和公允列报相关的内部控制,以设计恰当的审计程序,但目的并非对内部控制的有效性发表意见。审计工作还包括评价管理层选用会计政策的恰当性和做出会计估计的合理性,以及评价财务报表的总体列报。

我们相信,我们获取的审计证据是充分、适当的,为发表审计意见提供了基础。

三、审计意见

我们认为,ABC 公司财务报表在所有重大方面按照企业会计准则的规定编制,公允反映了 ABC 公司 20×2 年 12 月 31 日的财务状况以及 20×2 年度的经营成果和现金流量。

×× 会计师事务所　　　　　　　　　　　中国注册会计师:×××

(盖章)　　　　　　　　　　　　　　　　　　(签名并盖章)

　　　　　　　　　　　　　　　　　　中国注册会计师:×××

　　　　　　　　　　　　　　　　　　　　(签名并盖章)

中国××市　　　　　　　　　　　　　　二〇×三年××月××日

知识链接 14-3

零星雨晨控股股份有限公司 2010 年度审计报告

零星雨晨控股股份有限公司全体股东:

我们审计了零星雨晨控股股份有限公司(简称"贵公司")及其子公司财务报表,包括 2010 年 12 月 31 日的合并及公司的资产负债表,2010 年度合并及公司的利润表、合并及公司的现金流量表和合并及公司的股东权益变动表以及财务报表附注。

一、管理层对财务报表的责任

按照企业会计准则的规定编制财务报表是贵公司管理层的责任。这种责任包括:①设计、实施和维护与财务报表编制相关的内部控制,以使财务报表不存在由于舞弊或错误而导致的重大错报;②选择和运用恰当的会计政策;③做出合理的会计估计。

二、注册会计师的责任

我们的责任是在实施审计工作的基础上对财务报表发表审计意见。我们按照中国注册会计师审计准则的规定执行了审计工作。中国注册会计师审计准则要求我们遵守职业道德规范,计划和实施审计工作以对财务报表是否不存在重大错报获取合理保证。审计工作涉及实施审计程序,以获取有关财务报表金额和披露的审计证据。选择的审计程序取决于注册会计师的判断,包括对由于舞弊或错误导致的财务报表重大错报风险的评估。在进行风险评估时,我们考虑与财务报表编制相关的内部控制,以设计恰当的审计程序,但目的并非对内部控制的有效性发表意见。审计工作还包括评价管理层选用会计政策的恰当性和做出会计估计的合理性,以及评价财务报表的总体列报。我们相信,我们获取的审计证据是充分、适当的,为发表审计意见提供了基础。

三、审计意见

我们认为,贵公司财务报表已经按照企业会计准则的规定编制,在所有重大方面公允反映了贵公司 2010 年 12 月 31 日的合并及母公司财务状况以及 2010 年度的合并及母公司经营成果和现金流量。

德勤信安会计师事务所有限公司　　　　　　　中国注册会计师:刘红
　　　　　(盖章)　　　　　　　　　　　　　　　　(盖章)

　　　　　　　　　　　　　　　　　　　　　中国注册会计师:张佳丽
　　　　　　　　　　　　　　　　　　　　　　　　(盖章)

中国北京　　　　　　　　　　　　　　　　　2011 年 4 月 6 日

（二）非标准审计报告

1. 带强调事项段的审计报告

如果认为有必要提醒财务报表使用者关注已在财务报表中列报或披露,且根据职业判断认为对财务报表使用者理解财务报表至关重要的事项,注册会计师在已获取充分、适当的审计证据证明该事项在财务报表中不存在重大错报的条件下,应当在审计报告中审计意见段之后增加强调事项段。强调事项段应当仅提及已在财务报表中列报或披露的信息。

如果在审计报告中增加强调事项段,注册会计师应当采取下列措施:①将强调事项段紧接在审计意见段之后;②使用"强调事项"或其他适当标题;③明确提及被强调事项以及相关披露的位置,以便能够在财务报表中找到对该事项的详细描述;④指出审计意见没有因该强调事项而改变。

注册会计师应当在强调事项段中指明,该段内容仅用于提醒财务报表使用者关注,并不影响已发表的审计意见。

如果存在以下情况,应该出具带强调事项段的无保留意见审计报告:①对持续经营能力产生重大疑虑;②重大不确定事项;③被审计单位不以持续经营基础编制财务报表;④管理层因期后事项修改财务报表;⑤比较数据;⑥含有已审计财务报表的文件中的其他信息与已审财务报表存在重大不一致。

带强调事项段的无保留意见审计报告前面内容与标准审计报告相同,因此略去,此处仅列示强调事项段的参考格式。

四、强调事项

我们提醒财务报表使用者关注,如财务报表附注×所述,ABC 公司在 20×2 年发生亏损××万元,在 20×2 年 12 月 31 日,流动负债高于资产总额××万元。ABC 公司已在财务报表附注×充分披露了拟采取的改善措施,但其持续经营能力仍然存在重大不确定性。本段内容不影响已发表的审计意见。

知识链接 14-4

深圳南山热电股份有限公司 2008 年度审计报告
（强调事项无保留意见）

深圳南山热电股份有限公司全体股东：

我们审计了深圳南山热电股份有限公司（以下简称南山热电公司）的财务报表，包括 2008 年 12 月 31 日的合并及公司资产负债表以及 2008 年度的合并及公司利润表、合并及公司现金流量表、合并及公司股东权益变动表和财务报表附注。

一、管理层对财务报表的责任

按照企业会计准则的规定编制财务报表是南山热电公司管理层的责任。这种责任包括：①设计、实施和维护与财务报表编制相关的内部控制，以使财务报表不存在由于舞弊或错误而导致的重大错报；②选择和运用恰当的会计政策；③做出合理的会计估计。

二、注册会计师的责任

我们的责任是在实施审计工作的基础上对财务报表发表审计意见。我们按照中国注册会计师审计准则的规定执行了审计工作。中国注册会计师审计准则要求我们遵守职业道德规范，计划和实施审计工作以对财务报表是否不存在重大错报获取合理保证。

三、审计意见

我们认为，上述南山热电公司的财务报表已经按照企业会计准则的规定编制，在所有重大方面公允反映了南山热电公司 2008 年 12 月 31 日的财务状况以及 2008 年度的经营成果和现金流量。

四、强调事项

我们提醒报表使用者关注，如财务报表附注十二或有事项所述，南山热电公司尚未就一项交易终止后的责任及赔偿问题与交易对手达成一致意见，不排除最后通过司法途径解决争议的可能。由于该事项的最终结果目前不可能合理可靠地估计，上述南山热电公司的财务报表中未就此事项确认任何负债。本段内容不影响已发表的审计意见。

普华永道中天会计师事务所有限公司　　　　　　　　　注册会计师：××
　　　　　（盖章）　　　　　　　　　　　　　　　　　　（盖章）

　　　　　　　　　　　　　　　　　　　　　　　　　　注册会计师：××

　中国　上海市　　　　　　　　　　　　　　　　　　　　（盖章）

　　　　　　　　　　　　　　　　　　　　　　　　　2009 年 4 月 7 日

说明：财务报表附注十二（略）。

2. 保留意见的审计报告

保留意见是指注册会计师对会计报表的反映有所保留的审计意见。一般是由于某些事项的存在,使无保留意见的条件不完全具备,影响了被审计单位会计报表的表达。因此,注册会计师对无保留意见加以修正,对影响事项提出保留意见,并表示对该意见负责。

如果认为财务报表整体是公允的,但还存在下列情形之一,注册会计师应当出具保留意见的审计报告。

(1) 在获取充分、适当审计证据后,注册会计师认为错报单独或汇总起来对财务报表影响重大,但不具有广泛性。

(2) 注册会计师无法获取充分、适当审计证据以作为形成审计意见的基础,但认为未发现的错报(如存在)对财务报表可能产生的影响重大但不具有广泛性。

(3) 会计政策的选用、会计估计的做出或财务报表的披露不符合适用的会计准则和相关会计制度的规定,虽然影响重大,但不至于出具否定意见的审计报告。

当出具保留意见的审计报告时,注册会计师应于意见段之前另设说明段,以说明所持保留意见的理由,并在意见段中使用"除……的影响外"等术语。如果因审计范围受到限制,注册会计师还应当在注册会计师责任段中提及这一情况。

保留意见审计报告参考格式如下所示。

审 计 报 告

ABC股份有限公司全体股东:

我们审计了后附的 ABC 股份有限公司(以下简称 ABC 公司)财务报表,包括 20×2 年 12 月 31 日的资产负债表,20×2 年度的利润表、股东权益变动表和现金流量表以及财务报表附注。

一、管理层对财务报表的责任

同于标准审计报告(略)。

二、注册会计师的责任

同于标准审计报告(略)。

三、导致保留意见的事项

ABC 公司 20×2 年 12 月 31 日的应收账款余额××万元,占资产总额的×%。由于 ABC 公司未能提供债务人地址,我们无法实施函证以及其他审计程序,以获取充分、适当的审计证据。

四、审计意见

我们认为,除了前段所述未能实施函证可能产生的影响外,ABC 公司财务报表[在所有重大方面按照企业会计准则]的规定编制,公允反映了 ABC 公司 20×2 年 12 月 31 日的财务状况以及 20×2 年度的经营成果和现金流量。

××会计师事务所   中国注册会计师:×××

(盖章)   (签名并盖章)

     中国注册会计师:×××

     (签名并盖章)

中国××市   二○×三年××月××日

---

3. 否定意见的审计报告

当发表否定意见时,应当在意见段之前增加说明段,说明发表否定意见的主要原因,并尽可能说明相关事项对被审计单位财务状况、经营成果和现金流量的影响。

否定意见的审计报告应当在意见段中使用"由于上述问题造成的重大影响"、"由于受到前段所述事项的重大影响"等专业术语。无论是注册会计师还是被审计单位都不希望发表此类意见的审计报告。在注册会计师在获取充分适当审计证据后,如果认为错报单独或汇总起来对财务报表影响重大且具有广泛性,应当发表否定意见。

以下是由于财务报表存在重大错报而出具否定意见的审计报告的参考格式。

审 计 报 告

ABC 股份有限公司全体股东:

我们审计了 ABC 股份有限公司(以下简称 ABC 公司)的合并财务报表,包括 20×2 年 12 月 31 日的合并资产负债表,20×2 年度的合并利润表、合并现金流量表和合并股东权益变动表以及财务报表附注。

一、管理层对财务报表的责任

同标准审计报告(略)。

二、注册会计师的责任

同标准审计报告(略)。

三、导致否定意见的事项

如财务报表附注×所述,20×2 年 ABC 公司通过非同一控制下的企业合并获得对 XYZ 公司的控制权,因未能取得购买日 XYZ 公司某些重要资产和负债的公允价值,故未将 XYZ 公司纳入合并财务报表的范围,而是按成本法核算对 XYZ 公司的股权投资。ABC 的这项会计处理不符合企业会计准则的规定。如果将 XYZ 公司纳入合并财务报表的范围,ABC 公司合并财务报表的多个财务报表项目将受到重大影响。但我们无法确定未将 XYZ 公司纳入合并范围对财务报表产生的影响。

四、否定意见

我们认为,由于"三、导致否定意见的事项"段所述事项的重要性,ABC 公司的合并财务报表没有在所有重大方面按照企业会计准则的规定编制,未能公允反映 ABC 公司及其子公司 20×2 年 12 月 31 日的财务状况以及 20×2 年度的经营成果和现金流量。

××会计师事务所	中国注册会计师:×××
(盖章)	(签名并盖章)
	中国注册会计师:×××
	(签名并盖章)
中国××市	二○×三年××月××日

---

4. 无法表示意见的审计报告

无法表示意见是由于某些限制而未对某些重要事项取得证据,没有完成取证工作,使注册会计师无法判断问题的归属。如果审计范围受到限制可能产生的影响非常重大和广泛,注册会计师不能获取充分、适当的审计证据,以致无法对财务报表是否公允反映形成审计意见,应当出具无法表示意见的审计报告。

　　无法表示意见的审计报告不同于拒绝接受委托,它是注册会计师实施了必要的审计程序后表示意见的一种方式。如果在接受委托前,注册会计师已经知道审计范围将受到限制,且无法实施替代的审计程序,可能导致出具无法表示意见的审计报告时,注册会计师应拒绝接受委托。注册会计师出具无法表示意见的审计报告,也不是不愿发表意见。

　　无法表示意见不同于否定意见,它只能在注册会计师缺乏足够的了解时才可签发;而要表达否定意见,注册会计师则必须对财务报表没有公允反映有足够的了解。

　　当无法表示意见时,注册会计师应当在意见段之前增加说明段,说明主要原因。还应删除注册会计师的责任段,并在意见段中使用"由于审计范围受到限制可能产生的影响非常重大和广泛"、"我们无法对上述财务报表发表意见"等专业术语。

　　以下是无法表示意见的审计报告格式。

审 计 报 告

ABC 股份有限公司全体股东:

　　我们审计了后附的 ABC 股份有限公司(以下简称 ABC 公司)财务报表,包括 20×2 年 12 月 31 日的资产负债表,20×2 年度的利润表、股东权益变动表和现金流量表以及财务报表附注。

　　一、管理层对财务报表的责任

　　同标准审计报告(略)。

　　二、导致无法表示意见的事项

　　ABC 公司未对 20×2 年 12 月 31 日的存货进行盘点,金额为××万元,占期末资产总额的 40%。我们无法实施存货监盘,也无法实施替代审计程序,以对期末存货的数量和状况获取充分、适当的审计证据。

　　三、审计意见

　　由于上述审计范围受到限制可能产生的影响非常重大和广泛,我们无法对 ABC 公司财务报表发表意见。

　　××会计师事务所　　　　　　　　　　中国注册会计师:×××

　　(盖章)　　　　　　　　　　　　　　　　(签名并盖章)

　　　　　　　　　　　　　　　　　　　　中国注册会计师:×××

　　　　　　　　　　　　　　　　　　　　　(签名并盖章)

　　中国××市　　　　　　　　　　　　二○×三年××月××日

🐰 **知识链接 14-5**

甘肃兰光科技股份有限公司 2008 年度非标准审计报告全文

甘肃兰光科技股份有限公司全体股东:

　　我们审计了后附的甘肃兰光科技股份有限公司(以下简称"兰光科技")财务报表,包括 2008 年 12 月 31 日的合并及公司资产负债表,2008 年度的合并及公司利润表和现金流量表、合并及公司所有者权益变动表以及财务报表附注。

一、管理层对财务报表的责任

按照企业会计准则的规定编制财务报表是兰光科技公司管理层的责任。这种责任包括：①设计、实施和维护与财务报表编制相关的内部控制，以使财务报表不存在由于舞弊或错误而导致的重大错报；②选择和运用恰当的会计政策；③做出合理的会计估计。

二、导致无法表示意见的事项

1. 兰光科技的控股股东深圳兰光经济发展公司（以下简称"控股股东"）及其关联方截至控股股东 2008 年内提出的重组事项因各种原因未能得以实施，截至审计报告日仍未形成通过资产重组一揽子解决资金占用和股权分置改革的解决方案。因此，我们无法获取充分、适当的审计证据以合理判断该等款项的可收回性。

2. 兰光科技为陕西省教育活动中心向中国建设银行股份有限公司深圳市分行的贷款 8 320.44 万元提供不可撤销的连带责任担保。深圳市中级人民法院于 2007 年 3 月 23 日对此进行了公开审理，并做出民事判决书，判决陕西省教育活动中心应向原告中国建设银行股份有限公司深圳市分行偿还借款本金及利息 6 130.57 万元，兰光科技对陕西省教育活动中心的上述债务承担物的担保以外的连带清偿责任，其代为清偿后，有权向被告陕西省教育活动中心追偿。截至 2008 年 12 月 31 日，兰光科技对该等担保事项计提了 5 600.00 万元的预计损失。由于我们无法取得充分合理的审计证据判断陕西省教育活动中心的偿债能力，从而无法对兰光科技预计负债计提的充分性做出合理判断。

3. 如附注四、二十四所述，兰光科技按企业会计准则要求将已停业但尚未清算完的两家控股子公司深圳市兰光销售有限公司和深圳市兰光桑达网络科技有限公司重新纳入合并范围，并对 2007 年度合并财务报表进行了追溯调整，由于这两家子公司分别自 2006 年、2007 年停止营业，兰光科技管理层虽已提供了上述两家公司的相关财务资料，但该两家公司的关键管理人员已经离职，我们无法对这两家公司的财务报表实施必要的审计程序，以获取充分、适当的审计证据。

4. 兰光科技由于控股股东及关联方长期占用巨额资金无法归还，主营业务严重萎缩，连续 3 年发生大额亏损，累计亏损数额巨大，无法偿还到期债务；银行借款全部逾期，并已涉及诉讼，主要子公司已停业。主要财务指标显示其财务状况恶化，兰光科技管理层在其书面评价中表示开始采取资产重组等措施；但由于该等措施尚未实施，我们无法获取充分、适当的审计证据以确证其能否有效改善兰光科技的持续经营能力，因此我们对兰光科技按照持续经营假设编制 2008 年度财务报表基础的合理性无法判断。

三、审计意见

由于上述事项可能产生的影响非常重大和广泛，我们无法对兰光科技财务报表发表意见。

×××会计师事务所有限公司	注册会计师：××
（盖章）	（盖章）
	注册会计师：××
	（盖章）
中国 上海市	
	2009 年××月××日

说明：有关附注（略）。

【例 14-1】　注册会计师张兵负责对光大公司 2012 年度财务报表进行审计。光大公司于 2012 年度由于失去重要的市场而对其持续经营能力造成了重大的不确定。在光大公司采取适当措施后,张兵虽然认为光大公司的持续经营假设合理但仍存疑虑,为此提请光大公司在财务报表附注中进行披露,光大公司接受了披露建议。在随后评价对光大公司 2012 年度财务报表的审计结果时,审计小组确定的重要性水平为 300 万元。假定审计过程中,除了光大公司拒绝向审计小组提供已在财务报表中列示的余额为 250 万元的长期股权投资明细账及相关资料和累计折旧项目中存在的 80 万元错报情况以外,审计小组没有发现光大公司财务报表中存在其他错报。

综合上述情况,请判断项目负责人张兵应出具何种类型的审计报告。

张兵应出具带有强调事项段的保留意见的审计报告。

由于范围受限金额与错报金额的合计已超过重要性水平,注定要发表保留意见。仅就持续经营假设相关事项而言,应在意见段后增加强调事项段。考虑到强调事项段不影响已确定的审计意见类型,综合而言,应发表带有强调事项段的保留意见。

【例 14-2】　注册会计师张兵作为正大会计师事务所审计项目负责人,在审计以下单位 2012 年度财务报表时分别遇到以下情况。

（1）甲公司拥有一项长期股权投资,账面价值 5 000 万元,持股比例 30%。2012 年 12 月 31 日,甲公司与 K 公司签署投资转让协议,拟以 4 950 万元的价格转让该项长期股权投资,已收到价款 3 000 万元,但尚未办理产权过户手续,甲公司以该项长期股权投资正在转让之中为由,不再计减值准备。

（2）乙公司于 2011 年 5 月为 L 公司 1 年期银行借款 1 500 万元提供担保,因 L 公司不能及时偿还,银行于 2012 年 11 月向法院提起诉讼,要求乙公司承担连带清偿责任。2012 年 12 月 31 日,乙公司在咨询律师后,根据 L 公司的财务状况,计提了 500 万元的预计负债。对上述预计负债,乙公司已在财务报表附注中进行了适当披露。截至审计工作完成日,法院未对该项诉讼作出判决。

（3）丙公司在 2012 年度向其控股股东 M 公司以市场价格销售产品 5 000 万元,以成本加成价格购入原材料 3 000 万元,上述销售和采购分别占丙公司当年销货、购货的比例为 30% 和 40%,丙公司已在财务报表附注中进行了适当披露。

（4）丁公司于 2012 年 11 月 20 日发现,2011 年漏记固定资产折旧费用 800 万元。丁公司在编制 2012 年度财务报表时,对此项会计差错予以更正,追溯重述了相关财务报表项目,并在财务报表附注中进行了适当披露。

（5）戊公司于 2012 年年末更换了大股东,并成立了新的董事会,继任法定代表人以刚上任不了解以前年度情况为由,拒绝签署 2012 年度已审财务报表和提供管理层声明书。原法定代表人以不再继续履行职责为由,也拒绝签署 2012 年度已审财务报表和提供的管理层声明书。

假定上述情况对被审计单位 2012 年度财务报表的影响都是重要的,且被审计单位均拒绝接受注册会计师张兵提出的审计处理建议(若有)。

在不考虑其他因素影响的前提下,请分别针对上述 5 种情况,判断注册会计师张兵应对 2012 年度财务报表出具何种类型的审计报告,并简要说明理由。

分析结果如下。

情况(1)出具保留意见或否定意见的审计报告。

由于对该项长期股权投资转让,尚未办理产权过户手续,交易尚未完成,K公司即使已经支付了价款,但也有随时中止交易的可能,甲公司应计提50万元的减值准备。由于无法判断少计50万元的长期投资减值准备的影响,所以注册会计师应出具保留意见或否定意见的审计报告。

情况(2)出具标准无保留意见或带强调事项段的无保留意见的审计报告。

出具标准无保留意见审计报告的理由是,该未决诉讼已经进行适当的会计处理,且已适当披露,基本上确定该事项带来的损失,无须增加强调事项段另外说明。

出具带强调事项段的无保留意见的审计报告的理由是,该诉讼可能给乙公司带来巨大损失,属于重大不确定事项,应当考虑在意见段之后增加强调事项段。

情况(3)出具标准无保留意见的审计报告。

丙公司与关联方M公司的交易价格公允,且关联方关系及其交易已经适当披露,符合企业会计准则规定。

情况(4)出具带强调事项段无保留意见的审计报告。

丁公司并未更正2012年的财务报表,所以注册会计师应强调。

情况(5)出具无法表示意见的审计报告。

由于戊公司管理层对已审计财务报表拒绝签字确认,也未能提供管理层声明书,注册会计师应将其视为审计范围受到严重限制。

【本章小结】

审计报告是整个审计过程的最后步骤。注册会计师应当在实施了必要的审计程序后,根据已获取的审计证据,依据审计准则出具标准审计报告或非标准审计报告。注册会计师应当在实施了必要的审计程序并获取充分、适当的审计证据后,仍需关注被审计单位管理层提供的关于财务报表的各项陈述,并要求被审计单位向其法律顾问或律师寄发审计询证函,根据其中的声明,重新考虑审计意见的类型和措辞;作为审计项目负责人的注册会计师应当根据审计重要性原则确认并汇总审计差异,编制审计差异调整表,并建议被审计单位进行调整,使调整后的财务报表能够公允反映被审计单位的财务状况、经营成果和现金流量。在终结审计之前,注册会计师还应当就审计工作中发现的问题与治理层直接沟通;最后评价是否已对财务报表整体不存在重大错报获取合理保证,并进一步评价财务报表的合法性和公允性,形成对被审计单位财务报表合法性和公允性的审计意见。

通过学习,要求了解完成审计工作阶段的具体内容和要求,掌握审计报告的类型、基本内容与格式,掌握各种类型审计报告的出具要求和措辞,初步具备判断应出具审计报告类型的能力。

【课后习题】

一、判断题

1. 管理层声明书签署的日期一般应为注册会计师完成外勤工作日。　　　　　　(　　)

2. 只要被审计单位的财务报表违背了《企业会计准则》要求,注册会计师就应当出具保

留意见或否定意见的审计报告。 （　　）

3. 注册会计师最终出具的审计报告标题应当统一规范为"财务报表审计报告"。

（　　）

4. 无法表示意见的审计报告就是不发表审计意见。 （　　）

5. 审计人员应对其所出具的审计报告的真实性、合法性负责。 （　　）

二、单项选择题

1. 注册会计师在编制审计差异调整表时，无论是建议调整的不符事项、未调整的不符事项，还是重分类误差，都应（　　）。

    A. 提请被审计单位调整　　　　　　B. 以会计分录的形式形成工作底稿

    C. 发表无保留意见　　　　　　　　D. 发表保留意见或无法表示意见

2. 在汇总审计差异时，如果注册会计师按照账户、交易类别的重要性未将所发现的某账户、交易类别的错报或漏报列入审计差异调整表，则意味着（　　）。

    A. 该项错报或漏报最终不会被调整

    B. 注册会计师应进一步判断该项错报或漏报在性质上是否重要

    C. 该项错报或漏报最终会被调整

    D. 该项错报或漏报最终是否被调整，取决于所有项目未调整错报的合计数与报表层重要性水平的比较结果

3. 一般来说，注册会计师应根据（　　）形成包括无保留意见、保留意见、否定意见或无法表示意见4种类型的审计报告。

    A. 审计结果和被审计单位对有关问题的处理情况

    B. 审计范围是否受到限制和受到限制的范围大小

    C. 错报漏报金额的大小和被审计单位的调整情况

    D. 对重要性水平的评估和对审计风险的重新评价

4. 被审计单位管理当局应根据注册会计师的具体要求在管理当局声明书中就以下内容做出相应的声明，但其中（　　）的表述是不恰当的。

    A. 被审计单位期间所有交易均已入账　　B. 无重大的不确定事项

    C. 无违法、违纪、错误或舞弊现象　　　　D. 所有重大调整事项已作调整

5. 当注册会计师出具无保留意见审计报告时，如果认为必要，可以（　　），增加对重要事项的说明。

    A. 在意见段前增加解释性说明

    B. 在范围段与意见段间说明所持意见的理由

    C. 在意见段后增加说明段

    D. 取消意见段，增加说明段

6. 以下事项中，（　　）既可能导致注册会计师出具保留意见，又可能导致否定意见，但一般不导致无法表示意见。

    A. 审计范围受到客观条件的局部重要限制

    B. 被审计单位的律师拒绝对注册会计师的询问作必要的答复

    C. 被审计单位严重限制了注册会计师的审计范围

    D. 被审计单位对重大事项的处理不符合国家颁布的企业会计准则的规定

7. 如果注册会计师发现被审计单位有总金额超过重要性水平、账龄长达 3 年的应收账款,且被审计单位对此进行了适当的披露,则这部分应收账款的收回与否导致对被审计单位的持续经营假设合理性产生重大影响时,注册会计师应当( )。

    A. 发表保留意见   B. 发表无法表示意见

    C. 在意见段后增设强调事项段   D. 出具否定意见

三、多项选择题

1. 管理层对财务报表的责任段应当说明按照适用的会计准则和相关会计制度的规定编制财务报表是管理层的责任,这种责任包括( )。

    A. 设计、实施和维护与财务报表编制相关的内部控制,以使财务报表不存在由于舞弊或错误而导致的重大错报

    B. 财务报表真实反映了经济活动内容

    C. 选择和运用恰当的会计政策

    D. 做出合理的会计估计

2. 注册会计师的责任段应当说明( )。

    A. 注册会计师的责任是在实施审计工作的基础上对财务报表发表审计意见

    B. 审计工作涉及实施审计程序,以获取有关财务报表金额和披露的审计证据

    C. 注册会计师相信已获取的审计证据是充分、适当的,为其发表审计意见提供了基础

    D. 注册会计师审计的目的是内部控制的有效性发表意见

3. 若被审计单位失去了一家极为重要的客户,但拒绝在会计报表的附注中做适当披露,注册会计师的观点不正确,( )。

    A. 这属于期后事项,应出具带说明段的保留意见

    B. 这属于期后事项,应出具带强调段的无保留意见

    C. 这属于影响持续经营能力的因素,应出具保留意见

    D. 这属于或有事项,可出具带说明段的无保留意见

四、综合题

1. XYZ 公司 2006 年度财务报表由 A 会计师事务所审计,并被出具保留意见审计报告。负责 XYZ 公司现场审计的 L 注册会计师于 2012 年 5 月离职,加入 B 会计师事务所,转所手续至 2013 年 5 月办理完毕。2013 年 1 月,XYZ 公司决定改聘 B 会计师事务所审计 2012 年度财务报表,并与其签订了审计业务约定书。在该审计业务约定书中,XYZ 公司同意 B 会计师事务所与 A 会计师事务所联系,以了解相关情况。B 会计师事务所委派 L 注册会计师担任 XYZ 公司 2012 年度财务报表审计的外勤负责人,并于 2013 年 4 月出具了无保留意见审计报告。

请根据上述资料简要回答以下问题。

(1) B 会计师事务所通常应当采用什么方式了解期初余额的情况? 了解的主要内容有哪些?

(2) B 会计师事务所对期初余额通常应当实施哪些主要审计程序?

(3) 针对 A 会计师事务所对 XYZ 公司 2006 年度财务报表审计意见中的保留事项,B 会计师事务所对 XYZ 公司 2012 年度财务报表出具无保留意见的前提是什么?

(4) L 注册会计师能否签署 XYZ 公司 2012 年度财务报表的审计报告? 请说明具体

原因。

2. 对下列各种情况,注册会计师应签发何种类型的审计报告?

(1) 注册会计师未曾观察客户的存货盘点,又无其他程序可供替代。

(2) 委托人对注册会计师的审计范围加以严重限制。

(3) 注册会计师必须依赖其他注册会计师的工作结果形成本身的审计意见,但又无法对其他注册会计师的工作予以复核。

3. 正大会计师事务所于 2012 年 12 月 30 日接受了 ABC 股份有限公司的审计委托,该公司注册资本为 2 000 万元,审计前财务报表的资产总额为 5 000 万元。正大会计师事务所委派该所注册会计师 A 和 B 共同承担 ABC 公司的审计业务。他们在计划阶段确定的重要性水平为 90 万元,而在完成阶段确定的重要性水平 100 万元。注册会计师 A 和 B 于 2013 年 2 月 15 日完成了对 ABC 股份有限公司 2012 年 12 月 31 日资产负债表及该年度的利润表、现金流量表的外勤审计工作。在复核工作底稿时,发现以下需要考虑的事项。

(1) 由于该公司一幢建于 1973 年、原值 200 万元、预计使用年限为 50 年、已提折旧 136 万元的办公大楼,因为未经核实的原因出现裂缝,经过专家鉴定后将预计使用年限改为 40 年,决定从 2013 年起改变年折旧率,但该公司同意在 2013 年年末报表中做相应披露。

(2) 该公司在国外一家联营企业内据称有 675 000 元的长期投资,投资收益为 365 000 元,这些金额已列入 2006 年的净收益中,但 A 和 B 未能取得上面所述的联营企业经审计的财务报表。受公司记录性质的限制,也未能采取其他程序查明此项长期投资和投资收益的金额是否属实。

(3) 该公司全部存货占资产总额的 50% 以上,放置于邻近单位仓库内。由于此仓库倒塌尚未清理完毕,不仅无法估计损失,也无法实施监盘程序。

(4) 由于存货使用受到仓库倒塌的限制,正常业务受到严重影响,可能影响即将到期的 100 万元债务。

(5) 2012 年 11 月间,该公司被控侵犯专利权,对方要求收取专利权费并收取罚款,公司已提出辩护,此案正在审理之中,最终结果无法确定。

(6) 由于财务困难,公司没有预付下年度的 15 万元广告费。

(7) A 和 B 从公司职员处了解到,该公司在 2013 年 5 月将进行大规模人事变动。

问题:

(1) 逐一分析上述 7 种情况,分别对每种情况指出应出具的审计报告类型,并简要说明理由。将答案填入下列表格中。

标　号	审计报告类型	简明原因
(1)		
(2)		
(3)		
(4)		
(5)		
(6)		
(7)		

(2) 仅考虑情况(1)、情况(6),请代 A 和 B 草拟一份审计报告。

4. 北京东方会计师事务所注册会计师王维、张成于 2013 年 3 月 10 日完成了对大华股份有限公司 2012 年度会计报表的实地审计工作,现正草拟审计报告。假定存在以下几种情况。

(1) 大华公司 2011 年度会计报表的审计工作由光信会计师事务所完成,光信会计师事务所于 2012 年 2 月 25 日出具了保留意见的审计报告,保留的原因系大华公司的一项未决诉讼对会计报表的影响无法确定,也未得到律师的任何信息。该诉讼项至 2013 年 3 月 10 日仍未判决,而且律师拒绝提供有关信息。

(2) 该公司当年 6 月购入手机 5 部,共 25 000 元,公司全部列入 6 月的管理费用(假定折旧年限为 5 年,净残值率为 10%)。

(3) 公司当年的存货由先进先出法,改为全月一次加权平均法,此变更未在表报附注中披露。

问题:针对上述 3 种情况,注册会计师应分别提出何种审计意见? 若需进行调整,请列示调整分录。

参 考 文 献

[1] 中国注册会计师协会. 审计[M]. 北京：经济科学出版社,2012

[2] 中国注册会计师协会. 中国注册会计师执业准则指南[M]. 北京：中国财政经济出版社,2010

[3] 刘圣妮. 2012审计注册会计师考试应试知道及全真模拟测试[M]. 北京：北京大学出版社,2012

[4] 丁瑞玲. 审计学[M]. 北京：经济科学出版社,2012

[5] 秦荣生. 审计学[M]. 北京：中国人民大学出版社,2011

[6] 狐爱民. 审计基础与实务[M]. 北京：中国物资出版社,2011

[7] 宋常. 审计学[M]. 北京：中国人民大学出版社,2011

[8] 陈力生. 审计学[M]. 上海：立信会计出版社,2012

[9] 张运莲. 审计学[M]. 北京：化学工业出版社,2009